"十二五"国家重点图书出版规划项目

中国社会科学院创新工程学术出版资助项目

总主编：金　碚

经济管理学科前沿研究报告系列丛书

ENTREPRENEURSHIP AND SME MANAGEMENT DISCIPLINE FRONTIERS RESEARCH REPORT

罗国锋　郁培丽　主编

创业与中小企业管理学科前沿研究报告

经济管理出版社
ECONOMY & MANAGEMENT PUBLISHING HOUSE

图书在版编目（CIP）数据

创业与中小企业管理学科前沿研究报告 2013/罗国锋，郁培丽主编. —北京：经济管理出版社，2016.10
ISBN 978-7-5096-4462-1

Ⅰ. ①创… Ⅱ. ①罗… ②郁… Ⅲ. ①中小企业—企业管理—研究报告—中国—2013
Ⅳ. ①F279.243

中国版本图书馆 CIP 数据核字（2016）第 135208 号

组稿编辑：张　艳
责任编辑：高　娅
责任印制：黄章平
责任校对：王　淼

出版发行：经济管理出版社
（北京市海淀区北蜂窝 8 号中雅大厦 A 座 11 层　100038）
网　　址：www. E-mp. com. cn
电　　话：(010) 51915602
印　　刷：北京玺诚印务有限公司
经　　销：新华书店
开　　本：787mm×1092mm/16
印　　张：25.25
字　　数：604 千字
版　　次：2016 年10月第 1 版　　2016 年10月第 1 次印刷
书　　号：ISBN 978-7-5096-4462-1
定　　价：79.00 元

《经济管理学科前沿研究报告》
专家委员会

《经济管理学科前沿研究报告》
编辑委员会

序 言

为了落实中国社会科学院哲学社会科学创新工程的实施，加快建设哲学社会科学创新体系，实现中国社会科学院成为马克思主义的坚强阵地、党中央国务院的思想库和智囊团、哲学社会科学的最高殿堂的定位要求，提升中国社会科学院在国际、国内哲学社会科学领域的话语权和影响力，加快中国社会科学院哲学社会科学学科建设，推进哲学社会科学的繁荣发展具有重大意义。

旨在准确把握经济和管理学科前沿发展状况，评估各学科发展近况，及时跟踪国内外学科发展的最新动态，准确把握学科前沿，引领学科发展方向，积极推进学科建设，特组织中国社会科学院和全国重点大学的专家学者研究撰写《经济管理学科前沿研究报告》。本系列报告的研究和出版得到了国家新闻出版广电总局的支持和肯定，特将本系列报告丛书列为“十二五”国家重点图书出版项目。

《经济管理学科前沿研究报告》包括经济学和管理学两大学科。经济学包括能源经济学、旅游经济学、服务经济学、农业经济学、国际经济合作、世界经济、资源与环境经济学、区域经济学、财政学、金融学、产业经济学、国际贸易学、劳动经济学、数量经济学、统计学。管理学包括工商管理学科、公共管理学科、管理科学与工程三个学科。工商管理学科包括管理学、创新管理、战略管理、技术管理与技术创新、公司治理、会计与审计、财务管理、市场营销、人力资源管理、组织行为学、企业信息管理、物流供应链管理、创业与中小企业管理等学科及研究方向；公共管理学科包括公共行政学、公共政策学、政府绩效管理学、公共部门战略管理学、城市管理学、危机管理学、公共部门经济学、电子政务学、社会保障学、政治学、公共政策与政府管理等学科及研究方向；管理科学与工程包括工程管理、电子商务、管理心理与行为、管理系统工程、信息系统与管理、数据科学、智能制造与运营等学科及研究方向。

《经济管理学科前沿研究报告》依托中国社会科学院独特的学术地位和超前的研究优势，撰写出具有一流水准的哲学社会科学前沿报告，致力于体现以下特点：

（1）前沿性。本系列报告能体现国内外学科发展的最新前沿动态，包括各学术领域内的最新理论观点和方法、热点问题及重大理论创新。

（2）系统性。本系列报告囊括学科发展的所有范畴和领域。一方面，学科覆盖具有全面性，包括本年度不同学科的科研成果、理论发展、科研队伍的建设，以及某学科发展过程中具有的优势和存在的问题；另一方面，就各学科而言，还将涉及该学科下的各个二级学科，既包括学科的传统范畴，也包括新兴领域。

（3）权威性。本系列报告由各个学科内长期从事理论研究的专家、学者主编和组织本领域内一流的专家、学者进行撰写，无疑将是各学科内的权威学术研究。

（4）文献性。本系列报告不仅系统总结和评价了每年各个学科的发展历程，还提炼了各学科学术发展进程中的重大问题、重大事件及重要学术成果，因此具有工具书式的资料性，为哲学社会科学研究的进一步发展奠定了新的基础。

《经济管理学科前沿研究报告》全面体现了经济、管理学科及研究方向本年度国内外的发展状况、最新动态、重要理论观点、前沿问题、热点问题等。该系列报告包括经济学、管理学一级学科和二级学科以及一些重要的研究方向，其中经济学科及研究方向15个，管理学科及研究方向45个。该系列丛书按年度撰写出版60部学科前沿报告，成为系统研究的年度连续出版物。这项工作虽然是学术研究的一项基础工作，但意义十分重大。要想做好这项工作，需要大量的组织、协调、研究工作，更需要专家学者付出大量的时间和艰苦的努力，在此，特向参与本研究的院内外专家、学者和参与出版工作的同仁表示由衷的敬意和感谢。相信在大家的齐心努力下，会进一步推动中国对经济学和管理学学科建设的研究，同时，也希望本系列报告的连续出版能提升我国经济和管理学科的研究水平。

金碚

2014年5月

目　录

第一章　创业与中小企业管理 2013年国内外研究综述

对创业现象的分析始于18世纪中期，但是直到第二次世界大战结束，我们所谓的创业研究还未出现。直到20世纪80年代以后，创业研究才开始作为一个新的研究领域出现，恰逢此时，中小企业的发展也呈现出一些重大变化，即从20世纪70年代以前的集中化和大型化趋势逐渐向小型化、分散化趋势发展，创业和中小企业管理研究开始变得繁荣。截至目前，创业和中小企业管理的思想、结构和方法已趋于成熟和稳定，并随着时间的推移变得更加详细和丰富。为了更好地进行这方面的研究，本书系统梳理了2013年创业与中小企业管理理论的相关国内外文献，供学者们参考。

下文分别就创业与中小企业管理两个主题做理论结构分析，并对各自相关的中文以及外文文献进行系统梳理。

第一节　创业与中小企业管理理论结构

在当今中国乃至世界，创业越来越成为经济发展中的强劲推动力。创业作为一个新的学术研究领域，受到越来越多学者和实业家的关注，创业管理理论也得到长足的发展。综观目前国内外关于创业理论的研究，虽然与创业相关的文章很多，但是全面深入研究创业理论结构的文章相对较少，且由于创业是一个复杂的现象，很难发展成一个研究目标明确、研究焦点一致的独立学科领域（木志荣，2007），所以学者们分别基于不同的研究视角，对创业理论结构有着不同的划分。

国外具有代表性的观点有以下几种：Gartner（1985）认为从某一个方面来进行创业研究都将是不充分的，他主张从多维角度来进行创业理论的分析，据此，他提出创业理论框架应当包括个人、组织、环境、创业过程等要素。William（1997）提出的理论框架认为创业不仅包括人与环境，还需在此基础上增加机会与风险报酬这两个主要要素。Timmons（1999）认为创业理论中应当包括机会、创业团队和资源等要素，且由于创业过程中充斥了机会的模糊性、市场的不确定性、资本市场的风险性以及外在环境的变迁等不可预测性因素，所以创业过程中还要考虑创业家的领导力、创造力、沟通能力等要素。Christian（2000）认为应当将创业管理的研究重点聚焦于创业家和新事业之间的沟通互动，因此他提出的理论架构主要包括创业家、新事业两个要素。Bruyat 和 Julien（2000）指出创业不仅创造了新价值，也改变了创造者个体，创业个体与新价值创造之间是双向互动的关系，两者形成了一个不可分割的系统。基于此，他把创业描述成了一个动态的均衡过程，即创业个体和新价值创造是随着时间的推移，达到相互匹配的效果，新价值创造的过程也是个体改变的过程，反之亦然。创业个体和新价值创造的过程中必然伴随着机会的开发、评估与利用。Shane 和 Venkataraman（2000）认为创业研究的核心应该是创业机会，并指出一些人之所以能够创业成功，关键在于他们具有应对创业机会出现的环境线索的敏感倾向。因此，他们认为创业研究应该致力于创业机会的存在、发现和开发利用，所以他们提出的创业理论框架也是围绕着创业机会展开的，分别包括存在创业机会、发现创业机会以及开发创业机会。

国内虽然专门致力于创业理论研究的文章数量不多，但是在研究创业问题的过程中也涉猎了一些创业理论的探讨。林强等（2001）指出创业研究的理论基础应该由三部分构成，即创新理论、风险理论和企业管理理论。创业研究的体系包括创新、风险和管理三个维度，其研究内容应该沿着这三个维度独立和交互展开。赵都敏（2007）也提出了类似的理论架构，他认为创业的核心因素主要有三个方面，分别是“机会”、“管理”和“风险”，并指出个人的认知能力、创造力、个性特征决定了“机会”的发现；战略、传统管理、理性成分组成了“管理”能力；个体的个性特征决定了“风险”承担的能力。朱仁宏（2004）提出了一个包括创业者特征、创业环境、创业过程和创业结果的概念框架——研究边界模型。其中创业家特征包括个人特征与社会特征。个人特征指创业家个性、意向、激励、动机、抱负及远见与直觉等；社会特征主要指创业家的社交能力、性别与种族、创业团队、创业经验、社会与家庭背景等。创业环境包括一般社会、政治、经济环境以及创业商业与文化环境。创业过程不仅应该包括动员资源、创建组织和开辟市场等利用机会的过程，还应该包括识别机会的过程。创业企业的创业结果包括三种，即创办新企业、新企业绩效和退出活动（如上市、兼并、收购、战略联盟和企业解散）。李青等（2010）从机会观的视角进行了创业理论的研究，认为机会观视角的创业研究概念框架包括创业者、创业机会、创业环境与创业行为四要素，创业行为指机会识别、机会评估与机会开发。其研究内容主要有三个方面：其一是创业者与创业机会；其二是创业环境与创业机会；其三是机会识别、评估和开发过程决策与行为机制，以及其对创业绩效的影响。李力涛（2010）在对创业者、创业过程、创业环境和创业绩效等方面进行较为全面的分析、归纳和综合基础上，提出了创业理论研究的整合框架，其框架内容分别是创业决策和行动、创业主体禀赋、环境以及创业绩效。创业决策和行动包括机会识别、资源管理、创业战略、创业学习和创业导向；创业主体禀赋包括知识、能力、财务资本和网络，以及个体创业主体的人格特质；环境包括市场机会、资源等环境要素，以及竞争敌对性、动态性等环境特征；创业绩效包括财务绩效和非财务绩效。叶明海（2011）认为多数创业过程模型均存在着系统性欠缺的共性问题，因此需要从新的理论基础出发来构建创业过程模型。于是，基于系统理论提出了包括创业机会、创业资源、创业战略和创业结果等创业关键要素的创业过程模型。其中，系统输入过程是创业机会的识别过程，该过程的关键要素包括创业者特质、市场需求和创新成果。系统处理过程是指创业机会、创业战略和创业资源三者相互作用，创造产品和服务并形成企业利润的过程。创业输出结果不仅包括新创企业的存活性和财务绩效，同时还包括创业活动对社会和创业者个体的意义。系统反馈过程主要体现为创业结果对创业者后续创业的影响。

本书借鉴了蔡晓珊、张耀辉在《创业理论研究：一个文献综述》一文中提出的创业理论研究框架，并根据需要对研究框架进行了局部修改和细节补充，在此基础上构建了创业理论结构。创业理论结构按内容分类如表 1 所示。

表 1 创业理论结构

研究层面	研究主题	明细内容
基础理论	基本范畴	创业的定义、目标、本质、影响因素以及出发点
宏观层面	创业作用	创业与贫困、创业与创新、创业与经济增长
	创业环境	金融支持、政策环境、政府项目、教育与培训、研究开发与转移、商业和专业基础设施、市场开放程度、有形基础设施
微观层面	创业者	创业者特质、创业者资源禀赋、创业者创业胜任能力
	创业导向	创业导向与企业绩效、创业导向与企业成长
	创业动机与机会	创业动机与机会影响因素、创业动机与机会识别、创业动机与机会作用
	创业融资与投资	影响创业融资与投资因素，风险投资与创业投资、融资
	创业教育	创业教育与人力资本、创业教育与经济发展、创业教育评价
	创业绩效	个体行为与创业绩效、战略管理与创业绩效、社会网络与创业绩效
	创业团队	创业团队构成、创业团队绩效、创业高管团队

中小企业管理的理论结构是指中小企业管理理论各组成部分以及这些部分之间的相互关系，构建科学合理的中小企业管理理论结构不仅能够拓宽中小企业理论研究的范围及深度，而且也是正确进行中小企业研究的需要，并能够高效地指导中小企业管理实践。综观目前国内外关于中小企业管理理论的研究，虽然与中小企业管理相关的文章很多，但大部分学者是从中小企业管理理论的某一个方面入手，研究的视角呈现单一性进而导致不能全面系统反映出中小企业管理理论的整体面貌。

国外具有代表性的观点有：M. Dobbs、R. T. Hamilton（1995）通过建立一个四维度的研究框架，将中小企业管理划分为“战略管理”、“企业家特质”、“环境/产业因素”以及“企业特征”四大主题。Macpherson（2007）从“知识要素—企业成长”，并从社会资本、人力资源、学习能力三个方面划分中小企业管理研究。国内单纯致力于中小企业管理理论研究的文章数量不多且在研究内容上并没有对中小企业的主题进行系统归纳，而是通过研究热点的展示来进行理论上的探讨。黄泰岩（2007）将中小企业研究热点归纳为“家族企业”、“融资”等八个领域。杨宜（2009）将中小企业管理的研究热点划分为“金融”、“信息化”等多个主题。此外，在研究视角上，除了传统的管理学和经济学的视角外，一些新的研究视角也已经出现，比如生态学视角、内部资源视角等。

本书借鉴了吕一博、程露、苏敬勤在《基于共词网络的我国中小企业管理研究现状与趋势分析》一文中所展示的中小企业管理领域研究结构，并根据需要对研究主题进行了局部修改和补充，在此基础上构建了中小企业管理理论结构。进而在该结构下，对 2013 年国内外发表的中小企业管理理论方面的文章进行了梳理和分类。中小企业管理理论按内容分类如表 2 所示。

表 2 中小企业管理理论结构

研究层面	明细内容
各国中小企业描述研究与比较	中小企业国际化、中小企业作用、中小企业影响因素、中小企业面临的困境
中小企业创新与绩效	战略与绩效、中小企业创新与绩效的影响因素、中小企业技术创新能力、中小企业自主创新
中小企业发展策略与管理	中小企业发展策略、中小企业管理
中小企业融资	银行信贷与中小企业融资、中小企业融资作用和影响因素、中小企业融资选择、中小企业融资问题、中小企业融资解决方案
中小企业政策、产业集群与发展	中小企业政策、中小企业产业集群、中小企业发展
其他	中小企业社会责任、中小企业管理者、中小企业人力资本、中小企业指标评价与模型构建

第二节 国外创业研究综述

在全球经济复苏疲软的大背景下，国内诸多的中小企业纷纷面临效益不佳甚至倒闭的困境，而企业经营不善所带来的直接后果将是失业越发严重，经济增长越发缓慢。因此，通过创业来激活各类生产要素以及挖掘自身潜能，进而促进经济内生增长就成为了必然趋势。也正是基于这一宏观经济背景，创业理论研究开始变得更加重要，创业研究的领域也更加细化。

根据前面提出的创业理论结构框架，本书对 2013 年国内外与创业理论相关文献资料进行梳理和分类，使读者更易掌握该领域前沿动态的全貌。本书的文献获取渠道是公开的数据库系统。在国内文献搜索时，我们使用了学术研究机构常用的中国知网“中国学术期刊网络出版总库”，以“中小企业”为题名，从文献库所收录的全部期刊中共检索出在 2013 年度发表的相关文献 4996 条；以“创业”为题名，从文献库所收录的全部期刊中共检索出在 2013 年度发表的相关文献 5191 条。通过对内容重复或相近文献的删除，以及考虑到文献本身的理论价值、代表性以及文献来源刊物的影响力，最后分别选出 103 篇创业文献和 176 篇中小企业文献，作为我们进行文献综述的研究对象。外文研究文献仅针对英文文献来检索，检索源为中国社会科学院主要英文期刊数据库，文献主要来自 Wiley 在线图书馆、Emerald 在线论文数据库、SSRN（Social Science Research Network）、EBSCO 数据库以及 Elesvier 数据库。通过检索共获得 2013 年发表的英文创业研究文献 121 篇，英文中小企业管理研究 90 篇。所有被选出的文献都以文献目录的形式收录在本书的文献索引部分。检索出的 121 篇创业英文文献，按照其研究所涉及的主题进行归纳，具体分布如表 3 所示。

表 3　2013 年创业理论期刊文章统计

检索地域	理论结构	文献主题	文献数量（篇）	百分比（%）
国外期刊	基础理论	创业基本范畴	12	9.92
	宏观层面	创业作用	22	18.18
		创业环境	5	4.13
	微观层面	创业者	24	19.83
		创业导向	21	17.34
		创业动机与机会	7	5.79
		创业融资与投资	5	4.13
		创业教育	12	9.92
		创业绩效	5	4.13
		创业团队	8	6.61
国内期刊	基础理论	创业基本范畴	13	12.62
	宏观层面	创业作用	3	2.91
		创业环境	9	8.74
	微观层面	创业者	16	15.53
		创业导向	14	13.59
		创业动机与机会	10	9.71
		创业融资与投资	6	5.83
		创业教育	16	15.53
		创业绩效	10	9.71
		创业团队	6	5.83

从表 3 中可以清晰地看出，无论是国内还是国外学者，对于创业者、创业导向以及创业教育方面的关注度都很高，相关领域所发表的文章数量也比较多。因此，可以判断，这些方面在未来的研究中依然可能是探讨的热点所在。

一、基础理论

本书所谓的基础理论指的是和创业理论相关的基本范畴，包括创业的定义、目标、本质、影响因素以及出发点等。2013 年，在国外研究成果中，涉及基础理论的文章共有 12 篇，主要侧重于创业的定义与创业的影响因素两个方面。

（一）创业的定义

在创业定义方面，国外公开发表的文章共有2篇，研究的内容是从不同的视角来对创业进行审视和描述。Domingo Ribeiro Soriano、Kun-Huang Huarng 认为创业是一项包括发现、评估和利用机会的活动，创业活动的一个重要组成部分就是商业模式的设计，对于企业家而言，尽管创业活动具有新颖性，但设计出来的商业模式其实是一种更有吸引力的管理工具。Maria Abreu、Vadim Grinevich 指出创业的任何活动已经超越了传统学术教学和研究的范畴，它具有创新性，带有风险因素，并导致个人学术或他/她的机构得到财务奖励，且这些财务回报可以通过名誉、威望、影响力或社会利益的增加而直接或间接发生。

（二）创业的影响因素

在创业的影响因素方面，2013年国外公开发表的论文共有10篇，研究的内容主要是劳动力市场、文化价值观以及资源分配。

1. 劳动力市场

在劳动力市场方面，Robert W. Fairlie 指出“大萧条”致使许多企业倒闭和丧失抵押品赎回权，其对企业造成两方面的影响。一方面，衰退减少潜在的商业收入和财富；另一方面，限制了工资/薪水部门的机遇，从而导致创业的实际效果比较模糊。作者使用1996~2009年的人口调查（CPS）所获得的最新数据，在个人层面上详细分析了创业的决定因素。回归结果表明，本地劳动力市场状况是创业的主要决定因素。个人创业概率的增加源于本地失业率的增加，同时发现房屋所有权和本地业主的置业价值对业务创新有积极作用，但这些影响明显较小。另外，研究表明，那些没有被雇用的个体相比于那些有工资/薪水的工人而言，更倾向于通过创业来应对较高的失业率。此外，不活跃的劳动力市场所带来的积极影响超过了其负面效应，进而造成了更高层次的商业创造。

2. 文化价值观

在文化价值观方面，Norris Krueger 等认为对文化问题和创业活动之间的关系进行更深入的理解是非常重要的，因为它对国家、地区发展和成长有着重要影响。因此，作者通过介绍已发表的关于创业、文化价值和社会环境这些主题文章，来探讨创业和文化价值观之间的关系。结果发现，文化和创业之间是存在一定联系的，文化在创业活动的不同阶段都可能发挥着它的影响，一些社会文化风俗、价值观和规范更有利于推动或者抑制创业，且一些特定文化价值观似乎对国家或地区的制度与经济特征都会产生影响。Liñán F.等研究了文化价值观在解释总的创业活动和创业者动机中的中介作用，并在不同层次的国家发展中区分了机会与必然动机。从全球创业监测和施瓦兹价值调查中获取56个国家的数据，并利用结构方程模型进行分析。结果表明，只有在高收入国家中，自主性价值观才助推创业活动。此外，较高的创业多发生在平均主义占主导地位的国家，并且随着居民收入水平的提高，这样的作用会更强。Noguera M.等运用制度经济学作为理论框架，分析了影响加泰罗尼亚女性创业的主要社会文化因素。利用全球创业监测项目（创业板）获得的数据进行实证研究，结果表明，“对失败的恐惧”和“感知能力”是影响女性成为女性创业者最重要的社会文化因素。Haifeng Qian 使用美国大都市区的数据来检验社会文化多样性与宽容性之间的差异，并在多变量分析中比较二者对创新创业的作用效果，研究结果表明，多样性对创新创业的影响显著不同于宽容和开放对创新创业的影响。Valdez M. E.、Richardson J. E.通过对多国进行实证研究来探讨影响宏观创业的因素。研究结果表明，社会规范、文化认知、监管机构都与创业活动相关。规范和文化认知机构的描述能力要比监管机构或人均国内生产总值在解释创业活动上更有说服力。这表明，价值观、信仰和能力上的差异也许要比机会上的纯粹经济考虑和交易成本更重要。I. M. Adamu 等探索性地研究了伊斯兰宗教对创业动机、创业绩效和企业社会责任承诺的影响。研究认为伊斯兰教的教义对促进创业活动有潜在的益处并建议在工作场所鼓励宗教习俗。Jaén Inmaculada、Liñán Francisco 衡量了文化价值在决定地区创业资本水平上的重要性，并考虑其如何影响员工特点。采用施瓦兹（2004）测量文化价值的方法，创业意向将被用作创业资本的代表，运用 Ajzen 的计划行为理论（1991），实证分析了 2974 名拥有高等教育学历的成年人样本，结果显示，由于文化特点原因，地域文化间接影响其成员的创业资本，有些地区的人更倾向于创业进而显示出较高的创业意图。

3. 资源分配

在资源分配方面，Nica、Mihai 指出在一定情况下，创业活动会导致经济增长，但重要的是创业活动是如何受到不同因素影响的。其中，影响创业的一个最重要因素是公共和私人部门之间的资源分配。因此作者探讨了在公共和私人部门之间应该如何进行支出分配，进而来影响创业活动。作者使用大量的国家面板数据，着眼于创业活动的措施与政府支出活动措施之间的关系。主要的研究结果表明，创业活动与一般政府最终消费支出的份额和政府支出的国内生产总值负相关。Falkinger Josef、Grossmann Volker 提出一种理论，土地或其他自然资源寡头所有权可能会阻碍制造业部门的创业，从而延缓结构变化和经济发展。由于农业劳动力市场业主的买方垄断势力，较高的所有权集中降低了无土地人的创业投资。信贷受限的家庭，其投资的可能性取决于其在主要部门获得的收入。基于此，通过对拉丁美洲、印度、中国台湾和韩国的历史数据的分析，结果支持了作者所提的理论。

二、宏观层面

本书所谓的“宏观层面”包括创业作用和创业环境两个维度。在创业作用中，我们主要研究的是创业与贫困、创业与创新、创业与经济发展三个内容。虽然创业环境中包括金融支持、政府政策、政府项目、教育与培训、研究开发与转移、商业和专业基础设施、市场开放程度、有形基础设施等八个方面，但从统计的文章数量来看，2013 年国外创业环境方面的研究重点集中于政策环境、教育与培训这两个部分，具体研究成果如下：

2013 年，国外公开发表的与创业宏观层面相关的文章共有 27 篇，涉及创业作用和创业环境两个方面。

（一）创业作用

在创业作用方面，国外公开发表的文章共有 22 篇，其中创业与贫困主题的文章是 7

篇，创业与创新主题的文章是 2 篇，创业与经济发展主题的文章是 13 篇。

1. 创业与贫困

在创业与贫困方面，Garry D. Bruton 等认为创业的一个主要功能就是解决贫困问题。其方法就是了解如何帮助那些生活在贫困中的人创造属于他们自己的企业，而不是把贫困视为一种物品进而推给市场。这样，在贫苦中创业的人就会创造一个长期解决贫困问题的办法。Jutta M. Tobias 等从农村居民的视角出发，通过评估卢旺达创业咖啡部门的贫穷和冲突之间的相互关系，进而考察创业给社会生活带来的变革。研究发现，创业可以给冲突地区带来和平以及促进繁荣，并且有助于贫困的消除。Muhammadsuhaimee Yanya 等使用泰国官方公布的 76 个省份数据，运用回归模型进行截面数据分析，发现创业对泰国基尼系数的增长以及员工人数指数起着显著的负效应。随后扩大数据范围，使用泰国 1995~2008 年 76 个省份的数据，并运用混合 OLS、随机效应和固定效应三种估计方法。通过前两种估计方法所得到的结果显示，创业对穷人的收入、收入不平衡和贫困者的数量没有显著的影响。而使用固定效应的方法得到的结果却显示创业的作用是微不足道的。因此，作者得出结论，创业对泰国收入分配和贫困没有起到什么作用。Ana María Peredo、Murdith McLean 指出创业可作为一种缓解地方贫困和弱势的潜在工具，但是在本地区域内，创业的概念一直以来都需要建立在文化和经济假设的前提约束下而无法摆脱。作者通过研究得出结论，在当地，若是要将创业作为发展工具进行研究和政策制定，那么就需要对创业概念进行重新构建和理解，这样才能更好地适应当地的文化现实。Hammond、Daniel R. 通过对政策性创业家概念的论述说明了政策性创业在城市居民最低生活保障上的成功作用。Silvia Dorado、Marc J. Ventresca 指出由于社会创业在解决极端社会问题，如长期性贫穷、环境恶化、持续的暴力冲突和地区发展不平衡等方面发挥的积极作用，所以吸引了实业界和学术界的广泛关注。Akhuemonkhan I. A.等探讨了尼日利亚的创业教育与就业激励，通过系统收集定量数据，并进行计量分析发现，创业发展可能是减贫、促进就业、快速普及和实现初等教育以及促进两性平等的有效工具。

2. 创业与创新

关于创业与创新，Salunke S.等利用美国和澳大利亚项目导向型企业的经验数据，运用多阶段多方法研究方案来论证创业服务企业如何在战略上把资源整合进而来激发创新和保持竞争优势。结果表明，服务创业和资源整合影响着服务创新的两种形式，而这又与持续竞争优势相关（SCA）。也就是说，服务创业和资源整合通过服务创新间接影响到持续竞争优势。Bjørnskov C.、Foss N.认为在追求利润的不确定性下，战略创业通过寻找、组合、尝试等方式在这一过程中起着关键作用。创业早就被公认为是经济增长的驱动力，具体而言，经济学家指出创新创业是作为过程创新的重要驱动因素，它能提高生产率和产品创新而且战略创业是作为全要素生产率的一种驱动要素。

3. 创业与经济发展

创业的一个主要功能就是带动就业进而推动地方经济发展，因此国外学者对于创业与经济发展内容的研究也非常关注。Hessels J.等研究了创业活动是否在发达国家以及发展中国家的一些行业中对经济增长发挥着重要作用。作者基于所涉及的技术强度，区分了三种类型的创业活动，这三种创业类型包括没有任何技术强度的创业、低技术创业和高技术创业，且对来源于全球创业观察所得到的数据进行回归分析发现，与没有技术和低技术产业相比，高科技产业中的创业活动创造了更多的经济增长，这强调了高科技创业的重要性。Roberta Sonnino、Christopher Griggs-Trevarthen 指出，由于全球经济危机的影响，越来越多的创业者开始关注社会经济部门，认为社会创业在经济疲软的大环境下具有更大的潜力来应对亟待解决的社会问题，能够为全球经济和社会发展做出贡献。Wilson F.、Post J. E.指出在实业界，社会创业作为一种创业形式存在已久，企业通过创造性地满足社会需要进而增强竞争能力，同时创造经济和社会价值，加速了企业实践社会责任的进程。Katrin Mayer-Haug 等指出创业和经济增长作为中小企业活动的主要纽带和关键的政策目标，已经被人们普遍接受。人们现在谈论的焦点在于对创业作为经济发展引擎的一个更细致入微的了解。调查了 50045 家公司（183 项研究），并总结了 1002 个中小企业的意见。分析结果显示，创业人才与经济发展和绩效结果之间存在着很强的相关性。Sautet Frederic 指出大多数经济学家认同创业对发达国家的经济增长有积极的影响，然而却没有证据表明在发展中国家也是如此。相反，在许多低收入国家，人们可以观察到生产性创业，但是却没有发现与之相对应的发展。这是创业与发展之谜，为了解决这个难题，作者提议参考本地和系统性创业的概念。运用社会合作机制，以及网络和企业理论的研究，作者给出了为什么创业对发展中国家的经济增长是有限的影响的解释。创业的一个明显的主要作用是当涉及技术创新时，其就会将约束条件转变为可变因素。虽然这可能是创业活动的一个基本作用，但是一些约束条件依然不能被改变。在一些发展中国家，机遇、市场程度是一个约束，超越了创业活动的范围。出于上述原因，市场程度仍然是外生的，而不受创业发现的影响，从而给发展带来了一个硬性约束。发展取决于系统创业的条件，或者在其范围内，创业是无限的。一些制度因素，如政府法规、不良定义、强制财产权、制度不确定是限制系统创业的主要因素，一些学者指出，在过去的十年里，不发达的主要原因在于体制问题。基础设施和其他公共物品的缺乏可能是一个决定性因素。在任何情况下，贫困与发展的缺失都是众多因素结合的结果，通过阻碍系统创业而强烈地限制了经济发展的潜力。Warnecke、Tonia 指出创业在追求经济发展和福利方面发挥着关键作用。同时，创业是复杂和不断发展的，创业与福利之间的路径并不清晰，且并不是所有类型的创业活动都与经济增长相关。Hafer R. W.从国家层面出发，研究创业是不是解释经济增长的重要因素。创业活动以考夫曼创业指数（Kiea）来进行衡量，使用真实的人均国民生产总值、人均个人收入和就业增长来进行标准增长回归，检验了创业作为一个独立的角色对国家经济增长的影响，研究发现，创业活动水平的提高与经济增长之间具有很强的关联性。Noseleit Floria 通过实证研究发现，创业活动引起的结构性变化是与经济增长呈正相关的。创业活动对要素再配置和结构的变化将导致更明智的政策。创业活动通过结构变化引起经济增长的作用体现在两个方面。其一，由于组织的局限性，企业未能有效地管理要素的跨部门分配。其二，由于新业务品种的多样性和机会识别功能，这有助于经济活动的重新分配，并更加有效地利用这些因素。Heather M. Stephens 等研究了促进农村偏远地区经济发展的因素。以阿巴拉契亚地区为研究对象，并把它和附近的两个县以及美国其他类似的落后县进行比较，对自我就业、人力资本、创造力、大学外溢、高科技集群这些因素进行了考虑，研究结果表明，创业和创造力因素在阿巴拉契亚地区以及类似的落后地区国家的经济增长中起着关键作用。Víctor M. González-Sánchez 指出创新和创业活动已成为经济增长的重要元素，也是一个国家发展水平的决定性因素。创业活动不仅对一个国家的经济发展起着重要的作用，在其他事项上，比如对劳动力市场和经济增长也起着重要的影响。除了刺激就业机会的增加和创造，创业者的存在可能还与一个国家的经济结构和表现相关。Oort Frank、Bosma Niels 介绍了人力资本、创新和几种类型的创业作为影响区域经济绩效的潜在驱动因素。通过 2001~2006 年的专利活动所得到的人力资本和发明数据，对 2006 年 14 个欧洲国家的 111 个地区进行调查研究，分析其与区域生产率的关系，研究结果发现，人力资本、专利活动和创业都与区域经济表现相关联，这在大中型城市的地区也是如此。Oyelola O. T.等借鉴美国等发达国家以及中国和印度这样有活力经济体的发展经验，强调创业作为尼日利亚经济可持续增长的重要性，论述了在最具活力的经济体中，创业在经济增长、平衡区域发展、创造就业机会中的作用。采用叙事文本案例研究（NTCS）这样一种社会科学研究方法，揭示了由于尼日利亚缺乏合适的商业环境，比如受到经常停电、糟糕的道路、政府官员对中小企业的多重征税、中小企业缺乏真正的支持服务和昂贵的运输/电信成本等诸多挑战，进而抑制了创业和经济增长。因此，政府应专注于能力建设，改善基础设施，合理利用石油财富，从而创造有利的环境来促进经济的可持续增长。Doepke Matthias、Zilibotti Fabrizio 指出经济增长率取决于人口选择创业的比例，一个社会的关键是有多少企业家，而且在更快增长的国家，更多的人表现出“创业精神”。

（二）创业环境

在创业环境方面，国外公开发表的文章共有 5 篇，其中政策环境 4 篇，教育与培训 1 篇。

1. 政策环境

在政策环境方面，Yagoub Ali Gangi、Elfadil Timan 探讨了潜在创业者如何看待苏丹的创业环境。作者评估了影响创业发展的经济、政治、法律和行政、社会文化、教育、基础设施和公共支持条件。此外还探讨了政府、苏丹社会和苏丹的商业社会对增强创业环境的态度。通过问卷调查收集了来自 236 个国家的潜在创业者数据，研究结果显示，创业者认为经济、教育和基础设施条件是公平的，然而，他们认为政治、法律、行政、社会和文化条件是相对缺乏的，而促成这些情况的因素在于苏丹社会的政府政策和社会文化信念。Saurav Pathak 等采用多层次建模的方法，实证检验了 20 个新兴经济体国家的知识产权、外国直接投资流入以及技术采用的障碍如何影响个人进入技术创业领域的可能性。研究结果表明，具有较强的知识产权保护制度和较高的人均外国直接投资水平将会降低个人进入技术创业的可能性，然而技术采用的低门槛将会增加个人进入技术创业的可能性。这些发现有助于理解国家机构的作用以及外国投资对新兴经济体中早期科技创业者创业行为的影响。Saul Estrin 等通过发展创业和制度理论进而来解释个人和机构背景下的创业成长愿望。文章假设较高的腐败水平、较弱的产权和大的政府活动将会对企业家增长就业的愿望产生负面影响。基于此，使用 42 个国家 2001~2006 年的全球创业监测报告检验了前面的假设，研究结果发现，成长为有抱负的企业家和机构之间的关系是复杂的，他们同时受益于强大的政府（从产权实施的意义上）以及较小的政府，但被腐败所制约，社交网络调节了一些制度缺陷但不是全部。Bagautdinova N.G.等调查了腐败环境下的创业意向，研究发现，在腐败环境中推动创业活动的主要因素是缺乏社交生活，而且在很多情况下，这似乎是改变生活方式的唯一机会。作者还指出随着更大业务在腐败环境下的发展，它就更倾向于避免腐败和变得独立。此外，腐败环境为高的创业意向提供了基础，而且在这样环境中工作的大多数人通常会在他们年轻时拥有一定的创业经验，但很少有人将它作为职业道路。

2. 教育与培训

在教育与培训方面，Harun Sesen 通过对两个土耳其大学的工商管理系学生和健康科学与法律系学生进行问卷调查来研究大学生创业意向中的一些个人和环境因素。研究结果表明，创业个体的自我控制、创业自我效能、社交网络和获得资本的环境对学生创业意向有着重要影响。然而，大学环境却对创业意向没有任何重大影响。

三、微观层面

创业的微观层面是指从创业者的角度出发，来考虑创业领域所涉及的一些具体问题。与创业宏观层面的整体性不同，创业微观层面更加详细，对创业实践的指导性也更强，因此，目前学术研究的重点也是集中于创业微观层面。从学者研究的内容来看，总共涉及创业微观层面的 7 个方面，分别是创业者、创业导向、创业动机与机会、创业融资与投资、创业教育、创业绩效以及创业团队。具体的研究成果如下详述：

2013 年在国外研究成果中，涉及创业微观层面的文章总共有 82 篇，具体分布为创业者研究是 24 篇，创业导向研究是 21 篇，创业动机与机会研究是 7 篇，创业融资与投资研究是 5 篇，创业教育研究是 12 篇，创业绩效研究是 4 篇，创业团队研究是 8 篇，从文章数量上可以看出，创业者以及创业导向研究依然是重点。

（一）创业者

2013 年国外有 24 篇文章涉及创业者研究。内容包括创业者特质、创业者资源禀赋、创业者创业胜任能力三个方面。

1. 创业者特质

关于创业者特质，Saeid Karimi 等基于计划行为理论，探讨了性别和行为榜样对创业意向的影响，通过对 331 名伊朗大学生进行问卷调查来收集数据样本，研究结果显示，创业榜样间接影响创业意向，而且研究还发现性别在行为控制认知和创业意向之间的关系中并没有什么差异，然而性别影响计划行为理论中的其他关系，比如女学生与男学生相比，其对创业的态度是比较淡化的，对创业意向也存在更强的主观意愿。Lamotte Olivier、

Colovic Ana 从 53 个国家 2001~2009 年的跨国家面板数据分析中发现，人口的年龄分布和创业活动相关。更具体地，一个国家年轻人的比例越高，对新生创业影响就越积极。相反，一个国家老龄人口的比例越高，就会对新生创业带来负面影响。Colin C. Williams、Sara Nadin 通过对社会创业者和传统商业创业者的对比分析，指出社会创业者有着对当地的社会问题高度关注、更乐于共同行动等特质并从个人的角度分析了社会创业发生的可能性。Ejaz Ghani 等分析了在印度制造业和服务业行业中女性创业的空间决定因素。通过研究在职女性所拥有的企业以及她们在促进后续女性创业上的作用，研究发现，若现存企业中女性拥有更高的所有权将预示着下一个创业者是女性的概率会更高。此外，本地相关行业中女性所拥有的企业数量越多则预示着即使是控制了重点地区的行业入门条件，女性进入该行业的机会也会增大。Aleksandra Gaweł 基于 1993~2010 年就业市场形势的背景，分析了波兰女性创业率的变化以及影响女性创业的决定因素。在研究期间，即使是在女性就业市场比男性更困难的情况下，波兰的创业者性别差距也只是略有下降，这将对创业动机产生一个负面的影响。研究结果表明，女性创业比男性创业更容易受到以 GDP 为衡量标准的一般市场形势的影响，这意味着，创业者的性别差距可以在长期的经济增长时得到减少。Saskia Vossenberg 认为尽管女性主导的企业越来越多以及旨在促进和发展妇女创业的政策和资源显著增加，创业的性别差距依然存在。基于女性主义的观点，作者认为，当前促进女性创业的政策无疑是使个体女性受益的，但是性别偏见在创业中是深深存在的，并且一直未得到有效改变，因此，努力也许是徒劳的，也将不会有任何重大的宏观经济或社会影响。Inga Haus 等基于计划行为理论与角色一致理论，认为性别与创业意向之间的关系受到三个基本动机结构因素（创业的态度、主观标准、知觉行为控制）的调节。通过对 30 项研究结果进行元分析发现，与女性相比，男性的平均创业意向要普遍高于女性，然而，尽管性别的差异在创业意向上表现特别显著，但动机结构因素却无法充分解释创业实践中的实质性差异。此外，调节变量分析显示性别与创业意向之间的关系在欧洲和美国的学生和非学生之间也有所不同。Paço A. D.等比较了商学院女孩和体育学校男孩在创业相关的心理属性和行为以及创业意向的区别。结果显示，创业教育被深深融入课程的商学院女孩中，其创业行为和创业意愿是更高的。而在邻近的体育学校男孩中间，尽管他们没有接受任何形式的创业教育，但却有更大的创业意图，这表明，有其他因素影响创业意向。Zoltan J.Acs 等根据创业知识溢出理论，得出决策的情境可以影响一个人成为创业者的决心。创业者不仅是知识溢出的渠道，其也通过资源分配来产生创新活动和增强经济效益。Lim Seongbae、Envick Brooke R.探讨了性别与文化在创业导向中的作用。采用 Lumpkin、Dess 所提出的创业导向维度，从美国、韩国、斐济、马来西亚等地区收集了 389 名大学生的数据，并进行统计分析。结果显示，大多数创业导向维度在性别和国家之间存在显著性差异。因此，基于性别和独特的文化背景来定制发展大学生创业导向的方法是非常重要的。

2. 创业者资源禀赋

在创业者资源禀赋研究方面，Andreas Rauch、Serge A. Rijsdijk 利用人力资本理论来解释新成立的公司如何实现长期增长和减少他们失败的可能性。以 201 家初创型公司为例，并且在超过 12 年的时间跨度内来评估企业成长和公司的失败，研究发现一般和特定的人力资本导致了不同方式的增长和失败。更具体地说，一般人力资本对于创业失败方面的影响可以被增长这一变量调节。出乎意料的是，特定人力资本与公司增长并没有直接的关系，并且对业务失败有直接的消极影响。Enrico Santarelli、Hien Thu Tran 研究了人力资本、社会资本以及二者之间的相互作用对越南新生企业创业绩效的影响。经营利润作为衡量成功的标准，人力资本用个人层面的职业教育、创业经历和学习来衡量，将学习定义为积累知识来进行创新活动的能力（新产品介绍、产品创新和工艺创新）。研究结果表明，人力资本有力地推动企业的成功，学习与营业利润呈现显著的正相关。Gary N. Powell、Kimberly A. Eddleston 通过收集 253 个企业家创办的中小企业的调查数据来检验他们在家庭领域所得经验是如何有助于他们商业领域的经验。创业成功用经济表现（业务绩效、就业增长）和创业经验的满意度（满意状态、员工关系的满意度）进行度量，结果提供了大量证据来支持女性创业者受益于家族企业的关联性，进而支持创业成功的观点。相反，男性创业者却并没有从这些关联性中受益。女性创业者之所以会受益，原因在于她们相对缺乏对其他资源的获取，比如人脉、社会、金融资本以及女性的性别角色鼓励她们追求工作—家庭的协同效应。相比之下，男性创业者可能无法体验这样的好处，因为他们的其他资源相对比较丰富，而且男性性别角色阻碍了他们追求工作—家庭的协同效应。

3. 创业者创业胜任能力

关于创业者创业胜任能力，Kenneth Chukwujioke Agbim 等研究了影响尼日利亚高等院校毕业生创业意向的因素。通过选取不同年龄组、性别、课程和民族群体的 307 名毕业生作为研究对象，对所产生的数据使用均值、标准差和方差分析，研究结果发现，最有影响的因素是创造力，并且随着年龄增长，创业意向增加。Zaidatol Akmaliah Lope Pihie、Afsaneh Bagheri 利用班杜拉的结构路径模型研究了创业自我效能感、自我管理和创业意向之间的关系。样本由 722 名公立和私立的马来西亚大学学生组成，结果显示，大学生创业自我效能感对他们意图成为一个企业家产生最重要和积极的影响。更具体地说，创业自我效能感对大学生创业意向有着直接或间接的影响。此外，自我管理在创业自我效能感与大学生创业意向的关系之间起到部分的中介效应。Tseng C. C.探讨了自主学习与创业学习之间的关系以及通过文献回顾来分析创业学习与创业绩效之间的关系。研究结果发现，创业者谁学习和发展了自我管理和自我监督能力，谁就会有更多的机会在创业发展过程中提高创业的知识和经验，自我学习与创业学习是创业绩效的关键因素。Shouming Chen 等分析了 146 个老挝创业者，发现创业者的乐观情绪与他们新创企业的表现呈正相关。同时还发现，教育水平和创业动机调节了创业者乐观情绪与新企业之间的关系。Baron R. A.等提出一个理论：一群相似的人可能会聚集在一起，但不合适的人慢慢就会被淘汰掉。所以在创业的领域，最后留下来的，基本都是抗压能力强的，抗压能力差的人可能都被淘汰掉了。通常我们会觉得创业家在做很特别的事情，感到很大的压力，但用这个理论来看就发现，能留下来的创业家的抗压能力都是高于常人的，对压力的感知是更弱的。通过调查数据也得到了一致的结果。Hmieleski K. M.等指出即兴行为的概念来源于爵士乐，指那些突然的、灵动的想法和行为。研究者对相关的概念有了很清晰的定义，再通过对国家（美国）新企业进行随机样本的研究，来考察创业者的即兴行为对公司绩效的影响。最后得到结论：在中等乐观和行业高度动态的情况下即兴行为才对创业绩效有积极的影响。因为过度的乐观也会导致创业者无法深入地思考问题，而行业如果是高度集权的，可想而知一个有很多想法的员工往往也会死得很快。Vicente Salas-Fumas、J.Javier Sanchez-Asin 通过收集 OECD 国家的数据并进行模型实证检验，发现随着时间的推移，创业者素质的提高有助于生产率的增长。文章的计量结果和样本数据解释了模型的相关理论，驱使我们得到结论，20 世纪后期 OECD 国家创业技能素质的持续增长以及创业者较高的创业技能在协调与激励等管理能力上的有效发挥可以解释 OECD 国家平均生产率为什么每年都以 40%的速度增长。Okey O. Ovat 以尼日利亚创业发展中心的建立来说明创业发展项目在国家整体发展中的关联性，并且指出，由于尼日利亚贫困水平很高以及金融市场不发达导致应届毕业生在尝试建立自己的企业过程中会不可避免地遇到创业融资的流动性限制。为了实现创业发展计划的目标，作者认为应届毕业生创业者和其他创业者需要具备五个强大的意志力，如思维能力、规划能力、人员能力、知识能力和资产负债能力。Cardon 等认为在情感层面上，影响创业的核心因素是激情。通过对相关人群中的样本进行一系列的实证研究，开发和验证了一种捕获创业激情的工具和其内在维度。研究表明，创业激情在创业中起着重要作用，但其具体方面在概念和经验上与其他情感和认知都是不同的。Arthur Sserwanga、Gerrit Rooks 基于高潜力创业者能够充分有效地识别和利用机会，进而提议可以对高潜力创业家与低潜力创业者进行区分。因此，作者使用三种核心的创业活动来对创业者进行区分，其分别是机会识别、规划和创新，且对大约 700 名乌干达创业者进行集群分析，并产生了两个自然的、不同的、内部异质性的高潜力和低潜力创业群体。Neck Christopher P.等指出创业在于个体与机会的交汇。创业者为发展他们的事业，必须在他们的个人资源和生活需求之间进行协调，然而，很少有研究关注创业者工作环境如何影响个体以及创业者如何利用个人、社会和家庭资源来应对创业需求。据此，作者提出了一种有调节的中介模型，在这个模型中，自我领导作为一种认知资源，调节创业需求和资源的影响，其目的是为了减少创业疲惫和增加投入进而导致更少的创业退出意图和更多的创业增长意图。

（二）创业导向

虽然近些年来关于创业主题的研究成果越来越丰富，但是在国际上对于创业导向的研究仍然是一个热门的话题，在 2013 年的国外文献中，关于创业导向的研究文章就占据了很大的篇幅，共发表了 21 篇文章，内容涵盖了创业导向与企业绩效以及创业导向与企业成长两个维度。

1. 创业导向与企业绩效

2013 年总共有 17 篇文章涉及大盘创业导向与企业绩效方面，Amer Dehghan Najmabadi 等研究了在考虑公司组织机构的调节作用下，企业创业导向对企业绩效的影响。采用 Cochran 公式，选取了 152 人的样本数据并对收集的数据进行分层回归，然后利用

AMOS 软件对结构方程模型进行评价。研究结果显示，一方面，证实了公司创业导向对企业绩效具有显著的正效应；另一方面，表明组织机构对创业导向与绩效之间的关系具有一个显著的调节作用。Aderemi Ayinla Alarape 考察了创业导向和其维度变量（创新、风险、主动性）之间的关系，以及它们对尼日利亚西南地区中小企业成长绩效的影响。利用从第一手来源和第二手来源所获得的数据资料，使用描述性统计和推论统计的方法来对数据进行分析，并运用主成分因子分析法来识别影响创业导向的重要因素。此外，采用参数和非参数统计以及线性回归来解释创业导向与中小企业绩效的关系及其对绩效的影响。结果显示，尼日利亚西南地区中小企业的成长绩效普遍较差，创业导向与企业绩效之间呈正相关关系。而且研究表明，一个企业的创业导向与企业的成长绩效之间的关系并不是单一的而是动态的。Hoang Cuu Long 探讨了学习导向、市场导向和创业导向之间的关系，以及这些因素如何影响越南转型经济中的企业绩效。通过收集越南营销传播公司中的 642 名业主、高级管理人员和首席执行官的数据资料并利用结构方程模型对所收集的数据进行分析。结果表明，创业导向和市场导向对企业绩效有正向影响。Patrick M.Kreiser 等将创业导向分为三个维度（创新性、前瞻性和风险性），并使用 9 个国家中 13 个不同行业的 1668 个中小企业数据来对创业导向与创业绩效之间的关系进行更加细致的分析。通过理论和实证方面进行分析所得到的结果证明，创新性、前瞻性和风险性对中小企业的绩效是一个非单调性影响。创新性和前瞻性与中小企业之间的关系显示出一个正 U 形的关系。风险性与企业绩效之间的关系则呈现出一个负 U 形的关系。William J. Wales 等使用 258 家瑞典小企业的样本数据，研究了创业导向和小企业绩效之间的关系，结果显示创业导向和小企业绩效之间存在着倒 U 形的关系。Mohammad Arief 等为了确定创业导向对企业绩效的影响，采用定量方法收集了玛琅 140 个中小企业集群的数据，并用 AMOS 进行数据分析。结果表明，当创业导向通过战略灵活性而发挥的间接影响被包括在总效应模型中时，创业导向对企业绩效的直接作用是降低的。因此，创业导向与企业绩效是积极相关的，而战略灵活性在这关系中起着中介作用。Nina Rosenbusch 等使用结构方程模型来进行元分析进而探索环境包容性、敌对性、动态性与复杂性、创业导向和企业绩效之间的联系。结果表明，环境的包容性、动态性与复杂性影响创业导向，反过来，创业导向影响企业绩效。Mahmood Rosli、Hanafi Norshafizah 以马来西亚的中小企业为研究对象，探讨竞争优势在创业导向和创业绩效之间所发挥的中介效应。作者认为创业导向和竞争优势来源是中小企业成功的关键因素，据此，作者从注册登记的中小企业样本中随机选取女性业主/管理者，通过邮寄调查问卷的方式来进行数据的收集。然后对此进行定量分析，研究结果显示，创业导向与绩效之间存在着一个显著的关系，竞争优势在创业导向与绩效关系之间起到部分中介效应。Boso N.等借鉴制度理论和资本理论，利用从加纳的创业公司所收集的主要数据进行研究发现，高水平的创业导向和市场导向提高了企业的业务绩效，特别是在社会和商业网络关系发展良好的情况下，企业绩效受益于创业导向和市场导向的作用会更大。William J. Wales 等研究了创业导向与企业绩效之间关系的性质。基于 258 个瑞典小企业的研究样本发现创业导向与企业绩效之间存在着一个倒 U 形关系。借鉴资源统筹理论证明了信息和通信技术能力以及网络能力帮助小企业克服了相关的资源劣势。Henri Hakala 采用偏最小二乘法对 196 家芬兰软件公司进行分析，研究了创业导向和学习导向分别与企业绩效（盈利能力与成长能力）之间的关系，研究结果表明，创业导向对盈利能力的影响被学习导向行为所调节。Veidal Asbjørn、Korneliussen Tor 研究了创业导向和市场导向作为组织创新与绩效的前提，采用结构方程模型对 213 家公司的调查数据进行了分析，研究结果表明，组织创新与绩效以及市场导向与绩效之间存在着积极显著的关系。令人惊讶的是，创业导向对绩效没有直接影响。组织创新在创业导向对绩效的影响过程中起到中介作用。这些结果表明，创业导向应注重组织创新，并将其作为提升企业整体绩效的一种办法。此外，为了提高绩效，管理者应当在市场导向与组织创新过程进行资源分配。Hsiang Ling Chen、Chun-Hui Hsu 指出之前的研究成果表明，创业导向与企业绩效之间存在着一个倒 U 形的关系，而这项研究认为，倒 U 形关系可能取决于市场导向的水平。因此作者通过对 307 个非营利组织样本进行分层回归，结果揭示了创业导向与绩效的各个维度之间均存在倒 U 形关系。Joaquín Alegre、Ricardo Chiva 认为在创业导向和企业绩效的关系之中是存在着其他中介变量的，其中主要包括两个方面的因素：组织学习能力和创新表现。通过使用结构方程模型对从意大利和西班牙的瓷砖生产商手中获取的数据进行检验，发现组织学习能力和创新表现在创业导向—企业绩效之间的关系中发挥着中介作用。创业导向提高了组织学习能力和创新表现，这反过来又提高了企业绩效。创新表现在创业导向和企业绩效的关系中起着一个中介变量的作用。Banjo Roxas、Doren Chadee 认为虽然正式机构和创业导向都对企业绩效的提升起着积极和单独的作用，但是两者之间的相互作用还没有得到太多的关注。因此，作者从制度理论和创业文献出发，利用结构方程模型和对菲律宾旅游业企业的大规模调查所获得的数据进行分析研究，结果表明，制度环境的因素对企业绩效的影响是有限的。创业导向部分地增强了制度环境对企业绩效的影响。创业导向对制度环境与企业绩效关系的强中介效应是一种新发现。Hassan Saleh Al Dhaafri、Abdullah Kaid Al Swidi 研究了企业资源规划系统在创业导向与组织绩效之间的中介作用。通过向迪拜警察部门分发问卷来收集数据，并采用偏最小二乘结构方程模型进行数据分析。根据统计结果，创业导向和企业资源规划对组织绩效的作用被证实了。此外，企业资源规划在创业导向对组织绩效的影响中起到中介调节作用。Kraus Sascha 通过对奥地利的 310 家服务企业进行实证检验，进而来调查创业导向与公司绩效之间的关系。研究结果证实了创业导向与企业绩效之间存在显著的正相关关系。

2. 创业导向与企业成长

在创业导向与企业成长方面，Lotz H. M.、van der Merwe S. P.研究了创业导向对南非农业企业获得成功的影响。作者通过向南非 5 个最大和 3 个较小的农业企业的管理者发放结构性问卷，对收集的数据采用主成分因子分析方法和计算 Cronbach α 系数，研究结果显示，参与调查的农业企业管理者认为，创业导向的因素包括主动性、风险性和自主性，对他们的商业发展和改善有着积极的影响。另外一个研究发现是创业导向的主动性、风险性和自主性这些因素与企业成长这个独立的变量之间也存在着积极的联系。Fabian Eggers 等采用定量的实证方法，运用结构方程模型中的 AMOS 软件对奥地利 660 个中小企业的调研结果进行分析，实证检验了创业导向和顾客导向对中小企业成长的影响。结果显示创业导向与中小企业成长呈正相关，而顾客导向则与企业成长成负相关。并且中小企业若能展示高的创业导向和低的顾客导向，中小企业将会成长最快。Jahangir Yadollahi Farsi 等通过研究创业导向在汽车零部件生产商中所发挥的中介效应来探讨社会资本对组织创新的影响。研究的统计人口包括伊朗汽车零部件公司的执行经理。利用偏最小二乘的结构方程模型，运用 Smart PLS 2.0 软件应用于数据分析以及潜变量路径模型，研究结果显示，社会资本对组织创新和员工创业导向有着一个积极显著的影响。员工的创业导向反过来又会影响组织创新，这证实了创业导向对社会资本与组织创新关系的中介作用。Mário Franco、Heiko Haase 探讨了什么因素驱动协同创业。为此，作者检验了企业资源与创业导向在决定建立企业联盟上的共同影响。基于随机样本，作者通过网上调查问卷收集 84 家葡萄牙公司的样本数据并进行了交叉—横截面研究，运用描述性统计与逻辑回归来对数据进行分析。结果表明，一些资源和创业导向的若干方面与协同创业相联系，但效果是相当复杂的。

（三）创业动机与机会

2013 年国外公开发表的与创业动机和机会相关的文章共有 7 篇，研究的主要内容包括创业动机与机会的影响因素、创业动机与机会识别以及创业动机与机会的作用，其中国外学者将注意力主要放在创业动机与机会识别上面。

关于创业动机与机会的影响因素，Eijdenberg、Emiel L.、Masurel、Enno 探讨了一个最不发达国家的创业动机，作者将影响创业动机的因素分为推动因素和拉动因素。研究结果表明，在最不发达国家进行自我创业的人，创业的推动因素比拉动因素更重要的前提假设是可以被拒绝的。而且与以前在最不发达国家所得到的创业研究结果相比，这项研究表明，推动因素和拉动因素是不相互排斥的。除此之外，这项研究表明拉动因素比推动因素更重要。因此，对于创业者而言，推动因素只起了一个小的作用，并且就推动因素和拉动因素而言，一个年轻创业者的创业动机至少是混合的。

在创业动机与机会识别方面，Hernan E.Riquelme 基于认知理论、社会资本理论以及环境发展和个性理论，研究了创业机会识别的整合模式。通过对服务行业的 240 名创业者进行调查，采用多元回归分析法对模型进行检验，寻找创业机会识别的影响因素。研究结果表明，创业者谁能率先发现与他们领域相关的先验知识和信息，谁就将更容易接近创业机会并对自己更有信心，从而在经济环境的变化中率先看到创业机会的变化。Hunter、Murray 基于先验知识、情感的敏锐性和一个人的当前观点探讨了创业机会的现象。创业机会被描述成环境的变化与个人、家庭和商业计划之间的一个连接，并反映在个人的知识中。因此机会识别必须被视为一种能力而不是整个社会的统一表现。创业机会被描述和定义为四种类型的存在：模仿、配置、发现和构建，而且每种类型都有自己的特点。Yu-Lin Wang 等研究了创业机会识别与个人层面的创新绩效之间的关系，从中国台湾某科学园区的 268 名高级研发项目团队成员和 83 名研发经理手中收集他们对员工创新行为评价的问卷数据并加以分析。结果发现，个人的自我效能、先验知识、社交网络和对行业环境机会的觉察都对创业机会识别有积极影响，同时创业机会识别也对个人层面的创新绩效贡献显著。Talebi Kambeiz 等研究了知识资本对亚兹德科学技术园中的知识型企业的创业机会的影响。研究数据包括 75 名亚兹德科学技术园中的知识型企业的管理者。利用结构方程模型和偏最小二乘法对数据进行分析，结果显示，在我们抽样的样本中，知识资本和其维度对知识型企业的创业机会识别有着积极显著的影响。

在创业动机与机会的作用方面，J. C. Cachon 等研究了北美洲三个国家内在和外在的创业动机和创业绩效。动机包括独立、工作安全、货币收益、内在回报。墨西哥的受访者认为他们创业的成功率低于加拿大和美国同行，他们更专注于外在动机，而加拿大和美国的受访者则主要倾向于内在动机，特别是渴望独立。Achchuthan Sivapalan、Kandaiya Sivarajah 通过回顾亚洲、欧洲、非洲和跨文化视角下的关于创业意向研究的现有文献，进而为创业生涯构建独特的创业意向模型。基于模型的创建，研究发现在全球化的水平上，创业动机是大学生提高创业意向的关键性因素。

（四）创业投资与融资

在创业投资与融资方面，2013 年国外学者有 5 篇文章涉及。其研究内容包括影响创业融资与投资的因素以及风险投资与创业投资、融资两部分。

1. 影响创业融资与投资的因素

在影响创业融资与投资的因素方面，Raj V. Mahto、Dmitry Khanin 指出影响科技型创业企业商业化的一个主要障碍是创业融资和获得融资的速度。其原因是这些公司的创始人在金融领域没有广泛的声誉。因此，作者在对来自 140 家互联网企业的研究和数据的基础上，研究创始人信誉对企业迅速获得融资能力的影响。研究结果表明，创始人声誉加快企业快速进入公众融资而不是私人融资。此外，研究结果表明，对具有广泛声誉的创始人来说，通过大的风险资本集团来获得早期风险投资和融资将会延迟其获得公共融资。

2. 风险投资与创业投资、融资

创业带有一定的风险性，而风险投资的本质恰好契合了创业的发展，因此，对风险投资与创业投资、融资领域的关注就成为了研究的热点。Bengtsson 研究了一个连续的创业者多久以及为什么接受风险投资公司对他的新公司的融资。当相关的风险投资公司获取到了更多的有关创始人私人的信息时，重复投资关系便可能发生，但是如果创始人的新公司与风险投资公司的地理或者行业焦点不相符，这种可能性就很少发生。当筛选和监控成本很高时，信息的保存对于融资关系是一个重要激励因素。Brent Goldfarb 等使用 182 个优先股样本，检验了天使投资人在早期创业融资中的作用。研究发现，与更多的天使投资者进行交易将会导致较弱的现金流和控制权以及需要经历更长的时间来解决融资问题，而且在较大的交易中，企业更可能成功清偿那些从单个风险投资者手中所获得创业融资。D. Guo、K. Jiang 验证了风险投资对中国创业企业的贡献，基于中国制造业企业的面板数据，研究了 1998~2007 年有风险投资背景和没有风险投资背景的公司在企业绩效和 R&D 上的不同。研究发现，风险投资支持的公司在盈利能力、劳动生产率、销售增长和研发投入方面要优于非风险投资支持的公司。此外，作者也使用工具变量分析了风险投资是否驱动了企业投

资绩效的改进，发现不同类型的风险投资和投资方法影响了公司的业绩。Butlera、Goktan 通过识别和研究没有经验的风险资本家的比较优势来揭示其如何支持创业公司的发展。

（五）创业教育

随着创业的重要性不断提升，创业开始作为一门独立的学科渐渐形成，而创业教育在指导创业实践方面也发挥着越来越重要的作用。因此，创业教育的研究开始变得繁荣，在 2013 年国外公开发表的文章中，共有 12 篇文章研究了创业教育这个主题，其重点研究内容包括创业教育与人力资本、创业教育与经济发展两个维度。

1. 创业教育与人力资本

关于创业教育与人力资本，Bruce C. Martin 等基于 42 个独立样本研究结果，发现创业教育和创业训练与创业成果和创业相关的人力资本之间有着重要联系，而且创业教育和创业训练与创业成果之间的关系在学术上的关注度要远远强于在实践中的关注度。José C. Sánchez 的研究为了证实创业教育增加了创业意向这样一个传统的观念，并强调创业教育会对中学生创业能力与创业意向起到关键作用，作者采用前后对照的实验设计，结果证实了研究假设。“实验”小组的学生提高了自身的能力和自我就业的意愿，而在“控制”组的学生没有。Thierry Volery 等采用准实验设计的方法分析了创业教育对人力资本的影响，从参加创业教育计划的 494 名学生以及 238 个对照组中收集数据，研究结果表明，一些个人特质诸如自主性和风险倾向以及信念都能对创业意向有显著的正向影响，创业教育对人力资本有着积极但有限的影响。Z.Solesvik Marina 等基于一个动态的人力资本视角来探讨创业教育投资、警觉性、风险资产积累和成为创业者意图之间的联系。调查收集了乌克兰三所大学的 189 名学生的信息，运用多重普通最小二乘回归分析和坡度分析来检验提出的假设。研究结果发现，创业教育的学生具有更强烈的创业思维。此外，积累了创业警觉资产的学生也具有更强的创业心理，然而积累了冒险倾向资产的创业教育学生则具有较低的创业心理。当这些学生认为风险较小时，就具有更高的创业心理。Pia Ulvenblad 等研究了学术创业教育和先前的创业经验是否加强了沟通能力和处理新企业劣势的能力。通过发放调查问卷的方式收集了瑞典 392 名相关创业者的数据资料，并对受过学术创业教育的创业者和有先前创业经验的创业者分别进行了统计分析，调查结果显示，从创业教育中获得经验的创业者在开放和适应的方面有着更高的交际技能，而在其他方面，有先前创业经验的创业者表现更好。当涉及新企业劣势认知的问题，群体中的差异并没有如假设中的那样强烈。然而，观察到的差异意味着在对待新企业劣势上，需要结合创业者先前的创业经验和从学术创业教育中所获得的创业经验。Otuya R.等研究了创业教育计划对肯尼亚大学的学生创业意向的影响。采用 Ajzen 的计划行为理论（TBP）和结构方程模型来处理肯尼亚大学生创业意向的形成。从一所提供创业教育课程的公立大学收集到 208 份有效问卷，并采用定量的方法进行数据分析。结果表明，Ajzen 的计划行为模型成功预测了肯尼亚学生的创业意向，而对创业教育的接触和非接触则解释了学生创业意向的差异。此外，研究结果表明，接触过创业课程的学生要比没有接触到创业课程的同行有更高的创业意向。Sofoluwe A. O.等将创业教育视为一种促进人力资本发展和就业能力的策略，采用定量研究方法，使用描述性和推论统计方法对 111 份返回的问卷进行分析，研究结果表明，创业教育是就业创造、财富创造、和谐社会与经济发展的余地，因此，三级政府、学术机构、捐助机构和私营部门组织应该鼓励将创业教育作为尼日利亚人力资本发展的一部分。Dehghanpour Farashah Ali 从全球创业监测报告中收集了伊朗的 601 位个人经验数据，运用二元逻辑回归方法评估了创业教育和训练过程对于创业态度、社会规范的认知、自我效能感和创业意向的影响。结果表明，完成一个创业课程将会提高 1.3 倍的创业意向可能性。Rae David、Ruth Woodier-Harris Naomi 探讨了企业和创业教育如何能影响新时期国际经济背景下研究生的创业和职业生涯。通过研究林肯大学的 60 名国际研究生完成创业课程的学习经验发现，企业和创业教育对个人发展和职业规划有着广泛的影响。

2. 创业教育与经济发展

在创业教育与经济发展方面，Allan O'Connor 指出政府为促进经济效益的不断提高，所以不断出台相关的促进创业的政策。因此，各国政府都寻求将创业教育作为一种手段来刺激经济活动水平的提高。然而，创业教育的经济效益却很难被证实，其中一部分原因是创业的多角度定义。而形成这个现状的因素在于缺乏理论上的合理概念和界定，进而协助政策制定者和教育者在特定目标内实施这个项目。Kennedy Ediagbonya 专门研究了创业教育在确保经济赋权和经济发展中的作用，并认为如果没有合适的创业教育项目的实施方案，那么经济赋权和经济发展就不会发生。因此，应该鼓励人们接受创业教育或者培养他们成为自己财富的创造者，而且政府应为毕业生提供可获得的贷款，以方便他们启动自己的创业计划。Ojeifo、Sunday Aidelunuoghene 论述了尼日利亚创业教育的必要性，以促进国家可持续发展。由于创业技能在真正的部门和经济发展上仍然至关重要，因此政府对这一领域的关注度也持续提高。然而尼日利亚这个国家现在面临的现状是急性贫困、青年和学生失业以及对外国货物和技术的依赖。青年的叛逆和暴力已促使政府对这一事实的认识，进而带动了创业教育的研究和学习。社会关注的焦点是鼓励青少年从事有益的生计活动。因此，文章认为创业教育将使学生具备必要的技能，以自力更生，并且各级政府和教育机构应该为青少年所需要的创业技能提供支持和帮助。

（六）创业绩效

对创业绩效的关注是创业行为的必然结果，也是创业成功与否的最有力证明。2013 年，国外公开发表的与创业绩效相关的文章共有 5 篇，分别研究了个体行为与创业绩效、战略管理与创业绩效两部分内容。

1. 个体行为与创业绩效

在个体行为与创业绩效方面，Yohanis Rante、Ari Warokka 考察了当地文化、政府角色、创业者行为对中小企业绩效的影响。通过向巴布亚的企业家发放问卷进行数据收集，采用路径分析和结构方程模型研究了当地经济增长和中小企业绩效之间的关系。结果表明，地方文化和政府的作用通过创业行为这个中介变量起到非常强大和重要的影响。这种间接影响表明，个体行为是提高和增强中小企业绩效的中间力量，而且地方文化、政府角色、创业者行为之间的连接对促进创业发展起着非常重要的作用。A. Rafi 等使用HEXACO

个性特征模型建立了人格特质与创业绩效之间的关系，并发现人格特质对创业绩效有着一个重要且直接的影响。S. Shane 等从行为遗传学的角度研究了遗传因素是否会影响创业绩效。研究结果表明，遗传影响了自我雇用人员的收入数额。

2. 战略管理与创业绩效

在讨论战略管理与创业绩效时，Okafor、Chinonye 指出知识管理战略可以实现高的创业绩效和创业竞争力，并通过横截面研究的方法分析了知识管理、创业绩效和竞争力三个变量之间的关系。Atul Gupta、Sharon R. Muita 研究了经营战略与创业特质、创业绩效和工作满意度之间的相互作用。研究结果显示，创业人格与绩效和经营策略之间有显著的相关关系，而创业人格与工作满意度之间的关系并不显著。此外，经营战略在创业人格和创业绩效的关系中发挥着重要的调节作用。

（七）创业团队

创业研究除了对个体创业者进行分析外，还包括对创业团队的研究。2013 年，国外共有 8 篇文章介绍了创业团队，研究的主要内容包括创业团队构成、创业团队绩效以及创业高管团队。

1. 创业团队构成

对于创业团队构成，Xiao Li 等通过与广东和广西的高科技中小企业的年轻创业者进行面对面的访谈，使用就业、盈利能力、销售营业额和企业国际化这四项指标对企业绩效进行衡量，研究结果表明，不同类型的创业团队有不同的增长意向，这取决于团队成员的优势。“混合型”的团队通常表现最佳，特别是在就业增长方面。而“科技创业”团队更多的是以利润为导向，“创业实践”团队更多的是以出口为导向。Leon Schjoedt 等指出新的初创企业往往是由创业团队建立的而不是由单独的创业者创立的。通常，创业团队成员都有家庭关系，但是却很少有学者对新企业和家族企业团队进行研究。因此，作者通过研究团队的形成与构成、团队成员之间的冲突、团队的代际参与、共享组织经验的影响、功能同质性等方面来弥补这个空白。研究结果表明，在决定家族企业和新创企业团队的有效性方面，团队关系比技能多样性更加重要。Discua Cruz Allan 等将家族创业团队定义为从事创业的相关个人的一个群体。创业团队研究强调团队成员给团队带来的资源。家族企业的研究结果表明，人际关系和社会理论在家族企业中是非常重要的。社会资本解释了家庭创业团队的形成与团队组成。基于洪都拉斯家庭创业团队的案例分析得出，一个共同致力于家庭资产的创业管理是家庭创业团队形成的基础。对团队成员来说，信任和价值共享是非常重要的。

2. 创业团队绩效

关于创业团队绩效，Wencang Zhou 等认为创业团队信息多样性与团队绩效之间的关系存在着研究的需要，因此，作者探讨了共享领导在信息多样性与创业团队绩效的关系中所起到的调节作用。从四个方面来衡量信息的多样性：功能特征、教育特征、教育水平和管理技能。结果表明，功能特征的多元化可以提高创业团队绩效，当在团队成员中共享领导时，管理技能多样性可以提高创业团队绩效。Wencang Zhou 使用 144 个创业团队样本，探讨了共享领导在信息多样性和创业团队绩效的关系之间所起到的调节作用。结果表明，任务相关的信息多样性能提高创业团队绩效。而非任务相关的信息多样性则不能提高创业团队绩效。当在团队成员之间共享领导时，任务相关的信息多样性将会受益更多。

3. 创业高管团队

对高管团队的研究是2013年国外学者的一个新热点，Eisenhardt、Kathleen 认为一些创业公司之所以会取得成功而其他人不能取得成功的关键因素在于高管团队。其原因是，第一，曾经有着一起工作经历的大型和多样化的团队更可能成功。第二，当团队之间高度冲突但仍然一起相处时，团队能够有效地制定出战略决策。第三，当他们遵循"简单规则"的启发来执行重大活动，诸如经常发生的新产品开发与国际化时，他们之间的决策也是有效的。更深层次的理解是这些"简单规则"可以成为他们公司的战略。第四，更有效的团队能够在公司处于混乱边缘时来重新组织他们的公司结构。Sebastiaan Van Doorn 等研究高管团队属性如何调节创业导向与企业绩效之间的关系。使用不同行业的346家公司样本，研究结果发现，高管团队异质性影响了创业导向和提高了公司绩效。此外，一旦考虑环境条件，结果表明，若是在高管团队层面缺乏异质性，将会对公司在稳定环境中的运行带来特别不利的影响。但是高层管理团队的共同愿景在创业导向和绩效之间的关系中所发挥的直接调节作用没有得到证实。然而，高管团队的共同愿景对动态环境中的企业运行却有着积极的影响。M. L. M. Heyden 等则从团队意见征集视角分析了企业高管团队异质性对企业探索性创新、企业竞争优势的影响。

第三节　国内创业研究综述

一、基础理论

2013年，国内的研究成果中，涉及基础理论的文章共有13篇，主要侧重于创业的影响因素方面。

相对于国外的研究成果而言，国内的研究显得更加详细，涉及的层面也更加具体细化，其将创业影响因素分为三个方面，具体内容如下：

（一）金融资本

关于金融资本，盖庆恩等从动态视角重新考察了财富与创业的关系，并基于中国农村固定观察点的调查数据进行了实证分析，研究发现财富对创业的影响并非简单的单调关系。当农户资产处于0~98.70分位数区间（0元<资产<26.84万元）时，农户资产越多越倾向于创业，这与静态模型的预测相同；但当资产处于98.70分位数之后的区间（资产≥26.84万元）时，样本自选择偏差的存在使二者呈负相关关系，即资产越多，创业概率越

低，支持了动态模型的理论预测。刘振中认为我国大学现行教育模式对大学生创业束缚多，创业资金缺乏和融资困难制约着大学生创业。张龙耀、杨军、张海宁认为中国城乡家庭创业活动普遍面临着现实存在的金融约束，其中尤以农村家庭为甚，但随着金融发展水平的提高，金融约束对城乡家庭创业活动的抑制作用逐步减弱；金融发展通过影响家庭创业活动，对中国城乡家庭人均收入水平产生了显著影响，“金融发展—企业家创业—收入分配”的微观作用机制在中国也是成立的，中国未来的金融改革应摒弃以单纯扩大规模为标准的金融发展模式，转而重视拓宽金融资源覆盖面和推动金融创新，积极支持农村地区及低财富家庭的创业活动，提高其收入水平，进而缩小城乡收入差距。

（二）社会网络

在社会网络方面，陈聪、庄晋财、程李梅将网络能力划分为网络开发能力和网络经营能力，以 141 家农民工创业企业为样本进行实证分析发现，农民工创业所需的人力资本与网络开发能力相关，与网络经营能力关系不显著；交易性资源与网络经营能力相关，但与网络开发能力关系不显著；创业机会资源受网络开发和网络经营两种能力的影响。赵艳萍等基于 252 份有效样本，提出产业集群创业核心网络、支持网络和隐性网络与中小企业创业过程三要素的概念模型及研究假设，认为产业集群内创业网络对中小企业创业过程有显著影响，但各网络层次对中小企业创业资源、创业机会和创业团队的影响程度各不相同。张旭结合产业集群资源和创业两个领域，通过劳动要素分工、产业环境、集群企业社会网络对创业要素的影响，进而对创业活动产生影响的内在机制加以研究，并建立实证研究模型，依据研究提出七个命题，认为集群的创业也是集群持久发展的必然选择，为创业研究、产业集群研究提供新思路。李伟铭等采取整群随机方式抽取我国 219 个新企业样本数据，在中国情境下对新企业网络能力的维度结构及其对创业成长的作用机制进行了实证研究。研究发现，新企业网络能力具有高阶多维度结构，并且可以识别为任务执行和胜任资质两个维度。同时，它们又可以再细分为特定关系任务执行、跨关系任务执行、社会胜任资质和专业胜任资质四个子维度。网络能力对新企业成长性绩效产生正向的积极影响；任务执行与胜任资质维度均有助于提高新企业成长性绩效，且胜任资质的影响作用更为强烈。郭红东、丁高洁以中国农村地区农民创业者为研究对象，认为社会性关系网络和市场性关系网络都对农民创业绩效的提高发挥了显著的作用，但是，社会性关系网络对农民创业绩效影响更大；创业机会创新性正向调节社会性关系网络与创业绩效之间的关系。董保宝基于创业过程与创业网络关系构建了一个创业网络演进阶段整合模型，从网络内容、网络治理机制、网络结构与网络能力四个方面对创业网络的不同演进阶段进行了详细的分析，并认为创业网络在创业过程不同阶段所发挥的作用具有不同重要的意义。汤林伟认为要想校正农民工创业过程中过度自信行为的出现，应提高农民工的认知能力。社会网络资源获取已成为提升创业农民工认知能力，克服其过度自信行为的有效途径。谢雅萍、林婉玉以福建省 259 个家族企业为研究样本，运用分层回归分析探讨家族性资源对创业导向的作用方向、影响强度和机理。研究结果表明，创业家族特质、家族文化和家族创业网络对创业导向都有着不同程度的影响，相比之下，家族文化和家族社会关系网络是更为关键的因素。

（三）政策法律

至于政策法律方面，杨郁认为财政法在促进创业中存在保障不足、结构失衡、缺乏效率和政策非均衡等实际问题，在此基础上运用财政法理论提出坚持财政法定、财政公平、财政效率和完善税制结构促进创业的制度建议。刘宇娜、张秀娥认为金融支持政策能够有效地弱化金融排斥现象，提高新生代农民工的创业意愿，增强创业的成功率。

二、宏观层面

2013 年，在国内的研究成果中，涉及创业宏观层面的文章共有 12 篇，在创业作用方面，总共有 3 篇文章分别介绍了创业与经济发展、创业与就业，而在创业环境方面，国内研究则重点关注了政策环境、政府项目两个方面。

（一）创业作用

在创业与经济发展方面，宋来胜等认为创新与创业能力皆是促进地区生产率提高的动力，但两者对地区生产率的正向影响较弱；创新对全国整体生产率的积极促进作用在 10%水平上显著，创业对全国整体生产率的正效应不显著；除了对“双高”能力地区生产率的正效应在 10%水平上显著外，创新与创业对其余地区的负向或正向影响皆不显著。

在创业与就业方面，谢恒、杨琴认为创业是解决就业的必要途径，并结合欠发达地区及创业的界定，提出影响创业的因素，然后揭示欠发达地区创业促进就业的作用机理，并从宏观与微观两大视角分析创业带动就业机制途径，提出完善欠发达地区创业带动就业机制的思路和对策。黄燕飞、万军提出一种新的就业能力观点，并认为这种新就业能力表现为一般就业能力和创新创业能力的充分融合和高度统一，旨在尝试为解决我国大学生就业结构性矛盾难题推开一扇“窗户”。

（二）创业环境

在创业环境研究方面，2013 年总共有 9 篇文章分别涉及政策环境与政府项目两个方面。

1. 政策环境

对于政策环境，王震从我国商品税制、所得税制和纳税人制度，深入分析不利于创业或投资的税收政策，以期明确税制改革的重点和难点，优化我国的创业和投资环境，增进人民福祉。宣杰、黄少波认为大学生创业的特殊性，决定了其对创业制度环境的特殊要求，制度设计应该符合这些特殊的情况，坚持平等与机会均等的原则，是制度伦理对大学生创业制度建构的基本要求，在这个基础上，应从国情出发，科学推进大学生创业制度环境的整体性建设。张媛认为我国当前的金融体系在金融政策、金融信贷、金融服务以及金融资源方面存在诸多不完善之处，制约了失地农民得到有效的金融服务和支持，需要从优化政策环境、完善贷款担保、提升服务质量、整合资源配置和加强知识普及等方面加以健全和完善，构建全方位、多层次的失地农民创业金融支持体系。潘江认为农民工返乡创业，既是时代发展的需要，也是农民工自身发展的需要，政府应该因势利导，在政策和日常管理方面给予更多的指导和帮助，通过农民工返乡创业推动农村发展。唐远雄、才凤伟认为在尊重农民工创业意愿的基础上，对农民工创业的各项扶持政策需有针对性，培育有组织的创业活动，是促进农民工创业的有效选择。林苞利用中国经济普查中的地区数据，对影响创业活跃程度的因素进行了统计检验。在已有研究的基础上，建立了一个在地区层次上解释创业活动的模型，考虑了机会、资源与制度环境。发现 R&D 活动与创业活动的正向联系，支持“知识溢出创业”的理论，还发现了经济的市场化程度、金融活跃程度与创业活动的正向联系。

2. 政府项目

对于政府项目，王秀玉等认为孵化园模式能为高职生创业提供经营场所、各种中介服务、融资服务、创业培养与咨询服务，孵化园模式可以培养和造就具有创业精神和创业能力的小型企业家，这既可增强国家经济活力、促进社会经济发展，又可优化人力资源配置，缓解社会就业压力。崔祥民、江南认为租金及物业管理费可使孵化器获取短期收益，创业企业资本收益可使创业孵化器获取长期收益，创业孵化器应根据自身经济资本存量相机选择收益策略。服务型扶持策略可吸引创业企业入孵创业，成长型扶持策略可促进创业企业成长，创业孵化器应根据孵化器的发展阶段相机选择扶持策略。齐昕等总结近年来我国激励科技人才创新创业的探索与实践，并指出在国家创新体系构建和完善、科技体制改革推进，以及在操作层面上的引才、助才和荐才等政策措施方面已经积累了一些经验，但仍存在着投入力度不足、合力推动需求与离散的管理体制矛盾、缺乏激励创新及政策的长效机制等问题。提出加大资金支持力度、加强顶层设计和综合协调、优化科技管理体制机制、注重对科技人员综合激励等路径选择的策略建议。

三、微观层面

与创业宏观层面相比，2013 年国内研究的重点聚焦于创业微观层面，总共有 78 篇文章涉及微观创业的不同维度，研究的内容覆盖了创业领域的各个方面。

(一) 创业者

2013 年，在国内的研究成果中，涉及创业者方面的文章共有 16 篇，在这其中，重点探讨的是创业者特质与创业者资源禀赋两个维度。

1. 创业者特质

2013 年共有 10 篇文章谈到创业者特质这个主题。解蕴慧等通过对 324 个样本进行问卷调查表明，个体的主动性人格对创业意愿有显著正向影响；同时，社会资本对创业意愿有促进作用，且对上述关系起到调节作用。相比低社会资本条件，高社会资本个体的主动性人格对创业意愿的正向影响作用更强。在高社会资本情境下，个体的主动性人格对创业意愿的影响正向且显著；而在低社会资本情境下，个体的主动性人格对创业意愿的影响正向但不显著。才凤伟认为个人的客观条件和内在动机构成了创业发生的必备要素，从客观条件看，个人的年龄、性别和文化程度都会对创业产生影响，同时个人拥有的资源也会影响其创业与否的选择；从内在动机来看，对自身处境的重视和对子女未来的考虑成为农民工创业的双重推动力。刘鹏程等利用全球创业观察（GEM）数据，基于创业动机视角对我国女性创业低比率和低层次现象进行研究。Probit 回归结果发现女性生存型创业率高于男性，机会型创业率低于男性。差异分解结果显示，机会型创业率性别差异显著，女性机会型创业者受到歧视性因素的影响，而生存型创业率性别差异不显著，女性生存型创业者受到社会的鼓励。细节分解结果显示，女性较低的创业技能水平和社会资本降低了其生存型创业率和机会型创业率；女性较低的受教育程度使其更多地选择生存型创业；女性较高的风险规避程度降低了其机会型创业率，但对生存型创业率没有显著影响；女性机会型创业还受限于较低的家庭经济支持和社会资本回报率，而女性生存型创业者却能够得到家庭经济的支持。霍红梅、戴蓬军认为农村女性受传统观念和传统社会性别分工模式、人力资本以及资金的缺乏、缺少创业项目等因素的影响，就提高农村女性创业意愿、促进农村女性成功创业提出了完善制度安排、加强创业培训、推动农村信息化建设以及增强农村妇女组织化程度几个方面给予相关政策建议。邓子鹃认为国内关于女性创业的研究文献不仅数量少而且相对零散，回顾了国内关于女性创业模式、影响因素及对策建议的相关研究，从而对女性创业的未来进行了展望，一方面女性创业者能够分享成功的经验和失败的教训，可以使她们少走弯路；另一方面可以为其提供精神动力，激励她们不断开拓创新。唐有财研究农民工创业的发生机制发现：首先，男性、第一代农民工、已婚和具有较高人力资本的农民工更可能创业，政治资本则对其创业实践无明显作用；其次，创业前的外出打工时间与老乡社会资本对创业实践有积极的效应；最后，农民工创业高度依赖特定的市场机会结构，特别是 2008 年金融危机所提供的市场机遇对其投身创业具有积极的激发作用。栾瑞、牛志勇根据国内外有关创业者过度自信的研究，总结了创业者过度自信的定义，并从缓慢适应、失真适应与差劲记忆角度总结了过度自信的特征，认为应该从好坏两方面来理解过度自信。危旭芳分析了市场化进程中创业者从业经历（农村经历）、教育背景对创业企业涉入现代农业产业领域的影响及作用。研究结果表明，从整体来看，市场化的推进并未有效促进私营企业进入现代农业产业领域创业；相对于无农村经历且低学历水平的创业者来说，有农村从业经历的创业者更倾向于在现代农业领域创业，尤其是当这类创业者拥有高学历水平时，这种倾向更为显著。但市场化的推进并没有加强这种倾向，反而使原有倾向有所减弱。徐凤增、周键借鉴认知理论，假设创业者自我效率感有助于提高企业绩效，创业警觉性与自我效率感和企业绩效是中介关系，教育和培训水平调节了创业者自我效率感和创业警觉性之间的关系。为检验该理论模型，在山东、广东和上海等 7 省市收集了 202 份有效样本进行假设检验。研究表明，创业者自我效率感对企业绩效具有正向影响；创业警觉性中介了自我效率感和企业绩效的关系；教育和培训会增强创业者自我效率感和企业绩效之间的正向关系。林嵩、徐中首先识别了创业者能力与创业组织能力两个管理概念，并开发了机会识别能力、战略能力、管理能力、关系能力和学习能力五个子能力，用于比较创业者能力和创业组织能力。基于二者的比较，开发了创业者与创业组织之间的能力契合度概念，并提出了能力契合度以创业者能力和创业组织能力为中介变量作用于创业绩效的理论框架。通过结构方程模型分析，得到了如下结论：创业者与创业组织的能力契合度对于创业者能力和创业组织能力都有显著的正向影响；创业组织能力对创业绩效具有显著正向影响；创业者能力对创业绩效的影响不显著。

2. 创业者资源禀赋

对于创业者资源禀赋，2013 年共有 6 篇文章涉及。胡蓓等运用文献分析和关键技术方法对 15 名创业者进行半结构化访谈，构建了由认知维度、关系维度、结构维度和资源维度组成的创业者社会资本四维度结构模型，并开发了创业者社会资本量表，通过对成立不超过 42 个月的新创企业所有者和管理者进行问卷调查，实证检验了创业者社会资本四个维度与创业自我效能感之间的关系，结果显示创业者社会资本的四个维度对创业自我效能感具有不同程度的正向影响。赵浩兴、张巧文通过对浙江等 7 个省份 708 个样本的分析，开展了对农村微型企业创业者人力资本、创业效能感与创业绩效的关系研究。研究结果显示，农村微型企业创业者人力资本对创业绩效具有显著影响，并可通过创业效能感的中介作用对创业绩效产生间接影响。阳杨运用 JSNET2009 调查数据，通过对创业者及其父辈的数据分析，发现关系网络直接影响创业者的成功，而代际资本通过影响创业者关系网络间接影响到创业者的成功，代际资本以隐秘的方式传递。朱锋、董晓晨通过因子分析和回归分析等统计方法，对机会型创业者创业意愿影响因素进行分析。结果发现，过往经历、家庭网络、先天特质、创业教育和创业榜样对创业意愿有显著影响，其中，过往经历和家庭网络影响较为明显。赵文红、孙万清以西安创业研发园的 154 家新创企业的创业者调研数据为依据，引入创业学习这一中介概念，探讨了创业者先前经验与创业绩效作用的内在机理。结果显示：创业者的先前经验与创业绩效存在倒 U 形的相关关系；创业学习中介了行业经验与创业绩效之间的相关关系。罗明忠等基于广东省部分地区 427 份问卷调查数据，采用交叉表与 Logistic 模型，分析影响农民创业行业选择和地域选择的代际传承因素。结果表明：父辈的人力资本与农民创业行业选择不存在显著相关；父辈的社会资本及其周围环境对农民创业行业选择有显著影响；父辈的创业类型与农民创业的选择具有显著相关性，且父子两代农民的创业类型趋同；父辈拥有的社会资本、金融资本及其周围环境影响农民创业的地域选择。

（二）创业导向

在创业导向研究方面，国内的研究比国外的研究要少，根据统计，2013 年国内共有 14 篇文章探讨了创业导向的问题，研究的维度包括创业导向与企业绩效、创业导向与创新以及创业导向与企业成长，文章数量分别为 8 篇、3 篇、3 篇。

1. 创业导向与企业绩效

国内对于创业导向与企业绩效的研究要多于其他两个方面，贾建锋等以创业导向型企业的高管胜任特征作为中介变量，通过规范的实证研究过程，揭示其对创业导向与企业绩效关系的影响路径与作用机制。研究发现，创业导向整体的确可以提升企业的绩效水平，而这种对企业绩效的正向促进作用主要是通过创新性和先行性两个维度得以体现；创业导向型企业的高管胜任特征对企业绩效产生正向的影响，这一发现从结果变量的角度验证了高管胜任特征量表的有效性；创业导向型企业的高管胜任特征在创业导向整体与企业绩效的关系中起到部分中介作用，在创新性与企业绩效的关系中起到完全中介作用，在先行性与企业绩效的关系中起到部分中介作用。张骁、胡丽娜采用元分析的研究方法，基于1990~2012年的135个独立研究样本，探究创业导向对企业绩效的影响，并探索这一影响关系的边界条件。元分析的结果显示创业导向和企业绩效为中等程度相关（r=0.307），而国家发达程度、企业所处的行业、绩效测量方式，以及研究时间点会对两者之间的关系起到不同程度的调节作用，这表明创业导向与企业绩效的关系会受到时间、空间、行业特征及绩效评价标准的影响。吴旭云等以企业家网络规模作为企业家网络嵌入性的代表变量，把企业家网络嵌入、企业创业导向和创业型企业成长绩效三者结合起来，运用172家创业型企业数据，实证研究多因素交互作用下创业导向对企业家网络嵌入性与创业型企业成长绩效之间关系的影响。结果显示，企业创业导向负向调节企业家横向网络规模与创业型企业成长绩效之间的关系，企业创业导向正向调节企业家纵向网络规模与创业型企业成长绩效之间的关系。苏晓华等探讨了创业导向、关系强度（进一步细分为强关系和弱关系）与企业绩效之间的关系，以120家高新技术企业为样本，对相关研究假设进行实证研究。研究发现，创业导向对高新技术企业绩效有促进作用；关系强度对高新技术企业绩效有着正向影响。细分来看，强关系对财务绩效的促进作用大于弱关系，弱关系对创新绩效的促进作用大于强关系，同时，强关系能增强创业导向对高新技术企业财务绩效的促进作用。郑秀芝、龙丹基于创业活动的特殊性，立足于人力资本视角这一中间媒介，试图构建双元产权视角下的人力资本创业导向与创业绩效转化路径模型。王永健等基于战略人力资源管理的视角，以人力资源系统柔性为中介变量，构建创业导向对企业绩效影响关系的理论模型，其中创业导向被划分为创新与先动性、风险承担性两个维度。利用来自珠三角制造企业的381份调查数据对模型进行实证检验，发现创新与先动性、风险承担性均对企业绩效有显著正向影响；人力资源系统柔性在创新与先动性和企业绩效的关系中起部分中介作用，而在风险承担性与企业绩效的关系中不起中介作用。苏晓艳运用我国珠三角地区的企业数据，以社会资本和创业导向的调节效应为基础，考察影响我国企业天生全球化活动的驱动因素。研究显示，社会资本的横向联系和社会联系维度对于企业的国际化活动都具有正向影响，纵向联系维度对于企业国际化活动的影响统计上不显著。创业导向的主动性维度、冒险性维度和创新性维度对于企业的国际化活动都具有正向影响。其中，不管是经济显著性还是统计显著性，创新性维度的影响都最为显著。创业导向的主动性维度和创新性维度对于社会资本与企业国际化活动的关系都具有积极的调节效应，冒险性维度在国际化活动的结构绩效上对于社会资本具有积极的调节效应，但在经济绩效上的调节效应为不显著。另外，无论是统计显著性还是经济显著性，创业导向的三个维度对于社会资本影响的调节效应，在企业国际化活动的结构绩效上都要高于经济绩效。张秀娥等通过分析东北地区创业环境对创业导向和创业绩效的影响，有利于认识和把握我国东北地区创业环境的特殊性，进而寻求以创业理论解决东北地区发展难题的出路，推动我国东北老工业基地转型升级发展策略的研究和探索，进一步丰富和发展我国经济转型相关问题的理论研究，也有助于更好地把握我国经济社会转型这一关系国家发展的宏观议题。

2. 创业导向与创新

相比于国内研究而言，国外 2013 年的研究很少涉及这个方面。李泓桥以 641 家制造业样本企业为研究对象，探讨创业导向与突破性创新之间的关系，以及互补资产的调节作用。研究发现：创业导向及其创新性、前瞻性和风险承担性三个构成维度均正向影响突破性创新；通用性互补资产和专有性互补资产均正向影响突破性创新，并且专有性互补资产正向调节创业导向与突破性创新之间的关系。李先江将探索性学习作为绿色创业导向和低碳突破性创新间关系的中介变量，将低碳突破性创新划分为以技术为基础和以市场为基础的两类低碳突破性创新，构建了理论模型，并以中东部 6 省市 208 家大公司为样本，对模型进行了实证检验。研究发现：绿色创业导向对以技术为基础的低碳突破性创新有显著的正向影响，但对以市场为基础的低碳突破性创新的正向影响不显著；探索性学习对以技术为基础的低碳突破性创新有显著的正向影响，但对以市场为基础的低碳突破性创新的正向影响不显著；探索性学习在绿色创业导向和以技术为基础的低碳突破性创新之间发挥完全中介作用。谢卫红等以珠三角地区的 285 家制造企业为研究对象，探究了不同多元化程度企业的创业导向、IT 能力与技术创新的关系，其中 IT 能力为中介变量，创业导向被划分为创新与先动性、风险承担性两个维度。研究结果表明，创新与先动性、风险承担性对企业技术创新都有显著促进作用，IT 能力对技术创新有显著促进作用；创新与先动性对 IT 能力有显著正向影响，而风险承担性对 IT 能力的影响不显著，于是 IT 能力只在创新与先动性和技术创新的关系中起中介作用。但是，企业多元化程度不同，IT 能力的中介作用也不同。在相对低度多元化企业中，IT 能力在创新与先动性和技术创新的关系中起部分中介作用；而在相对高度多元化企业中，IT 能力则起完全中介作用。

3. 创业导向与企业成长

关于创业导向与企业成长，邢蕊等基于创业导向理论和理性行为理论，构建了创业导向、企业学习意向与技术吸收能力之间关系的理论模型，利用大连市 5 个国家级科技企业孵化器中 155 家在孵企业调研数据进行实证分析。结果表明：由学习的自主性和开放性为特征的企业学习意向在创业导向和在孵企业技术吸收能力之间发挥着中介作用，创业导向各维度对技术吸收能力的作用效率存在差异，其中创新和超前行动倾向对企业学习的自主性和开放性以及吸收能力均具有显著正向影响作用，且超前行动倾向的作用强度更大，而风险承担倾向对企业学习的自主性、开放性和吸收能力的作用均不显著。李志远、吴波通过对 211 家企业的实证分析，探索性地对创业导向与客户知识的获取进而内部化的效果的影响路径加以研究，特别是创业导向的自主性和先动性对于知识获取能力的提升及其客户知识的内部化呈现显著的正向相关。尹苗苗结合中国情境将创业活动实践引入投机导向，并依据企业的生命周期理论构建了新企业创建期及成长期的创业导向、投机导向与资源获取之间的关系理论模型。通过对 263 份有效问卷的数据进行实证分析，结果表明，无论在新企业的创建期还是成长期，创业导向对资源获取都具有积极的影响。但是，在新企业的创建期，投机导向与创业导向的交互作用对资源获取具有负向影响，而在新企业的成长期，投机导向与创业导向的交互作用对资源获取具有正向影响。

（三）创业动机与机会

在创业动机与机会方面，2013 年国内共有 10 篇文章研究了这个主题。其重点研究内容在于创业动机与机会影响因素、创业动机与机会识别以及创业动机与机会的作用。

1. 创业动机与机会影响因素

关于创业动机与机会影响因素方面，毕先萍等着重考察各国（地区）创业机会差异的根源。在融合机会研究的创造观和发现观的基础上，提出基于创新的创业机会来源研究框架，从技术创新和制度创新两方面揭示其对创业机会差异的作用机理。运用全球创业观察（GEM）2001~2010 年机会型创业等数据实证检验显示，技术创新通过生产并开发新知识，对机会型创业具有创造性破坏效应，其中研发（新知识生产）的影响显著为负，而专利（新知识开发）的作用显著为正；认知制度和规范制度的创新通过影响社会规范及创业者技能，对机会型创业也有积极影响。

2. 创业动机与机会识别

在谈到创业动机与机会识别时，田毕飞、吴小康从特质论视角出发，创造性地构建了创业者机会识别方式选择模型。以 PSED Ⅱ的横截面数据为样本，采用多元和二元 Logit 回归方法，文章检验了美国创业者创新导向、成就动机、自我效能、控制源、模糊容忍能力、自主性等性格特质对搜索、发现、浮现三种机会识别方式选择的影响。结果表明，成就动机、控制源、模糊容忍能力及自主性等特质对创业者在搜索与发现、发现与浮现之间的选择有显著影响。杜海东、张锦基于 235 家珠三角公司实证研究并辅以案例分析，得出如下结论：①渐进式公司创业精神对机会识别和资源整合的促进作用，在成长型市场和东方文化的情境下影响强度更大；②激进式公司创业精神对机会识别和资源整合的促进作用，在成熟与竞争市场和西方文化的情境下影响强度更大。高静、张应良运用多元有序 Logistic 和 Probit 回归方法，依据采集的 518 份全国创业农户的调查数据，分析了社会资本（即社会网络）对农户识别创业机会及创业机会属性的影响。研究发现，农户嵌入社会网络的规模正向影响农户识别创业机会的概率；社会网络中的弱连带网络规模和联系频率越大，农户识别创新性机会的可能性越大，但强连带网络对复制型创业机会影响不显著；创业农户的教育经历、外出务工经验、创新能力、浓厚的创业氛围均是影响农户机会识别行为的重要因素。张秀娥、王勃以 180 家吉林省中小企业创业者为样本，检验了创业警觉性对创业机会识别的影响以及创造性思维的中介作用。研究结果表明，创业警觉性对创业机会识别及其机会的盈利性和机会的可行性两个子维度均有显著正向影响，创业警觉性对创造性思维有正向影响。创造性思维对创业机会识别及机会的盈利性和可行性两个子维度有正向影响，创造性思维在创业警觉性与创业机会识别关系中起部分中介作用，创造性思维在创业警觉性与机会的盈利性关系中起完全中介作用，创造性思维在创业警觉性与机会的可行性关系中起部分中介作用。郭红东、周惠珺以我国农村地区有创业意向但还没有进行创业的农民为研究对象的研究表明，先前工作经验和先前培训经历不仅对农民创业机会识别有直接影响，而且还通过促进创业警觉性的提高，间接对农民创业机会识别产生作用。

3. 创业动机与机会的作用

2013 年国内共有 4 篇文章涉及创业动机与机会的作用，吴兴海等基于持有机会员工的离职创业决策行为，认为创业机会经济价值大小的适度分布是构成“持有机会的员工并非都从事创业活动”这一普遍事实背后更深层的原因。朱红根、康兰媛基于江西 438 份农民工返乡创业调查数据，实证分析了农民工创业动机及对创业绩效的影响。结果表明：创业动机是影响农民工返乡创业绩效的重要因素，即与生存型创业动机相比，成长型和价值型创业动机的农民工其返乡创业绩效更好。另外，亲戚担任村干部或公务员和兄弟姐妹数量多能显著提升农民工返乡创业绩效；是否学到了技术和家庭人均收入对农民工返乡创业绩效有显著正向影响；年龄与农民工返乡创业绩效呈倒 U 形关系，风险偏好对农民工返乡创业绩效没有直接影响。高小锋、魏凤依据收集的 283 名农民企业家数据，把创业机会划分为盈利性因子和可行性因子，采用因子分析方法和多元回归分析方法分析创业机会对农民新创企业绩效的影响。研究发现：创业机会的盈利性因子对绩效有显著正向影响，创业机会的可行性因子对绩效有显著正向影响。黄胜、周劲波以中国的早期国际化企业为研究对象，采用回顾性的纵向跨案例研究设计，分析并验证了国际创业机会对早期国际化企业国际化过程的影响。研究结果表明：①除企业家的能动作用外，早期国际化企业的出现是因为国际创业机会的存在；②早期国际化企业在初始国际化阶段的国际目标市场的选择和国际市场进入模式的确定往往取决于国际创业机会的性质；③国际投入在后续国际化阶段的动态演进是识别和利用国际创业机会的方式发生变化的结果。

（四）创业融资与投资

2013 年，国内共有 6 篇文章研究了创业融资与投资，虽然文章数量并不多，但是相比于国外学者的研究而言，国内研究除了关注影响创业融资与投资的因素以及风险投资与创业投融资之外，还增加了对创业投资与融资作用的分析。

1. 影响创业融资与投资的因素

在创业融资与投资的影响因素方面，唐礼智等基于福建省龙岩市的调研数据，从融资渠道、融资可获得性、融资成本、融资效率四个方面分析农民工返乡创业融资的行为特征，进而从创业者年龄、创业者最高文化程度、创业年限、经营规模、行业类型、地区分布、社会资本情况七个方面对融资行为的影响因素进行深入剖析。结果表明，创业者年龄与融资成功率呈现明显的反向关系；创业者最高文化程度与从正规金融渠道融资成功率呈显著的正向关系；随着创业年限和经营规模的增加，返乡农民工从正规金融渠道融资成功率逐步提高，而从非正规金融渠道融资成功率却趋于下降；返乡农民工创业融资行为存在明显的行业和地区差异性；社会资本对返乡农民工创业融资行为具有正向促进作用。杨军等基于 CHARLS2008 浙江和甘肃两省 51 个农村社区 870 户农村家庭数据，在职业选择分析框架上实证分析影响农户创业选择行为的金融市场因素，研究发现：社区金融通过影响家庭融资进而影响农户创业选择，处于金融资源配置效率较高社区的农户，获得正规金融支持越多，参与创业的概率越高。相比于私人融资，正规融资对促进农户创业的边际效应更大。农户家庭财富水平对创业选择行为有正向影响，这意味着农户家庭创业融资约束仍普遍存在。丁冬等指出新生代农民工难以通过正规金融途径进行创业融资，其创业筹资较为依赖民间借贷。社会资本具有共享信息、分担风险、平滑消费以及改善决策等作用，可以促进民间借贷。通过对新生代农民工社交网络的特点进行理论分析并基于河南、黑龙江两省 765 份新生代农民工的调研数据进行实证研究，发现拥有较多社会资本的新生代农民工更容易获得民间借贷，从而更可能进行创业行为。

2. 风险投资与创业投融资

在风险投资与创业投融资方面，林海涛通过分析天使投资的基本特征、运作流程及投资模式，并重点分析天使投资为青年创业者融资的必要性及可行性，得出结论：天使投资有必要也最适合对青年创业者创办的企业种子期或初始期进行投资，而青年创业者对天使投资有着巨大的融资需求和增值需求。

3. 创业投融资的作用

关于创业投融资的作用，宋罡、徐勇以 2006~2009 年我国 28 个省份高技术产业的面板数据为研究样本，应用随机前沿分析方法检验了创业投资对高技术产业创新效率的作用机制。实证结果表明：考察期内我国高技术产业创新效率水平较低，但逐年不断提高；创业投资对高技术产业创新效率具有显著的促进作用；创业投资和政府科技投入的交互作用对高技术产业创新效率产生了负向影响。米建华对创业投资与技术创新关系进行了研究，认为创业投资促进技术创新的原因在于创业投资具有创新发现功能、创新加速功能、创新产业化促进功能以及创新风险分散功能。

（五）创业教育

由于创业教育在创新创业中的特殊作用，因此近年来受到社会各界的普遍关注。在学术界，创业教育研究同样受到高度聚焦，2013 年共有 16 篇文章涉及创业教育这个主题。

1. 创业教育与人力资本

创业教育与人力资本的关系非常紧密。施永川指出大学创业教育的目标在于培养大学生的创业和创新精神，培育创业型人才，协助社会解决就业问题，成为大学发展的活力源泉。张旭东、王宏蕾指出创业教育的根本应是培养具有创新精神、掌握创新知识以及能力的个体。刘影、赵志军提出从更新教育理念、调整培养方案、创设环境氛围、建立教师教育机制四个层面推动“三创”教育体系的有效构建，把“三创”意识、“三创”品质、“三创”能力整合嵌入教育全过程，为实现“中国梦”培养高素质人才。施永川指出 KAB 创业教育项目通过培养大学生的创新思维及创业素质来提升他们的就业技能，不仅培养了一批自主创业者，而且提升了大学生的就业技能以及创业实践能力，能够在一定程度上增加大学生的市场价值，并促进大学生就业问题的解决。KAB 创业教育项目对于缓解大学生就业也存在一定的局限性，需要通过强化与企业界的合作、采取多元化的课程评价方式等加以完善。大学作为培育具有创新精神的个体的重要场所，其开展创业教育的导向将显著地影响人才培养的质量。宋天华认为通过对大学生创业典型案例档案的收集和研究，可以增强学校在大学生综合素质培养的针对性，可以将学生的专业素质与教育有机集合，将学校倡导与自我成才相结合，通过大学生成功创业典型案例档案的收集研究，一定能够造就出适合社会发展需求、参与人才竞争、品学兼优、创新能力强的优秀人才。为在校大学生成功实现创业提供借鉴。李辉认为创新和创业相辅相成的有机联系决定了培养大学生创新创业能力应以创新创业教育理念为主线，构建创新创业教育人才培养体系；通过优化课程教学内容，形成创新创业能力培养所需的知识结构；建设创新创业实践所需的要素资源，实施内化能力的创新创业实践教学模式；围绕产学研用教育模式，推动创新创业能力培养途径的多元化；以优质师资队伍建设为保障，强化创新创业能力培养第一资源。白逸仙等指出当前创业型工程人才已成为推动产业发展和社会进步的重要力量。创业型工程人才的培养，应以工程实践训练为教学改革的驱动力量。从建构主义知识观理论分析得出，基于项目学习的工程创业训练是以实践训练为引领培养创业型工程人才的合理方式。这种培养方式是以基于创业的 CDIO 模型（ECDIO 模型）为背景环境，由一体化课程体系、主体化教学方式和多样化评价体系组成的基于项目学习的工程创业训练。李西兵等提出创意—创新—创造—创业（简称四创）的创新型人才培养模式，通过指导教师对学生的创意加以引导分析，使其具备现实可行性而形成一些创新性设计，最后由学生进行加工制造，将其创新型设计的成果转变为符合市场需要的产品。

2. 创业教育评价

创业教育的实施是为了更好地指导创业实践以及解决创业过程中的一些问题。因此，为了更好地改进创业教育以及增加创业教育的附加值，需要对创业教育进行事后评价。何杨勇认为正确认识评价与充实完善高校创业教育，一是把创业捆绑在狭隘的经济利益之上，夸大了创业对经济发展的决定作用，使个体专注于经济利益的获取，不顾及社会伦理底线；二是抬升创业的价值会贬低传统价值，忽视创新创业的负面价值。刘波、周勇认为文化根基的缺失制约了高校创业教育的实施和发展。高校创业教育的文化生成本性缺失体现在价值导向存在片面性、工具理性屏蔽了创新本质、功利性忽略了文化传承与创新等方面。为此，要通过加强全面发展的价值引导、创新创业精神的培养、树立文化传承与创新理念以及完善体制建设等方面的努力，弥补和重塑高校创业教育的文化根基。陈文远指出随着经济和社会的快速发展，我国的就业结构和就业方式发生了巨大的变化，自主创业已经成为大学生就业的主要方式。然而，大学生创业成功率不高。学校创业教育中缺乏对学生进行社会责任感的培育，使大学生创业变得更加困难。因此，加强大学生创业教育中的社会责任感培育显得尤为重要。黎昕认为要全方位加强对毕业生创业教育的支持，在政府层面，应加强政策引导与资金扶持；在社会层面，给予社会支持和教育指导；在高校层面，转变创业教育的教育观念；在个人层面，强化创业意识，提高法律观念。牛金成、陆静以美、英、德、澳四国为例分别从理念目标、课程教学、教师队伍和政策资金四个方面剖析了发达国家的创业教育，对其进行了简单的比较，并指出了我国创业教育应在明确目标转变理念、完善课程体系改革教学方法、提升创业教师能力、优化政策资金等方面需要进一步努力。李伟铭等认为当前我国高校创业教育的薄弱环节主要体现在课程设计不合理、创业教育师资力量匮乏、创业教育模式单一、创业教育配套机制不健全四个方面。汪怿认为，当前创业意识弱、创业意愿低、创业能力缺、创业资源不足和政策、公共服务缺位是阻碍学术创业发展的主要瓶颈。推动学术创业必须从建设一流大学、院所及科研平台等方面培育创业意识，必须通过创业教育培训、孵化器建设等提升创业能力，必须通过强化人力资源、资本融资、社会网络等拓展和丰富创业资源，必须从降低门槛、完善政策扶持、完善服务平台等方面优化创业政策与服务，必须优化创业氛围。赵超、李真指出新时期大学生创业教育前景广阔，但仍存在教育课程单一、大学生认可度不高、高校创业教育体系不完善等问题与缺陷，从大学生自身、高校、社会、家庭四个方面分析其原因，高校需提高创业师资队伍素质，完善创业教学体系与保障体系，扭转传统就业观念，改革创新创业教育方法，进而提高新时期创业教育品质。

（六）创业绩效

2013 年国内关于创业绩效的文章共有 10 篇，研究的重点内容为个体行为与创业绩效以及社会网络与创业绩效两个方面。与国外学者关注的焦点有所不同，国内学者较少将目光聚焦于战略管理与创业绩效这个层面。

1. 个体行为与创业绩效

关于个体行为与创业绩效，刘佳、李新春将创业者的创新选择与机会开发联系起来，认为创业者选择的原则是在约束条件下权衡何种机会开放方式能够增进创业绩效，通过 194 份新创企业样本分别考察模仿型机会开发和创新型机会开发对创业绩效的影响，以及内外部情境因素对二者关系的调节作用。研究发现，模仿型机会开发与创新型机会开发均能促进创业绩效，但在不同情境下作用效果有别：模仿型机会开发与创业绩效间关系对情境依赖不明显；创新型机会开发对情境依赖明显，越发激烈的外部环境越会削弱创新型机会开发对创业绩效的促进作用，创业者自身行业经验的增加又会增强这一关系。吴新慧、黄兆信指出城市创业是新生代农民工立足城市、谋求发展的重要手段，但是新生代农民工在城市创业过程中呈现创业规模小、创业收益少、稳定性差和创业满意度低等特点。人力资本、社会资本以及城市的社会政策等因素影响着新生代农民工创业者的创业绩效，人力资本状况对创业绩效有正向影响，宏观社会资本相对于微观社会资本对创业绩效的影响更大，良好、宽松的社会政策有利于新生代农民工城市创业的发展。在新生代农民工城市创业扶助过程中，需从开发人力资本、培育社会资本以及构建良好创业政策环境等层面着手。李青、陈龙采用回归分析方法研究企业家能力对中小企业国际创业绩效的影响。研究表明：中小企业家的管理能力和战略能力对企业国际创业绩效的影响最为显著，社会关系能力虽然也有显著影响但相关系数较小。企业家的政府关系能力影响不显著。

2. 社会网络与创业绩效

聚焦社会网络与创业绩效之间的关系是国内学者与国外学者研究的不同之处，2013 年在这个主题上共有 7 篇文章发表。郭红东、丁高洁将关系网络划分为社会性关系网络和市场性关系网络，研究在特定机会约束条件下，不同性质关系网络对农民创业绩效的影响程度。以中国农村地区农民创业者为研究对象的研究表明，社会性关系网络和市场性关系网络都对农民创业绩效的提高发挥了显著的作用，但是，社会性关系网络对农民创业绩效影响更大，创业机会创新性正向调节社会性关系网络与创业绩效之间的关系。左晶晶、谢晋宇以大学创业指导中心所扶植的科技型大学生创业者为研究对象，探讨社会网络结构对科技型大学生创业者创业绩效的影响。研究发现：社会网络规模越大，科技型大学生创业者创新性创业绩效越好；社会网络异质性越高，科技型大学生创业者创新性创业绩效越好，成长性创业绩效越差；社会网络密度与联系强度越高，科技型大学生创业者主观性创业绩效越好。丁高洁、郭红东从创业农民的社会资本网络规模和网络强度两个维度出发，考察社会资本的利用范围和在此范围上网络的利用强度对创业者个人绩效和所创事业组织绩效的不同影响。通过对 22 个省（市）部分创业农民的实地调查，运用相关统计模型，实证研究得出结论：强关系网络规模与创业者个人绩效正相关，而弱关系网络则与所创事业组织绩效呈正相关关系。网络强度对个人绩效和组织绩效均发挥显著的正向影响作用。史达、朱荣从社会网络关系视角出发，探讨小微企业税负感与创业绩效之间的关系。研究认为，政府应当提高税收透明度，加强对小微企业的公共服务；帮助小微企业建立和发展社会网络关系；帮助小微企业提升获取异质社会资源的能力以及加强政府的制度保障。于晓宇采用层次回归模型等方法，对 177 家来自中国、越南、老挝三个转型经济国家新创企业的调查问卷进行分析。研究结果表明，技术能力和制度环境是新兴市场新创企业国际创业绩效的决定因素，网络能力对国际创业绩效的影响完全通过技术能力的中介作用实现；网络能力的子维度关系能力对技术能力与国际创业绩效之间关系有负向调节作用，但对制度环境与国际创业绩效之间关系有正向调节作用；网络能力的子维度协调能力对技术能力与国际创业绩效之间关系有正向调节作用，但对制度环境与国际创业绩效之间关系有负向调节作用。胡小龙等以社会资本理论为基础，依托企业孵化器获取在孵企业的样本数据，对在孵企业的社会资本、在孵企业的知识获取和其创业绩效之间的关系进行了系统地考察和实证研究。发现在孵企业社会资本的结构维度、关系维度和认知维度对知识获取都产生了积极影响，而知识获取与在孵企业的创业绩效也存在着显著的正相关关系。赵文红等探讨了社会网络和市场信息对创业企业绩效的影响，并以西安高新技术产业开发区 154 家企业的调研数据为依托，实证检验了个人网络和商业网络在这个过程中所起到的作用。研究结果显示，个人网络与商业网络对市场信息获取与利用的过程具有不同的作用，对于市场信息的获取，商业网络具有更加积极的作用，而对于市场信息的利用，个人网络则具有更加积极的作用。市场信息的获取正向影响市场信息的利用，而市场信息的利用对新创企业绩效有显著的正向影响。

（七）创业团队

2013 年，国内共有 6 篇文章研究了创业团体，这与创业个体研究相比，稍显单薄，但这完全不妨碍对创业团体的深入分析，主要研究的内容包括创业团体构成以及创业团队绩效。

1. 创业团队构成

在创业团队构成上，张秀娥等为解决创业团队异质性对绩效影响机制的“黑箱”，引入团队氛围变量，通过对 264 家创业企业的实证研究证明了创业团队异质性一方面对创业绩效具有直接的正向影响，另一方面通过作用于团队氛围对绩效具有间接的正向影响，有效地破解了“黑箱”的内容。樊传浩、王济干使用量化和质性相结合的研究手段，考察了创业团队异质性与团队效能的相关关系，并进行了路径分析。利用 806 个样本的实证数据，并结合案例分析的研究发现，创业团队异质性对团队效能的影响作用显著。异质性只是团队结构的一种静态描述，一旦创业团队形成，认同凸显的长时段的一般人口统计学属性、教育背景等结构因素将固定，业已形成创业团队则说明对团队认同的承诺已达到一定程度，进而在创业过程中能够激活短时段的创业经验、认知、工作价值观等情境因素发挥作用，从而间接地对创业团队效能产生正向影响。陈忠卫等指出新创企业的创业团队具有不稳定性，与普通团队的显著区别体现在目标明确性、角色合理性以及任务依赖性三个方面。创业团队的目标明确性、角色合理性和任务依赖性均对团队成员的离职倾向具有负向影响。朱仁宏等指出创业团队成员在人力资本初始禀赋和发展上都存在着一定的差异，常常出现激励不到位的情况，因而很难做到“好聚、好处和好散”。创业团队治理旨在采用一套合适的激励与控制机制，界定和协调团队成员间的互动合作关系，以保证创业决策的科学性、有效性，从而实现成功创业，在最大化团队整体收益的基础上最大化团队成员的个人收益。在创业团队组建阶段，团队人力资本未经证实，创业团队治理更倚重于关系治理；在创业团队发展阶段，团队人力资本逐步得到证实，随着新创企业成长，关系治理手段逐步减弱，契约治理手段逐步增强；在创业团队解体阶段，团队人力资本基本得到证实，创业团队治理更倚重于契约治理。

2. 创业团队绩效

关于创业团队绩效，汤勇结合高新技术创业创新性、复杂性和风险性特征，分析了网络封闭、外部联系和创业绩效之间的关系，并以长沙市高新技术创业企业为样本展开实证研究。研究结果表明，适度的网络封闭、创业团队内部的强联系能有效提升团队的创业绩效，团队成员外部的桥联系与创业团队绩效负相关。黄昱方、柯希正基于社会网络理论视角，剖析创业团队外部社会网络对创新能力的影响机制。结果表明：创业团队社会网络的衡量指标、变量联系强度及结构空洞影响企业的创新能力。团队外部社会网络联系强度与创新能力负相关，团队外部社会网络结构空洞与创新能力正相关，信任契约在团队外部社会网络与创新能力的关系中起中介效应作用。

第四节　国外中小企业管理研究综述

中小企业作为数量最多、最具创新活力的企业群体，在促进经济增长、推动创新、改善民生等方面发挥着不可替代的作用。尤其是在经济危机爆发后，中小企业的重要性地位更加凸显，各国都在积极鼓励并推动科技型中小企业发展，而且中小企业研究已经成为世界各国学者共同关注的焦点对象。

根据前面总结的中小企业管理理论结构框架，本书对 2013 年国内外与中小企业理论相关的文献资料进行梳理和分类，使读者更易掌握该领域前沿动态的全貌。具体的文献统计分布如表 4 所示。

表 4　2013 年中小企业管理理论期刊文章统计

检索地域	文献主题	文献数量（篇）	百分比（%）
国外期刊	各国中小企业描述研究与比较	16	17.78
	中小企业创新与绩效	23	25.55
	中小企业发展策略与管理	17	18.89
	中小企业融资	9	10.00
	中小企业政策、产业集群与发展	19	21.11
	其他	6	6.67
国内期刊	各国中小企业描述研究与比较	15	8.52
	中小企业创新与绩效	25	14.20
	中小企业发展策略与管理	11	6.25
	中小企业融资	68	38.64
	中小企业政策、产业集群与发展	46	26.14
	其他	11	6.25

从表 4 中可以看出，在中小企业研究领域，国内学者相比国外学者而言，有着更大的研究热情和研究兴趣，而且国内外的学者在研究的领域方面也存在着些许的差异，国内学者比较关注中小企业创新与绩效、中小企业融资以及中小企业政策、产业集群与发展方面，而国外学者则更关注中小企业创新与绩效、中小企业策略与管理以及中小企业政策、产业集群与发展方面。

一、各国中小企业描述研究与比较

2013 年，国外关于各国中小企业描述研究与比较方面的文章共有 16 篇，涉及中小企业国际化、中小企业作用、中小企业影响因素以及中小企业面临的困境四个维度。

关于中小企业国际化，Susanne Sandberg 首先对“入口节点”进行了概念化，然后描述了中小企业进入新兴市场业务网络的入口节点模式，并确定网络节点如何与经验知识相关联。通过标准化的调查问卷来收集数据，对进入波罗的海国家、波兰、俄罗斯或中国等新兴市场的 197 家瑞典南部中小企业的数据进行方差分析。研究结果显示，入口节点是企业进入国外市场网络的一个起点。在进入后，1/3 的公司改变了它们的节点，主要是进入一个更加坚定的起点。在社会积累、业务网络、客户—具体经验知识的水平上，各种节点展示着显著差异，而且一个更坚定的节点是与更多的经验知识相关联的。Hyungoh Lee 等提出了一个新的国际化理论框架来解释动态新兴经济体中的中小企业国际化现象。通过观察在中国的 18 家韩国中小企业的案例，分析了中国的子公司和韩国的母公司在劳动分工上的变化图。P. Dasan 研究了影响捷克和俄罗斯中小企业国际化的决定因素。通过实证调查和统计数据分析发现，中小企业越来越多地融入全球经济中，而且不局限于区域/国际活动。定量分析表明，尽管经济在未来几年中存在不确定性，但中小企业仍有着巨大的发展潜力。Jolanda Hessels、Simon C. Parker 借鉴资源依赖理论和资源基础理论，研究了中小企业如何通过采用国际化和企业间的合作策略来应对制约条件进而实现创业成长。同时，对欧洲中小企业的大样本分析，强调了区分国际化与企业间合作的具体维度的重要性。

在中小企业作用方面，Sharafat Ali 使用年度时间序列数据研究了中小企业对于巴基斯坦贫困的作用。研究发现小规模产业对减轻巴基斯坦地区的贫困起到巨大的作用。Suwastika Naidu、Anand Chand 指出中小企业在创造就业、促进国内生产总值、赚取外汇，并为政府赚取收入和税收等方面发挥着重要作用，但是中小企业又普遍面临着财务问题。据此，作者探讨了斐济群岛制造业中小企业面临的财务问题。Celeste Amorim Varum、Vera Catarina Rocha 使用葡萄牙制造业 1988~2007 年的一个微观数据库，研究了经济放缓时期企业规模对就业增长的作用。结果显示，经济衰退对大企业成长产生负面影响，而中小企业却在经济衰退时期作为潜在稳定剂出现且拯救了大部分的就业岗位。Randriamalala Jean Luc Stevens 等指出中小企业作为就业、收入和创新的“发电机”，其在中国经济中扮演重要角色。

在中小企业影响因素方面，M. Mateev 等利用中欧和东欧的中小企业数据库研究了企业特征如何影响中小企业的资本结构。研究发现，盈利能力和杠杆率之间有显著的负相关关系。当控制企业的其他具体特征诸如未来发展机会、流动性、销售增长、规模和资产结构后，结果显示现金流成为杠杆率的决定因素。此外，企业杠杆率的决定因素在很大程度上还取决于企业的规模和年龄。Chiara Verbano、Karen Venturini 指出由于中小企业的有限资源与结构特征，导致中小企业最容易受到风险因素的有害影响。因此，通过对 1999~2009 年有关中小企业风险管理的文献分析，进而从科学研究的角度来总结特点，突出差距并为未来的研究提供指导方针。

在中小企业面临的困境方面，Jay Y. Trivedi 分析了印度中小企业的利弊之处，然后研究了印度中小企业实施的各种各样的创新营销实践以及趋势、挑战和其他相关问题。S. K. Sherazi 等通过问卷调查收集了位于伊斯兰堡和拉瓦尔品第地区的 107 家中小企业数据，并采用主成分分析法对巴基斯坦中小企业所面临的障碍进行研究。研究发现，金融约束是中小企业面临的最大障碍，其次是腐败。另外，其他的障碍因素包括社会和技术障碍、训练障碍、管理和基础设施障碍。Mohammed S. Chowdhury 等采用随机抽样技术对孟加拉国南部地区的 80 名企业家进行调查，研究了影响孟加拉国中小企业企业家成功的因素。研究发现，缺乏基础设施和良好的政治环境以及资本和市场是阻碍企业家成功的最主要因素。M. Thelwall 指出在英国有数以百万计的人都在上网，而且许多人准备使用互联网来影响和做出购买决策。因此，企业应该考虑是否将互联网作为一个新的市场营销机会。虽然越来越多的企业有一个自己的网站，但是这些企业普遍存在一个网站质量的问题进而导致错失机会。通过对英国 3802 家主要的小型企业的商务网站进行调查发现，小企业网站存在的一个普遍问题是搜索引擎问题。Glenn B. Voss、Zannie Giraud Voss 指出对于缺乏资源、能力和成功实施平衡必要经验的规模较小和新生企业来说，平衡研究和开发是一个非常困难的挑战。为了了解中小企业如何实现二者之间的平衡，通过对一个动态行业进行纵向研究来检验提出的假设，研究结果显示，产品研究和市场研究结合的纯策略或者产品开发和市场开发结合的纯策略之间具有互补性的收入效应。产品开发与市场开发的跨部门结合也对收入发挥着互补性的作用。产品二元性对大的历史悠久的公司收入有积极的影响，而对小的年轻的公司则没有。市场二元性对大的公司收入有积极影响，而对小的、年轻的以及年老的公司则没有这样的影响。Andrea Trianni 等通过调查意大利北部的 48 个制造业中小企业来确定和评估产业能源效率的障碍。

二、中小企业创新与绩效

在中小企业创新与绩效研究方面，2013 年总共有 23 篇文章涉及这个主题。研究的主要内容包括战略与绩效、中小企业创新与绩效的影响因素两个方面。

在战略与绩效方面，S. B. Lee 等使用韩国制造业中小企业的样本，研究了中小企业的出口战略和出口业绩的财务与非财务方面。研究结果表明，差异化战略对出口绩效有显著的正向影响，而成本主导策略则微不足道。规范化的市场有助于使国外市场销售在运作和非财务业绩方面更加有效，尽管它可能对出口销售盈利能力没有显著的帮助甚至会起到阻碍作用。地理多元化与出口绩效之间的关系在中小企业的出口盈利能力方面呈现出线性关系。Julius H. Johnson Jr.等研究了中国台湾中小企业在全球信息技术产业竞争中的一体化策略。它证实了一些结构性力量在中国台湾中小企业的全球一体化战略中的重要性，从而扩大了现存国际化理论的适用性。研究还发现，竞争行为与业务单元整合之间存在负相关关系，在最佳的全球化信息产业中，业务单元整合对绩效没有直接影响，差异比较优势对绩效有着直接影响。Narkhede Balkrishna E.等认为中小企业通过实施现代信息系统也能提高企业绩效，因此通过对三家中小企业的绩效进行不同程度的对比以及比照不同性质的信息系统进而分析了实施信息系统所带来的好处。Chih-Wen Wu 认为，企业学习导向和企业家精神对中小企业研发创新策略的选择和执行具有显著影响，而研发创新战略是影响组织创新绩效的关键因素。

在中小企业创新与绩效的影响因素方面，John E. Gamble 等探讨了中小企业创业导向、企业绩效和商业环境感知之间的关系。研究结果发现，企业绩效和商业环境感知之间存在着积极的联系，而良好的商业环境却与销售增长和风险承担呈负相关。创业导向、企业绩效和商业环境感知在业主管理公司和非业主管理公司之间均存在着类似的联系。Ashish Hajela、M. Akbar 实证研究了国际化对中小企业绩效的影响以及探讨了地理范围和国际经验对中小企业绩效的影响。研究发现，国际化对企业绩效有着积极作用。此外，尽管地理范围与中小企业绩效显著相关，但国际经验与中小企业绩效之间的关联性却比较微弱。Raymond C. Rody、Timothy M. Stearns 通过对中国澳门的 232 名中小企业管理者进行问卷调查发现，人口年龄的分布特征、正规的教育、广泛的管理经验、冒险和积极的创业风格与中小企业绩效之间呈现显著的正相关。Nizar Becheikh 考察了埃及制造业和服务型中小企业技术创新的决定因素，并对三类决定因素：企业对外部知识和技术的接触；企业的吸收能力；金融和市场的创新障碍进行了分析。M. Mohd. Rosli 使用多元回归分析研究了马来西亚汽车零部件行业的中小企业绩效的决定因素，研究发现企业年龄和外资与企业绩效之间存在着显著相关性。Shin Soo-Young 等研究了 CEO 的特点和组织系统对中小企业组织创新的作用。研究结果表明，CEO 对员工发展的定位对组织创新起着重要作用。此外，当组织体系薄弱时，CEO 的发展方向对组织创新的影响最大。Hossein Dadfara 等研究了伊朗医药中小企业的组织创新能力和产品平台开发与性能之间的关系。实证分析表明，创新能力、技术平台、产品平台与绩效之间存在正相关关系。Rita Abban 等通过对加纳非传统农产品出口部门的十个中小企业进行研究发现，当这些中小企业的 CEO 接受过高等教育并且有 5 年以上的出口经验时，其企业经营绩效是最好的。D. Ssekajugo 利用 335 家中小企业受访者的样本数据，通过结构方程模型研究了乌干达西部中小企业财务管理实践与企业绩效之间的关系。结果显示，财务管理实践对企业经营绩效贡献了 33.8%。Nelson Oly Ndubisi、Gibson C. Ndubisi 通过内部营销并置、工作特征、不确定性和股权理论发展了一个可持续员工激励与企业绩效的概念模型，并且指出非洲中小企业的工作特征及其对激励和绩效的影响取决于商业环境中不确定性的程度。此外，由移民竞争所造成的不平等和就业不稳定可以被最小化。Pilar Tejada、Pilar Moreno 研究了影响旅游业中小企业创新的非技术因素。采用定量研究的方法，对 125 家安达卢西亚酒店中小企业进行实证分析，结果显示不同种类的创新需要由不同的变量来解释，但是企业的特征可以被看作影响创新的共同变量。Wynarczyk 对英国 33 个“开放”创新公司和 31 个“封闭”创新公司进行调查分析，探讨了开放创新实践对英国中小企业创新能力与出口绩效的影响。Pooran Idowu、Abiola 研究了组织学习和创新对尼日利亚奥逊州中小企业财务绩效的影响和作用。调查结果显示，组织学习的要素：系统导向、学习导向的组织氛围、知识获取与利用、信息共享和传播与财务绩效积极相关。J. P. Pradhan、K. Das 分析了印度中小企业出口绩效的区域决定因素。研究发现，当地市场条件即规模、增长和东道国的人均收入有力地影响着中小企业出口活动，而且国家的技术知识存量也鼓励中小企业出口。Ziliang Deng 等基于代理和制度理论，研究了所有权集中在中国中小企业产品创新和其决定因素的关系中所发挥的调节效应。研究结果表明，相对于合资公司而言，独资公司往往更有效率地将研发转化为产品创新。Maura Sheehan 探讨了中小企业人力资源管理的做法。通过研究因果关系的问题发现了人力资源管理实践和具体的绩效指标之间同时存在着显著和纵向关系。控制过去的绩效进而检验潜在的反向因果关系的做法并没有消除人力资源管理实践和绩效之间的重要关系。总之，人力资源管理实践的运用增强了可持续竞争的优势。Alfredo D'Angelo 等通过对 2657 家意大利制造公司的样本研究发现，决定中小企业出口绩效的因素在国际化的地理范围内各有不同，而产品创新对出口绩效有正向影响。Harris Richard 等探讨了中小企业如何在周边地区运用知识管理理念和知识获取的实践来实现更高层次的创新。调查结果表明，创新性突出的企业更容易通过各种方法获取外部知识，也更有可能具有较高水平的吸收能力。Michele Grimaldi 等探索了中小企业在创新过程中的关键动态能力以及能够识别实施开放创新实践的动态能力。

三、中小企业发展策略与管理

2013 年，关于中小企业发展策略与管理，国外共有 17 篇文章研究了这个主题。研究的内容包括中小企业发展策略以及管理两个维度，文章数量分别为 2 篇和 15 篇。

对于中小企业发展策略，Brinja Meiseberg、Thomas Ehrmann 指出中小企业在实施协同策略时面临着严峻的挑战，包括寻找合作伙伴的难度、对管理资源的应变以及大型合作伙伴公司的开发风险。然而，很少有人知道中小企业网络化的倾向。作者从组织经济学和资源基础的视角出发，通过对 348 家德国中小企业的调查数据进行研究发现，两种理论的预测对中小企业的网络化发展趋势发挥了作用，然而协调和沟通方面的组织能力以及联盟中的结合是与合作决策最密切相关的。María Verónica Alderete 提出一个经济计量模型来确定中小企业的外包概率是否取决于它们创新的水平以及信息与通信技术的应用。采用 Logit 模型对 2006 年阿根廷的中小企业样本数据进行截面分析，结果表明，中小企业的创新水平将显著影响外包的概率。此外，研究强调信息和通信技术对外包决策有着消极影响。

关于中小企业管理，Manoj Dora 等阐述了食品质量管理体系在欧洲食品中小企业中的可行性研究结果，并对食品质量管理体系的现状进行诊断以及找到激励和制约中小企业成功实施食品质量管理体系的因素。研究结果表明，在参与这项研究的食品中小企业中，没有任何一家真正实施了食品质量管理体系。公司的规模对于质量管理实施来说是一个重要因素，中等规模的公司相比于那些小微企业来说，在食品质量管理体系的实施上会更加成熟。Christian Meske、Stefan Stieglitz 研究了社会媒体在中小企业中的应用、使用和效益，以及对可能会阻碍更广泛的社会媒体在中小企业应用的潜在关注。基于此，作者对德国中小企业的决策者进行了调查，研究结果表明，中小企业开始使用内部社交媒体（如维基、博客）是为了支持员工之间的合作和提高知识管理。然而，中小企业仍然面临着管理适用和确定相关商业价值的难题。Brahim Herbane 利用从英国 215 家中小企业所获得的数据，探讨了中小企业管理者关于危机管理规划的认知和经验。此外，文章也探讨了有危机规划管理的中小企业和无危机规划管理的中小企业在看法上的差异。研究结果揭示了六个因素，即通过规划、财务冲击、经营危机管理、完美风暴、生存和萎缩的结果来应对危机。Kazuo Ogawa、Takanori Tanaka 分析了由美国次贷危机所引发的全球金融海啸对日本中小企业冲击的本质以及中小企业如何应对冲击。利用经济、贸易和工业研究所在 2008 年和 2009 年所进行的调查，冲击被确定为需求、供给和金融冲击。需求冲击是最普遍的冲击，而金融冲击是最少的。中小企业通过寻求供应商和金融机构的帮助来应对需求冲击，中小企业所采取的措施，关键取决于银行—企业之间的关系，以及客户—供应商之间的关系。依赖于银行的中小企业向其密切相关的金融机构寻求帮助，而其他中小企业则寻求其供应商的帮助。长期客户—供应商关系在缓解供给冲击方面起着重要作用。Paul Cragg 等研究了影响信息技术在中小企业中成功实施和运用的三个因素：内部信息技术支持、外部信息技术支持和信息技术管理。利用从新西兰 289 家中小型特许会计师事务所调查获取的数据，继而进行研究分析发现，中小企业中的信息技术管理最好理解为一个多维度的概念，它包括一系列的管理实践：信息技术规划、信息技术组织、信息技术控制、信息技术领导。此外，研究结果还表明，就信息技术管理实践而言，一些中小企业比其他企业更加复杂。信息技术规划和信息技术领导影响着信息技术的成功。Marinos Stefanitsis 等研究了中小企业的财务知识对他们财务行为的影响。通过在网上进行结构化的问卷调查，抽样研究了 352 家希腊中小企业，使用多元统计分析发现，尽管希腊中小企业在特定领域内有令人满意的财务知识，但是大部分的受访者未能获得企业整体绩效的收益。M. Březinová 指出战略管理代表了当前管理的方向，它适用于所有类型的企业，包括中小型企业。中小企业内部过程管理的原则有其局限性，其原因在于企业规模和业务管理。然而，实施战略管理可以提高竞争力，降低成本，提高决策水平，协助员工激励机制的实施，缩短交货时间，提高客户满意度。I. C. Lin 等指出通过有效的知识管理可以更进一步地提高中小企业绩效，但是知识管理对于大多数的中小企业而言并不容易。基于此，文章回顾了关于知识管理的相关文献，并通过新西兰中小企业的一个案例分析来指出如何更好地实施知识管理。Mireia Valverde 等指出尽管人才管理的研究文献在过去的十年中有了大幅增长，但是大部分的研究集中于大型的跨国企业，对中小企业的适用性研究却很少。因此，为了分析人才管理的观念、定义和实践，作者通过多案例研究方法对西班牙中等企业人才管理的理念与实践进行了研究。Nyabwanga 等通过对中小企业的流动性、偿债能力和盈利能力进行比率分析，进而对中小企业的财务绩效进行诊断。F. Santini 采用定性和定量相结合的方法，通过调查和 AIDA 数据库获得定量数据以及通过访谈获得定性数据进而研究了中小企业背景下的战略管理会计和其对财务绩效的影响。Irena Jindrichovska 通过对中小企业文献的研究，指出中小企业财务管理的三个核心因素：流动性管理和现金流管理；长期资产收购；资本、资金结构和资金成本。Louis Raymond、Josée St-Pierre 指出，随着经济全球化和知识经济时代的到来，战略能力的一个重要议题是使中小企业国际化。因此，作者利用战略管理和权变理论中的结构形态范式进行研究发现，战略能力可以促进中小企业国际化的程度。Elisabeth Eppinger、Gergana Vladova 指出尽管中小企业资源短缺以及缺乏专业的知识产权管理实践，但中小企业有助于创新和经济增长。借鉴社会实践理论并结合从知识产权战略及其管理研究中所获得的见解，作者考察了三家医药企业的案例来研究它们如何拿出收益回报来进行研发投资并讨论了知识产权战略和管理实践，检验了知识产权管理的做法如何嵌入在公司的组织结构中。M. Munir Ahmad、Ruben Pinedo Cuenca 介绍了一项研究的结果来识别和分析涉及中小企业实施 ERP 等关键问题的相互关系。

四、中小企业融资

2013 年，国外共有 9 篇文章介绍了中小企业融资，研究焦点聚集在银行信贷与中小企业融资、中小企业融资的作用和影响因素以及中小企业的融资选择三个方面。

关于银行信贷与中小企业融资，Terence Tai-Leung Chong 等认为银行业竞争可能会加剧或阻碍中小企业融资。通过对中国企业融资进行调查并结合详细的银行分行信息，研究了地方银行的市场集中如何影响信用的有效性。研究结果显示，较低的市场集中度缓解了融资约束。股份制银行相较于城市商业银行的普遍存在对减轻这些限制起到更大的影响，而国有银行的存在则影响较小。Masayo Shikimi 通过对 2000~2002 年日本中小企业进行非平衡面板数据分析，实证检验了多重银行关系对中小企业信贷成本和可获得性的影响。研究表明，一旦考虑银行关系的内生性问题，信贷成本就与银行关系的数量呈正相关。而且，多重银行关系对金融约束企业的信贷可获得性有积极影响。G. K. Anane 等采用案例研究的方法，从理论和实证数据两个方面探讨了小额信贷机构对加纳 93 家中小企业的作用和影响。Olowe F.T.等采用随机抽样法选取了 82 家中小企业运营商作为研究样本，对收集的数据进行皮尔森相关系数和多元回归分析，探讨了小额信贷对尼日利亚中小企业成长的影响。结果显示，贷款期限对中小企业成长有正向影响且高利率、抵押担保和贷款偿还的频率可以削弱尼日利亚中小企业的扩张。Afolabi、Michael Oluseye 认为尼日利亚中小企业经营者面临的一个主要问题是政府在制定政策时只考虑了大企业的需求，而没有考虑中小企业的诉求甚至是没有给予发展机会。这造成中小企业融资受到限制进而制约中小企业成长，并且这也阻碍尼日利亚经济发展的潜力。因此，通过对尼日利亚 1980~2010 年的数据分析，实证研究了中小企业融资对经济增长的影响。结果显示，中小企业产出和商业银行对中小企业的信贷是促进经济增长的重要因素。

在中小企业融资的作用和影响因素方面，Yesseleva、Mariya 对专业咨询来源进行文献回顾和统计分析，研究了其对澳大利亚中小企业获得外部债务融资的影响。Abdulaziz M. Abdulsaleh、Andrew C. Worthington 指出获得融资对于中小企业持续成长和盈利能力至关重要。

关于中小企业的融资选择，Denis Forte 等使用一个包含 19000 多家巴西公司和跨越 13 年时间间隔的独特数据库，探讨了中小企业资本结构的决定因素。采用系统广义矩估计方法进行计量分析，结果显示，盈利能力与杠杆率呈负相关，资产增长与杠杆率呈正相关，这两个结果与资本结构的优序融资理论相一致，也表明中小企业只有在耗尽它们的内部资源后才会倾向于用债务融资来扩张。此外，研究也发现，规模与杠杆率之间有着积极的相关性，这可以解释为什么更大的公司有更多的信贷市场机会，风险较高的中小企业往往有较少的财务杠杆，这与破产成本的权衡理论相一致；公司的年龄与财务杠杆率呈负相关，这表明老年企业在融资选择上可能会更加保守。Estwick、Stacey 通过 7 个深度访谈探讨了巴巴多斯岛的寡头控股公司和家族所有的中小企业的外部融资需求以及融资优序理论对其适用性。

五、中小企业政策、产业集群与发展

2013 年，在中小企业政策、产业集群与发展方面，国外公开发表的文章共有 19 篇，主要研究了中小企业政策、中小企业产业集群以及中小企业发展三个部分。

对于中小企业政策，Enrico Cagno、Andrea Trianni 通过多案例研究方法实证研究了 71 家意大利中小企业制造业，研究强调了津贴或公共资金对能源效率干预的重要性和外部压力的重要性，比如能源价格上涨、资源消耗和污染物排放的费用增加。而且，企业在节能技术上看起来毫不逊色，因为这能够提供长期利益和长期竞争力，他们愿意采取看似激进的解决方案。其他人认为提高能源效率的战略在于公司的人拥有远大抱负和进取心以及管理层对问题的敏感度。Xuemei Xie 等指出创新一直是中小企业可持续竞争优势的关键驱动因素。然而，许多中小企业很难成功实现创新。该文试图探讨影响中国中小企业创新的主要因素以及制约因素。基于对 188 家中国制造业中小企业的调查，研究了影响创新绩效的 10 个主要因素之间的关系。研究结果表明，一些因素诸如金融资本、技术条件、技术信息等与中小企业创新绩效之间存在着积极的联系。此外，研究还发现，目前的政策环境，比如知识产权保护和政府政策是不利于中国中小企业创新绩效的提高的。Ebru Aykan 等探讨了土耳其支持中小企业发展的政策对其经营策略的影响。通过对土耳其开塞利地区的 396 家中小企业进行调查研究，并运用 SPSS 统计软件进行研究分析发现，技术、培训和咨询支持对中小企业的产品和市场策略有着显著影响。

在中小企业产业集群研究方面，Patrick Gudda 等基于肯尼亚基苏木地区的 126 家制造业中小企业样本数据，通过实证研究证实了集群与协作对中小企业产品创新的作用。Biljana Predić、Danijela Stošić研究了网络策略可能产生的影响以及这些影响在中小企业集群中的作用。

关于中小企业发展，Genia Kostka 等分析了中国中小企业能源投资的财务、信息和组织障碍。通过对浙江省 480 家中小企业的调查，并采取半结构化访谈的方式对调查样本中所包含的企业进行研究，结果显示，只有少数中小企业在中国积极开展节能减排活动。而且调查数据显示，信息障碍是制约中国中小企业发展的核心瓶颈，财务和组织障碍也影响公司的节能活动。同时，访谈指出了节能活动的三个额外障碍：家庭所有制结构的作用，政府规章的执法不严，缺少政府支持和熟练劳动力。Muhammad Mohiuddin、Zhan Su 指出离岸外包策略在发达国家受到广泛批评，因为它减少就业机会，失去规模经济，削弱创新潜力以及造成各种社会问题。因此，作者基于加拿大 13 个外包制造业中小企业的经验数据，研究了离岸外包的制造业中小企业是否以及如何创造竞争优势。W. Kittilaksanawong、Z. Ren 以中国浙江省三家具有代表性的中小企业为研究对象，探讨了中小企业在应对外部合作时，其独特的组织形式的演化。Yun Arifatul Fatimah 等指出对于印度尼西亚大部分制造业中小企业而言，实现可持续性发展是一个巨大的挑战。再制造一直被认为是实现可持续生产的一个关键战略，其方法是通过最大化地利用旧部件，减少垃圾填埋场的大小和能源使用来实现可持续生产。然而中小企业作为印度尼亚西制造业的引擎，却在再制造领域没有足够的经验、技能、资源、技术和金融支持。文章通过对印度尼西亚中小企业再制造战略的研究进而提出一个可持续生产评估框架的新概念。在这个可持续的制造评估框架中，现有的再制造产品使用可持续制造标准评估。这个框架确定了改善机会，包括生态效率、清洁生产和使现有的再制造产品的技术、经济、环境和社会实现可持续发展的绿色技术。Daryl Powell 等通过采用多案例研究的方法，评估了 ERP 系统对于拉动中小企业生产的功能。Teerawat Charoenrat 等指出泰国制造业中小企业面临着国内外市场的激烈竞争。鉴于中小企业对于国家经济发展的重要性，因此重要的是要对它们随时准备面对国际竞争的严峻考验有着清晰认识，包括它们所面对的障碍和具体问题。本研究采用随机前沿分析（SFA）和技术效率影响模型来分析泰国制造业中小企业的技术效率以及影响它的关键因素。利用泰国制造业中小企业 2007 年的人口普查所获得的横截面数据，研究分析发现，它们的加权平均技术效率约为 50%，这意味着高水平的技术效率降低了潜在产出。低效效应模型揭示了企业规模、企业年龄、技术劳动力、所有权特征和区位是企业的具体因素，这些显著影响生产的技术效率。提高泰国制造业中小企业技术效率的关键措施是充分的投入、获得信贷便利、为员工提供广泛的基础设施建设和培训计划。Annamaria Esposito 研究了意大利中小企业如何实施整合营销传播。通过访谈和文献分析的方法对来自不同行业的三个中小企业进行案例分析，并指出意大利中小企业使用灵活的方法来实施营销传播，而且传播最广泛的目的是激励对话以及与它们的利益相关者建立新联系。最常用的沟通工具是参加展销会、赞助和活动，但现在的新兴沟通工具是通过数字化和社会化媒体的在线交流。研究结果表明，中小企业管理者为了把握市场机会，往往会采用整合营销传播的方式。Biqing Huang 等分析了现有解决中小企业主要问题的方案和不足之处，然后研究了利用新出现的技术和理论（例如，云计算、物联网、面向服务的技术）来解决中小企业发展瓶颈的可能性。Mohammed S. Chowdhury 等研究了影响孟加拉国中小企业成长和发展的因素以及这些因素对政策的影响。研究发现金融、基础设施、市场、技术经验和政治影响力对中小企业成长和发展有影响。Brian S. Anderson、Yoshihiro Eshima 以资源基础观为理论基础，探讨了企业年龄和无形资产在日本中小企业的创业导向—企业成长关系中的调节作用。Fabian Eggers 等从 CEO 的视角研究了品牌真实性、品牌信任和中小企业成长之间的联系。利用结构方程模型对 285 家德国中小企业进行分析，结果表明，品牌一致性和品牌契合性促进了品牌信任，这反过来又推动中小企业成长。Pedro Guedes de Carvalho 等基于健身产业领域的 182 家中小企业样本，使用两步估计法研究了影响葡萄牙健身中小企业成长的决定因素。结果表明，年轻且规模较小的健身中小企业要比年老且规模较大的健身中小企业成长速度更快。内部融资、外部融资和劳动生产率是加快健身中小企业成长的重要决定因素，而利息支付和 2008 年发生的金融危机则限制了健身中小企业的成长。此外，金融危机还对健身中小企业成长中的金融决定因素产生了影响。Kwabena Obiri-Yeboah 等指出互联网在全球范围内显著影响着企业的经营方式并通过定量和定性的方法评估了什么因素推动了互联网作为中小企业经营的一部分。Claudio De Mattos 等研究了研发支出在决定发达国家中小企业与新兴经济体中小企业之间成为有吸引力合作伙伴联盟的可能性。

六、其他

对于中小企业研究，除了本书所列的五个主要方面外，一些新的研究视角以及研究领域也已经出现，具体表现为对中小企业社会责任的分析、中小企业管理者的研究，2013年分别有1篇和5篇文章涉及这两个部分。

关于中小企业社会责任，Luis、Xavier指出尽管关于酒店和旅游大公司企业社会责任的文献研究越来越多，但是对于旅游中小企业的研究还很少。作者通过对加泰罗尼亚、欧洲自然公园和智利三个不同地区的研究来说明这一特殊问题。

关于中小企业管理者，Bev Hulbert等探讨了中小企业管理者如何获取机会来发展他们的事业。除了管理者对于增长的渴望，显然还需要有机会去追求以及有足够的管理活动来发现这样的机会，只有这样，一个企业才能成长。这些机会可能来源于某种形式的环境变化，如技术的进步，或通过市场上的变化，例如，竞争对手的退出。通过对20家中小企业进行研究，重点关注它们遇到的机会来源以及这些机会如何和为什么会得到这些公司的认可。研究结果表明，绝大多数中小企业的商业机会来源于市场而不是环境变化的直接后果。O. K. Sakiru等研究了尼日利亚中小企业中员工领导方式和员工工作满意度之间的关系。通过问卷调查的方式收集了115名中小型企业员工的数据，相关分析结果揭示了完整领导风格是非常重要的，变革型领导方式在尼日利亚中小型企业中是最常用的。尼日利亚中小企业中需要变革型领导来实现企业在国家发展中的使命、目标和任务。Peter Yacob等基于148个制造业中小企业的调查数据，通过考察环境影响意识、对环境问题的态度以及环境实践之间的相互关系来探讨中小企业管理者的认知和态度。研究结果显示，中小企业管理者/所有者的认知、关注、努力对中小企业绿色行为有着积极的显著影响。LM Ángel等分析了合作伙伴的长期定位对于他们承诺的影响，同时展望了长期定位的关键因素：合作伙伴资源的互补性和信任。以70家西班牙国内出口企业为样本，采用偏最小二乘法对数据进行分析，研究表明，长期定位加强了对投入必要资源和努力的承诺。信任决定了合营者对出口企业的长期定位，资源的互补性在促进信任的发展中扮演着一个长期导向的角色。Marcus Holgersson指出以往的文献研究表明，中小企业的专利倾向要比大企业低得多，而且在中小企业中，专利作为拨款的手段并不重要。通过采访26个创业型中小企业的首席执行官和研发管理人员来解释这些差异以及为中小企业如何使用专利提供相应的视角。

第五节　国内中小企业管理研究综述

2013 年，国内关于中小企业管理研究的文章共有 176 篇，比国外学者发表的文章要多，且关注的焦点也有所不同。

一、各国中小企业描述研究与比较

2013 年，国内关于各国中小企业描述研究与比较方面的文章共有 15 篇。研究的内容包括中小企业国际化、中小企业作用、中小企业影响因素、中小企业面临的困境等方面。

关于中小企业国际化，苏杭、王睦欣指出面对国内市场萎缩、电力短缺、日元升值等制约因素，日本中小企业以不断发展的亚洲市场为目标，加快了国际化发展的步伐。与此同时，日本政府专门成立了“中小企业海外发展支援会议”，为中小企业国际化发展提供包括资金调配、信息搜集、人才培养、市场营销、贸易投资环境改善等全方位、细致化的支援服务。与以往中小企业国际化发展相比，市场驱动与政府扶持是全球金融危机后日本中小企业国际化加速发展的主要诱因。王增涛、蒋敏分析了企业家的横向关系和纵向关系对我国中小企业国际化的影响，讨论了企业家关系网络影响我国中小企业国际化的路径，进而提出了有待进一步检验的企业家关系网络对我国中小企业国际化影响的四个命题。左世翔通过实证研究中小企业社会网络与企业国际竞争优势的作用关系，构建起中小企业竞争优势的核心资源与核心能力体系，验证了企业社会网络对国际竞争优势的促进作用。以网络资源为基础的企业网络观点，是对传统资源基础观理论的创新和突破。网络资源观更好地解释了企业竞争优势的来源，尤其对于当前中国中小企业的研究意义深刻。宋砚清、孙卫东提出国际市场进入模式选择是中小企业国际化经营的首要问题。国际市场进入模式分股权模式和非股权模式，股权模式分独资和合资两种模式，非股权模式分直接出口、间接出口、许可经营等契约模式。邱红、林汉川认为政府行为与政策环境、市场环境、人文文化环境、社会区域环境是影响珠三角中小企业国际化的主要环境因素；各环境因素对珠三角中小企业国际化影响程度不同；珠三角九市中小企业国际化环境存在差异，而市场环境、政府行为及法律、金融环境和创新意识又是导致其环境差异的主要原因。中小企业国际市场进入模式选择必须从国际市场、中小企业两个方面进行综合考虑，其演进规律是：第一步，寻求与外商合作，使企业具有国际化经营的能力；第二步，企业选择间接出口进入模式；第三步，选择直接出口或股权投资的进入模式；第四步，选择契约进入模式。

关于中小企业作用，史艳玲、王佩分析了第二次世界大战后日本的中小企业作为日本经济发展的一支重要力量对其经济腾飞发挥了重要作用。他们依靠先进的技术，不断开发新产品，开拓新市场，在国际竞争日趋激烈化的今天，依然保持较高的竞争实力。这很大程度上取决于政府对中小企业技术提升的各项扶植政策，同时，民间及业界团体的努力和实践也发挥了积极作用。张丽认为第二次世界大战后日本经济能够快速发展并跃居世界经济强国，其主要原因是日本中小企业起到了巨大的推动作用。日本中小企业迅速发展主要是依靠其自主技术创新。日本政府积极鼓励技术创新，并出台了一系列政策保护、促进中小企业进行技术创新。日本的中小企业在具有企业家精神的领导者带领下，积极进行研发，投入大量资本进行设备的更新，注重员工素质的培养和创新成果的保护，积极构筑有利于企业技术创新所需的良好内部环境，从而推动中小企业持续发展。

关于中小企业的影响因素，费艳颖等分析了美国促进科技创新的多维度法律群，包括提升国家创新能力的法律、规范政府 R&D 投入的法律、扶持中小企业创新活动的法律、激励创新主体积极性的法律、培养和引进科技创新人才的法律。在阐释美国以法律促进科技创新成效的基础上，从完善科技创新法律体系、增加科技投入、挖掘中小企业的创新潜能、健全税收和政府采购制度、加大创新人才培养和引进力度等方面，提出了我国以法律推进科技创新的几点建议。迟凤玲、张晶分析了法国中小企业及创新署，认为创新署是法国中小企业创新发展强有力的支持，很多中小企业都从创新署获得了融资和发展方面的资助。张岭等认为美国通过建立良好的法律政策体系、行政服务体系、贷款担保风险分担机制和风险投资机制，较好地解决了中小企业融资的市场失灵问题。

关于中小企业面临的困境，张静指出我国中小企业在国内逐渐成为技术与机制创新、促进我国科技不断进步和知识产权事业不断发展的主要主体。中小企业在国际贸易中知识产权的保护方面存在着很多的误区，这严重制约着这些中小企业的发展。中小企业必须努力完善自身的知识产权保护机制，将企业置于知识产权的保护之下，在国际竞争中立于不败之地。廉丽娜提出，对于发展中国家来说，从发展对外贸易到进行对外直接投资是经济发展的必然结果。中小企业在我国占绝对比重，近年来其对外直接投资发展迅速，在各方面都取得了突飞猛进的增长，但仍处于初级阶段，普遍存在着投资规模小、投资行业及区域相对集中及投资方式单一等问题。金晶认为伴随“经济民主化”成为当前韩国社会热议的焦点，影响中小企业发展的国内外经济变数逐渐增多，韩国中小企业面临新的转型。刘敏以中小企业信用服务为视角，研究德国、法国、意大利等主要欧盟国家中小企业信用服务的实践经验，针对我国目前中小企业信用服务存在的困难和问题，提出相应的对策建议。张震、梁小龙论述了在后金融危机时代经济环境呈现的特点，分析了中小企业面临的困境及原因，并提出内部管理创新的途径。

二、中小企业创新与绩效

在中小企业创新与绩效研究方面，2013 年国内共发表了 25 篇文章。内容包括中小企业战略与绩效、中小企业创新与绩效的影响因素、中小企业技术创新能力、中小企业自主创新四个方面。

关于中小企业战略与绩效，程发新等以江苏省 135 家中小企业为调查对象，利用结构方程模型进行实证研究。研究结果表明：政府法规对成本、质量、创新均有显著的正向影响；成本、质量与创新对财务绩效有显著的正向影响；质量、创新对非财务绩效有显著的正向影响，而成本对非财务绩效没有显著的影响。据此提出了促进中小企业发展的政策建议与其制造战略选择的策略。吴雪、胡伟清分析了中小企业发展过程中尚面临诸多障碍，进而提出在“创新驱动”背景下使中小企业摆脱困境，落实企业创新发展的战略。龙静、陈传明通过对 244 家企业样本的统计分析，发现服务性中介机构的权力依赖方式，不论是依赖个人权力（参照、专家和信息权力）还是依赖职务权力（奖励、合法和强制权力），都会对它们与中小企业之间的关系强度产生正向影响，而后者会对中小企业的创新绩效产生正向影响，并且中小企业和服务性中介机构之间的关系强度在服务性中介机构的权力依赖方式和中小企业创新绩效之间构成中介作用。

关于中小企业创新与绩效的影响因素，刘茜、梅强基于对中小企业创新行为环境嵌入、组织间嵌入和双边嵌入关系的分析，构建了中小企业创新绩效影响因素层次模型。朱金菊、段海艳以深交所中小板 698 家上市公司为样本，重点就连锁董事对中小企业技术创新影响进行了研究。结果发现：连锁董事薪酬、连锁董事学历、连锁董事规模和连锁董事占董事会比例均与企业技术创新投入呈显著正相关。曹文才、单汨源认为企业管理层教育年龄、企业年龄、监事会规模、企业规模、企业所在地区高校以及科研院所数量对科技型中小企业持续创新能力均有不同程度影响。科技型中小企业创新投入、产出和发展能力存在多种影响因素。强化企业创新主体地位，建立技术创新激励机制是主要因素。彭灿等应用主成分分析法，对江苏、浙江、上海三省（市）2008 ~2010 年中小企业技术创新能力进行了定量评价和横向比较。评价结果表明，在东部沿海的 11 个省（市）中，浙、苏、沪三省（市）的中小企业技术创新能力处于领先水平，排在前三位。进一步的分析表明，区域创新基础、制造（生产）能力和技术转移能力在很大程度上决定了区域中小企业的技术创新能力，是造成各省（市）中小企业技术创新能力差异的主要因素。王越、费艳颖认为产业技术创新联盟模式协同创新具有单个创新主体无可比拟的技术创新优势。由于在中小企业产业技术创新联盟模式协同创新过程中面临的技术和创新成果容易流失、创新成果知识产权权属纷争等法律风险，我们应该引入股权激励机制、完善知识产权制度和合理分配创新成果等举措推进中小企业产业技术创新。陈晓红、于涛研究营销能力通过技术创新对市场绩效的影响作用，并对我国 340 家中小上市企业进行实证分析。研究结果表明，营销能力对于市场绩效有显著影响，同时，营销能力会通过企业技术创新的两个维度（研发投入和技术投入）对市场绩效产生显著影响，然而专利对二者关系的中介作用并不显著。研究结果丰富了企业对营销能力的认识，对企业的技术创新和以后的发展策略都有重要的实践指导意义。雷辉、刘鹏以我国中小企业板块的上市公司 2007~2011 年的数据为研究对象，采用 Stata 软件对高管团队特征与企业技术创新之间关系进行了实证检验。研究结果表明：高管团队年龄、性别、异质性与技术创新显著负相关，高管团队学历、科学与工程专业背景及输出型职能背景与技术创新显著正相关。该文还进一步运用自体抽样法比较研究了在不同所有权性质的企业中高管团队特征与技术创新之间关系是否存在显著差异，研究发现，除了高管团队专业背景外，其他高管团队变量在不同所有制性质的企业都存在显著差异，而且高管团队异质性在不同组中对技术创新存在相反的作用影响。陈艳、范炳全认为发明能力、吸收能力、连接能力和创新能力对中小企业的创新绩效具有显著正向影响，而变革能力和解吸能力对创新绩效的影响不显著。当前中小企业开放式创新体现出一定的由外而内的特征，但各项能力的发展不均衡；与内部探索相比，更侧重于外部探索；内部保留和外部开发成为当前中小企业开放式创新的能力短板；连接能力的作用更多地体现在销售环节，而不是研发环节。李辉、张晓明将自主创新能力纳入企业家社会资本与企业绩效的微观—宏观效应框架中，构建了其测度指标，运用四阶段计量模型，以陕西省中小企业的问卷调查数据验证了自主创新能力的中介效应。研究发现：中小企业家制度社会资本对企业绩效的提升作用有限；商业社会资本与技术社会资本均对企业绩效具有显著的正向影响；自主创新能力在中小企业家制度社会资本与企业绩效的关系中具有完全中介效应，在商业社会资本、技术社会资本与企业绩效的关系中具有部分中介效应。吴愿愿、纪晓丽根据知识特征与知识转移路径的作用关系，提出了知识转移内部机制与创新绩效的关系模型，并根据此模型提出了相应的理论假设。通过对重庆市中小企业的实证研究，发现了中小企业知识特性、知识转移路径与创新绩效之间的相互关系，对提高中小企业的创新能力具有一定的意义。李泳认为政府和中小企业的职能履行对中小企业融资支持体系运作绩效影响最大，其次是金融机构、风险投资公司，中小企业管理局的职能履行效果最差。作为中小企业融资支持体系的直接受益者，中国中小企业的职能达成度还较低。虽然各职能部门的建立和不断完善对中小企业融资支持体系的运作过程和信息沟通均有相当的促进作用，但体系内主体之间缺乏内部沟通，各主体的相应职能履行不能实现无缝衔接，内部结构上没有形成互相促进的良性循环，从而影响了整体的运作效果。李晓翔、霍国庆分析不同跨界搜索在沉淀冗余和中小企业产品创新之间所起的中介作用，以及环境因素在这一过程中所起的调节作用；以科技型中小企业为调查对象，对这一传导机制模型进行实证检验，研究证实，沉淀冗余有利于中小企业产品创新，跨界搜索在这一过程起到中介作用，但对市场知识的跨界搜索并非有利于创新；环境动荡、跨界搜索的影响被增强；竞争激烈时，跨地域搜索和跨认知搜索对创新的作用分别被负向和正向调节；环境异质性高，市场知识对中小企业创新的影响减弱。

关于中小企业技术创新能力，刘小元通过研究发现，企业技术创新和市场营销不仅与当期的盈利水平显著正相关，而且还正向影响滞后期的企业盈利水平，表明技术创新和市场营销是企业成长的动力机制，同时还证实技术创新与市场营销对企业盈利的影响是相互替代的。王雅瑾运用物元理论建立了中小企业技术创新能力评价物元模型，进而将模型应用于实际问题，以上海家族企业技术创新能力为物元，对其技术创新能力进行了综合评价与分析，得到了家族企业技术创新能力的初步结论及改进的建议。为中小企业技术创新能力的评价与改进提供了一种科学有效的新方法。姜霄建议建立企业—政府—高校三位一体的自主创新能力建设体系，政府要加强服务功能、优化创新环境，高校要努力科技攻关、加强校企合作，企业要加强自身自主创新能力的建设。张建三等从低碳技术创新的概念入手，以系统论观点为视角，剖析中小企业在该领域遇到的困境，并有针对性地提出促进中小企业低碳技术创新的具体措施。王云、佟岩基于政府监管中小企业技术创新的角度，以博弈论为基础，通过构建技术创新监督博弈模型，运用不完全信息动态博弈方法，分析了技术创新监管博弈模型中政府和中小企业两个利益主体之间的博弈关系，进而得出政府通过提高监督效率、降低监督成本、加大处罚力度来促使中小企业按照政府预定的目标进行技术创新，最终实现双边共赢。在模型分析的基础上提出了改善中小企业技术创新监管的建议，以促进中小企业进行技术创新。陈齐芳分析构建中小企业技术创新服务平台不仅是一项信息化开发和应用工程，更是一项社会系统工程，需要诸多经济、政治、社会、人力资源的汇聚和整合；不仅要研究平台本身的建设问题，还应关注平台参与者、服务对象的切身需要，并以此为出发点，解决技术创新过程中相关要素的有效聚集和优化配置问题，实现平台功能与中小企业技术创新活动及其效果的对接和协同，以增强服务平台的有效性。这种有效性应接受多方位的评价与检验，不仅应体现在与企业孵化器功能互补、推动创新—创业的一体化发展方面，更应体现在促进产业集群创新升级方面，而这是增强服务平台有效性的关键所在。严炜基于技术创新理论与中小企业发展循环经济的国内外研究现状，揭示了技术创新在中小企业发展循环经济中的作用，并对比发达国家中小企业发展循环经济的技术创新历程，以武汉市中小企业为例，进行了实证分析。徐洁等从企业能力的角度出发，对资源型中小企业的技术创新管理进行研究，分析能力对其影响，为资源型中小企业技术创新管理能力的提升提供了一个新的思路。利用第一手调研资料对资源型中小企业技术创新能力的影响因素进行实证分析，以研究识别影响其关键因素，确定基于能力的资源型中小企业技术创新管理模式。

关于中小企业自主创新，杨静提出要借鉴国际成功经验，培育多层级产业共性技术供给组织体系，构建有效的产业共性技术政策支撑体系，以及高效的产业共性技术扩散服务体系，借助三个体系的共同建设，快速整合有限资源进行重点技术突破，以减少技术研发风险和不确定性，从而推动中小企业自主创新、快速发展与转型。宫春艳、穆丽先阐述了中小企业自主创新环境构成要素，详细介绍了吉林省中小企业自主创新发展的现状，并进一步提出了实现路径，以期使吉林省中小企业自主创新能力与水平得到不断提升。

三、中小企业发展策略与管理

2013 年，国内关于中小企业发展策略与管理的研究有 11 篇，研究内容包括中小企业发展策略以及中小企业管理两个部分。

在中小企业发展策略方面，宫春艳、彭连港建议以“文本管理”为指导思想，以“内外兼修”为必经途径，以“动静结合”为实现方式，以“和谐共存”为指导原则，推动中小企业创新文化建设。郭永中指出澳门中小企业普遍面临规模微小、人力资源短缺和转型升级的困扰。因此澳门中小企业必须实现观念上的五个转变，即把澳门的地域优势转变为现实的经济优势、把澳门的制度优势转变为竞争优势、把澳门的服务优势转变为品牌优势、把澳门的资金优势转变为人才优势、实现从小老板向真正的企业家转变。建议澳门中小企业要充分利用澳门三个贸易平台的作用和利用 CEPA 加强与内地的深度合作。李飞提出从诱发中小企业财务危机的驱动因素入手，建立一套适用于中小企业的财务预警体系，使中小企业对可能发生的风险做到未雨绸缪，防患于未然。黄永春等以战略匹配为视角构建了研究框架，并借助 PEST 法和行业竞争五力模型分析了中小企业创建自主品牌的外部环境约束；基于价值链理论探讨了中小企业创建自主品牌的内部资源约束。他们认为，受资源环境的双约束，中小企业虽不能在短期内直接创建自主品牌，但却可以采取贴牌加工、品牌租赁、品牌联盟、品牌共享、品牌嫁接等战略路径，从而渐进地创建自主品牌，实现向全球价值链高端攀升。刘崇娜以技术创新战略选择的理论分析为基础，提出了研究假设，利用有关统计数据，通过结构方程模型对影响中小企业技术战略选择的因素进行了分析和检验，为我国中小企业正确选择技术创新战略提供借鉴。唐玉林提出中小企业应坚持轻量化的发展战略，通过网络供应链的构建与开发，提高供应链条的信息共享度，有效应对牛鞭效应以及买方市场环境下的随机需求带来的供应链管理问题，同时借由网络拓展发现新的供应商，完善网络供应链的持续建设。余翔、李伟提出中小企业可以以知识管理能力、应急管理能力、协同处置能力、抗逆力能力为重点，建构符合自身发展战略的知识产权保护圈。夏玮建议向我国科技型中小企业提供专利战略服务支撑，并将专利费用资助与人员指导相结合，以解决我国科技型中小企业专利战略需求增加与资源缺乏之间的突出矛盾。

在中小企业管理方面，王瑞花认为知识共享作为成功实施知识管理的关键，构建适合中小企业发展需要的知识共享体系，有助于提高中小企业对知识管理的水平，进而提升其竞争优势。由于知识共享本身就是知识管理的一个子系统，不仅需要企业领导高度重视，而且更需要企业组织结构和业务流程的配合，从企业全局考虑，构建一个螺旋上升的知识共享体系。何巧云、郭广明从全面创新管理理论出发，构建了广东省中小企业应用全面创新管理提升自主创新能力的实施框架，通过实证研究发现，对于广东省中小企业而言，战略创新管理能力和技术创新管理能力是提升自主创新能力最为重要的两项能力，其次为长期市场能力和文化学习能力，并相应地提出了中小企业提升自主创新能力的管理对策。罗威通过对各类中小企业进行实证分析，发现中小企业在税务风险管理制度建设上与大企业的差异，以及不同行业、所有制、地区、经营时间的中小企业在税务风险管理制度建设上的差异，从而为帮助中小企业建立、健全税务风险管理制度提供参考依据。

四、中小企业融资

2013 年在中小企业融资方面，国内共有 68 篇文章研究了这个主题。内容涉及银行信贷与中小企业融资、中小企业融资的作用和影响因素、中小企业融资选择、中小企业融资的问题以及中小企业融资的解决方案五个方面。

关于银行信贷与中小企业融资，张迎春等分别调查了在成都的银行与中小企业对中小企业融资问题的认识，以双方认识是否对接为切入点来研究中小企业融资的症结，分析并提出了中小企业融资的高成本需要政府贴补、组建中小金融机构或准金融机构、政府需扶植的小企业应该比银行眼中的小企业更小和加强对小企业融资事务的培训等政策建议。刘云枫、王海燕从银行角度出发，根据供应链融资的业务特点以及融资过程中可能出现的风险点，提出了中小企业信用风险的评估体系，并在此基础上，阐述了如何运用层次分析法对中小企业的信用风险指标权重计算的过程，以期为供应链融资信用风险评估提供一个可以借鉴的方法和策略。李玉等深入分析了村镇银行与农村中小企业的共生关系及其制约因素，借鉴美国社区银行的成功经验，因地制宜地选择促进村镇银行与中小企业和谐发展的共生路径。周月书等认为与国有商业银行和其他股份制商业银行相比，农村合作金融机构具有地方性小银行优势，中小企业更易从农村合作金融机构获得贷款；此外，资信等级、盈利能力、所属行业等因素也显著影响中小企业的信贷可获性，但是不同区域金融市场竞争程度不同却并不能显著影响中小企业的信贷可获性。赵成国等基于南京地区科技银行的实践和数据，结合南京银行珠江支行实例，针对科技型中小微企业的特点，研究服务于科技型中小微企业的科技银行信贷业务在组织管理体制、业务流程、风险管理、产品等方面的创新措施。姚耀军、李明珠认为以中小企业发展为中间渠道，金融结构与反贫困产生重要联系，这尤其体现在中小银行发展对中小企业反贫困效应的显著促进作用上。研究表明，调整银行业结构，为中小银行尽快成长创造空间这种结构性政策对于取得可持续性的反贫困成果具有十分重要的意义。吕文岱、徐士琴分析了国内中小企业信贷市场当前存在的问题。同时，基于商业银行的视角，构建了贝叶斯均衡的二阶段动态博弈模型，依据高竞争力、高收益、低风险的原则，推导出商业银行中小企业贷款的定价策略。进而得出商业银行在巩固其中小企业贷款市场地位和维护高信用质量客户的同时能够实现自身贷款收益最大化的方案。最后通过 A 银行 2011 年中小企业贷款的实际业务数据，利用所构建模型进行具体的数据算例分析，测算出 A 银行的最优利率定价策略。研究结论为商业银行合理制定中小企业贷款利率和规避风险及保证收益提供了新的实用工具。王雅炯通过建立商业银行模仿者动态模型，将银行业视为有限理性的金融生态系统，开展进化博弈分析和数据测算。结果表明，由于风险技术、经营理念和成本约束等差异，大银行和中小银行对中小企业客户存在风险期望偏差，考虑到这两种类型商业银行风险管控能力的差距以及市场小企业融资满足率现状，最终可能形成大银行专注大企业贷款、中小银行专注中小企业贷款的市场结构。王淅勤、唐子斌通过银行融资机会实际分配与企业获贷预期的比较研究发现，银行的信贷决策是基于风险控制的理性决策，而不存在对民营中小企业的歧视，歧视一说主要源于银企双方的认知差距与认知滞后，且与企业借贷经历有关，有借贷经历的企业认知差距较小。文章结合社会关系、现实背景和认知规律对信贷歧视一说做出了全面解读。佳椙等根据陕西省中小企业在新型农村金融机构借贷情况的调查数据，通过建立 Logit 模型和 Tobit 模型，分别分析了中小企业对新型农村金融机构借贷需求及其借贷可得性的影响因素。结果表明，50%以上的中小企业对新型农村金融机构具有借贷需求，其中60%以上的中小企业能够足额获得贷款；中小企业对新型农村金融机构的借贷需求与企业的行业类型、信贷政策了解程度、银企关系、固定资产比率、流动比率正相关，与企业成立年限负相关；企业性质、企业员工数、信贷政策了解程度、固定资产比率对中小企业新型农村金融机构借贷可得性均具有负向影响。要提高中小企业在新型农村金融机构借贷的可得性，需要从企业、新型农村金融机构以及金融监管部门三个方面来改进。陈昊、顾红重点分析了银行信贷支持深圳中小文化企业发展存在的问题与制约因素，并从政银联动的视角出发，提出了解决思路。黄志烨从关系契约的视角对中小节能服务企业与银行之间的长期合作关系进行审视和处理，将中小型节能服务企业的企业特征融入关系契约博弈模型，依靠激励和惩罚双重机制分析银企合作行为和收益结果，论证了银行与中小节能服务企业建立长期关系契约的可行性，证实了长期关系契约模式适合中小节能服务企业特点，并能使银行和节能服务企业在长期合作中达到“共赢”。陈游总结了渣打银行中小企业无抵押贷款的管理模式，通过对比探讨了国内商业银行在中小企业贷款管理上存在的不足，提出我国商业银行要借鉴渣打银行的经验，改进对中小企业授信的管理。张晓玫等基于上市中小企业的数据，从银行贷款技术入手，利用投资—现金流模型实证研究亲密的银企关系到底能否有效改善中小企业融资约束状态，并最终验证了这一观点。丁岳维等运用非参数数据包络法（DEA），比较分析了不同规模的上市银行对中小企业的信贷支持效率。研究结果表明，大型国有商业银行在对中小企业贷款方面存在优势，这与传统观念存在分歧，并且大型国有商业银行可以通过产权改制和融资流程的创新来改善中小企业的融资环境。张晓玫、潘玲采用非平衡面板数据分析方法建立计量经济模型，考察我国银行业市场结构对银企关系的影响。实证结果显示：①我国银行业市场结构与银企关系度之间呈现倒U形效应；②运行状况良好，但缺乏国有背景的企业更愿意与银行保持良好关系；③在经济发展不活跃的地区，银行与企业都更注重银企关系的培养；④不同规模的银行对银企关系并无显著影响。研究表明，在我国二元金融结构下，关系型贷款是银行业集中程度较高地区的银行向中小企业发放贷款的重要技术。

关于中小企业融资的作用和影响因素，贺强、徐云松分析了“钱荒”现象的短期因素、季节性因素和政策导向因素，指出其根源在于实体经济中的企业，特别是中小企业效益低、风险大，资金不愿也不敢进入实体经济，而只能在虚拟经济内部循环获利。周天伦等对四川省中小企业的融资现状和融资难的成因进行深入的了解，探索解决中小企业融资难的四川模式，即以融资超市的模式来解决四川省中小企业融资难的问题。吴晓俊实证发现：政策环境越好的地方，中小企业融资成本越低；政策环境越差的地方，中小企业融资成本越高。胡显琴等从金融支持中小企业现状入手，剖析金融支持中小企业发展的制约因素，思考破解中小企业融资难的有效路径，进一步促进金融支持中小企业健康快速发展。陈晓红、高阳洁认为企业家不同的人口统计特征对中小企业融资约束产生不同的影响，具体来说，企业家受教育程度和职称对缓解中小企业融资约束产生积极影响，企业家年龄和任期对中小企业融资约束产生显著的U形影响，而女性企业家对缓解中小企业融资约束产生消极影响。研究结果不仅丰富了企业家人口统计特征与中小企业融资约束之间的相关理论，并为缓解我国中小企业融资约束提供了实践支持。张捷捷认为中国公司债券市场的发展比较缓慢，相关核心制度建设长期未能得到足够重视，导致市场监管职权高度分割、中小企业难以真正获得债券市场融资、公司债券投资者权益保护救济性制度不足等。这些制度缺陷已经或多或少地阻碍着中国公司债券市场进一步发展完善，合理解决这些问题将为中国公司债券市场高速发展奠定良好的制度环境。巫文勇、姜三明认为江西中小企业因金融体制惯性、金融市场非均衡发展、企业信用体系缺失、政策扶持不力以及中小企业自身的创新不足等原因，造成融资困境。要破解这一难题，必须积极推动中小企业融资制度的改革与创新，引导中小企业融资服务机构建立，加大财政税收支持力度，完善融资政策法规。王新安、汤琦磊以温州民间借贷为研究对象，分析了温州民间借贷的规模和利率变化，结合民间借贷对中小企业的影响，剖析了温州中小企业发展过程中民间借贷的产生原因，提出了一些可行的政策建议。这些政策建议主要包括：在法律上给予民间借贷合法地位，在政策上鼓励民间资本进入正规金融，大力发展民营中小金融机构，建立健全社会信用体系。林俐研究中小企业资本结构的特点，并进一步研究影响中小企业融资需求与资本结构选择的基本因素及其作用规律，探讨提升中小企业融资实力、促进中小企业资本结构优化的措施，对于提升中小企业财务管理水平、实现科学财务决策具有重要意义。顾萍、蒋思维分析中小企业不同时期的特点及现有融资渠道现状，从管理学的角度深入探究中小企业融资难的原因，并借鉴国外发达国家处理此类问题的方法，简要介绍近年来我国解决此问题的有益尝试，提出融资模式选择的具体方法。

对于中小企业融资选择，薛钰显、田慧竹建议尽快建立健全中小企业信用评级制度；拓宽资金来源渠道，增强担保实力；加强银保合作，充分放大担保资金作用；创新担保业务；加大人才培养力度；加强财政支持力度。马可在总结现有中小企业直接债务融资的作用和存在问题的基础上，提出了优化中小企业融资模式、借助地方政府财政实力推动中小企业在资本市场直接融资的新路径。肖承祥从承租人的立场出发，提出融资租赁在支持中小企业发展方面具有无可比拟的优势，为中小企业融资开辟了一条新的融资渠道。徐舜通过分析中小企业集合票据和供应链金融“1+N”应收账款模式的融资方式及其优缺点，提出了供应链“1+N”集合票据及基金的新型融资模式。冯丽娜通过分析中小企业融资现状，介绍了高收益债券的融资模式及优势，并结合我国高收益债券发展所遇到的问题，借鉴国外经验，提出发展我国高收益债券的策略和建议。曹志鹏、程佳佳通过对关系型贷款的系统分析，探讨了关系型贷款在企业融资中的优势，深入分析我国发展关系型贷款的条件和可行性，归纳总结了关系型贷款在中小企业融资中存在的问题，并就推动关系型贷款在我国中小企业融资中的应用提出了相关的政策建议。吴元波分析了中小企业租赁融资在我国的现状、问题并提出解决的办法，认为融资租赁对于解决我国中小企业融资难可以说是理论上成立、实践上切实可行的一剂良药，提出应借鉴美国的融资租赁发展模式，把租赁辐射到各行业，提高我国融资租赁的水平。政府应尽快颁布专门法律、统一监管、建立行业协会、降低行业进入的门槛、实行融资租赁税收优惠，中小企业应改变陈旧观念，融资租赁公司应进行经营模式的创新。龙建成等认为在我国中小企业直接融资渠道缺失的情况下，影子银行弥补了当前金融市场发展的不足，所以应适时鼓励和引导影子银行的发展；

协调影子银行、短期贷款利率和中小企业融资之间的关系；加强对影子银行和中小企业的监管。刘向耘认为，引起中小企业融资难、融资贵的原因是多方面的，利率市场化可以从多个方面纾缓中小企业融资困难，但利率市场化不能解决全部问题。张诚、朱艳阳利用贝叶斯博弈理论，分析社会网络关系下中小企业民间借贷经济行为，认为应从拓宽中小民营企业融资渠道、开展中小民营企业借贷的第三方服务机构专业信用风险评估服务、对中小民营企业借贷行为进行一定程度的监督等方面着手，规范和引导中小民营企业借贷行为。林安霁、林洲钰在分析中小企业集合票据融资模式主要特征的基础上，剖析了中小企业集合票据运行过程中存在的管理体制、发行规模、担保和集合风险控制等问题，提出了进一步完善中小企业集合票据融资运行的市场机制、扩大集合票据市场规模、增加担保来源、降低融资成本以及完善偿债体系等对策建议。中小企业集合票据是我国债券市场发展的有益探索，为解决中小企业融资难这一世界性难题提供了可供借鉴的范式。徐进亮等提出我国金融机构不仅需要引入新的国际贸易融资方式，也要充分利用“组合理论”原理，通过搭配不同的国际贸易融资方式，最大限度地满足中小企业的融资需求，并相应降低总体的融资风险。结构性贸易融资创造性地利用传统贸易融资方式与现代融资方式，将整个贸易流程作为融资对象，通过组合搭配这些融资方式，使进出口商在承担适度风险的基础上获得全程的融资服务，减少自身的资金占压，为中小企业提供了新的出口融资模式。叶程等从中小企业的融资结构入手，通过对县域中小企业融资方式选择的实证分析，发现随着中小企业生命成长阶段的不同，企业融资结构呈现周期性变化，提出解决县域中小企业成长周期不同阶段融资难的具体对策。刘尧飞通过采取设定“硬信息”与“软信息”指标，借助 Probit 模型，经过回归分析，发现在实践过程中发展关系型融资是中小企业解决融资难问题的重要措施。辛珣基于山东诸城和上海闵行中小企业集合票据成功发行的经验，对欠发达地区中小企业集合票据融资进行了较为系统的讨论，并着重对集合票据发行的核心因素、融资模式架构及发行流程和路径、应关注的制度性措施事项进行了梳整论证。

关于中小企业融资的问题，饶芬认为对于中小企业融资难问题，应理性分析其深层次原因，有针对性地调整中小企业的融资策略。韩飚认为当前企业贷款融资成本总体偏高，但不同企业差异明显，降低中小企业融资成本成为亟待解决的问题。朱孟楠、邓文轩首先指出目前制约中小企业融资的主要因素，其次分析商业银行目前对中小企业提供的金融服务的局限性，最后重点提出以商业银行为主导整合中小企业金融服务的概念，并从多个维度进行构架。刘彦等分析了制约金融支持中小企业发展的主要因素，并提出有针对性的解决措施和政策建议。张金胜、刘秀兰对科技中小企业的范围做出了明确的界定，并在此基础上对河北省科技型中小企业 R&D 融资现状、如何优化河北科技型中小企业 R&D 融资等方面进行了分析，指出了河北省科技型中小企业 R&D 融资过程中存在的各种问题，然后从政府、金融体系、服务体系三个方面对科技型中小企业 R&D 融资问题提出了政策建议和解决办法。张仿龙认为金融服务实体经济，就必须正视当前中小企业融资难的现状，认真分析制约中小企业融资难的成因，进而创新融资方式，破解融资难题。田霖认为桥隧模式、路衢模式、平台模式、金融仓储模式与科技金融模式成为破解中小企业融资困局的成功探索与有效路径，实现了社会、经济、金融系统的协调发展。王旖旎、张文娟阐述了中小企业发展现状、原因，并提出利用物流金融解决其融资困难这一创新途径来分析物流金融所起的积极作用。陈淑贤提出供应链金融并没有成为解决中小企业融资难问题的主要手段，核心企业缺乏供应链管理理念、银行因此提高费率增加企业负担、商业银行在供应链融资方案中的风险控制以及物流企业作用力不足等问题制约了供应链金融的进一步发展。胡昌生、付鸣将对武汉战略性新兴产业中小企业发展状况及其融资困境加以分析，并从金融支持的角度提出促进其发展的可行对策。张才志通过对西部地区中小企业融资现状的分析，分别从企业自身、社会经济环境和政府行为等方面研究导致西部地区中小企业融资难的具体原因，从而提出相应的解决措施和更具建设性的发展思路。张礼国、姚王信深入分析来自天津滨海新区的调研数据，为高技术中小企业知识产权债务融资困境提供更多证据支持，并寻求系统的解决之道。郭丽虹、王硕通过研究发现，随着中小企业融资缺口的增大，其信贷可得性有所提高，但新增的信贷融资只能在一定程度上弥补企业的资金缺口；同时，在市场化程度较低的地区，融资缺口较大的中小企业尤其是小企业的信贷可得性较低。研究表明，小企业尤其是市场化程度较低地区的小企业面临更严重的信贷约束，而企业规模因素和市场环境因素显著影响中小企业的信贷可得性。王龙云飞通过分析中小企业供应链融资信用风险的影响因素，并建立指标体系，运用熵值客观赋权的方法对供应链融资进行信用风险评价，以期能够全面、客观地评估中小企业供应链融资的信用风险状况，并提出信用风险控制的措施。

在中小企业融资的解决方案上，陈昆峰提出应以不断优化中小企业自身的发展环境为出发点，以构建和完善金融政策法律体系为突破点，打造良好的金融外部融资环境，力求达到标本兼治的效果，从根本上解决中小企业在发展中遇到的瓶颈。段世德在总结前人研究成果的基础上，结合湖北中小企业融资的特征和存在的问题，从优化、细化、系统化中小企业融资政策，集聚金融要素，创新金融产品与服务，优化金融发展环境等方面，系统提出拓展中小企业融资渠道的对策建议。王冀宁等认为企业融资环境模型能够较好地拟合样本数据；而运用二阶验证性因子分析计算出的各个指标权重值，解释了中小企业融资环境深层机理，可为解决苏南中小企业融资问题提供参考。彭伟明、邹辉霞借鉴企业邮局模式，从供应链金融的视角建立中小企业“融资邮局”模型。通过在供应链内调配企业成员的资金以及融资的需求和供给来克服中小企业融资困难和融资成本过高的双重局限；将供应链上其他企业成员的应收账款和企业信誉作为融资保障，可增加企业融资额度并降低风险。指出无论采取何种融资方式，企业都需进行风险控制。钟晨建议应进一步明确中小企业的划分标准、建立专门服务中小企业的中介机构和商业银行为加强中小企业私募债发行市场的监管力度、完善社会信用机制并保障其运行、制定相关法律以规范投资者行为，从而为中小企业融资提供良好营运环境。闫夏秋、邵桦毅提出，必须建立健全正规金融体制，消除融资“双轨制”，完善民间借贷监控体系，从适度干预的角度促进中小企业民间金融市场的发展。王杰、乔香兰提出为帮助中小企业缓解融资难问题，从企业层面看，要强化中小企业自身建设；从市场层面看，要完善多层次的金融体系；从政府层面看，要建立信息共享平台。贡秋扎西等提出，加大加强基本经济制度的市场化程度、加强中小银行等微型金融机构以健全金融机构体系和争取更大差异化管理权限等是解决西藏中小企业金融供给问题的有利途径。伍唯佳对我国中小企业发展的现状进行了论述，在剖析中小企业融资难的成因基础上，提出了化解中小企业融资难的对策建议。郭丽婷、杨秀萍从经济学理论角度分析中小企业面临融资缺口产生的实质，并结合目前我国中小企业融资困境的现实状况，从中小企业自身、商业金融、合作性金融、民间金融及政策性金融五个角度来探讨破解中小企业融资缺口的途径。唐金成分析了我国中小企业的资金来源、融资需求及其困难，阐述了我国信用保证保险的发展现状与存在问题，提出了通过进一步发展信用保证保险来化解中小企业融资难题，以实现我国中小企业与信用保证保险共同发展的建议。庞仙君依据安康中小企业融资的实际情况，选取八个因素构成中小企业融资效率模糊评价的因素集，通过构建中小企业融资效率模糊综合评价模型，对安康中小企业融资效率进行实证研究，试图找到一种有效的融资渠道。研究发现：根据最大隶属度原则，安康中小企业融资模式的效率排行为：自我积累>政府扶持资金>银行贷款>民间借贷>债券融资。叶文辉分析了印度中小企业评级公司（SMERA）通过向其本土中小企业提供全面、透明、可靠的信用评级，解决中小企业融资难问题。印度的成功做法可以为我国提供有益的借鉴。建议专设中小企业信用评级机构，设计符合中小企业特点的评级体系和收费标准，拓展评级结果运用领域等，进一步完善我国中小企业信用评级体系。夏立明等构建了基于时间维的供应链金融视角下中小企业信用风险评价模型。根据评价指标特点，该模型在各个时间点上选用微粒群算法和模糊综合评价方法对其进行信用风险评价，将各个时间点上的评价结果进行比较，分析企业的信用等级变化趋势，以期为银行放贷风险的降低提供有效途径。

五、中小企业政策、产业集群与发展

在中小企业政策、产业集群与发展方面，2013 年国内共有 46 篇文章涉及这个主题。研究的内容包括中小企业政策、中小企业产业集群和中小企业发展。

关于中小企业政策，刘育红分析了大量优惠政策在化解中小企业“融资难”、推动中小企业信用担保发展过程中的现状、存在的主要问题及成因，指出制度政策保障不系统、财政资金支持不充分、配套机制建设不到位是影响其发展的三大关键因素。提出优化我国中小企业信用担保体系应从优化制度政策、加大财政资金投入力度、配套措施的跟进等方面着手。成涛林、沈鲁清分析了当前昆山市中小企业发展面临的困境，回顾了现阶段昆山财税支持中小企业发展存在的不足，并就如何促进中小企业转型发展提出了财税政策。贾国军、谭毅从税收扶持的角度提出了推动我国中小企业发展的对策：首先，整合税收优惠政策，建立并完善中小企业税收优惠体系；其次，增加中小企业的税后净利润，鼓励对中小企业的外来投资，鼓励中小企业对外投资和扩大经营规模。李晓丹从税收支持中小企业发展的理论依据和国际经验出发，在对现行税收政策进行梳理和评析的基础上，从完善税收政策和加强纳税服务方面提出了建议。刘庆飞认为我国应完善政策，从多个角度支持中小企业融资，主要内容包括：推动担保贷款转变为无担保贷款，建设具有成本效益的地方小额贷款机构，设立中小企业技术创新基金等。王成仁提出应借鉴发达国家和地区的经验，建议加大财税优惠政策支持力度；实施劳动力替代战略；完善用工制度，稳定员工队伍；强化资金支持，帮助我国中小企业顺利度过“刘易斯拐点”时期，成功实现转型升级。肖念涛、谢赤对现行中小企业财政支持政策存在的主要问题、基于不同视角的中小企业发展的财政支持政策工具研究、财政政策支持中小企业发展的对策分析这三个方面的研究进行了归纳总结，期望对学术研究和实践发展提供借鉴和启示。刘畅指出我国中小企业财税支持政策从改革开放伊始的区别对待到现在的科学发展，经历了四个明显的范式阶段，综观政策范式的转变，当旧的政策范式受到挑战时，政策制定者必然会寻求新的政策范式，对原有范式进行完善与提升。袁杰等基于创新产品生命周期理论，系统梳理了我国中小企业技术创新政策，结合不同创新阶段的企业需求分析发现，我国中小企业技术创新服务政策体系缺乏阶段针对性，服务机构及政策实施缺乏准确定位，信息及社会资本构建仍不完善。徐侠、姬敏通过对创新券政策的政策目标、实施模式、覆盖领域等方面的国际比较，为更好地理解和引入这一政策提供了依据，并首次借助逻辑图技术，对创新券的实施效果进行了综合的评价。在对国内外学者提出的创新券评估方法和评估框架进行梳理的基础上，按照创新券项目实施的生命周期，分五个阶段提出创新券项目评估的方法和相应的指标，并给出了创新券实施效果的动态综合评估模型，用于指导创新券项目更加科学合理地实施。汤临佳等提出创新政策在培育外部良好发展环境的基础上，必须找准具有发展潜力的创新型中小企业为重点对象，制定更加务实有效的创新政策。以国外创新券政策为例，深入分析了此类需求导向型创新政策的运作方式及其政策绩效，对我国制定新一轮中小企业创新政策具有一定的参考价值。倪国锋通过对山东部分中小企业进行问卷调查，分析了中小企业科技创新投入及税负状况，对中小企业技术创新税收激励政策的实际作用进行了评价，揭示出阻碍中小企业技术创新税收政策发挥效力的主要因素，最后提出调整税收激励政策限制条件、降低中小企业税收负担以及明确相关税收激励政策等优化建议。

关于中小企业产业集群，李林等以提高集群中小企业国际成长力为目的，在文献收集整理的基础上，找到影响集群中小企业国际成长力的因素，从企业家国际化能力、企业国际化网络能力、产品市场国际化能力、企业制度的国际化能力、企业创新国际化力、企业国际化环境支持力六大类设计了集群中小企业国际成长力的评价指标。运用三角模糊层次分析法确定各指标的权重，克服了传统评价方法的主观随意性，再通过模糊综合评判法对集群中小企业国际成长力进行评估。通过案例，验证该评价模型具有综合性、客观性和可操作性的优点。马志桥等采用地方政策下的产业集群结构作为分析中国制药产业追赶的理论视角，通过对通化、泰州和天津三地制药产业集群的分析，发现中国的制药产业集群在结构上呈现三种类型特征：“市场式”、“中卫式”以及“卫星平台式”。在不同结构的制药产业集群中，地方政府扮演了“自上而下”或“自下而上”的角色。在企业政策层面，地方政府针对不同类型的企业出台了差异化的政策，同时都强调通过直接的财政支持推动中小型企业在集群中发展。何雄伟在研究江西工业园区促进中小企业发展的实效，以及对当前工业园区发展基本情况、存在问题和原因分析的基础上，提出了大力开展中小企业创业园建设、构建中小企业产业集群、提升工业园区政府服务效率和水平、完善园区基础设施和社区建设以及加强政策支持力度等政策建议。严旭分析县域中小企业集群生成的必要性、诱因及其机理，探讨湖北县域中小企业集群的生成路径。吴兆明从产业集群与中小企业发展互动机制研究出发，基于政府、产业集群、中小企业三个层面提出中小企业转型升级发展策略。张司飞以产业集群中小企业为研究对象，主要考察了多种融资模式中的间接融资问题。在探讨间接融资难成因和产业集群与中小企业间接融资关系的基础上，提出了四种适合产业集群中小企业间接融资的模式。王吉勇指出中小企业是深圳经济活力和自主创新的原动力，由此而形成的中小企业总部经济集聚效应日趋明显，如何合理引导中小企业总部经济有序发展成为规划研究的重要课题。在剖析中小企业总部空间需求和规划供给相互关系的基础上，揭示供需之间存在的结构性和功能性矛盾；通过空间综合评价，识别中小企业总部适宜发展地区，以此为空间底图，从产业链、行业分类和开发时序三个视角提出中小企业总部经济规划指引。高丽娜、蒋伏心以我国中小企业发展空间差异特征分析为起点，定量考察其发展空间差异的影响因素。结果表明：除要素禀赋、运输成本、区域开放度、政府作用力有显著影响外，集聚经济、空间依赖对我国中小企业发展空间差异的形成具有重要作用。因此，应从城市集群发展、创造要素自由流动的市场环境及完善区际交通网络等方面，重塑我国中小企业区域协调发展环境。

关于中小企业发展，任志宏等探讨了贷款利率市场化对中小银行和中小企业的影响。从短期来看，贷款利率放开象征意义大于实际意义，对信贷规模和利率水平影响较小；从长期来看，贷款利率市场化的结果是中小银行对中小企业的信贷规模增加，同时平均贷款利率上升。他们认为高成长性的中小企业将首先从贷款利率市场化政策中获益，其他中小企业融资问题的解决取决于中小银行的风险管理水平和金融改革深化程度；贷款利率市场化对中小银行的影响是利大于弊，其挑战主要来自即将到来的存款利率市场化。张亨明认为政府需要发挥重要作用，为中小企业技术创新营造良好的外部环境和氛围，调动全社会力量，对中小企业技术创新进行大力支持，不断完善中小企业技术创新的社会化服务体系。黄波认为，政府应加大中小企业排污监管的固定投入，以降低检查成本，杜绝中小企业偷排行为；政府应在加大偷排处罚力度的同时，对守法企业予以奖励，如提供融资担保或贴息贷款等，实现环境保护与中小企业发展的双赢。叶心宇通过对河南省 1000 多家中小企业的问卷调查，深入认识河南省中小企业的发展状况和内外部成长瓶颈，进而提出突破中小企业成长瓶颈的对策建议。王作全提出在国家法治社会建设目标的推动下，青海中小企业发展的法治化进程不断加快，并取得了一定成效。但从法治社会的更高目标来看，还需要从夯实法治社会的思想基础、构建更加完善的法规体系、改善法治环境等方面进一步努力，以构建有利于中小企业发展的法治保障。洪荭、郭春飞分析了区域软环境对中小企业成本要素的作用机制以及产品生命周期各个阶段的成本困境，并基于财政支持视角提出了相应的成本困境突破路径，为政府改善区域软环境、扶持中小企业发展提供参考。李红、龚恩华认为小企业的税费负担显著高于大企业，大企业与中小企业之间税费负担能力与实际税费负担倒挂的现象较为严重。特别是微型企业的行政收费占税费总额中的比重相对较高，而且享受的税收减免和政府补贴较少，使得微型企业承担着与其税负能力不相称的税费负担，导致其总体处于亏损状态。应对中小企业的生存压力与发展困境，一方面要减负，以缓解中小企业的生存压力；另一方面应以促进中小企业转型升级、提升中小企业自身发展能力为政策制定的出发点。蒋小平、叶子荣认为直接税对中小企业规模的正向影响要比间接税的正向影响大，即同间接税相比，直接税更有利于中小企业规模的扩大；随着中小企业规模的扩大，同间接税相比，直接税也更有利于国家来自中小企业税收的增加；同劳动投入相比，资本投入不足是中小企业发展的严重制约因素。资本成本率RCC 的估计系数较大，说明资本成本率是中小企业规模扩大的一个重要制约因素。因此，为了促进中小企业发展，有必要改变目前的对中小企业的税收结构，逐步提高直接税的税率，降低直至取消间接税的税率。刘佑铭认为，中小企业发展对于就业增长具有举足轻重的促进作用。由于就业弹性和就业贡献率不同，不同行业对就业增长的促进作用也会有所不同。在我国新型城镇化面临严峻就业形势的情况下，建议采取如下政策措施：第一，调整企业规模结构，大力发展中小企业；第二，以促进就业增长为中心，引导中小企业以就业效率高和就业空间容量大的行业为优先选择的发展方向；第三，提高中小企业就业质量，确保就业稳定。孙玉霞在分析中小企业就业贡献的同时，还探讨了其所面临的税负重、税收优惠难以落实等问题，进而在借鉴国外先进经验的基础上，提出扶持我国中小企业发展的政策建议。朱松等利用 2011 年全国 483 家中小企业的问卷调查数据研究发现，目前我国地方政府往往在行业较为景气时给予中小企业较大的支持，而地方政府对中小企业的支持的确能够促使企业扩张。但政府对中小企业的支持并不能完全替代行业景气因素对企业扩张的影响，企业扩张在一定程度上仍取决于自身发展情况和整体市场环境。杨蕙馨、王嵩通过多元回归分析，探寻了技术创新能力对中小企业成长性的影响规律，并根据实证分析结果提出了对策建议。刘健桂分析了经济全球化对我国中小企业的影响，从树立“契约精神”、建设自主品牌、实施国际化战略、走专业化之路、推进自主创新、打造产业集群、建设特色企业文化等方面，提出了经济全球化条件下构建中小企业核心竞争力的对策。陈晓红、杨立提出基于多属性群决策方法的障碍诊断模型，克服了主观赋权的局限，提供了障碍诊断的新思路，拓展了多属性群决策方法的应用。利用该模型对我国 531 家中小企业上市公司 2010 年的成长性障碍进行了诊断，得到各个公司在成长能力、盈利能力、资金营运能力、市场预期和公司规模五个方面的障碍水平，深化了中小企业成长性评价的研究，同时也验证了模型的有效性。魏华飞、尹兴科认为中小企业持续成长需要多种要素有机集成并共同推动，诸要素集成系统包括动力源泉、驱动因素、制约因素、成长路径和成长机制五种子要素系统。只有子要素系统间协同作用并随着企业成长与内外部环境的变化而适时调整，才能有效保证中小企业持续健康成长。王静认为企业家风险偏好程度越低的中小企业成长性越强，即风险规避型企业家比风险中性和风险趋向型企业家更有利于促进中小企业的成长，这一研究结论与众多学者崇尚的企业家冒险精神对企业成长的重要作用相悖。除了资产规模因素以外，企业家冒险精神需要企业家具有较高的素质，包括丰富积累的知识和经验。杜雯翠、高明华认为信息化能够有效扩展成长空间，促进中小企业的持续成长，并且随着企业持续成长力的提高，信息化的作用显得越发重要；而信息化对西部地区中小企业持续成长的作用并不显著，对某些资本密集型行业的中小企业持续成长作用显著。舒萍、高一认为借助行业或者区域性中小企业自助性组织的职能，建立起支持企业提升能力、引导企业统筹全局、维护市场公平秩序和整体沟通渠道的作用机制，有助于弥补中小企业自身的缺陷，确保其升级转型的正常进行。东莞台资企业协会通过成立转型升级综合服务处、搭建台资企业内销平台和物流渠道、拓宽中小台资企业的融资渠道等，较好地发挥了企业与政府间的桥梁作用。实践证明，中小企业的升级转型靠"单打独斗"极难。李艳华认为内部研发、内部管理知识开发、先进设备引进和研发合作都显著促进中小企业的技术能力提升，但其影响在技术能力提升的不同阶段存在差异；研发外包阻碍中小企业的技术能力提升；内部知识获取在中小企业外部知识获取与技术能力提升之间存在一定程度的中介作用。贺华丽在对企业营销能力及其构成维度、专业市场网络等相关概念进行界定的基础上，对专业市场本地网络和全球网络中存在的各种效应对中小企业国际营销能力的影响进行了理论分析。在此基础上，运用浙江省义乌市和绍兴市实地调查所获得的数据对专业市场网络与中小企业国际营销能力之间的关系进行了实证检验。他们发现：①相比于专业市场本地网络，全球网络效应对中小企业国际营销能力有更显著的影响。②专业市场本地网络在提升中小企业的信息利用能力方面有着突出的表现，但对中小企业的产品开发能力和快速反应能力的影响并不十显著。张秀娥、金佩华构建了环境动态对中小企业动态能力与企业成长间调节关系的理论模型，并以中国台湾创业环境中的中小企业为研究对象，利用回归分析法分别检验三个变量之间的关系，研究显示中小企业的动态能力可以顺应外界的动态环境变化，从而促进企业的成长。朱彦杰选取 12 个能够客观评价中小企业成长性的指标，构建了中小企业成长性评价指标层次结构，通过层次分析法对中小企业成长性评价指标进行权重确定和一致性检验，利用河南省部分中小企业上市公司财务数据进行实证研究，并对评价结果进行进一步分析比较。陈应龙、李大元指出动态能力的关键功效就在于通过调整和创新这个基础促进中小企业实现持续优势和持续成长，在动荡的环境中，战略意会能力、柔性决策能力、及时调整能力和灵活创新能力等动态能力要素对于中小企业的持续成长特别重要。赵玲珍提出高职院校与中小企业要深化合作，建立利益共同体，构建长效合作运行机制，提高专业、课程、教学过程与职业岗位的对接度。曾丽霞认为中小企业通过构建跨企业协同网络可以提升竞争优势，建议中小企业通过跨企业网络提升研发实力与创新能力、关系质量，通过企业网络共享资源降低风险，构建跨企业协同网络的现代信息系统。熊一坚根据中小企业面临的困难，提出企业应选择制度、技术和融资三条路径进行创新求变，并从企业、产业、政府三个层面选择全面创新管理、中小企业集群创新和完善政府创新政策，以促进中小企业发展。陈煜从中小企业的网络化品牌运营理念滞后、网络化品牌运营人才匮乏、网络化品牌运营模式存在问题三方面揭示当前制约我国中小企业的网络化品牌建设水平的若干问题及其根源，同时提出基于网络营销的中小企业品牌建设可行性对策。

六、其他

2013 年，在中小企业社会责任、中小企业人力资本、中小企业评价指标以及模型构建的研究共有 11 篇文章。

在中小企业社会责任方面，邓泽宏、刘文波基于员工视角，对中小企业社会责任进行实地问卷调查，利用构建的中小企业社会责任测评模型，厘清我国中小企业的社会责任表现的现状，对企业特征（企业规模、企业性质、企业治理结构和企业存续时间）与中小企业社会责任表现之间的关系及员工特征（性别、学历层次和管理层次）与中小企业社会责任表现之间的关系进行实证研究和差异比较研究。李健、徐世刚认为政府应区分不同企业的情况，规范和引导中小企业，把企业实现自身发展战略与履行社会责任有机结合起来，通过提高企业家素质、分摊和消化企业承担社会责任的成本、发挥典型示范作用等措施，促进中小企业承担社会责任能力和水平的提高。王敏等以问卷调查数据为基础，通过因子分析和驱动因子偏向性分析，发现中小企业履行社会责任的外部驱动力主要来自政府政策及法律，而内部驱动力则主要来自企业价值观以及企业经济利益。

在中小企业人力资本方面，陈雄鹰运用相关与回归分析法来验证人力资本贡献价值率和员工的心理契约水平之间的数量关系，指出两者之间存在正相关关系，员工心理契约水平的提高有利于企业人力资本贡献价值率的提升。蔡卫星、高明华利用最新的调查数据，对中国企业家信心的影响因素进行了实证分析。研究发现，外部环境对企业家信心有着显著的影响，政府支持力度越大、银行信贷获取越容易、司法公正程度越高、基础设施满意度越高，企业家信心越高。对政府支持方式的进一步研究发现，在政府补贴、税收优惠、土地优惠三种支持方式中，政府补贴对企业家信心的影响最显著。王东强等运用质性研究和深度访谈等方法，基于平衡计分卡提出了社会转型期中小企业人力资源准备度评价指标和实施策略，同时结合社会转型期背景和中小企业自身特点提出了提高人力资源准备度的几种方法。李博、李桦认为人力资本对中小企业价值提升存在消极影响，创新资本对中小企业价值提升影响最大，而流程资本和关系资本对中小企业价值提升均有显著正向影响，中小制造企业存在资产负债率高于最优负债水平以及忽视人力资本价值创造作用等问题。

在中小企业评价指标以及模型构建方面，何红光、张玉军以生态学中的生态位理论为基础，建立了中小企业转型升级能力的生态位评价指标体系；利用灰色关联分析的基本理论和方法，建立了中小企业转型升级能力评价的多层次灰色评价模型；以五家中小企业的调研数据对该模型进行了检验，为中小企业转型升级能力的评价提供了新的标准和方法。对中小企业和政府职能部门而言，这种评价模型既具有理论意义又具有现实意义。薛钰显认为应该从中小企业信用担保评价指标构建的基本原则出发，建立了涵盖财务类指标和非财务类指标的信用评价指标体系，采用偏相关分析、回归分析、择优比较法和专家评价法作为中小企业信用担保评价的主要方法，并对河北省中小企业信用担保评价进行了实证研究。王岚根据金融机构对中小企业融资风险的构成及来源构建评价指标体系，并运用灰色系统理论构建了针对中小企业融资风险的多层次灰色综合评价模型，对中小企业融资风险进行了定量分析，最后通过样本公司的实证分析加以验证，从而为金融机构及相关组织的政策制定提供方法和依据。左世翔将传统企业国际化理论中的资源基础观同新经济社会学中的社会资本理论相结合，通过实地调查中小企业并构建结构方程模型，采用跨学科的研究视角探讨了中小企业社会资本、国际化绩效及核心资源三者间的影响机制，从而进一步丰富和扩展了现有中小企业国际化研究的思路。

第二章　创业与中小企业管理 2013 年期刊论文精选

第一节

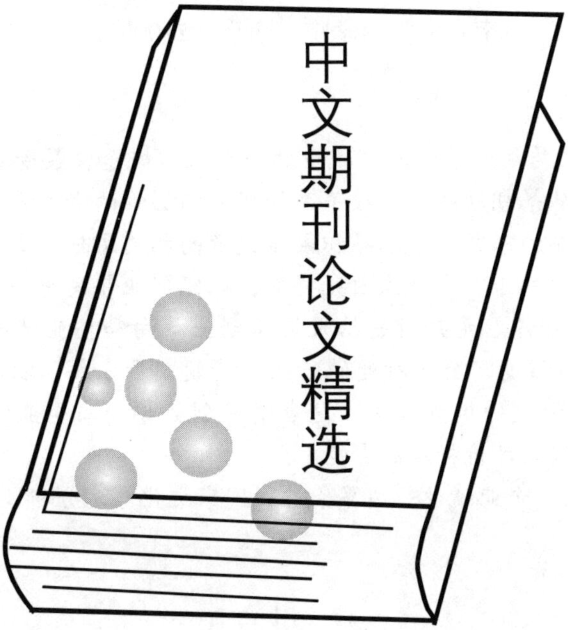

创业导向对企业绩效影响关系的边界条件研究*
——基于元分析技术的探索

张　骁，胡丽娜
（南京大学商学院，南京　210093）

【摘　要】 创业导向是创业学研究领域中的一个核心概念，最受关注的是创业导向和企业绩效之间的关系。从早期的两者直接关系的研究到影响两者关系方向或强度的调节变量的引入，再到中介机制的探究，学术界积累了大量的相关文献。本文采用元分析的研究方法，基于1990~2012年的135个独立研究样本，探究创业导向对企业绩效的影响，并探索这一影响关系的边界条件。元分析的结果显示创业导向和企业绩效为中等程度的相关（r = 0.307），而国家发达程度、企业所处的行业、绩效测量方式，以及研究时间点会对两者之间的关系起到不同程度的调节作用，这表明，创业导向与企业绩效的关系会受到时间、空间、行业特征及绩效评价标准的影响。

【关键词】 创业导向；企业绩效；边界条件；国家文化；元分析

一、引言

在企业环境日益复杂多变，产品和商业模式生命周期逐渐缩短的背景下，企业现有的盈利模式变得高度不确定，从而需要不断地寻求新的机会来维持企业的生存和成长。创业

---

* 基金项目：本文得到国家自然科学基金（70802026）“创业导向、社会资本对服务业企业国际化扩张的影响机制研究”以及国家自然科学基金（71172060）“人力资本对知识密集型服务业企业国际化扩张的影响机制研究：知识基础论视角的阐释与实证”的资助。

作者简介：张骁，男，管理学博士，清华大学博士后，现为南京大学商学院教授，研究方向为跨国经营、创业管理、知识管理，E-mail：zhang xiao@nju.edu.cn.

导向（Entrepreneurial Orientation）是一种意在增强企业挑战和管理外部环境不确性能力的战略导向，采取创业导向战略的企业在其产品和市场战略中不断地寻求创新，在承担一定风险的情况下采取超前行动，打败竞争者以在竞争格局中占取优势地位，从而提高企业的绩效（Lumpkin 和 Dess，1996）。虽然大部分学者认为创业导向能促进企业绩效，但通过文献回顾我们发现，先前的实证研究并没有就两个变量之间相关关系的方向和强度得出一致的结论。一些研究结果表明创业导向水平高的企业的绩效要显著好于创业水平低的企业，两者的相关系数大于 0.3（Covin 和 Slevin，1986；Hult 等，2003），其他的一些研究得到的相关关系要弱一些（Dimitratos 等，2004；Lumpkin 和 Dess，2001），甚至有研究显示创业导向和企业绩效的关系并不显著（Matsuno 等，2002；Morgan 和 Strong，2003）或者是负相关的（Hart，1992；Wiklund 和 Shepherd，2011）。这些研究结果表明，不同的研究关于创业导向和企业绩效之间相关性程度的结论存在很大的变异，而且各个研究的结论受到其研究设计的限制而缺乏普适化。创业导向是否真的能帮助企业提高绩效？怎样的企业能够从采取创业导向这一战略中获益最大？两者之间的关系会受到哪些因素的影响？这些仍然是学术界和商业界一直在寻求答案的问题。

元分析技术在修正人工统计误差的基础上，综合先前的实证结果，对创业导向和企业绩效之间相关关系的方向和强度做出更加准确的评估。但是，作为一种定量的实证研究方法，元分析的作用不仅仅是简单地去统计双变量关系的平均效应值，更重要的是能够探究情景因素对于研究变量之间关系的调节作用。如果两个变量的关系在不同的研究样本之间存在差异，而这些样本在某些特质方面不同，那么这些样本特质可能成为一个调节变量（Miller 和 Toulouse，1986）。另外，如国家文化和国家发达程度等类似的调节变量的探索，以前只能通过跨文化研究进行，而元分析可以基于现有的和更大的二手数据库来解决这个问题。本文基于 135 个独立的实证研究结果，评估创业导向及其各维度和企业绩效之间的真实相关关系，同时还探究了包括企业绩效的评价标准、国家发达程度、国家文化、行业、研究时间点在内的潜在调节变量的作用。元分析的结果帮助我们了解创业导向研究领域的现状，并为未来研究提供新思路。

二、理论回顾和假设

（一）创业导向与企业绩效的关系

创业导向是一种企业的战略导向，体现了企业的决策风格、决策方法以及具体行为的创业性特征。Miller（1983）对创业型企业（Entrepreneurial Firm）的特征做了以下概括：积极地参与产品创新，敢于开展一些带有一定风险的业务，并且总是率先采取一些“超前”的行动来打败竞争对手。由此，很多的学者都认同创业导向这一构念由三个维度构成：创新性、先动性和风险承担性。

先前很多研究都认为创业导向对企业绩效会产生影响，其中大多数学者都同意创业导向有助于提高企业绩效这一观点。学者们一般都从创业导向的三个维度出发来讨论创业导向对企业绩效的影响机制：①创新性反映的是企业参与和支持新想法、创新过程的意愿和程度，从而改变已有的企业实践和技术（Lumpkin 和 Dess，1996）。具有创新性的企业通过引入新产品或技术能够创造新的绩效增长点。②先动性指的是企业预测市场未来的需求，采取相应的行动，从而相比竞争对手获得先动优势。具有先动性的企业能够抓住新出现的机会，先于竞争者占领细分市场，通过控制分销渠道和塑造品牌优势来获取高额的利润（Zahra 和 Covin，1995）。③风险承担性是企业愿意在具有较大失败成本或者具有较高不确定性的项目或业务中投入较多资源的程度（Miller 和 Friesen，1982）。敢于承担风险的企业能创造更大的绩效变异，从而更有可能获得卓越的长期绩效（McGrath，1999）。在市场需求日益多变、竞争日益激烈的环境下，企业需要不断地寻找新的市场机会和市场增长点，而创业导向这一战略能够在其中发挥很大的作用。很多的实证研究结果也显示在不同情境下创业导向对企业绩效表现出积极的影响作用，如 Zahra（1991）追踪了连续三年来公司创业和绩效的相关关系，发现两者的相关性逐渐增强；Zahra 和 Covin（1995）在 7 年多的时间里用 3 个不同样本测试了创业导向对企业绩效的影响，结果显示，创业导向对企业绩效有促进作用，而且这种促进作用会随着时间的推移而不断增大；Wiklund 和 Shepherd（2005）用 413 家瑞典公司的样本和追踪研究法发现，创业导向对小型企业的绩效有促进作用。

但是，从创业导向本身的特点来看，创业导向相关的行为会消耗大量的企业资源，并且涉及一定的风险，其结果存在很大的不确定性。因此，特别是对于中小企业或者年轻的企业，创业导向战略是一把“双刃剑”，在可能给企业创造卓越绩效的同时，也可能会给企业造成很大的损失。也有部分的实证研究表明创业导向和企业绩效之间的关系不显著，甚至是一个负向的作用关系（Sapienza 和 Grimm，1997；Slater 和 Narver，2000；Kaya 和 Seyrek，2005）。Matsuno 等（2002）发现，创业导向对企业绩效没有显著的直接作用，只存在有以市场导向为中介变量的间接作用；Walter 等（2006）的研究表明，创业导向与企业的销售增长率关系不显著，与企业利润只有微弱的相关关系。Tang 等（2008）分别对两个中国企业样本的实证研究结果显示，创业导向与企业绩效是一种倒 U 形的关系，在某个水平范围内，创业导向会对企业绩效产生不利的影响。

那么，创业导向和企业绩效之间到底存在着怎样的作用关系？该关系可能存在怎样的边界条件？以已有的大量实证研究结果为基础，本文采用元分析的研究方法来探究这两个问题。尽管先前的相关研究结论存在不一致，但基于过去大多数的研究，我们对创业导向和企业绩效之间的一般关系做出以下假设。

H1：创业导向对企业绩效有正向的影响作用。

（二）企业绩效测量方式的调节作用

企业绩效被认为是一个多维度的构念，不同的研究会采用不同的测量方式。绩效测量指标可以分为财务指标和非财务指标，前者涉及财务报表或会计结算中的一些指标如销售额增长率、利润率、资产回报率等，如经常被采用的 TobinQ（Miller，Breton-Miller，2011）；后者主要包括市场份额、顾客满意度、总体目标实现程度，以及企业社会责任等。对于财务绩效指标的获取主要有两种途径，一是基于企业管理高层的自我报告数据，二是基于上市公司的财务报表或企业内部资料等二手客观数据。

创业导向型的企业常常涉及一些创新、突破惯例行为，可能会带来良好的市场反应，但同时也需要企业投入较多的资源，也常常伴随着不确定性。因此，企业管理者所感知的绩效和实际的财务绩效不一定是高度一致的，创业导向和绩效之间的关系可能会受到绩效不同的测量方式的影响（Lumpkin 和 Dess，1996）。George 等（2001）用企业过去 5 年的平均 ROA 和 ROE 作为企业绩效的测量指标，探究创业导向和企业绩效之间的关系，研究结果表明两者之间不存在显著的相关关系。Wang 等（2007）将企业管理高层所感知的企业在资金回报率、每股收益、销售额增长等方面相对于竞争对手的表现好坏程度作为衡量企业绩效的标准，发现创业导向对企业绩效有显著的正向影响作用。基于以上论述，我们提出以下假设。

H2：企业绩效的不同衡量指标对创业导向和企业绩效之间的关系会有影响。

（三）国家发达程度的调节作用

在创业研究领域，学者们主要从资源基础理论视角和机会视角来探讨怎样的环境更有利于企业的创业绩效。首先，创业导向是一种资源消耗型的企业战略（Covin 和 Slevin，1991），其成功实施需要有大量的资源、良好的基础设施以及健全的社会体制的支持，缺少这些条件，企业很难将创业导向的战略转化为企业的实际绩效。Wikulund 和 Shepherd（2005）认为财务资源会正向影响企业的创业导向和其绩效之间的关系。Tang 等（2008）研究了中国企业中创业导向和企业绩效之间的关系，发现由于受到社会体制和资源的限制，创业导向并不一定能保证企业的高绩效。在发达国家，企业处在一个经济资源相对丰富的环境中，完善的市场机制和社会体制使企业更容易接触到财务资源，而充足的财务资源促使企业有能力去尝试新的战略和创新项目。在这种情况下，即使风险承担要求企业做出大量的资源承诺，企业也愿意去冒险一试。另外，那些追求超前行动的企业总希望快速地开发和投资创业机会，而这样的一个过程必须要有财务资本等资源的支持。所以，从资源视角来看，发达国家的环境更有利于企业创业。

虽然发展中国家存在资源相对匮乏、经济环境不稳定以及社会制度不健全等问题，但从机会视角出发，其动态复杂的环境可能会给企业带来更多的创业或创新机会。很多学者的研究表明环境的动态性能够增强创业导向对企业绩效的积极影响作用（Zahra 和 Covin，1995；Wiklund 和 Shepherd，2005；Lumpkin 和 Dess，2001）。与发达国家相比，发展中国家的环境具有更强的动态性和复杂性，企业所面对的顾客和竞争对手具有更高的不可预测性，市场趋势和行业创新的变化也更频繁（Dess 和 Beard，1984）。在这种需求不断变化的环境中，潜在的创业和创新机会变得很丰富，那些不断追求新机会的企业由于具有与外部环境相匹配的战略导向，可能会获得更高的绩效。另外，创业导向的企业倾向于去开发和创造新的市场空间，这种对于机会的寻找在一个变化和动态的环境中更容易成功，因为创新所涉及的高资源成本和相关风险在很大程度上可以被新挖掘出的产品或者市场中潜在的高收益所稀释。

基于“资源视角”和“机会视角”的理论，我们分别提出以下两个竞争性假设。

H3a：与在发展中国家的企业相比，在发达国家的企业采用创业导向战略对提高企业的绩效具有更大的影响作用。

H3b：与在发达国家的企业相比，在发展中国家的企业采用创业导向战略对提高企业的绩效具有更大的影响作用。

（四）行业的调节作用

服务企业和制造企业在其所提供的产品、投入的资源、顾客需求、面对的环境、组织的架构等方面都存在较大的差异，因此，相同程度的创业导向在服务业和制造业中可能会产出不同程度的企业绩效。制造业的创新往往涉及基础技术和知识的改变，或者是更彻底的革新，需要投入大量的人力、物力和财力，具有较高的成本和风险。基础的研发不仅不容易成功，而且一旦失败会给企业带来巨大的财务损失，直接影响企业的绩效水平。另外，制造企业的顾客更加重视产品的质量和基本属性，需求具有较强的刚性，考虑到成本和使用习惯，创新的产品不容易被接受。而且，制造企业的产品往往具有直观的外形，容易被竞争者模仿，先动优势不强。相反，获益于服务产品和项目的无形性以及企业和顾客互动的特性，服务企业所提供的产品或者服务在形式上更加灵活，更容易进行创新。另外，顾客追求个性化，更愿意为产品或服务的附加价值付出额外的成本，因此创新的边际价值更高。由于服务的无形性，不易被竞争对手模仿，企业可以通过抓住新的市场机会来获利。Capar 和 Kotabe（2003）探究国际多元化与企业绩效之间的关系，发现服务企业和制造企业之间存在截然不同的关系模型。基于以上所述，我们得出如下假设。

H4：企业所处的行业对创业导向和企业绩效之间的关系具有调节作用：与制造业企业相比，服务业企业采用创业导向战略对提高企业的绩效具有更大的影响作用。

（五）国家文化的调节作用

为了描述不同国家之间文化的差异，Hofstede（1980、1984）定义了四个维度指标，分别为：不确定性规避、权利距离、个体主义\集体主义倾向、阳刚性\阴柔性。国家文化会影响企业行为和结果这一论点的基本理论在于管理学中的实践—文化匹配理论（Naman 和 Slevin，1993），该理论认为管理实践或行为，如创业导向，应该与其所处国家文化的内在要求相一致，才有利于得到想要的组织结果。若企业所处的文化能够很好支持创业导向这一战略的实施，便能增强其对企业绩效的促进作用。因此，我们认为企业所处的国家文化会影响创业导向和企业绩效之间的关系，在下文中我们将分别讨论国家文化维度与创业导向对企业绩效的交互影响作用。

高不确定性规避的文化强调稳定性、可预测性、风险规避，抵制改变，依赖于严格的控制系统，害怕未来的未知性（Hofstede，1980），这种文化环境与创业中的创新、风险承担以及超前行动等特征不相匹配，从而会阻碍创业导向战略的有效实施（Nakata 和 Sivakumar，2001）。有研究表明在高不确定性规避文化背景中，强调新技术、改变和快速提高的创业相关管理战略是无效的（Yoshida，1989）。相反，低不确定性规避的文化愿意承担一定的风险，愿意接受革新和创新的想法，愿意改变，能从容地对待未知并对未来持有乐观的态度（Hofstede，1984）。在这样的一个文化环境中，创业导向的优点能够得到更好的发挥，新的观念和想法会更容易被接受，进而促进新机会的识别、开发和利用。Herbig 和 Miller（1991）认为，在低不确定性规避的文化中，彻底的创新才更可能被重视并得到有效的实施。基于以上所述，我们得出如下假设。

H5a：与在不确定性规避得分高的国家的企业相比，不确定性规避得分低的国家中的企业采用创业导向战略对提高企业绩效具有更大的影响作用。

Hofstede（1997）认为权利距离常常表现在权威和资源的集中程度。在高权利距离的文化中，组织的结构通常是正式的和集权化的，有着严格和分明的等级阶层。相反，在低权力距离文化中，组织的结构倾向于非正式化、分权化和有机灵活化（Hofstede，1980）。创业导向的基本特征与低权利距离文化的基本特性相一致，如授权、灵活性、沟通、支持、参与（Nakata 和 Sivakumar，2001）。从此逻辑思路来看，低权利距离的文化更有利于创业导向这一战略向企业绩效的有效转化。关于组织结构以及创业活动相关的研究从侧面支持了这一论点，Mintzberg（1979）和 Burgelman（1985）的研究发现，在那些低官僚化程度的组织中，创业相关的活动具有更高的成功比率。另外，Kouriloff（2000）认为，某些创业相关活动，如新产品的研发，在那些分权化程度比较高的组织中更容易成功。从另一个视角来看，在高权利距离的文化中，管理者倾向于死板、正规化、强调流程、集权化的管理风格，这会在很大程度上抑制员工的创新性及其表达思想的自由性。创业导向是一个企业层次的构念，它强调的不单是企业拥有者或者 CEO 个人的思想，它的有效实施需要企业上下所有人员的一致努力。员工的行为和思想会受到管理人员管理风格的影响和制约，高权利距离的文化所引导的管理风格明显与创业导向这一概念所倡导的思维和行为方式相抵触。基于以上所述，我们得出如下假设。

H5b：与在高权力距离的国家的企业相比，低权力距离的国家中的企业采用创业导向战略对提高企业的绩效具有更大的影响作用。

处于个体主义文化环境中的人重视自主性、自我表达、独立和以绩效为基础的报酬体系（Hofstede，1984），集体主义文化所强调的价值观是遵从、协调、和谐、牺牲（Beechler 和 Yang，1994）。虽然创业导向相关行为特征出现于个体主义倾向文化中，但是与集体主义倾向的文化似乎也能够很好地融合。从创业导向的三个基本特征来看，创新是不同知识的重组，需要各部门单位之间的合作交流，超前行动需要有充分的信息为基础和前提，风险承担也需要组织成员之间的相互支持和责任分担。按照这样的逻辑，创业导向和集体主义之间的协同度更高，更符合实践—文化匹配模式。多个研究者认为，具有明显集体主义倾向的日本企业具有高度一致的愿景和目标，多采用项目团队、市场和研发混合团队、新产品研发团队的工作形式，他们开展的创业相关活动的成功概率更高（Howard 等，1983；MacDowall，1984）。基于以上所述，我们得出如下假设。

H5c：与在个体主义倾向的国家的企业相比，集体主义倾向的国家中的企业采用创业导向战略对提高企业的绩效具有更大的影响作用。

阳刚性更多地与竞争、成就、认可、挑战这些元素相关，相应地，阴柔性更多地与关系、依赖、群体导向相关（Hofstede，1997），创业导向的特征似乎与阴柔倾向文化的内在含义具有更好的融合性。Deshpandé 等（1993）以及 Hunt 和 Morgan（1995）认为，处于阴柔倾向文化中的企业更愿意与外部的利益相关者保持联系，这对于识别机会、超前行动都有促进作用。员工的外部关系建设和市场感知的能力也会得到提高，从而增强他们对风险的感知和控制能力。另外，阴柔倾向的文化能够通过交流、合作、信任来促使建立一种员工互相协作和支持的环境氛围，从而增加其创造性和风险承担意愿（Thwaites，1992）。在阳刚倾向文化中的企业更容易采用正规化和集权化，上下级常常会有严格的等级制度，Thomas 和 Mueller（2002）的研究表明这些组织特征会对创业导向和企业绩效之间的关系有负向的影响作用。基于以上所述，我们得出如下假设。

H5d：与在阳刚倾向的国家的企业相比，阴柔倾向的国家中的企业采用创业导向战略对提高企业的绩效具有更大的影响作用。

（六）研究时间点的调节作用

从 1983 年 Miller 提出创业导向到现在，相关研究跨越了近 30 年，考虑到这一大跨度的时代背景，本文认为有必要探究研究时间点对于研究结果，即创业导向和企业绩效之间关系的影响。在过去的 30 多年里，科技的进步给社会带来了巨大的变化，新技术的产生和发展衍生了许多新的创业机会，互联网创业中的电子商务就是一个典型的例子。随着社会的进步，企业所能获得的资源发生了有利的变化，比如融资渠道的拓宽和政府政策的支持使得中小企业或新创企业能够获得更多的资金，来保障其对市场机会的开发和利用。日渐完善的基础设施也为企业的战略实施提供了有利的条件。基于以上所述，我们得出如下假设。

H6：研究时间点会对研究结果产生影响，相比早期的研究，时间越近的研究得出的创业导向和企业绩效之间的关系更显著。

三、研究方法

（一）文献搜索和筛选

为了保证数据的代表性和完整性，我们按照以下四个步骤进行文献收集和筛选。①在电子数据库 ABI\INFORM 和 EBSCO 中利用关键词进行搜索。搜索词包括 entrepreneurial orientation，performance 以及其他替代性术语如 strategic orientation/posture，entrepreneurial proclivity，profitability 等，搜索结果包括各期刊实证和综述性文章，会议论文等。②战略管理和创业学等相关的主要期刊进行人工搜查。③检查综述性文章和已得实证性文章的参考文献，看是否有遗漏。利用摘要内容对上述得到的文献进行初步筛选，确保文章内容与本研究主题确切相关。

结合研究主题和元分析方法的要求，纳入最后的元分析的研究必须符合以下条件：①研究必须包含创业导向或其各维度和企业绩效等变量。②必须是实证研究且报告了样本量、变量信度，相关系数或者其他可转换数据指标（Univariate F、t、卡方值），具体的转化公式见 Hunter 和 Schmidt（1990）。③各研究之间的样本必须是独立的。若两个研究之间的样本是相同或存在交叉的情况，我们只将报告内容更详细的或者大样本的研究纳入分析。被排除在外的研究存在以下几种情况：①非实证研究。②没有报告相关系数。③与其他研究具有相同或交叉样本。

（二）文献编码

依照 Lipsey 和 Wilson（2001）推荐的步骤进行数据编码。①为了减少编码错误的发生，主要编码者首先编制了编码手册和编码说明书，并与其他学者讨论修改后作为编码的参照依据。编码数据包括两大部分：研究特征和效应值。研究特征层面主要指与文献发表和研究设计等相关的内容，编码条目包括作者、出版年份、发表期刊、样本量及特征（国家、行业）、创业导向、创业导向维度及绩效变量的测量方式和所用量表、理论模型。效应值层面是指以双变量相关系数为中心的一些统计数据，编码条目包括各相关变量的信度 Cronbach α 值，两两变量之间的相关系数及其显著性水平。②在完成对每项研究的编码工作后，随机抽取一定数量的研究由另外的学者进行编码，以此保证编码的准确性。对于那些不一致的编码内容，通过回溯原文和讨论最终达成一致意见。

（三）元分析过程

为了与先前的元分析保持一致，本研究根据 Hunter 和 Schmidt（1990）的分析步骤对数据进行综合分析。

（1）根据公式（1）对每个研究中得到的每个相关系数进行相应的信度修正。

$$ES'_r = ES_r/\sqrt{r_{xx}r_{yy}} \quad (1)$$

其中，ES_r 是各研究中观察到的相关系数，即效应值，r_{xx} 和 r_{yy} 分别是相应的自变量和因变量的信度。这一步骤是为了修正量表的信度缺陷所导致相关系数的衰减偏差。对于个别研究中某些变量的信度值缺失的情况，我们利用其他相似研究的样本加权平均信度来代替（Hunter 和 Schmidt，1990）。

（2）将信度修正后的相关系数转化为费雪的 z 系数，具体公式如下。

$$ESz_r = 0.5\ln\left[\frac{1+ES'_r}{1-ES'_r}\right] \quad (2)$$

在学术界对于费雪的 Z 转化存在两种不同的意见，支持者认为，相关系数不是等距尺度，不能简单平均。另外，将相关系数的分布转换成渐进正态分布（Rosenthal，1994），有利于简化后续计算，如置信区间的正态估计（可以不考虑样本量 N 的大小）。也有学者认为这种转化会扩大效应值。本文与大部分的元分析保持一致，采用费雪转化。

（3）将抽样标准误平方的倒数作为权重，根据式（3）对 z 系数进行加权平均。

$$\overline{ESz_r} = \frac{\sum(n_i-3)ESz_i}{\sum(n_i-3)} \quad (3)$$

其中，抽样标准误 $ESz_r = 1/\sqrt{n-3}$ 相应的权重 $W_i = 1/SE^2 = n-3$。

（4）然后将结果利用式（4）重新换算回相关系数 r。

$$\bar{r} = \frac{e^{\overline{2ESzr}}-1}{e^{\overline{2ESzr}}+1} \quad (4)$$

同时计算全样本的抽样误来估计平均效应值的显著性水平。

$$SE_{ES} = \sqrt{1/\sum W_i} = \sqrt{1/\sum(n_i-3)} \quad (5)$$

$$Sz_{sign\ ificance} = SEz_r/SE_{ES} \quad (6)$$

（5）为了检验平均相关系数对总体效应值估计的准确性以及样本数据的同质性，本研究还计算了 95%的置信区间，观测到的相关系数的方差，由抽样误差引起的方差、剩余方差、Q 值。

95%的置信区间：

$$\left(\overline{ES_Z} - 1.96/\sqrt{\sum(n_i-3)},\ \overline{ES_Z} + 1.96/\sqrt{\sum(n_i-3)}\right) \quad (7)$$

观察到的效应值的方差：

$$S_r^2 = \sum n_i(r_i - \bar{r}_i)^2/\sum n_i \quad (8)$$

其中，$\bar{r} = \sum n_i r_i/\sum n_i$

由抽样误差引起的效应值变异：

$$S_e^2 = \frac{\sum n_i(1-\bar{r}_i)^2/(n_i-1)}{\sum n_i} \quad (9)$$

抽样误差所引起的效应值变异对观察到总变异的解释程度 $= S_e^2/S_r^2$。

若该指标超过 75%，我们可以认为样本效应值具有同质性，而 Q 值检验 Q 服从 $\chi^2(n_i-1)$ 分布，若 Q 值大于相应的卡方临界值，即在统计上显著，则意味着平均效应值相对应的总体存在异质性，可以进一步探索主效应的调节变量。Q 值的定义公式和计算公式分别如下。

$$Q=\sum W_i(ES_i-\overline{ES})^2 \tag{10}$$

$$Q=(W_i ES_i^2)-\frac{(W_i ES_i)^2}{\sum W_i} \tag{11}$$

（6）利用失安全系数来评估出版偏差。失安全系数 N（fail-safe N）报告了无效结果的未发表研究的数量需要多少才能把研究中的累积效应减少到非显著程度（Rosenthal，1978）。若计算得到的 N 与研究样本数量相差越大，则存在抽屉柜文件问题的可能性就越小。Rosenthal（1978）基于效应值所对应的显著性水平 P 值来计算失安全系数，但这种方法存在一些缺点：一是不能将那些没有报告显著性水平的研究纳入计算范围；二是研究报告中的 P 值常常是一个范围而非准确数值；三是该种方法要求样本中研究具有同质性。据此，本文采用基于效应值的计算方法（Orwin，1983；Pearlman，1982），具体公式如下。

$$N=k(\bar{r}_k/r_c-1) \tag{12}$$

其中，k 为分析总体中独立研究样本（效应值）个数，$\bar{r}_k$ 为平均效应值，r_c 为能接受的最小效应值，本研究中将该值定为 0.1（Cohen 设定 $r\leqslant 0.1$ 为相关性小）。

（四）调节作用分析

元分析可以利用不同研究中的样本探究调节作用，如果两个变量的关系在不同的研究样本之间存在差异，而这些样本在某些特质方面不同，那么这些样本特质可能成为一个调节变量（Miller 和 Toulouse，1986）。在元分析中探究调节作用有两个前提条件：一是相关的调节作用需要有一定的理论支持；二是相关的数据可编码。本研究采用加权元回归来检验潜在调节作用，即以抽样误为权重的基础，将创业导向和绩效相关系数作为因变量，相关调节变量作为自变量，利用 SPSS 软件进行回归处理。因为随机效应模型存在以下优点：①允许各研究的总体存在变异。②可以同时解释系统变异和随机变异，这会产生更大的置信区间和可靠性区间，使结果更保守。③在检验平均效应值和调节作用的显著性水平时，更不容易犯第一类错误（虚无假设是正确的，计算结果却将其拒绝）。所以，在元回归中采用随机效应模型而非固定效应模型。

四、数据结果和分析

（一）研究样本及数据

通过文献的检索和筛选，最后纳入元分析的为 131 篇文献，其中英文 107 篇，中文 24 篇。除去博士论文（15 篇）、未发表论文（1 篇）、会议论文（1 篇），发表在 SSCI 和 CSSCI 期刊上的文献占 65%。通过编码，我们共得到 135 个独立研究样本（其中 9 个样本的效应值是由 β 值转化而来的）①，总样本量达到 34957 个。为了测定文献编码过程中人为因素所引起的误差大小，我们抽取了 25%的样本研究由另两名学者分别针对主要的编码项进行二次编码，将编码结果与本文的结果进行比较，一致性百分比分别为 90%和 92%。对于一些比较重要但是无法获得相关信息或全文的研究，通过发邮件的形式向原作者索要，共发出 10 封，得到有效回复 3 封。

元分析方法将先前相关文献的研究结果作为样本，所以能否收集到所有的相关研究文献决定了元分析研究样本是否能很好地反映研究总体。然而，目前大部分期刊都会偏向于选择发表那些具有显著性结果的文章，这可能会使一些没有显著性结果的文章不能被纳入元分析研究样本中，从而导致"出版偏差"的存在。为了评估该"出版偏差"的严重程度，学者们一般会计算"失安全系数 N"，该系数表示需要在目前元分析 K 个样本中增加 N 篇未被发表的文章来使最后得出的相关系数或者其显著性水平低于某一临界值，N 值与样本量 K 值相差越大，出版偏差存在的可能性越小。通过计算，本研究中创业导向和企业绩效这对变量相对应的失安全系数 N 为 280，而实际样本量为 135，所以不存在严重的出版偏差问题。

（二）主效应检验

表 1 是元分析的描述性统计数据，报告了创业导向及各维度与绩效之间关系的研究数量，累计的总样本数，修正加权的平均效应值，95%的置信区间，观测到的相关系数的方差，由抽样误差引起的方差、剩余方差、异质性检验 Q 值。我们通过样本加权平均得到了创业导向与绩效之间的总相关系数。对于那些包含不同绩效测量指标的研究，我们取各效应值

① 在管理学领域中，大部分的元分析所用的效应值形式都是相关系数，但部分利用回归方法的文章只报告回归系数，从而无法纳入元分析中。Peterson 和 Brown（2005）认为，应该将这部分文章也纳入元分析中，这样做有两个好处：①通过增加效应值的数量来减少抽样误差。②通过增加样本研究设计的多样性来减少非抽样误差。他们在 JAP 上发表的文章"On the Use of Beta Coefficients in Meta-Analysis"研究了如何在元分析中利用 β 系数。通过分析 1700 多对 β 系数和相关系数，得出了两者之间的转化公式：$r = \beta \times 0.98 + 0.05(\beta \geqslant 0)$；$r = \beta \times 0.98 - 0.05(\beta < 0)(\beta \in (-0.5, 0.5))$。并证实了在一定条件下通过转化 Beta 系数来代替缺失的相关系数具有一定的准确性。

的平均数作为该研究的效应值，经过修正测量误差和抽样误差之后，本研究得到创业导向和企业绩效之间的相关系数为 0.307，说明创业导向和企业绩效之间为中等程度的正相关（Cohen，1977）。95%的置信区间上限为 0.297，下限为 0.317，说明该相关系数在一定程度上能准确真实地反映创业导向和企业绩效之间的关系。至此，假设 1 得到了支持，即创业导向对企业绩效有正向的影响作用。抽样方差对各效应值变异的解释量为 18.1%，小于同质性检验中的 75%水平。根据 Hunter 和 Schmidt（1990）的 75%法则，各样本研究中创业导向和企业绩效之间的效应值具有异质性，可能存在一些调节因素影响它们之间关系的强弱，Q 检验（Q(134) = 1323.11）也支持这一结论，具体的调节作用将在后文中做详细的分析。

表 1　主效应元分析结果

	效应值数量	总样本数	修正一加权平均 r	95%CI		Sr^2	Se^2	%	Q 值	显著性检验 Z 值
				上限	下限					
创业导向	135	34957	0.307	0.297	0.317	0.0189	0.0034	18.1	1323.110***	58.97
创新性	32	8214	0.343	0.324	0.362	0.0186	0.0034	18.1	337.971***	32.20
风险承担	26	6300	0.199	0.175	0.223	0.0151	0.0037	24.3	167.046***	15.94
先动性	26	6109	0.323	0.300	0.345	0.0269	0.0035	13.0	380.599***	26
竞争进取性	13	2732	0.216	0.179	0.251	0.0266	0.0046	17.2	141.314***	11.37
自主性	7	2145	0.106	0.063	0.147	0.0361	0.0032	9.0	152.297***	4.88

创业导向和企业绩效之间的中等程度正相关关系表明企业的创业导向型战略有利于其绩效的提高，同时也显示了创业导向相关研究的现实意义，因为企业绩效是目前商业实践者和学术理论界同时关心的一个结果变量。

基于 Lumpkin 和 Dess 等人的观点，我们分别探究了创业导向的五个维度与企业绩效之间的关系，每个维度与企业绩效都有正向的相关性，而且 95%的置信区间都不包含 0。其中创新性的相关系数最高（r = 0.343），自主性最低（r = 0.106）。另外，我们将创业导向不同维度与绩效之间的关系两两做比较发现，创新性（r = 0.343）、竞争进取性（r = 0.216）和风险承担（r = 0.199）都在 0.05 水平上显著差异，先动性（r = 0.323）和自主性（r = 0.106）在 0.1 水平上显著差异。这一结果支持了创业导向各维度在解释企业绩效时可能发挥不同程度作用的观点（Lumpkin 和 Dess，1996），也暗示着未来研究可以进一步探索不同维度对企业绩效是否存在不同的交互作用，不同的维度组合对企业绩效有怎样的影响等相关问题。异质性 Q 检验结果以及 75%法则表明，每个维度与企业绩效的相关系数都可能存在潜在的调节变量。

（三）调节作用检验

表 2 是对各潜在调节变量进行的元回归结果。我们根据绩效的测量方式的不同对样本研究提供的每个效应值进行了单独编码，探究了企业绩效的测量方式对创业导向和企业绩效之间相关性的影响。统计结果显示客观绩效相关的效应值有 25 个，主观绩效相关的效应值有 110 个，分别对这两组效应值进行元分析得到相应的相关系数为 0.227 和 0.323，

并具有显著的差异性（β = 0.20，p = 0.0147），H2 得到支持。这表明相比企业实际的财务绩效，创业导向能更好地预测企业管理高层对企业的感知绩效。这一结论暗示了共同方法偏差问题的存在，因为大多数创业导向相关的实证研究都依赖于单一的信息源并采用自我报告式的调查方法收集数据，其中存在的社会期许偏差以及回顾性偏差可能会夸大创业导向和企业绩效之间的关系。先前的学者也有类似的研究结论，Ellis（2006）的研究表明采用自我感知的绩效测量方式会增大市场导向和企业绩效之间的关系。据此，学术界对创业导向这一战略积极影响的感知可能过于乐观，这会误导实践界中的各类企业不顾自身的实际情况而盲目地追求创业导向的行为和思维方式。

表 2　调节变量的元分析结果

调节变量	N	β	SE	P
绩效评价标准 （0 = 客观，1 = 主观）	25/110	0.2036	0.0498	0.01470
样本国家发达程度 （0 = 不发达国家，1 = 发达国家）	58/68	−0.2072	0.0401	0.01890
行业 （0 = 服务业，1 = 制造业）	23/37	−0.3560	0.0597	0.01120
不确定性	123	−0.0730	0.0012	0.41560
权利距离	123	0.1510	0.0010	0.09270
个体主义	123	−0.1659	0.0006	0.06510
阳刚性	122	0.0179	0.0012	0.84200
研究时间点 （2012−study year）	135	−0.2635	0.0031	0.00014

根据各研究中样本企业所处国家的发达程度，将研究情境编码为发达国家（k = 68）和发展中国家（k = 58），其中剔除了 19 个混合样本的研究。元回归结果显示两者有显著的差异（β = −0.207，p = 0.0189），相比于发达国家，处于发展中国家的企业采用创业导向战略对绩效的影响更大，这一结果支持了 H3b。至此，创业领域中的“机会视角”得到了验证，在发展中国家，企业常常处于一种不完善的制度和市场环境中，而这种动态的环境会产生更多的机会。相比于保守型企业，创业型的企业能够通过开发和利用潜在的机会并从中获取利益。

行业是另一个可能会影响创业导向和企业绩效之间关系强弱的变量，某些行业的特征和所处的环境可能会促使它们从创业导向中获利更多。我们将样本企业编码为制造业（k = 37）和服务业（k = 23），其中服务业包括教育、餐饮、住宿、物流、咨询等，还有 85 个研究的样本属于混合行业，无法成为此调节作用分析的样本。分析结果显示两者之间的差异显著（β = −0.356，p = 0.0112），支持了假设 4。这暗示着相比于制造企业，服务企业可以从创业导向这一战略中获益更多，所承担的风险也更小。未来的研究可以更多地去探究行业的其他特征对创业导向和企业绩效之间关系的影响作用，如在不同的行业生命周期，企业所面临的内外部环境以及所能获得的资源是不同的，这些差异可能会影响创业导向的有效实施，从而对企业绩效产生不同的影响（Lumpkin 和 Dess，2001）。

早先的研究认为创业导向这一构念在不同的文化环境下具有相同的影响作用，但是有学者认为国家文化可能会影响创业导向和企业绩效之间关系的强弱。根据霍夫斯泰德的四个国家文化维度得分，我们把所有在单个国家情境中进行的研究（k = 114）进行元回归。但是，数据分析结果显示四个国家文化维度对创业导向和企业绩效之间关系的调节作用都不显著，H5a~H5d 都没有得到支持，对于这一结果我们试图从理论和实证方面来解释。

如理论假设部分所述，不确定性规避表现为创业导向倾向的企业需要承担一定的风险，容忍创新和新的想法，愿意去挑战和改变现状，并接受新的范式（Herbig 和 Miller，1991）。因此，很多学者都认为，在低不确定性规避的文化环境中企业能更好地实施创业导向战略，从而获得高企业绩效（Dwairi，2004）。但是，元分析的结果并没有支持这一文化维度对创业导向和企业绩效之间的调节作用，也就是说，在高不确定性文化和低不确定性文化背景下的企业，采用创业导向战略对其企业绩效的影响作用没有显著的差异。这一结果可能与变量的研究层次相关，创业导向是企业层次的变量，反映的是具体企业的行为方式，而本研究中的文化维度体现的是企业所在国家的文化。虽然国家或地区文化是企业所处的一个大环境，必然会受到一定的影响，但是，各企业之间的具体组织文化也会存在不一致。有研究表明对企业或者企业员工的行为影响最大、最直接的是企业本身的文化，甚至是员工所处的小集体文化。所以，未来的研究应该更多地去关注组织文化与创业导向对绩效的交互影响作用，探究怎样的组织文化最有利于创业导向这样的战略实施。不确定性规避这一文化维度调节作用的不显著可能还与创业导向本身所隐含的风险相关，有学者提出创业导向会对企业绩效产生不利的影响（Wiklund，1999），特别是会增大绩效结果的变异程度和不确定性（Wiklund 和 Shepherd，2011）。那是因为创业导向本身是一种高风险、高不确定性的战略，要求企业投入大量的资源并去探索未知的领域。在这种情况下，低不确定性规避的文化氛围会加强企业的这种行为，可能会不利于企业控制和把握风险，从而影响了企业绩效的提高。相反，高水平的不确定规避文化氛围可能会发挥一种制衡和调节创业导向战略内在风险性的作用，帮助企业缓解单一的导向战略本身局限和偏见所带来的不利影响（Prahalad 和 Bettis，1986）。基于以上原因，不确定性规避这一文化维度对创业导向和企业绩效之间关系不存在显著的单一影响作用，未来的研究需要进一步探究其中的交互影响机制。另外，为了最大化创业导向这一战略对绩效的积极影响作用，企业实践者在采用创业导向思维的同时，需要注重风险管理和市场调查，采用灵活的决策过程来应对内外部环境的变化。

权利距离的调节作用不显著，至少可以有两种解释，一是尽管组织中存在多个层级的管理团队，但不是所有的人都会对创业导向相关的活动产生影响，或者说产生影响的程度存在很大的差异。这是因为创业导向往往属于企业的战略层次行为，不管组织中的权利等级距离的大小，其相关的决策权主要集中于最高管理层（比如 CEO）或者企业所有者。二是这一结果可能还与相关研究收集的样本数据的方法相关，创业导向相关的研究大部分都采取向企业拥有者或者 CEO 收集信息，所以数据所反映的其实是某个个体所感知到的创业导向行为和企业绩效水平，这会低估外部环境如文化对研究变量之间关系的影响程度。

虽然创业的相关概念起源于高个体主义倾向的文化背景（Morris 等，1994），但是根据实践—文化匹配理论，创业导向应该与低个体主义倾向的文化相协同（Chandler 等，2000）。元分析的结果没有支持任一方向的调节作用，这一结果所引发的思考是：创业导向更适合个人的作为，还是群体的作为？是集体的智慧还是个体的奇思妙想更有利于企业的绩效？或者组织需要一个中性的文化，在倡导团队、组织承诺、合作等这些带有集体主义特征概念的同时，更多地去关注个体的知识、技能和想法。这些问题在本研究中并未得到充分的解释，需要未来的研究进一步地探讨。

综合各国家文化维度的调节作用结果，我们可以得出的结论是创业导向对企业绩效的影响程度在不同的文化情景中是相似的，没有显著差异。创业导向相关的研究最早起源于西方国家，早先的大部分研究也都是以西方国家为背景进行的，因此，相关构念的定义以及测量等会明显地带有西方国家的烙印。在近些年，随着经济的全球化以及跨国界跨文化研究的增多，创业导向和企业绩效之间关系的研究同时在世界不同国家和地区展开，特别是像中国这样的新兴发展中国家。国家文化调节作用不显著这一结论在一定程度上支持了这类研究在不同情景下的有效性，不仅说明相关的测量工具对于不同的文化和语言也是同样的适用，同时也说明创业导向相关理论具有很高的普适化程度。Knight（1997）和 Kreiser 等（2002）也验证了创业导向维度在不同文化情景下的通用性，后者通过分析六个不同国家的数据来验证创业导向测量项的有效性。这表明简单地在另一个文化情景下探究或验证创业导向和企业绩效之间的关系很难产生额外的理论贡献和意义，为了进一步探究国家文化的影响作用，未来的研究可以探讨其对创业导向各维度和企业绩效之间关系的调节作用。最后，我们将 2012 年与研究年份之差作为研究时间点这一变量的观测数据进行元回归，结果显示时间越近的研究，所得到的创业导向和企业绩效之间关系越强（$\beta = -0.2635$，$p = 0.00014$），从而支持了 H6。这一结果从侧面说明现代的科技和社会环境更有利于企业采用创业导向这一战略来提高企业绩效。

五、结论与未来研究展望

正如我们的理论假设以及大多数先前研究者所认为的，创业导向与企业绩效之间存在正相关的关系。而相比于客观绩效，采用主观报告的数据去衡量企业绩效会增大创业导向和企业绩效之间的关系强度，这一结论对那些对创业导向战略的效用抱有很高期待的学者和实践者都是一个很好的提醒。情景相关的调节作用探究中，国家发达程度、行业、研究时间点对创业导向和企业绩效之间关系有显著影响作用。如数据结果部分所讨论的，国家文化维度调节作用不显著这一结果与实证数据和理论应用都有一定的关系，未来的研究可以就这些方面做更多的验证。除了在数据结果和分析部分提及的未来研究点，学者们至少还可以考虑在以下几个方面进行努力和改进。

（1）受到元分析技术本身的限制，我们在元分析中不可能去探索所有的潜在调节效应。除了需要有相应的理论支持以外，元分析中的调节变量必须可以在每个研究样本（即先前的独立研究）中单独编码，这对于样本文献的原始研究设计以及报告的规范程度具有较高的要求。在我们的分析结果中不同研究之间还存在很多的变异，这表明除了本元分析中所涉及的，还可能存在其他的调节变量，值得未来的研究进一步探究。先前的大部分研究都将创业导向对企业绩效有积极的影响作用作为其理论假设或者基本前提，元分析得到的平均效应值也证实了这一点。但是，创业遵循的是一种"实验"逻辑，常常涉及新的未知领域，伴随着较高的财务和经营风险，一旦失败就会对企业的现有资源和能力造成很大的损害（Foxall，1984）。目前绝大多数的研究和讨论过分强调了创业导向的正面影响，考虑到创业导向自身所隐含的不确定性、风险性以及对投入资源的高度要求，并非所有的创业导向都有利于企业绩效，它可能导致企业高绩效的同时，也可能会增大企业失败的概率。所以，我们需要进一步地明确在怎样的具体情境下，创业导向这一战略才能够最有效地提高绩效，或者怎样的情景会促使创业导向对绩效产生不利的影响。

（2）绩效是企业最关心的一个变量，但是在实践中除了简单的财务绩效，还有其他多种绩效相关的表现形式，比如项目的成功率、新产品的市场接受率等。所以，未来研究可以探究创业导向和其他与绩效类似的结果变量的关系并进一步挖掘中间的因果作用机制。Wiklund 和 Shepherd（2011）探究了组织内不同创业项目之间的绩效变异，结果表明创业导向与企业失败之间有正相关的关系，这与传统的创业导向对企业绩效有积极影响的作用观点有很大的不一致。Wiklund 和 Shepher（2011）的研究引发出很多关于创业导向的问题，值得未来研究者去思考：企业该如何去判断自身是否适合采用创业导向这一战略？不同的企业该如何界定和控制合适的创业导向水平？企业该如何有效地管理创业导向实施过程，从而减少结果的不确定性？

（3）在收集样本文献的过程中，我们发现尽管发表在知名的学术期刊上，但是可能受到研究报告规范以及年代的限制，很多研究都没有报告基本的描述性统计数据，导致不能纳入元分析中。所以，和很多采用元分析研究方法的学者一样，我们也呼吁学术界和各学术期刊能够建立和统一论文报告的规范，保证基本数据的完整性。

参考文献

[1] Beechler S. and Yang, J. The Transfer of Japanese-style Management to American Subsidiaries: Contingencies, Constraints and Competencies [J]. Journal of International Business Studies, 1994 (25): 467-491.

[2] Burgelman R. A. Managing the New Venture Division: Research Findings and Implications for Strategic Management [J]. Strategic Management Journal, 1985 (5): 39-54.

[3] Capar N. and Kotabe M. The Relationship between International Diversification and Performance in

Service Firms [J]. Journal of International Business Studies, 2003 (24): 345-355.

[4] Chandler G. N., Keller C. and Lyon D. W. Unraveling the Determinants and Consequences of an Innovation-Supportive Organizational Culture [J]. Entrepreneurship Theory and Practice, 2000 (25): 59-76.

[5] Cohen J. Statistical Power Analysis for the Behavior Sciences [M]. Academic Press, 1977.

[6] Covin J. G. and Slevin D. P. The Development and Testing of an Organizational-Level Entrepreneurship Scale [M]. Frontiers in Entrepreneurship Research, Wellesley, MA: Babson College, 1986.

[7] Covin J. G. and Slevin D. P. A Conceptual Model of Entrepreneurship as Firm Behavior [J]. Entrepreneurship Theory and Practice, 1991 (16): 7-24.

[8] Deshpandé R., Farley J. U. and Webster F. E. J. Corporate Culture, Customer Orientation and Innovativeness in Japanese Firms: A Quadric Analysis [J]. The Journal of Marketing, 1993 (57): 23-27.

[9] Dess G. G. and Beard D. W. Dimensions of Organizational Task Environments [J]. Administrative Science Quarterly, 1984 (29): 52-73.

[10] Dimitratos P., Lioukas S., Carter S. The Relationship between Entrepreneurship and International Performance: The Importance of Domestic Environment [J]. International Business Review, 2004 (13): 19-41.

[11] Dwairi M. A. The Moderating Roles of National Culture and the Country Institutional Profiles on the Effect of Market Orientation and Entrepreneurial Orientation on the Performance of Bank in Jordan: An Empirical Investigation [M]. Louisiana Tech University, 2004.

[12] Ellis P. D. Market Orientation and Performance: A Meta-Analysis and Cross-national Comparisons [J]. Journal of Management Studies, 2006 (43): 1089-1107.

[13] Foxall G. The Meaning of Marketing and Leisure: Issues for Research and Development [J]. European Journal of Marketing, 1984 (18): 23-32.

[14] George G., Robley Wood Jr., D. & Khan R. Networking Strategy of Boards: Implications for Small and Medium-sized Enterprises [J]. Entrepreneurship & Regional Development, 2001 (13): 269-285.

[15] Hart S. L. An Integrative Framework for Strategy-making Processes [J]. Academy of Management Review, 1992 (17): 327-351.

[16] Herbig P. and Miller J. The Effect of Culture on Innovativeness: A Comparison of United States and Japan Sourcing Capabilities [J]. Journal of International Consumer Marketing, 1991 (3): 7-53.

[17] Hofstede G. Cultural Consequences: International Differences in Work-related Values, Beverly Hills, Ca: Sage Publications, 1980.

[18] Hofstede G. Culture and Organizations: Software of the Mind Intercultural Cooperation and its Importance for Survival [M]. New York: McGraw-Hill, 1997.

[19] Hofstede G. The Cultural Relativity in the Quality of Life Concept [J]. Academy of Management Review, 1984 (9): 389-398.

[20] Howard A., Shudo K. and Umeshima M. Motivation and Values among Japanese and American Managers [J]. Personnel Psychology, 1983 (36): 883-898.

[21] Hult G. T. M., Snow C. C. and Kandemir D. The Role of Entrepreneurship in Building Cultural Competitiveness in Different Organizational Types [J]. Journal of Management, 2003 (29): 401-426.

[22] Hunt S. and Morgan R. The Comparative Advantage Theory of Capitalism [J]. Journal of Marketing, 1995 (59): 1-15.

[23] Hunter J. E. and Schmidt F. L. Methods of Meta Analysis: Correcting Error and Bias in Research Findings [M]. Sage, Newbury Park, CA, 1990.

[24] Kaya N. and Syrek I. H. Performance Impacts of Strategic Orientations: Evidence from Turkish Manufacturing Firms [J]. Journal of American Academy of Business, 2005 (6): 68–71.

[25] Knight G. A. Cross-cultural Reliability and Validity of a Scale to Measure Firm Entrepreneurial Orientation [J]. Journal of Business Venturing, 1997 (12): 213–225.

[26] Kouriloff M. Exploring Perceptions of a Priori Barriers to Entrepreneurship: A Multidisciplinary Approach [J]. Entrepreneurship Theory and Practice, 2000 (25): 59–63.

[27] Kreiser P. M., Marino L. D. and Weaver K. M. Assessing the Relationship between Entrepreneurial Orientation, the External Environment and Firm Performance Scale: A Multi-country Analysis [J]. Entrepreneurship Theory and Practice, 2002 (25): 71–95.

[28] Lipsey M. W. and Wilson D. B. Practical Meta-Analysis, Thousand Oaks [M]. CA: Sage, 2001.

[29] Lumpkin G. T. and Dess G. G. Clarifying the Entrepreneurial Orientation Construct and Linking it to Performance [J]. Academy of Management Review, 1996 (21): 135–172.

[30] Lumpkin G. T. and Dess G. G. Linking Two Dimensions of Entrepreneurial Orientation to Firm Performance: The Moderating Role of Environment and Industry Life Cycle [J]. Journal of Business Venturing, 2001 (16): 429–451.

[31] MacDowall J. The Technology Innovation System in Japan [J]. Journal of Product Innovation Management, 1984 (2): 165–172.

[32] Matsuno K. et al. The Effects of Entrepreneurial Proclivity and Market Orientation on Business Performance [J]. Journal of Marketing, 2002 (66): 18–32.

[33] McGrath R. G. Falling Forward: Real Options Reasoning and Entrepreneurial Failure [J]. Academy of Management Review, 1999 (24): 13–30.

[34] Miller D. and Toulouse J. Chief Executive Personality and Corporate Strategy and Structure in Small Firms [J]. Management Science, 1986 (32): 1389–1409.

[35] Miller D. and Friesen P. Innovation in Conservative and Entrepreneurial Firms: Two Models of Strategic Momentum [J]. Strategic Management Journal, 1982 (3): 1–25.

[36] Miller D. The Correlates of Entrepreneurship in Three Types of Firms [J]. Management Science, 1983 (29): 770–791.

[37] Miller D. & Breton-Miller L. Governance, Social Identity and Entrepreneurial Orientation in Closely Held Public Companies [J]. Entrepreneurship Theory and Practice, 2011 (35): 1051–1076.

[38] Mintzberg H. The Structure of Organizations: A Synthesis of the Research, Englewood Cliffs [M]. New Jersey: Prentice-Hall, 1979.

[39] Morgan R. E., Strong C. A. Business Performance and Dimensions of Strategic Orientation [J]. Journal of Business Research, 2003 (56): 163–176.

[40] Morris M. H., Davis D. L. and Allen J. W. Fostering Corporate Entrepreneurship: Cross-cultural Comparison of the Importance of Individualism Versus Collectivism [J]. Journal of International Business Studies, 1994 (25): 65–90.

[41] Nakata C. and Sivakumar K. Instituting the Marketing Concept in a Multinational Setting: The Role of National Culture [J]. Journal of the Academy of Marketing, 2001 (29): 255–275.

[42] Naman J. L. and Slevin D. P. Entrepreneurship and the Concept of Fit: A Model and Empirical Tests [J]. Strategic Management Journal, 1993 (14): 137-153.

[43] Orwin R. G. A Fail-Safe N for Effect Size [J]. Journal of Educational Statistics, 1983 (8): 147-159.

[44] Pearlman K. The Bayesian Approach to Validity Generalization: A Systematic Examination of the Robustness of Procedures and Conclusions [D]. Unpublished Doctoral Dissertation, Department of Psychology, George Washington University, Washington, DC, 1982.

[45] Prahalad C. K. and Bettis R. A. The Dominant Logic: A New Linkage between Diversity and Performance [J]. Strategic Management Journal, 1986 (7): 485-501.

[46] Rosenthal R. Combining Results of Independent Studies [J]. Psychological Bulletin, 1978 (85): 185-193.

[47] Rosenthal R. Parametric Measurements of Effect Size [M]. The Handbook of Research Synthesis, New York, NY: Russell Sage Foundation, 1994.

[48] Sapienza H. J. and Grimm C. M. Founder Characteristics, Start- Up Process and Strategy/Structure Variables as Predictors of Short Line Railroad Performance [J]. Entrepreneurship Theory and Practice, 1997 (22): 5-24.

[49] Slater S. F. and Narver J. C. The Positive Effect of a Market Orientation on Business Profitability: A Balanced Replication [J]. Journal of Business Research, 2000 (48): 69-73.

[50] Tang J. et al. Exploring an Inverted U-Shape Relationship between Entrepreneurial Orientation and Performance in Chinese Ventures [J]. Entrepreneurship Theory and Practice, 2008 (32): 219-239.

[51] Thomas A. S. and Mueller S. L. A Case for Comparative Entrepreneurship: Assessing the Relevance of Culture [J]. Journal of International Business Studies, 2002 (31): 287-302.

[52] Thwaites D. Organizational Influences on the New Product Development Process in Financial Services [J]. Journal of Product Innovation Management, 1992 (9): 303-313.

[53] Walter A., Auer M. and Ritter T. The Impact of Network Capabilities and Entrepreneurial Orientation on University Spin-off Performance [J]. Journal of Business Venturing, 2006 (21): 541-567.

[54] Wang C. L. Entrepreneurial Orientation, Learning Orientation and Firm Performance [J]. Entrepreneurship Theory and Practice, 2008 (32): 635-657.

[55] Wiklund J. and Shepherd D. Entrepreneurial Orientation and Small Business Performance: A Configurational Approach [J]. Journal of Business Venturing, 2005 (20): 71-89.

[56] Wiklund J. and Shepherd D. Where to from Here? EO-as-Experimentation, Failure and Distribution of Outcomes [J]. Entrepreneurship Theory and Practice, 2011 (35): 925-946.

[57] Wiklund J. The Sustainability of the Entrepreneurial Orientation -performance Relationship [J]. Entrepreneurship Theory and Practice, 1999 (24): 37-48.

[58] Yoshida K. Deming Management Philosophy: Does it Work in the U.S. as Well in Japan [J]. Journal of World Business, 1989 (24): 10-17.

[59] Zahra S. A. and Covin J. G. Contextual Influences on the Corporate Entrepreneurship Performance Relationship: A Longitudinal Analysis [J]. Journal of Business Venturing, 1995 (10): 43-58.

[60] Zahra S. A. Predictors and Financial Outcomes of Corporate Entrepreneurship: An Exploratory Study [J]. Journal of Business Venturing, 1991 (6): 259-285.

A Study on the Boundary Conditions of the Relationship between the Entrepreneurial Orientation and the Business Performance

Zhang Xiao, Hu Lina
(School of Business, Nanjing University, Nanjing 210093, China)

Abstract: The entrepreneurial orientation (EO) is a key concept in the field of entrepreneurship research and what is most concerned is the relationship between the EO and enterprise's performance. From the early researches on the direct relationship, from the introduction of the adjustment variation that impacts on the orientation or strength of the relationship between the two, further from the exploration of the mediating mechanism, the academic world has accumulated a lot of related literature. Adopting the research method of a meta-analysis, and based on 135 independent studies between 1990 and 2012, we have explored the impact of the EO on enterprise performance and the boundary conditions of this influencing relationship. The results of the meta-analysis indicate that the correlation of EO with the performance is moderately large (r = 0.307). But the degree of a country's development, the line that the enterprise is in, the way of the measurement of performance and research time will have a different degree of adjustment role to the relationship between the two, which shows that the relationship between the EO and firm's performance will be influenced by time, space, the industrial characteristics and performance evaluation standards.

Key Words: Entreprenaurial Orientation; Enterprise's Performance; Boundary Conditions; Country Culture; Meta-analysis

服务性中介的权力依赖对中小企业创新的影响：基于社会网络的视角*

龙　静，陈传明
（南京大学商学院，南京　210093）

【摘　要】本文试图将组织行为理论和创新理论结合起来，探讨服务性中介机构不同的权力依赖方式是如何影响服务性中介机构和中小企业的关系，并进而影响中小企业的创新绩效的。通过对244家企业样本的统计分析，我们发现服务性中介机构的权力依赖方式，不论是依赖个人权力（参照、专家和信息权力）还是依赖职务权力（奖励、合法和强制权力），都会对它们与中小企业之间的关系强度产生正影响，而后者会对中小企业的创新绩效产生正影响，并且中小企业和服务性中介机构之间的关系强度在服务性中介机构的权力依赖方式和中小企业创新绩效之间构成中介作用。上述结果表明，服务性中介机构应当通过适当地运用不同的权力资源来积极地影响它们和中小企业之间的关系强度，并进而影响其创新水平。

【关键词】权力基础；社会网络；创新；服务性中介机构；中小企业

一、引言

在动荡的市场环境中，由于具有竞争力的技术以及客户需求的发展变化十分迅捷，企业需要不断地引入新产品来保持竞争力和适应市场需求。因此，研发能力对于企业的生存

---

* 基金项目：国家自然科学基金“创业团队内、外社会网络特征影响团队创造力的互动机制研究”（编号：71072041）2011年1月~2013年12月、国家自然科学基金“创业团队社会网络和团队动态机制对创新绩效的影响：基于创业演化阶段的纵向研究”（编号：71272096）2013年1月~2016年12月、南京大学商学院科研基金项目“产学研合作中经纪人的权力与知识转移及创新绩效的关系”（2009-03）。

作者简介：龙静（1974-），女（汉），四川仁寿，南京大学商学院副教授，组织与战略方向。陈传明（1957-），男（汉），江苏南京，南京大学商学院教授，博士生导师，组织与战略方向。

和发展具有特别重要的影响。在影响中小企业创新的外部因素中，服务性中介机构是很重要的一个方面。服务性中介机构指的是专业的服务机构，他们为企业提供诸如会计金融、人才搜索、法律和技术服务（例如技术商业化和技术经纪）等领域的支持。由于服务性中介机构往往与大量的企业保持联系，它们可以促进企业之间创新信息的交换，这对于技术集群而言特别重要。Oke 等人发现了供应链网络中服务性中介机构的权力依赖方式会对该网络的研发项目绩效产生影响。事实上在技术集群中，服务性中介机构与一些私人企业、大学、研究机构和风险投资者一起，构成了一种行业生态，促进和规范了技术企业的发展。Saxenian 指出，通过共享成本和风险，并与技术专家联手，服务性中介机构使得硅谷的专业企业可以不断地创新。由于服务性中介机构位于许多企业和组织的交汇处，它们维系着一个很大的网络，与社会网络的不同部分都有联系。因而，中小企业与服务性中介机构的关系使得企业能够进入这些网络并且能够通过扩展其外在创新搜索的视野、减少搜索成本来促进创新绩效。

尽管服务性中介机构对于中小企业的产品创新可能具有重要意义，但这一领域的理论和实践研究都较为有限，特别是缺乏对服务性中介机构的权力来源和协调方式的研究，而针对我国实际国情的实证研究就更为匮乏。本文作者在赴苏南地区考察时，发现一些创业的本地企业家由于本身的文化水平不高，或者消息渠道不畅通，以及对市场变化的不敏感，往往缺乏创新的意识和动力。在引导他们进行产学研合作方面，服务性中介机构扮演了很重要的角色。因此，对服务性中介机构的治理机制和协调方式的研究具有重要的理论和实践意义。本文试图将组织行为理论和创新理论结合起来，探讨服务性中介机构不同的权力依赖方式，是如何影响服务性中介机构和中小企业的关系，并进而影响中小企业的创新绩效的。这一方面可以丰富现有该领域的研究，另一方面，对于服务性中介机构在引导中小企业进行产学研合作和技术创新时如何更好地发挥其作用，也具有实践指导意义。虽然，权力依赖理论是组织行为学中传统的理论，但是运用在创新研究中仍然较少，而且我们认为在本研究的情景下运用权力依赖理论可以很好地解释产学研合作网络中服务性中介机构的治理机制问题。

二、理论模型与假设

（一）服务性中介机构的权力来源与中小企业创新绩效

在传统的权力依赖理论中，协调的权力是统治性企业所拥有的某种特权。但在本文所研究的中小企业创新网络中，权力的来源往往是企业或各种组织所拥有或控制的稀缺资源。服务性中介机构所行使的权力具有重要的含义，因为权力是社会组织非常关键的一个特征，是协调企业间关系的不可避免的工具。正如 Berthon 等人的研究所强调的，权力是组织间协调和治理的主要方式。服务性中介机构在中小企业研发和创新过程中，如何发挥其影响力，以及运用何种权力基础和来源，是它协调包括中小企业在内的各种组织间关系的重要方面，也是其实施组织间协调和治理的重要方式和手段。French 和 Raven 曾提出将权力视为一个相对的概念，即权威接受观，认为只有当追随者或他人感知到领导者拥有权力或者接受了领导者的权威，他们才会愿意服从，他们还识别出五种权力的基础。French 和 Raven 等人还进一步把这五种权力分为两类，一类为职务权力，包括合法权力、奖励权力和强制权力；另一类为个人权力，包括专家权力和参照权力，并提出个人权力还有一个重要的来源即信息权力。在这里，我们也将采用他们的这一分类（见表 1）。

表 1 权力的常见类型

合法权力	由个人在组织中的职位所授予的权力
奖励权力	由于控制他人奖励而产生的权力
强制权力	由于有能力惩罚他人或在生理上或身体上伤害他人而产生的权力
专家权力	由于控制了对他人有价值的信息而产生的权力
参考权力	由于被他人模仿和喜爱而产生的权力
信息权力	由于拥有别人所没有的信息而产生的权力

资料来源：French 和 Raven（1959、1968）。

既往研究表明，服务性中介机构如何运用它们不同来源的权力是十分重要的，因为它与企业网络的创新绩效和运营结果相关。Achrol 认为，服务性中介机构运用基于个人的权力类型会对新产品研发企业网络的绩效产生积极影响，而传统的“胡萝卜加大棒”方式则产生消极影响。这可能是因为创新网络中的企业成员往往都是各自领域的专家，他们更期望通过网络来分享资源和专业知识。因此，其成员组织包括服务性中介机构，只有运用非强制性的权力（即个人权力），才更有可能有效地促进成员相互间达成一致、改善相互关系、快速地做决策、识别环境机会和威胁，以及促进创新和变革。基于此，我们提出：

假设 1a：服务性中介机构依赖个人权力，会提高中小企业的创新绩效。

假设 1b：服务性中介机构依赖职务权力，会降低中小企业的创新绩效。

（二）服务性中介机构的权力来源对它与中小企业的关系强度的影响

现有研究认为，服务性中介机构运用个人权力（专家权力、参照权力或信息权力）有助于建立网络成员的归属感、认同感，从而可能会导致最小的权力距离，提高关系强度。例如，Koslowsky 等人指出，自愿的服从（例如，基于专家权力和参照权力的服从）会提高主体的满意度。相反，运用职务权力很可能会对关系强度产生相反的影响，因为正式的权威往往会导致关系的紧张，从而引发对控制者的抵触、抱怨等。Achrol 指出，运用各种奖励和强制权力，会影响成员对整个网络组织的承诺感，降低关系强度，影响者采用奖励、强制和合法权力会对满意度产生负作用。因此运用职务权力更可能破坏网络成员之间的关系规范和合作，从而降低成员之间的关系强度。基于此，我们提出：

假设 2a：服务性中介机构依赖个人权力，会提高其与中小企业的关系强度。

假设 2b：服务性中介机构依赖强制权力，会降低其与中小企业的关系强度。

（三）服务性中介机构与中小企业的关系强度对中小企业创新绩效的影响

全球化时代的商业环境，很大的特征是产业的交汇和快速的技术变化，因而外部的创新搜索越来越重要。对于中小企业而言，由于内部资源的有限，外部的创新搜索更为重要。通过外部创新搜索，中小企业可以通过把握其他企业和组织的技术溢出来获得创新能力。但是，中小企业的外部创新搜索也是比较困难的。这是因为，一方面中小企业的外部搜索视野不够宽，它们的外部接触不会很多，往往主要是依赖企业家的个人网络（例如之前的工作关系、亲属关系和社区关系）来发现机会；另一方面，中小企业往往无力担负搜索的成本，因为它们的资源有限，外部搜索对于它们而言可能过于昂贵，会耗费较多的组织资源以及管理者的时间。由于这些限制的存在，中小企业就必须很好地平衡其创新搜索的成本与收益，而在如今动态的和不确定的环境中，这一平衡是很难达到的。

我们认为，中小企业与外部服务性中介机构的关系可以帮助它们来实现这种平衡。这些中介机构往往为一个地域的企业提供服务，由于它们与大量的当地企业和组织之间频繁互动，具有庞大的关系网络，它们可以被视作一个区域内信息、知识和机会的仓库。如果中小企业与服务性中介机构的关系较为紧密，服务性中介机构作为专业信息网络的角色可以让它们接入区域性的网络，这样，企业就会间接地与该地域的社会网络中的许多部分连通。也就是说，与服务性中介机构的连接为中小型企业进入当地的各种网络提供了入场券。因此，我们提出假设 3：

假设 3：中小企业与服务性中介机构的关系强度越强，企业的创新绩效越高。

（四）服务性中介机构的权力来源对中小企业创新绩效的内在作用机制：关系强度的中介作用

我们已经论述了运用不同的权力来源会影响企业网络成员的承诺感、关系规范和社会关系强度，我们也阐述了中小企业与服务性中介机构的关系强度会影响中小企业的创新绩效。因此，中小企业和服务性中介机构的关系强度很可能在权力依赖与创新绩效之间起到中介作用，当服务性中介机构更多运用个人权力时，会提高其与中小企业的关系强度，从而促进后者创新绩效的提高；当服务性中介机构更多运用强制权力时，会降低其与中小企业的关系强度，并导致后者创新绩效降低。我们试图检验中小企业和服务性中介机构的关系强度将在多大程度上对服务性中介机构的权力依赖和中小企业创新绩效之间的关系起到中介作用。基于此，我们提出：

假设 4a：服务性中介机构和中小企业的关系强度会中介其个人权力依赖和中小企业创新绩效之间的关系。

假设 4b：服务性中介机构和中小企业的关系强度会中介其职务权力依赖和中小企业创新绩效之间的关系。

三、研究设计

（一）数据收集

由于本研究属于企业层面的研究，所需要的数据无法从公开资料中获得，所以本研究的数据收集采用的是问卷调查的方式。根据国家发改委文件，国经贸中小企〔2003〕143号，企业规模针对不同行业的不同特点，以职工人数、销售额、资产总额作为划分标准。目前的划分标准为：对工业企业而言，中小型企业须符合以下条件：职工人数2000人以下，或销售额30000万元以下，或资产总额为40000万元以下。其中，中型企业须同时满足职工人数300人及以上，销售额3000万元及以上，资产总额4000万元及以上；其余为小型企业。实际分发问卷时，我们侧重选择了规模较小的生产型企业，但由于具体不是很好控制，我们在问卷上添加了两个问题，即需要答题者勾选：企业上年年底资产总额（人民币元）和企业上年销售总额（人民币元），并在实际处理数据时，我们根据这两项的选择删去了两家不符合要求的企业。

问卷的发放和回收主要是通过三种方式进行的。其一是在EMBA的课堂上发放了一部分纸质的问卷，利用授课机会回收，问卷不要求现场填写，而是让有兴趣的学员在一周内将填好的问卷放到指定的信箱中。这种方式共发放问卷100份，回收72份，经过筛选，有效答卷为56份，问卷的有效回收率56%。其二是通过作者的关系网络，向之前熟悉的企业主管和高层管理人员发放，主要是通过电子邮件的方式进行。这种方式总共发放问卷100份，回收66份，其中有效答卷64份，有效问卷回收率为64%。第三是作者向相关政府部门（苏州工业园区招商部门和科技部门）的联系人寻求帮助，通过他们的关系网络向目标企业发放问卷，答题者同样是收到电子问卷，并被要求寄回给调研者。总共发放问卷400份，回收有效问卷124份，有效问卷回收率为31%。利用这三种方式，一共回收有效问卷244份。由于本研究采用了三种收集问卷的方法，为了验证它们是否来自于同一个群体，必须对样本来源的差异性进行检验。在此，本研究采取了One-way ANOVA来测试三组样本的填写者在主要研究变量上的差异，结果发现，在问卷涉及的所有条目中，只有“新产品的开发速度”、“信任水平”等个别条目上有差异，其他条目没有表现出显著性差异，证明不同取样方式不会对分析结果带来显著性影响。

（二）变量测量

在本研究中，因变量为企业的创新绩效。我们参照张方华建议的方法，采纳两个方面（创新效益和创新效率）五个题项的方法度量，五个题项均采用Likert 7分量表。例如，“与国内同行业主要竞争对手相比，新产品数的情况”，1表示“较低”，7表示“较高”

(Cronbach's alpha = 0.899)。我们另外收集了企业中“近年来企业研发投入占当年销售总额的平均比例”这一数据，它与产品创新的相关性为 0.211（$p < 0.05$），这侧面支持了该构念的外部效度。

自变量是服务性中介机构的权力来源，我们参考 French 和 Raven 和 Oke 等人的划分，将权力来源划分为职务权力和个人权力，其中职务权力包含三个维度：合法权力、奖励权力、强制权力（Cronbach's α = 0.929）；个人权力也包含三个维度：专家权力、参照权力、信息权力（Cronbach's α = 0.943）。每个权力维度分别用 3~5 个题项来测量，例如“他们有权指挥或者给我们指令”、“在我们合作的领域，他们有很多经验，因而知道得最多”等，并以 Likert 7 分量表测量，1 表示“较不符合”，7 表示“较符合”。

中介变量是中小企业与服务性中介机构的关系强度。在涉及企业与外部组织的关系强度和质量时，不少涉及中国背景的研究都采纳了简单的打分办法。但我们希望除强度外也同时兼顾关系的质量，根据文献回顾，不少研究者强调了信任对于双方关系的重要性，因此我们参照韦影增加了 Beugelsdijk 等对组织间信任维度的测量题项，例如，“我们与此合作伙伴交换机密信息”、“此伙伴可信任”（Cronbach's α = 0.835）。

控制变量。我们首先控制企业年龄（即企业到 2011 年为止已经建立了多少年）和企业规模（企业雇员数量）。其次，我们划分了四个行业类别：①软件和电子及通信设备制造业；②生物制药和新材料业；③机械制造、化工和纺织业；④其他产业。在实际操作中，我们将软件、电子通信、生物制药和新材料业作为高技术行业。将机械制造等其他行业作为非高技术行业，设置虚拟变量来分析行业影响（样本企业如果属于 1 和 2，令其虚拟变量值为 1，否则为 0）。最后，根据本研究的实际情况，当样本企业位于江浙沪地区时，我们令其代表地域的虚拟变量为 1，否则为 0。

（三）效度与信度分析

我们把 244 个样本数据随机均分为两部分。第一部分的 122 个样本数据用于各概念的探索性因子分析，第二部分的 122 个样本数据用于各概念的验证性因子分析，总体样本用于研究假设的验证。首先，我们采用 SPSS17.0 对数据进行探索性因子分析，采用主成分分析，抽取特征值大于 1 的因子，并以正交旋转法中的方差最大法，进行因子旋转。总体的取样合适性测度（Measures of Sampling Adequacy，MSA）为 0.908，总体 Bartlett 球形检验 χ^2 值为 3479.19（$df = 561$，$p < 0.01$），34 个条目共抽取出四个因子，各因子的特征值分别为 14.94、3.45、2.47、1.69，四个因子共解释了总方差的 66.26%。这四个因子所对应的项目分别为个人权力、职务权力、关系强度和创新绩效。因此，该量表具有较高的结构效度。我们采用 Cronbach's α 系数来检验问卷的信度。通过 SPSS17.0 统计软件计算出各因子的 Cronbach's α 系数（参见前文），各因子的 α 系数都在 0.8 以上，说明量表具有较好的解释变异误差的能力。

然后，我们用 AMOS16.0 对第二部分数据进行验证性因子分析。个人权力的三因子结构能较好地拟合样本数据（$\chi^2 = 154.3784$，$df = 62$，RMSEA = 0.071，IFI = 0.920，CFI =

0.919，TLI = 0.899）。职务权力的三因子结构对数据的拟合程度也较好（$\chi^2 = 181.968$，df = 51，RMSEA = 0.046，IFI = 0.876，CFI = 0.873，TLI = 0.906）。关系强度的一因子结构能较好地拟合程度数据（$\chi^2 = 8.4$，df = 2，RMSEA = 0.042，IFI = 0.998，CFI = 0.998，TLI = 0.995）。创新绩效的一因子结构也能较好地拟合程度数据（$\chi^2 = 17.818$，df = 4，RMSEA = 0.08，IFI = 0.982，CFI = 0.982，TLI = 0.955）。这说明各概念的验证性因子分析的各项指标均达到基本的要求，因此下一步的概念间关系分析是可行的。

四、假设检验与结果

（一）假设检验

表 2 给出了四个变量的均值、标准差和相关系数。从表 2 中，我们可以看出，假设 1a 和 2a 得到了验证，个人权力与创新绩效（$\beta = 0.400$，$p < 0.01$）、关系强度（$\beta = 0.506$，$p < 0.01$）均为正相关关系；假设 3 也得到了验证，关系强度与创新绩效为正相关关系（$\beta = 0.481$，$p < 0.01$）。但是和假设 1b 和 2b 的预期相反，职务权力与创新绩效（$\beta = 0.392$，$p < 0.01$）、关系强度（$\beta = 0.368$，$p < 0.01$）也均为正相关，因此，假设 1b 和 2b 得到完全相反的验证。

表 2　4 个变量的均值、标准差和相关系数

变量	均值	标准差	1	2	3
1. 创新绩效	4.665	1.269			
2. 关系强度	4.874	1.239	0.481**		
3. 个人权力	4.869	1.025	0.400**	0.506**	
4. 职务权力	4.136	1.104	0.392**	0.368**	0.807**

注：** 表示在 0.01 水平上显著（双尾检验）。

再来看假设 4a 和 4b 的检验。表 3 给出两组结构模型，分别对应个人权力（PEP）和职务权力（POP），每组各包括五个模型，相互为嵌套关系（Nested Models）。模型 3、4、5 都说明的是，关系强度不是个人权力或职务权力的中介变量，不产生中介作用。从数据拟合指标来看，模型 3、4、5 对数据拟合得不好，因此，我们拒绝接受模型 3、4、5。模型 1 和 2 都说明的是，关系强度是个人权力或职务权力的中介变量，所不同的是，模型 1 表达的是部分中介作用，而模型 2 表达的是完全中介作用。从拟合指数 RMSEA、CFI、TLI 等指标来看，模型 1 和 2 对数据拟合得都很好，但是，根据侯杰泰等所提出的评价方法，当模型自由度增加 1 时，如果 $\Delta\chi^2 < 6.63$，应该选择拟合更好的简化模型。因此，对于个人权力与创新绩效的模型，我们在 $\Delta\chi^2 = 2.3$ 时，接受 PNFI = 0.69 的完全中介作用模

型。但是，对于职务权力与创新绩效的模型，$\Delta\chi^2 > 6.63$（$\Delta\chi^2 = 14.57$），因此我们应该牺牲 1 个自由度，接受 PNFI = 0.61 的部分中介作用模型。

表 3　结构方程模型间的比较

结构模型		χ^2	df	$\Delta\chi2$	CFI	TLI	RMSEA	PNFI
1. 部分中介作用	PEP→TS→IP 和 PEP→IP	502.99	205		0.95	0.93	0.06	0.68
	POP→TS→IP 和 POP→IP	491.01	100		0.96	0.92	0.03	0.61
2. 完全中介作用	PEP→TS→IP	505.29	206	2.3	0.95	0.98	0.04	0.69
	POP→TS→IP	505.58	101	14.57***	0.99	0.91	0.08	0.72
3. 无中介作用	PEP→TS 和 PEP→IP	516.28	206	13.29***	0.84	0.82	0.11	0.58
	POP→TS 和 POP→IP	532.09	101	41.08***	0.74	0.71	0.13	0.68
4. 无中介作用	PEP→IP 和 TS→IP	542.00	206	39.01***	0.73	0.78	0.15	0.67
	POP→IP 和 TS→IP	510.10	101	19.09***	0.84	0.72	0.14	0.69
5. 无中介作用	PEP→IP	415.31	134	−87.68***	0.62	0.60	0.23	0.67
	POP→IP	356.51	52	−134.50***	0.84	0.70	0.26	0.65

注：PEP 表示个人权力，POP 表示职务权力，TS 表示关系强度，IP 表示创新绩效。

进一步比较权力依赖和创新绩效之间关系的变化。首先，看个人权力与创新绩效。在模型 5 中，完全不考虑关系强度的作用，仅考虑个人权力和创新绩效之间的关系，两者的关系系数是 0.45（$t = 4.06$，$p < 0.001$）。在模型 1 中，增加考虑关系强度的中介作用，则个人权力和创新绩效之间的关系系数减小为 0.17（$t = 1.51$，$p > 0.1$）。比较两模型，个人权力和创新绩效的关系系数减小了 0.28，但 t 值变化了 2.55，从原来的显著，变为了不显著（$t < 2$）。因此，关系强度对个人权力和创新绩效的关系的中介作用是非常显著的，基本可以认为是完全中介作用。其次，看职务权力与创新绩效。在模型 5 中，完全不考虑关系强度的作用，仅考虑职务权力和创新绩效之间的关系，两者的关系系数是 0.33（$t = 5.04$，$p < 0.001$）。在模型 1 中，增加考虑关系强度的中介作用，则职务权力和创新绩效之间的关系系数减小为 0.22（$t = 3.68$，$p < 0.01$）。比较两模型，职务权力和创新绩效的关系系数减小了 0.11，且显著性降低，t 值也降低了 1.36。因此，关系强度对职务权力和创新绩效的关系存在着部分中介作用。

至此，假设 4a 得到了强验证，假设 4b 也基本得到验证。

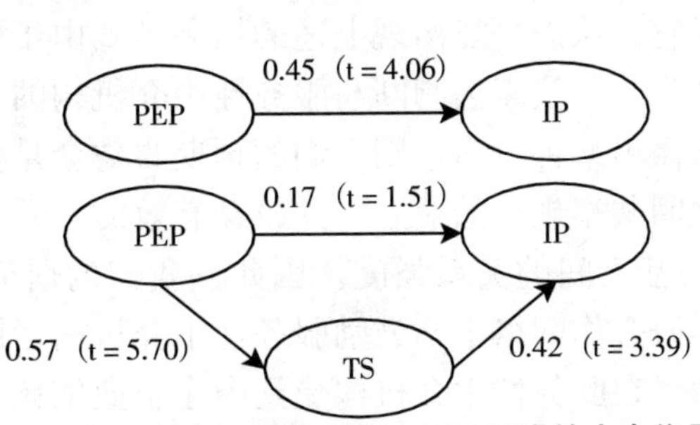

图 1　个人权力与创新绩效：关系强度的中介作用

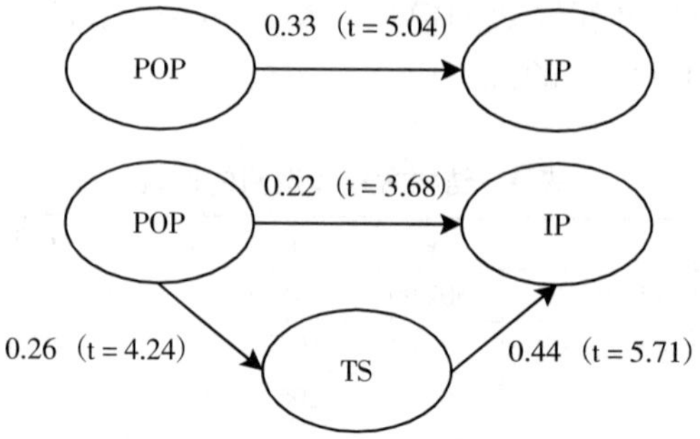

图 2　职务权力与创新绩效：关系强度的中介作用

（二）结果讨论

中小企业正在成为创新的主要力量，对于服务性中介机构而言，一个重要的作用就是通过影响中小企业的行为，来促进其创新的绩效。本研究中，我们探讨了服务性中介机构是如何运用不同的权力基础，来影响与中小企业的关系强度，并进而影响其创新绩效的。我们发现中小企业所感知的服务性中介机构的个人权力依赖对其与中小企业的关系强度会产生积极的影响，其含义是服务性中介机构不运用任何强制的手段，而主要是通过获得中小企业对它的尊重和信任，来达到对中小企业行为的影响。例如，服务性中介机构的专业素质、个人特质、声誉或者个人魅力，会积极地影响中小企业去发展好的关系规范和联系，提供对中小企业的内在激励，从而促进其提高绩效。这为服务性中介机构在产学研创新网络中的治理机制安排提供了指引，即通过专家、信息和知识权力等来构建与中小企业之间的社会纽带和联系。

但是，与预期相反的是，我们的研究结果显示，服务性中介机构职务权力的运用也对其与中小企业的关系强度产生了积极的影响，虽然这一关系没有超过个人权力依赖与关系强度的关系。对此，我们试图从以下两个方面加以解释：①与个人权力不同，职务权力是服务性中介机构运用其所拥有的一些强制权力来控制和规范中小企业的行为的。前文已提及，我们在调研中发现一些创业的本地企业家由于本身的文化水平不高，或者消息渠道不畅通，以及对于市场的变化不敏感，往往缺乏创新的意识和动力，而服务性中介机构在引导他们进行产学研合作方面，扮演了很重要的角色。这就导致这些中小企业较为依赖服务性中介组织，愿意听从于它，从而可能出现上述的结果。②由于职务性权力具有某种交易性质，中小企业会将之视为一种线索去判断与服务性中介机构的关系，也就是说，中小企业会判断如果它们按要求做出某种承诺，则它们的预期收益会是什么。这会促进中小企业加强与服务性中介机构之间共享规范的建立，并鼓励有效的、系统的、结构化的行为规则的确立，从而最终提高相互之间的关系强度。因此，我们的研究结论具有重要的管理含义，即虽然理论上在产学研合作网络中不鼓励服务性中介机构运用强制的职务性权力，但事实上，这类权力的运用，在服务性中介机构受到中小企业依赖的条件下，是有助于中小企业的创新绩效的。

最后，我们发现，关系强度和中小企业的创新绩效紧密相关，而服务性中介机构的权力依赖和中小企业创新绩效之间的关系是通过它们的关系强度来中介的。既往的研究虽然也探讨了权力依赖与创新绩效的关系，但很少有文献探讨这种关系的内在作用机制（除了 Oke 等人）。因而，本研究具有一定的理论贡献。同时，本研究对于指导产学研合作网络中的治理机制和结构设计也具有重要参考价值。我们的发现表明，服务性中介机构的权力依赖方式更直接地是作用于构建关系规范和社会联系，并且通过后者来促进中小企业的技术创新。

五、结论和进一步研究的展望

（一）结论和贡献

本研究有助于加深理解产学研合作网络的治理机制。我们发现，服务性中介机构的权力依赖方式，不论是个人权力（参照、专家和信息权力），还是职务权力（奖励、合法和强制权力），都会对它们与中小企业之间的关系强度产生正影响。同时，我们还发现中小企业和服务性中介机构之间的关系也会对它们的创新绩效产生影响，当中小企业参与到高度的知识共享、团队信任中时，它们的创新绩效会显著地提高，这一结论对中小企业的实践是具有指导意义的。我们的研究还发现了服务性中介机构的权力依赖方式对中小企业创新绩效产生影响的中间作用机制，即服务性中介机构应当通过适当地运用不同的权力资源来积极地影响它们和中小企业之间的关系强度，并进而影响其创新水平。这一结论为权力资源、关系强度和创新绩效三者之间的关系提供了实证论据。

（二）局限性和未来研究方向

我们的研究也存在一些不足，需要在未来的深入研究中改进。首先，本研究采用的是非随机抽样方式，导致一些变量（如权力基础）的方差有限。其次，由于这一研究的数据是横断面的数据，因果关系并不完全明晰。虽然通过文献搜索，我们发现有学者在实际调查中通过访谈的结果指出，很多企业都是先建立与服务性中介机构的关系，然后再开发新产品的。我们仍需指出，就企业与服务性中介机构的关系是否可视作服务性中介机构的权力基础影响企业创新绩效的机制，最优的选择仍然是采用跨时段的研究来证实。另外，我们对于中小企业与服务性中介机构的关系的测量主要侧重于关系的质量，我们希望未来的研究可以把联系的数量、频率等都纳入考虑范围，并且在这个问题上进行深入的研究。

参考文献

[1] 韦影. 企业社会资本对技术创新绩效的影响：基于吸引能力的视角 [D]. 杭州：浙江大学，2005.

[2] 侯杰泰，温忠麟，成子娟. 结构方程模型及其应用 [M]. 北京：教育科学出版社，2004.

[3] 张方华. 企业社会资本与技术创新绩效：概念模型与实证研究 [J]. 科研管理，2006 (6).

[4] J. D. Wolpert. Breaking out of the Innovation Box [J]. Harvard Business Review, 2002, 80 (August): 77-83.

[5] A. Oke, M. I. Oke & W. Fred. The Relationship between Brokers' Influence, Strength of Ties and NPD Project Outcomes in Innovation-Driven Horizontal Networks [J]. Journal of Operations Management, 2008, 26 (5): 571-589.

[6] A. Saxenian. Regional Networks and the Resurgence of Silicon Valley [J]. California Management Review, 1990, 33 (1): 89-112.

[7] P. Berthon, L. F. Pitt, M. T. Ewing and G. Bakkeland. Norms and Power in Marketing Relationships: Alternative Theories and Empirical Evidence [J]. Journal of Business Research, 2003, 56 (9): 699-709.

[8] J. R. P. French and B. Raven. The Bases of Social Power [C] //Cartwright. Studies of Social Power, Institute for Social Research, Ann Arbor, MI, 1959.

[9] J. R. P. French and B. Raven. The Bases of Social Power [C] //Cartwright and Zander. Group Dynamics: Research and Theory. Harper and Row, 1968.

[10] J. Schwarzwald & S. Ashuri. On the Relationship between Subordinates' Compliance to Power Sources and Organizational Attitudes [J]. Applied Psychology, 2001, 50 (3): 455-477.

[11] R. Achrol. Marketing in the 21st Century. Changes in the Theory of Inter-organizational Relations in Marketing: Toward a Network Paradigm [J]. Journal of the Academy of Marketing Science, 1997, 25 (1): 56-71.

[12] A. Cox. Managing with Power: Strategies for Improving Value Appropriation from Supply Relationships [J]. Journal of Supply Chain Management, 2001, 37: 42-47.

[13] E. Lazega. Rule Enforcement among Peers: A Lateral Control Regime [J]. Organizational Studies, 2001, 21 (1): 193-214.

[14] R. Katila. New Product Search over Time: Past Ideas in Their Prime? [J]. Academy of Management Journal, 2002, 45: 995-1010.

[15] J. D. Wolpert. Breaking Out of the Innovation Box [J]. Harvard Business Review 2002, 80: (August): 77-83.

[16] Yan Zhang & Haiyang Li. Innovation Search of New Ventures in a Technology Cluster: The Role of Ties with Service Intermediaries [J]. Strategic Management Journal, 2010, 31: 88-109.

[17] M. W. Peng, Luo Y. Managerial Ties and? RM Performance in a Transition Economy: The Nature of a Micro-Macro Link [J]. Academy of Management Journal, 2000, 43: 486-501.

The Impact of the Power Dependent of Service Intermediate on the Innovative Performance of the Small and Medium-sized Enterprises: Based on the View of Social Network

Long Jing, Chen Chuanming
(School of Business, Nanjing University, Nanjing 210093, China)

Abstract: By combining the theory of organization behavior with the theory of innovation, how different power dependent of service intermediate could affect the relationship between the service intermediates and the Small and Medium-sized Enterprise (SME) and then affect the innovative performance of SME are discussed. Base on the sample analysis of 244 SMEs, the power dependent ways of service intermediate is found; it makes no matter whether depend on individual power or on position power, all positively affect the relationship strength between the service intermediates and the SMEs and then improve the innovative performance of SMEs. The research also indicates that the tie strength between the service intermediates and the SMEs could mediate the relationship between power dependent ways of service intermediates and the innovative performance of SME. The service intermediates should properly apply different power source to positively affect the tie strength between the SMEs and themselves, and further improve the innovative performance of SMEs.

Key Words: Power Base; Social Network; Innovation; Service Intermediate; SMEs

经验与机会创新性交互作用下的新企业生成研究*

龙丹[1]，张玉利[2]，李姚矿[1]
（1. 合肥工业大学管理学院，合肥　230009；2. 南开大学商学院，天津　300071）

【摘　要】立足于新企业生命周期前段，考察经验和机会创新性在新企业生成过程中发挥的作用，探索经验与机会创新性交互作用对新企业快速生成的影响。依托于中国创业动态跟踪调查（CPSED）项目，在全国范围内随机抽样，利用对305名新生创业者动态跟踪的数据，采用COX风险比例模型进行实证分析。研究结果表明，创业经验成功性赋予创业者隐性知识和社会网络等优势，推动创业者快速创建新企业；在现有企业工作积累的行业经验与创业情境不匹配时，难以有效运用于早期创业活动中，会阻碍新企业快速生成；机会创新性越强，需要投入更多的时间、资源和精力开发创业机会，减少其内在的不确定性，进而制约新企业快速生成；创业者经验与机会创新性的交互作用负向影响新企业生成，机会创新性越强，创业者创业经验成功性对新企业生成的促进作用越弱化。

【关键词】经验；机会创新性；新企业生成；交互作用

一、引言

当创业成为社会经济体系中司空见惯的社会现象时，不能忽视的是大量的新企业只是昙花一现，只有少部分的创业者能成功创业。《全球创业观察2012报告》显示，中国每100名18~64岁的成年人中有13人参与到新企业早期创建活动，在世界上居于前列。同时，创业活动的失败率居高不下，《财富》杂志公布的最新数据表明创业失败率高达70%。

* 基金项目：国家自然科学基金（71202046，71272056）；教育部人文社会科学研究项目（12YJC630132）。

作者简介：龙丹（1984-），女，江西南昌人，毕业于南开大学，管理学博士，现为合肥工业大学管理学院讲师，研究方向：创新与创业管理等。E-mail：longdan84@ foxmail.com。

近年来在社会各界大力鼓励和扶持创业的背景下，仍有无数创业者创业失败，其中一个重要原因在于，如同婴儿一样处于创业早期阶段的新企业尤其孱弱，更需要扶持和指导。但理论界和实践界关注的焦点主要集中于少数已存活下来的创业企业，对为数众多的创业初期的新企业缺乏理性认识。在创业初期，组织结构、规章制度尚未建立和健全，新企业的绩效依赖创业者个体禀赋和创业机会的特性。创业者的经验蕴含着隐性知识和技能，这种集成的知识需要时间、行为和特定情境的锤炼，具有潜在价值创造、难以替代和模仿的特征，对于新企业构建社会网络、获取资源和识别创业机会有着重要意义。同时，犹如种子的优劣在很大程度上决定生命体的成长态势，创业机会的差异性必然导致资源需求、战略选择、决策制度等一系列因素的不同，进而影响新企业生成的效率和效果。本研究立足于新企业早期阶段，基于新企业生成是创业者和创业机会等关键要素动态匹配过程的判断，从创业者行业经验相关性、创业经验成功性和机会创新性入手，重点考察创业者经验和机会创新性影响新企业生成的程度以及它们的交互作用关系对新企业生成的影响。

二、相关研究评述

20 世纪 80 年代以来，过程学派成为创业领域的主流研究范式。在此研究背景下，聚焦于企业生命周期前段的创业活动，从微观视角探索新企业从无到有的内在演变路径和内在规律是创业领域研究谋求学术贡献和学科独立性的关键所在。Reynolds 等基于企业生命周期理论，较早地界定了新企业生成，认为新企业的创业过程由概念、孕育、生存和成长四个递进式阶段组成。新企业的概念阶段指新生创业者（已产生创业想法并在努力准备创业、创业尚未成功的个体）产生创业想法并识别到创业机会；在孕育阶段，新生创业者开展创业活动，如组建团队、购买原材料，进而推动新企业创立；处于生存阶段的新企业首要任务在于赢得市场竞争并使企业平稳运营；新企业在成长阶段将迅速成长为成熟企业。概念和孕育两个阶段共同组成了新企业生成过程。

Reynolds 等的观点一经提出，大批学者很快追随，新企业生成一跃成为近年来创业领域的热点，并有众多学者提出新企业生成是创业研究中一个非常具有发展潜力的新兴主题。一些学者从创业者的角度，探讨创业者的经验与新企业生成之间的关系。Chatterji 认为经验对新企业生成和成长有积极影响；但 Chandler 等发现创业经验对新企业生存具有负向影响，对高成长绩效的影响也不显著；Samuelsson 等对 256 名瑞典创业者的调查数据进行分析，发现不同类型的新企业中，经验对新企业生成的影响具有差异，创新型新企业中经验会有效促进新企业生成，模仿型新企业中经验会有负向作用。此外，还有一些学者立足于创业机会的本质属性，探索创业机会视角下的新企业生成机理。Dahlqvist 等实证检验一组面板数据后提出，倘若机会发现不同，创业过程和创业绩效都会显著不同，在创业行为实施方案、新企业生成和财务利润三个方面更是呈现出明显差异；Ucbasaran 等基于机会创新性的分析视角，利用实证方法研究表明，创新型创业机会与复制型创业机会在诸多方面存在显著差异，尤其是新企业生成过程和创业关键因素方面。

综合以上分析发现，虽然越来越多的学者加入新企业生成的研究领域，但从研究主题和内容上看，已有研究大多讨论创业关键要素与新企业生成之间的作用，考察有无经验、经验的长短、不同类型的创业机会更有助于新企业生成，并且大多数已有研究主要从某些单一视角探讨某个创业关键要素与新企业生成之间的作用关系。

然而，有无经验和经验的数量并不能客观反映经验的真实属性，并不代表高绩效。忽视创业者经验的特性，难以深入剖析创业者经验对新企业生成的作用机理。同时，新企业生成并非创业者或创业机会单一作用的结果。Shane 等认为创业是个体与创业机会的互动。具有不同资源禀赋的个体识别不同的创业机会后，会采取不同行为开发和挖掘创业机会的潜在价值，而不同的创业者即使面临相同的创业机会也会实施不同的创业行为。Dimov 认为识别创业者和创业机会等核心要素之间的交互作用，对于提炼新企业生成的内在规律具有重要意义。忽视创业者和创业机会的交互作用，在一定程度上导致学术界对于经验和创业机会如何影响新企业生成难以达成共识。

基于此，本研究在前人研究基础上，不停留在简单抽象和概括新企业生成过程，而是在吸收其他领域成熟理论的基础上，从微观视角，尤其注重深入创业者经验的特性和创业机会的内在属性，并从二者的交互作用中尝试探索创业者特征和创业机会对新企业生成的影响作用，进而挖掘新企业生成过程的内在行为规律和要素间的作用机理。

三、研究假设

在前人研究的基础上，本研究在承认创业者异质性的前提下，提出创业者的经验具有异质性，创业者在不同业务和职能岗位积累的经验差异显著。成功创业经验和失败创业经验不仅给创业者带来情感和财富的差异，还会影响创业者在下一次创业中的行为过程。在不同行业的工作，面对的环境和需要的技能不同，进而培养出不同的经验。同时，并非所有的创业机会都相同，即机会具有异质性。创业机会之所以存在异质性，本质上是源于各个创业机会实现其潜在价值的手段—目的存在显著区别，换而言之，创业机会内在蕴含的创新性程度使不同创业机会呈现出独特性。因此，本研究立足于新企业生命周期前段，从创业经验成功性、行业经验相关性和机会创新性的角度深入挖掘创业者经验和创业机会的内在属性，解析经验和创业机会对新企业生成的影响。创业经验成功性指创业经验中成功创业经验次数在总创业次数的比重，行业经验相关性指创业者拥有的先前工作经验与新企业所在行业是否相关，机会创新性指不同程度地引入新技术、新产品/服务、新原材料或是新的生产方式。

（一）经验的直接作用

创业者经验是异质性信息的重要来源，为创业者创建新企业提供了隐性知识和信息、角色熟悉性和社会网络。

(1) 在隐性知识方面，相关行业工作经验可以使创业者获取行业内的隐性知识，更好地了解行业内的顾客需要，并有效掌握各种产品/服务的优势和劣势以及现有产品尚未能满足顾客需要的地方。同时，创业经验成功性使创业者从以前的创业活动中积累了如何成功创建和运营新企业的隐性知识。通过经验获得的隐性知识能使创业者在不同时间关注关键任务，因为他们知道什么时候从事什么活动最重要，使创业者更好地知道哪些顾客需要什么样的产品和服务，更快地识别和开发创业机会，建立市场进入战略，聚焦于关键创业活动，进而推动新企业更快、更有效地生成。

(2) 创业者行业经验相关性和创业经验成功性有利于创业者了解在特定情境下需要充当一个什么角色以及如何满足这个角色要求。在创业早期阶段，组织成员应充当什么角色、承担什么责任并不清晰，创业者具有相关行业经验或成功创业经验能快速熟悉相关信息，迅速进入角色并进行相应调整，在决策过程中快速行动并切中要害，减少创业的不确定性，提高新企业生成的速度和成功率。

(3) 行业经验相关性和创业经验成功性通过社会网络影响新企业生成。行业经验和创业经验赋予创业者包含供应商和分销商等利益相关者的社会网络，创业者在自身构建的包含雇员、供应商、投资者和顾客的社会网络中成功创业，将先前积累的社会网络有效运用到新企业中，获得供应商、分销商和顾客的承诺和支持，如带领有经验的员工加入新企业、说服供应商与新企业合作等。而这些社会网络以及创业者在社会网络中所处的位置使新企业在利益相关者眼中具有合法化，进而推动他们获取资源、组织新企业活动，推动新企业快速而有效地生成。

根据以上分析提出假设。

H1a　创业者行业经验相关性与新企业生成正相关，即创业者具有相关行业经验，新企业生成越快。

H1b　创业者创业经验成功性与新企业生成正相关，即创业者先前成功创业经验比重越大，新企业生成越快。

（二）机会创新性的直接作用

新企业创建本质上是一个识别并开发有利可图的创业机会的复杂过程，机会创新性能在一定程度上体现创业情境的独特性，对新企业生成具有重要的影响作用。一方面，机会创新性不同，创业机会所蕴藏的不确定性也千差万别。创业机会越创新，其不确定性和风险越大。突破式创新要比渐进式创新具有更高的风险，进而对企业绩效的影响水平越高。在开发创新性程度高的创业机会时，创业者面临的不确定性和风险水平高。为降低风险水平、增加创业成功的可能性，需要创业者投入更多时间、精力和资源来开发机会，挖掘机会的潜在价值。

另一方面，不同创新性的创业机会，在市场经济体系中获得合法化的难易程度截然不同。机会创新性越强，市场交易主体对其的认知度有限，创业者需要投入更多的时间和资源来获得公众认可的合法化。具体而言，在创业者开发机会过程方面，机会创新性越强，由于市场没有先行者提供可以学习和借鉴的经验，也没有顾客的反馈来启发和引导创业者，创业者开发创业机会的过程处于一个摸索和尝试的状态，因此要比开发创新性程度低的创业机会花费更多的资源、时间和精力。此外，从利益相关者的角度而言，机会创新性强，创业者需要一种新的方式配置和利用资源，并提供一种新的价值创造方式，但新的价值创造方式在一定程度上会对原有的方式形成挑战，市场交易中的利益相关者对其认知和熟悉程度较低，甚至采取怀疑和抵触的态度，因此创业者需要投入时间、资源和精力赢得合法化，并成功实现市场交易。综合以上分析提出假设。

H2　机会创新性与新企业生成负相关，即机会创新性越强，新企业生成越慢。

（三）创业者经验与机会创新性的交互作用

奥地利经济学派认为，技术、政治、社会等众多变革源源不断地输出新信息，这些新信息大多关于如何运用不同的方式利用资源、创造价值，且信息随机分散，掌握在不同的个体手中。异质性信息导致不确定性，这一不确定性包含了个体预期的异质性，进而导致个体与创业机会的匹配。

然而，当不同创业者开发不同创新性的创业机会时，创业者经验与机会创新性发生不同的交互作用，当创业机会创新性与创业者经验相匹配时，创业者在经验中积累的资源可以不需要经过太多的调整和补充，直接而快速地运用于创业实践，进一步推动新企业的快速生成。反之，如果创业者识别的创业机会创新性显著异于创业者在创业中的经历，创业者以前积累的知识、资源、角色熟悉度和社会网络对创业者创业过程发挥的效用减弱，需要进一步补充新的要素，甚至是重新学习、探索与创业机会匹配的知识和资源，并构建与创业机会相匹配的社会网络，以适应新的创业机会开发过程。根据以上分析提出假设。

H3a　创业者行业经验相关性与机会创新性的交互项与新企业生成负相关。

H3b　创业者创业经验成功性与机会创新性的交互项与新企业生成负相关。

综合以上假设构建本研究理论框架，如图 1 所示。

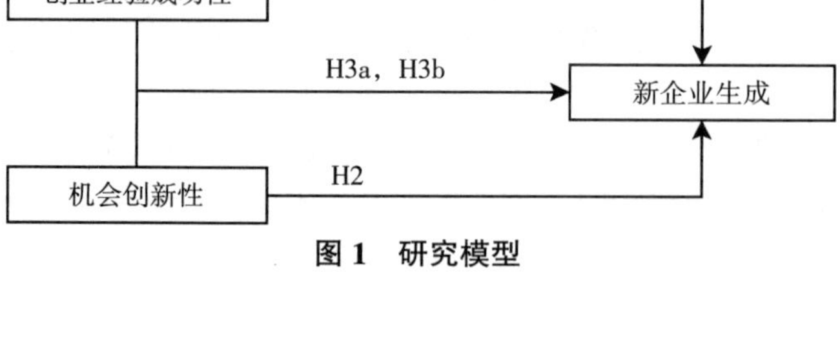

图 1　研究模型

四、数据和变量

（一）样本和数据收集

本研究数据来源于南开大学创业管理研究中心实施的中国创业动态跟踪调查（Chinese Panel Study of Entrepreneurship Dynamic，CPSED），CPSED 借鉴美国创业动态跟踪调查（Panel Study of Entrepreneurship Dynamics，PSED）的方法和逻辑，结合中国情境，是中国境内第一个聚焦于揭示微观层次创业活动规律的随机动态跟踪调查研究项目。CPSED 项目采取分层抽样与家庭固定电话随机跳号抽样相结合的抽样思路，经过三轮预调研，选取北京、天津、杭州、广州、武汉、沈阳、成都和西安八个城市，委托专业调查公司在 18 岁以上成年人群体中甄别出新生创业者，运用电话访谈的方式，在三年中跟踪访问这些受访者三次。首轮调查采取家庭电话随机跳号的形式访问了 22045 人，识别出 974 名新生创业者，并对其中 601 名新生创业者完成首轮访谈。一年后，CPSED 针对第一轮的 601 个样本进行跟踪电话访谈，321 个样本成功完成第二轮电话访谈。

通过分析调查数据库发现，有的受访者自十几年前开始有创业想法，但创业行为过程基本处于停滞状态。剔除异常值后得到最终的研究样本，共计 305 位新生创业者。采用模拟外推法对样本进行无回复偏差检验，结果表明，第一轮和第二轮的样本在性别、年龄、学历、创业经验和行业等方面不存在显著差异，均大于 0.100 的显著水平，说明样本无偏，不存在无回复偏差，样本具有一定的代表性。表 1 给出样本特征的分布情况。

表 1　描述性统计（N = 305）

项目	类型	数量	百分比（%）	项目	类型	数量	百分比（%）
性别	女	91	29.836	年龄	18~24 岁	84	27.541
	男	214	70.160		25~34 岁	128	41.967
学历	初中或以下	33	10.820		35~44 岁	51	16.721
	高中	72	23.607		45~54 岁	24	7.869
	专科	86	28.197		55 岁及以上	13	4.262
	本科	104	34.098		缺失值	5	1.640
	硕士及以上	10	3.278				
行业	批发零售业	122	40.000	新企业性质	独立创办的新企业	197	64.590
	专业性服务	53	17.377		收购或接手现有企业	25	8.197
	餐饮、酒店、宾馆	51	16.721		加盟连锁或特许经营	73	23.934
	制造业	18	5.902		大企业投资的新企业	8	2.623
	其他	61	20.000		其他	2	0.656

（二）变量测量

（1）因变量。本研究承袭产业组织学派的观点，选择将获得首笔销售收入作为判断新企业生成的标准，主要有以下原因，获得销售收入标志着创业机会成功商业化，是创业者创建新企业的重要目的之一，是获得顾客反馈的起点，这有利于决定新企业未来的发展方向。在 CPSED 调查中，请受访者回答“您的新企业从销售产品或服务中获得收入了吗”？如果回答为是，则询问“您的新企业什么时候赚取第一笔销售收入？哪年哪月”。

（2）自变量。借鉴 Stuart 等的研究，本研究采用“您以前工作的行业与当前创业所在行业相关吗”测量行业经验相关性，若回答为是，赋值为 1，反之赋值为 0。

基于 Mitchell 等的研究，本研究在测量创业经验成功性时采用开放式问题，在 CPSED 首轮访谈中询问受访者“您有过几次创业经历”、“您有过多少次成功创业经历”，并计算二者的比重。

遵循 Samuelsson 开发的机会创新性量表，结合中国情境对已有维度进行修改和完善，在分析探测性调研结果后，从四个方面测量机会创新性，即产品或服务在市场上非常独特、产品或服务面临的竞争压力很低、产品或服务很新颖、产品或服务面向刚出现的市场。采用 Likert 5 级量表测量，1 分为极不同意，5 分为非常同意。

（3）控制变量。本研究控制一些可能的影响因素，包括创业者的性别、创业者的受教育程度、团队创业和行业。在测量性别时，将男性赋值为 1，女性赋值为 0；在受教育程度方面，将本科及以上学历赋值为 1，本科以下学历赋值为 0；在团队创业方面，如果是团队创业赋值为 1，否则赋值为 0；在行业分布方面，遵循国家统计局颁布的一级行业分布，若新企业属于批发零售业，赋值为 1，否则赋值为 0。

（三）变量描述

表 2 给出创业者经验和机会创新性的描述。

表 2 经验和机会创新性描述

项目		最小值	最大值	均值	标准差
行业经验相关性		0	1	0.513	0.501
创业经验成功性		0	1	0.444	0.441
机会创新性	OI_1：产品或服务在市场上非常独特	1	5	3.300	1.245
	OI_2：产品或服务面临的竞争压力很低	1	5	2.800	1.357
	OI_3：相对于现有产品或服务，产品或服务很新颖	1	5	2.840	1.316
	OI_4：产品或服务所对应的市场是新兴市场	1	5	2.240	1.363

本研究运用两阶段因子分析，在对四个条目进行信度检验后，将条目“产品或服务面临的竞争压力很低”予以删除，再以主成分分析为基础进行因子分析，表 3 给出机会创新性的因子分析结果。代表样本充分水平的 KMO 值为 0.627，大于 0.600，说明样本数量充

分，超出因子分析的样本限制水平。Bartlett 球形检验值为 76.968，$p<0.010$，说明题项间相互关联，适合提取公因子。

表 3 机会创新性的因子分析

测量题项	因子载荷值	KMO 值	Bartlett 球形检验			因子方差累计贡献率（%）
			卡方检验	自由度	显著性	
OI_3	0.752	0.627	76.968	3	0.000	53.722
OI_4	0.736					
OI_1	0.710					

五、数据分析和假设检验

（一）数据分析方法

在研究新企业生成时包含两方面的内容，一是新企业是否获得了首笔销售收入，二是倘若获得了首笔销售收入，进一步了解获得首笔销售收入的时间。运用传统 OLS 回归方法处理上述数据，需要剔除那些尚未获得销售收入的样本，这样会造成样本数量的大幅减少，并且获得首笔销售收入和没有获得首笔销售收入的样本之间存在系统偏差，进而较大地影响统计分析结果。此外，OLS 回归不能很好地处理随时间变化的解释变量。COX 风险比例模型可以很好地解决上述问题，估计结果相对于一般回归分析更具有统计有效性。因此，本研究采用 COX 风险比例模型。

COX 风险比例模型包括风险集、时间单位、风险率和持续期四个重要概念。本研究选取的是有创业想法并积极行动但尚未取得创业成功的个体，这些样本都包含在新企业生成的风险集中；时间单位为月，属于连续时间模型；风险率是新企业生成的瞬时概率密度；在持续期方面，国外 PSED 研究中通常有两种计算持续期的方式，一种是将实施首项创业活动作为时间间隔的起点，另一种是将产生创业想法的时间作为初始点。考虑到创业实践中包含的创业活动多种多样，本次调查的 15 项创业活动难以涵盖实践中的所有创业行为。Townsend 等认为，访谈中发现的首项实施活动并不一定是创业实践中首先实施的创业活动。采用第一种方法在一定程度上会带来持续期计算误差，因此本研究运用第二种方法，将产生创业想法的时间作为时间间隔（Spell），并通过式（1）计算持续期，即：

$$Spell = (12 - M_1) + M_2 + (Y_2 - Y_1 - 1) \times 12 \quad (1)$$

其中，M_1 为产生创业想法的月份，Y_1 为产生创业想法的年份，M_2 为获得首笔销售收入的月份，Y_2 为获得首笔销售收入的年份。

图 2 为新企业生成的生存函数图。由图 2 可知，新企业生成时间被大略分为三个阶

段，第一个阶段，在创业初期阶段，生存函数曲线相对陡峭，斜率高，新企业生成的概率相对较大；第二个阶段，大约从 17 个月开始，生存函数曲线变得平缓，斜率减少，新企业生成的可能性减少，减少至约 23%以下；第三个阶段，大概从 46 个月开始，生存函数曲线趋于平滑，新企业生成的概率大幅度降低。表 4 给出新企业生成间隔的描述性统计分析结果，由表 4 可知，新企业生成的生存时间的平均值为 22.284 个月，中值为 17 个月。

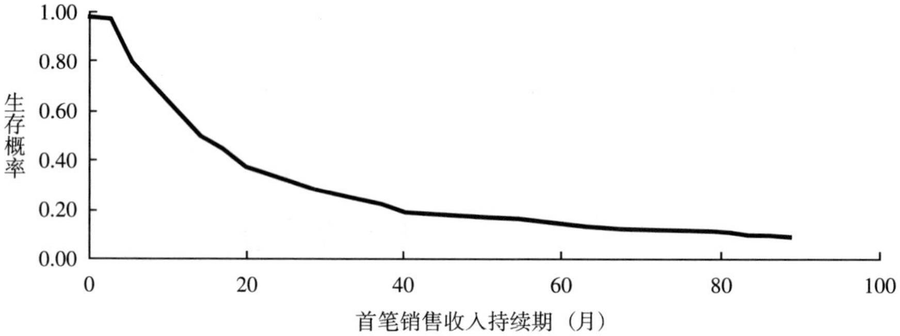

图 2　新企业生成的生存函数图

表 4　新企业生成的生存时间计算表

	生存时间	标准差	95%置信区间
均值	22.284	1.553	（19.240，25.328）
中值	17.000	1.246	（14.559，19.441）

（二）相关分析

表 5 给出变量之间的相关关系。行业经验相关性、创业经验成功性、机会创新性之间不存在显著的相关关系（$p > 0.100$）。但是，行业经验相关性、创业经验成功性、机会创新性与新企业生成显著相关，相关系数分别为 0.095、-0.036 和 0.043，且均 $p < 0.050$。通过以上分析可以初步判断，各研究变量之间自相关现象不严重，不存在严重的多重共线性。

表 5　变量间的相关系数矩阵

变量	新企业生成	行业经验相关性	创业经验成功性	机会创新性	性别	学历	行业	团队创业
新企业生成	1.000							
行业经验相关性	0.095**	1.000						
创业经验成功性	-0.036**	-0.086	1.000					
机会创新性	0.043**	0.021	0.125	1.000				
性别	0.154***	-0.031	-0.039	0.016	1.000			

续表

变量	新企业生成	行业经验相关性	创业经验成功性	机会创新性	性别	学历	行业	团队创业
学历	−0.037	0.031	−0.081	0.119**	−0.044	1.000		
行业	−0.057	−0.123*	0.165	−0.122**	−0.140**	0.133**	1.000	
团队创业	0.074	0.037	−0.137	0.099*	−0.003	0.182***	−0.038	1.000

注：*** 为显著性水平 $p < 0.010$，** 为显著性水平 $p < 0.050$，* 为显著性水平 $p < 0.100$，下同。

（三）COX 比例风险模型和结果分析

表 6 给出 COX 比例风险模型的分析结果。模型 1 为控制变量对因变量的分析模型，模型 2 为研究的主效应模型，主要反映行业经验相关性、创业经验成功性和机会创新性对新企业生成的作用关系。模型 2 对因变量的解释力度远远强于控制变量模型（模型 1），模型的卡方值离差为 7.304，具有统计上的显著性（$p < 0.100$）。观察模型 2 变量的回归系数可以发现，行业经验相关性、创业经验成功性和机会创新性对新企业快速生成均有显著影响。行业经验相关性与新企业快速生成呈现负相关关系（偏回归系数为−1.135，标准误差为 0.547，$p < 0.050$），说明创业者行业经验相关性会制约新企业快速生成，H1a 得到逆向支持。创业经验成功性对新企业快速生成具有正向促进作用（偏回归系数为 1.362，标准误差为 0.771，$p < 0.100$），说明创业者先前创业经验中成功经验的比例越大，越能促进新企业快速生成，H1b 得到支持。在机会创新性方面，机会创新性与新企业生成的偏回归系数为−0.021，标准误差为 0.013，且在统计意义上显著，说明机会创新性与新企业快速生成呈现出负向作用关系，即机会创新性越强，新企业生成越慢，H2 得到支持。

表 6　COX 比例风险模型分析结果

变量	因变量：新企业生成							
	模型 1		模型 2		模型 3−1		模型 3−2	
	偏回归系数	标准误差	偏回归系数	标准误差	偏回归系数	标准误差	偏回归系数	标准误差
性别	−0.051	0.577	0.602	0.615	1.254	0.845	0.055	0.696
学历	0.696	0.532	1.191**	0.589	1.204**	0.576	1.269**	0.560
团队创业	0.706	0.480	0.303	0.483	−0.005	0.552	0.463	0.509
行业	0.459	0.597	0.408	0.603	0.182	0.647	0.730	0.614
行业经验相关性			−1.135**	0.547	−1.743**	0.754	−1.195**	0.541
创业经验成功性			1.362*	0.771	1.675**	0.807	0.595	0.749
机会创新性			−0.021*	0.013	−0.021*	0.013	−0.025**	0.012
行业经验相关性 × 机会创新性					−0.031	0.026		
创业经验成功性 × 机会创新性							−0.094**	0.041
负二倍对数似然值	112.300		104.966		103.593		98.514	

续表

变量	因变量：新企业生成							
	模型 1		模型 2		模型 3-1		模型 3-2	
	偏回归系数	标准误差	偏回归系数	标准误差	偏回归系数	标准误差	偏回归系数	标准误差
卡方检验	4.601*		11.406*		12.375*		19.575**	
模型卡方值离差			7.304*		1.404*		6.482**	
样本数，自由度	305，4		305，7		305，8		305，8	

注：模型采用强迫进入法；为避免变量之间的多重共线性，对变量进行中心化处理。

模型 3 主要探讨经验与机会创新性之间的交互作用如何影响新企业生成。在模型 3-1 中，行业经验相关性与机会创新性的交互项对新企业快速生成没有显著影响（偏回归系数为-0.031，标准误差为 0.026，$p > 0.100$），H3a 没有得到验证。模型 3-2 对因变量的解释力度远远强于直接效应模型（模型 2），模型的卡方值离差为 6.482，且具有统计上的显著性（$p < 0.050$），创业经验成功性与机会创新性之间交互作用的回归系数达到统计上的显著性水平（偏回归系数为-0.094，标准误差为 0.041，$p < 0.050$）。在前面的变量相关分析中，创业经验成功性与机会创新性之间不存在显著的相关关系，而模型 3-2 中二者的交互作用具有统计上的显著性，可以认定创业经验成功性与机会创新性在模型中发挥了交互作用。从调节的方向看，创业经验成功性与机会创新性之间交互作用的回归系数为-0.094（$p < 0.050$），说明创业者创业经验成功性与机会创新性的交互项与新企业生成负相关，即机会创新性越强，创业者创业经验成功性对新企业生成的促进作用会弱化，H3b 得到支持。

六、结论

本研究立足于新企业生命周期的早期阶段，从动态视角解析创业者经验特性和机会创新性与新企业生成的作用关系。实证研究结果表明，创业者创业经验成功性能推动新企业快速生成，但是行业经验相关性和机会创新性对新企业快速生成产生负向作用，且机会创新性约束创业经验成功性对新企业快速生成的促进作用。

（1）在新企业创建早期，行业经验相关性会阻碍新企业快速生成。具有相关行业经验表明创业者在行业内已成立的企业中工作过，相对于新企业早期创业而言，现有企业资源相对充裕、制度相对成熟，工作的核心在于如何计划、组织、领导和控制生产经营活动，规避风险，提高企业效益，财务指标常常用来衡量企业绩效。在新企业生成早期阶段，资源禀赋匮乏，组织结构尚未建立，需要创业者在不完善的制度下通过团队合作和创新来识别、评价有潜在价值的创业机会，并有效整合资源，开发创业机会，承担风险和快速行动，推动新企业快速创建。如果不立足于创业情境，依靠先前行业经验指导创业行为，试图通过严密的调查考证，找到计算风险和规避风险的方法，然后再实施创业行为，会使新企业错失转瞬即逝的创业机会，对新企业快速生成产生负向作用。

（2）创业经验成功性与新企业生成具有正向相关关系，创业者成功经验比例越大，越能推动新企业的快速生成，进一步强化创业经验能促进新企业生存和成长的研究结论。创业经验中成功经验的比例越大，一方面反映了创业者在先前创业活动中战略选择和行为方式的正确性，再次创业时依靠创业直觉和路径依赖实施创业行为，在快速行动的同时能保证决策的准确性和可行性；另一方面，成功的创业经验使创业者从以前的创业活动中积累、摸索和学习了如何成功创建、运营新企业的隐性知识，这些知识能使创业者在不同时间关注关键任务，进而迅速推动新企业生成。

（3）在新企业早期生成阶段，机会创新性与新企业生成呈现负向关系。创新虽然是创业活动的本质特征，但并不意味着越创新越好，尤其是在新企业早期生成阶段。机会创新性越强，意味着不确定性和风险性越高，创业者需要花费更多的时间、投入更多的资源和精力来探索如何有效开发机会、如何实现创业机会的潜在价值。此外，机会创新性程度越高，市场交易的主体对其认知和熟悉度越低，常常需要投入更多资源实现被公众认可的合法化。这一研究结论在一定程度上解释了为什么很多科学家和工程师创业时，技术水平遥遥领先，新企业依然难以生成。

（4）机会创新性越强，创业者创业经验成功性对新企业生成的促进作用会弱化。创业者经验具有两面性，一方面会赋予创业者特定领域的隐性知识，强化创业者在领域内分析问题和解决问题的能力；另一方面会使创业者形成思维惯势和路径依赖，制约他们对新知识和新信息的吸收能力。机会创新性强，意味着需要新的手段和方式来开发其潜在价值，倘若依赖于过去的经验，容易造成手段与目的不协调，进而对新企业生成产生负向影响作用。反之，如果创业经验薄弱，需要创业者逐步摸索，更有可能发现与创业机会相匹配的新方法。

本研究丰富了经验的研究。本研究从行业经验相关性和创业经验成功性的角度，而不是局限于经验有无及长短等表面特征，深入到创业者经验内在本质特性，挖掘创业者经验在新企业生成过程中的影响作用，从根本上解释“什么样的经验能改善新企业绩效”。本研究有助于启发从关键要素间的互动匹配关系揭示新企业生成的作用机理，运用抽象的理论从单一的视角挖掘某一要素对新企业生成的影响作用，忽视要素间的交互作用关系，致使创业研究常常出现一些相互矛盾的研究结论。本研究从微观层面探索创业者、创业机会及其交互作用对新企业生成的作用机理，凝练新企业生成规律。

本研究结论具有较好的实践意义，主要体现在对创业者、创业企业和政府制定创业政策三个层次。

（1）有助于创业者理性认识经验。鉴于不同类型的经验会对新企业生成产生截然不同的影响作用，创业者在准备创业之时，应该有针对性地积累经验，尤其是成功的创业经验，培养和积累自身的经验素质，积累隐性知识，并通过参加创业培训、实战模拟、吸纳有经验的个人组建团队等方式推动新企业的快速生成。

（2）有助于创业企业强化挑选创业项目的标准。创业是挑战和风险并存的复杂行为过程，常常需要在短时间将创意转化为可供开发的创业机会。创业企业在选择创业项目时，需要慎重判断创业机会的创新性水平，不可一味地追求项目的创新性，而忽视机会创新会延缓新企业快速生成这一局限性，要综合分析创业者和创业项目的特点，理性选择与创业者能力相匹配的创业项目。

（3）在政府政策层面，经验、机会创新性及其交互作用影响新企业生成的基本结论对政府制定相关创业政策具有一定的借鉴意义。目前，中国创业活跃，但是失败率高，要提高新企业存活率，鼓励创新和创业活动，改善创业环境，政府的相关政策不能停留在税收减免、简单的资金支持等方面，应该注重从创业者特征和创业项目中识别出那些具有高成长潜力的新企业，作为典型重点扶持，发挥其积极的示范作用。对这些创业企业加大创业支撑服务体系的建设投入，为其开发相配套的创业计划指导手册和创业技能教育课程，建立创业导师制，提供咨询指导，将有限的政府资源有的放矢地投入有发展潜力的新企业中，这些措施有利于提升创业者的创业能力水平，改善机会开发效率，从而在提高新企业生存率的同时，优化资源配置，发挥创业对经济社会发展的推动作用。

本研究有一定的局限性。首先，在变量测量方面，作为一个探索性研究，本研究受样本数据的限制，在测量行业经验相关性时只考察了有无行业经验，没有反映出经验相关性的程度差异，未来研究有必要将其纳入研究内容并予以检验；其次，本研究对新生创业者进行动态跟踪调查的时间跨度较小，只调查了新生创业者过去一年的创业行为过程，一年时间可能并不足以保证新企业生成，未来研究需要增大调查时间跨度。

参考文献

[1] 杜运周，任兵，陈忠卫，张玉利. 先动性、合法化与中小企业成长：一个中介模型及其启示 [J]. 管理世界，2008（12）：126-138，148.

[2] 龙丹，姚晓芳. 新企业生成研究综述 [J]. 经济理论与经济管理，2012（11）：58-67.

[3] 田莉，龙丹. 创业过程中先前经验的作用解析：最新研究成果评述 [J]. 经济理论与经济管理，2009（11）：41-45.

[4] 张玉利，杨俊，任兵. 社会资本、先前经验与创业机会：一个交互效应模型及其启示 [J]. 管理世界，2008（7）：91-102.

[5] 张玉利，杜国臣. 创业的合法性悖论 [J]. 中国软科学，2007（10）：47-58.

[6] 张玉利，龙丹，杨俊. CPSED 概述及其学术价值探讨 [J]. 外国经济与管理，2011，33（1）：11-18.

[7] Xavier S. R.，Kelley D.，Kew J.，Herrington M.，Vorderwülbecke A. Global Entrepreneurship Monitor：2012 Global Report [R]. Babson Park，MA：Babson College，Universidad del Desarrollo，Universiti Tun Abdul Razak，London Bussiness School，2013.

[8] West Ⅲ G. P.，Noel T. W. The Impact of Knowledge Resources on New Venture Performance [J]. Journal of Small Business Management，2009，47（1）：1-22.

[9] Ucbasaran D.，Westhead P.，Wright M. The Extent and Nature of Opportunity Identification by Experienced Entrepreneurs [J]. Journal of Business Venturing，2009，24（2）：99-115.

[10] Reynolds P., Davidsson P. PSED II and the Comprehensive Australian Study of Entrepreneurial Emergence (CAUSEE) [C] // Reynolds P., Curtin R. T.. New Firm Creation in the United States: Initial Explorations with the PSED II Data Set . New York, N Y: Springer, 2009.

[11] Reynolds P., Miller B. New Firm Gestation: Conception, Birth, and Implications for Research [J]. Journal of Business Venturing, 1992, 7 (5): 405–417.

[12] Chatterji A. K. Spawned with a Silver Spoon? Entrepreneurial Performance and Innovation in the Medical Device Industry [J]. Strategic Management Journal, 2009, 30 (2): 185–206.

[13] Chandler G. N., Honig B., Wiklund J . Antecedents, Moderators, and Performance Consequences of Membership Change in New Venture Teams [J]. Journal of Business Venturing, 2005, 20 (5): 705–725.

[14] Samuelsson M., Davidsson P. Does Venture Opportunity Variation Matter? Investigating Systematic Process Differences between Innovative and Imitative New Ventures [J]. Small Business Economics, 2009, 33 (2): 229–255.

[15] Dahlqvist J., Wiklund J . Measuring the Market Newness of New Ventures [J]. Journal of Business Venturing, 2012, 27 (2): 185–196.

[16] Van Gelderen M., Thurik R., Patel P. Encountered Problems and Outcome Status in Nascent Entrepreneurship [J]. Journal of Small Business Management, 2011, 49 (1): 71–91.

[17] Shane S., Venkataraman S . The Promise of Entrepreneurship as a Field of Research [J]. The Academy of Management Review, 2000, 25 (1): 217–226.

[18] Dimov D. Grappling with the Unbearable Elusiveness of Entrepreneurial Opportunities [J]. Entrepreneurship Theory and Practice, 2011, 35 (1): 57–81.

[19] Smith B. R., Matthews C. H., Schenkel M. T. Differences in Entrepreneurial Opportunities: The Role of Tacitness and Codification in Opportunity Identification [J]. Journal of Small Business Management, 2009, 47 (1): 38–57.

[20] Brüderl J., Preisendörfer P., Ziegler R. Survival Chances of Newly Founded Business Organizations [J]. American Sociological Review, 1992, 57 (2): 227–242.

[21] Shane S., Khurana R. Bringing Individuals Back in: The Effects of Career Experience on New Firm Founding [J]. Industrial and Corporate Change, 2003, 12 (3): 519–543.

[22] Samuelsson M. Creating New Ventures: A Longitudinal Investigation of the Nascent Venturing Process [D]. Jönköping: Jönköping University, 2004: 67–112.

[23] Damanpour F., Wischnevsky J. D. Research on Innovation in Organizations: Distinguishing Innovation -generating from Innovation -adopting Organizations [J]. Journal of Engineering and Technology Management, 2006, 23 (4): 269–291.

[24] Danneels E., Kleinschmidt E. J . Product Innovativeness from the Firm's Perspective: Its Dimensions and Their Relation with Project Selection and Performance [J]. Journal of Product Innovation Management, 2001, 18 (6): 357–373.

[25] Hayek F. A. The Use of Knowledge in Society [J]. The American Economic Review, 1945, 35 (4): 519–530.

[26] Dew N., Velamuri S. R., Venkataraman S . Dispersed Knowledge and an Entrepreneurial Theory of the Firm [J]. Journal of Business Venturing, 2004, 19 (5): 659–679.

[27] Davidsson P. The Entrepreneurial Process as a Matching Problem [C]//Proceedings of Academy of

Management Conference . Hawaii, 2005: 63-85.

[28] Newbert S. L., Tornikoski E. T. Supporter Networks and Network Growth: A Contingency Model of Organizational Emergence [J]. Small Bussiness Economics, 2012, 39 (1): 141-159.

[29] Stuart R. W., Abetti P. A. Impact of Entrepreneurial and Management Experience on Early Performance [J]. Journal of Business Venturing, 1990, 5 (3): 151-162.

[30] Mitchell R. K., Mitchell J. R., Smith J. B. Failing to Succeed: New Venture Failure as a Moderator of Startup Experience and Startup Expertise [C] // Annual Enterpreneurship Research Conference, Frontiers of Entrepreneurship Research . Babson Park, MA: Babson College, 2004.

[31] Cox D. R. Regression Models and Life-tables [J]. Journal of the Royal Statistical Society . Series B (Mechodological), 1972, 34 (2): 187-220.

[32] Townsend D. M., Busenitz L. W., Arthurs J. D. To Start or not to Start: Outcome and Ability Expectations in the Decision to Start a New Venture [J]. Journal of Business Venturing, 2010, 25 (2): 192-202.

[33] Moroz P. W., Hindle K. Entrepreneurship as a Process: Toward Harmonizing Multiple Perspectives [J]. Entrepreneurship Theory and Practice, 2012, 36 (4): 781-818.

[34] Delmar F., Shane S. Does Experience Matter? The Effect of Founding Team Experience on the Survival and Sales of Newly Founded Ventures [J]. Strategic Organization, 2006, 4 (3): 215-247.

Study on the New Venture Emergence Based on Interactions between Experience and the Newness of Opportunity

Long Dan, Zhang Yuli, Li Yaokuang

(1. School of Management, Hefei University of Technology, Hefei 230009, China;
2. Business School, Nankai University, Tianjin 300071, China)

Abstract: Focusing on the early stage of the new ventures'life cycle, the study investigates how experience and the newness of opportunity play roles in the new venture emergence and explores how interactions of them influence the rapid new venture emergence. Based on the project of Chinese Panel Study of Entrepreneurship Dynamics (CPSED), we implement a random survey in China and empirically analyze dynamic tracking data from 305 nascent entrepreneurs using COX's Proportional Hazard Model.The research results find that: ① successful entrepreneurial experience bestows entrepreneurs abundant tacit knowledge and social network to boost their rapid enterprise building; ② accumulated industrial experience from the present job, unfitted in the entrepreneurial context, is hard to be used in the early stage of new ventures, which obstacles the rapid new venture emergence; ③the stronger the newness of opportunity is, the more time, resources and energy should be devoted to seizing the entrepreneurial opportunity to reduce inner uncertainty, which is a bottleneck of the rapid new venture emergence; and ④interactions between entrepreneurial experience and the newness of opportunity negatively affects the new venture emergence. The stronger the newness of opportunity is, the more weakly the successfulness of entrepreneurial experience promotes the new venture emergence.

Key Words: Experience; Newness of Opportunity; New Venture Emergence; Interactions

财富对创业的异质性影响 *
——基于三省农户的实证分析

盖庆恩，朱喜，史清华
（上海交通大学 安泰经济与管理学院，上海 200052）

【摘 要】 文章从动态视角重新考察了财富与创业的关系，并基于中国农村固定观察点的调查数据进行了实证分析，研究发现财富对创业的影响并非简单的单调关系。当农户资产处于 0~98.70 分位数区间（0<资产<26.84 万元）时，农户资产越多越倾向于创业，这与静态模型的预测相同；但当资产处于 98.70 分位数之后的区间（资产≥26.84 万元）时，样本自选择偏差的存在使二者呈负相关关系，即资产越多，创业概率越低，支持了动态模型的理论预测。文章还使用"人情收入"作为资产的工具变量来解决模型中可能存在的内生性问题，发现此结论依然稳健。

【关键词】 创业；动态模型；流动性约束；自选择偏差

一、引言与文献综述

流动性约束是制约农户创业的重要因素之一，现已被大量研究所证实。这些研究的核心问题之一是理解和解释个人财富与其创业之间的关系。Evans 和 Jovanovic（1989）在静态模型中首次表述了财富对创业的正向影响，认为财富越多下一期进行创业的概率也越大。Hurst 和 Lusardi（2004）进一步发现，财富与创业呈非线性关系，在大部分区间内财富对创业的影响较小，只有在极其富有的人群中（财富的 95 分位数后）财富对创业的影

* 基金项目：国家自然科学基金项目（71073102，71273171，71273172）；上海市浦江人才计划项目（12PJC067）；上海市教委科研创新项目（13ZS019）。

作者简介：盖庆恩（1984–），男，山西壶关人，上海交通大学安泰经济与管理学院博士生；朱喜（1979–），男，上海人，上海交通大学安泰经济与管理学院副教授；史清华（1964–），男，山西襄垣人，上海交通大学安泰经济与管理学院教授。

响才具有较强的显著性。较低的投入门槛和便利的融资环境有助于解释为何在大部分区间内财富对创业的影响较小，而财富水平较高时个人风险偏好的转变和创业的“奢侈品”属性（如自主决策、自由安排时间等）则是在高财富区间出现强正相关性的主要因素。

值得注意的是，以往的研究都是在静态模型中说明财富与创业之间的关系，实证中一般将当期为工人、下一期为创业者的行为定义为创业，但创业是个人创业能力与其财富共同作用的结果，研究当期观察到个人选择为工人的财富与下一期是否创业的关系时会存在自选择偏差。当期的工人事实上是个人上期选择的结果，样本并不随机，当一个人拥有较多财富且就业选择为工人时，其可能具有较低的创业能力（Buera，2009）。而在创业天赋低于某临界值后（即最优规模对应的创业天赋），可以预计无论其财富如何增长都不会选择创业。因此，财富与创业的关系不再为单调增函数，而在某些区间内可能随着个人财富的增加，创业概率会不断下降。Evans 和 Jovanovic（1989）、程郁和罗丹（2009）均考虑了在某一期代表性个人有两种行为选择（工人或创业），直接比较二者的收益（即利润最大化），从而建立财富与创业的关系，属于静态模型。Buera（2009）、Cagetti 和 De Nardi（2006）从动态的角度重新考虑了财富与创业的关系，他们认为在动态模型中流动性约束不同，个人的就业选择也不同，这导致财富积累不同，由此不断迭代，最终对财富不平等产生影响。除家庭财富外，已有研究还分别从社会网络、人力资本和外部金融环境等方面对创业进行了研究（Turvey 和 Kong，2010；马光荣和杨恩艳，2011；张海洋等，2012；解垩，2012）。

本文从动态视角重新研究了财富与创业之间的关系，主要强调代表性个人的就业决策会影响下期的财富分布，这将导致样本选择性偏差，最终使财富与创业之间呈现非线性关系。本文还基于中国农村固定跟踪观察点的农户数据，以 2003~2006 年山西、河南和浙江为样本进行了实证分析。本文的理论意义在于，说明自选择偏差可能导致财富与创业的线性关系不再成立，弥补了传统静态模型的不足，并利用农村固定观察点的大样本跟踪调查数据，为自选择偏差的存在及其影响提供了较为可靠的证据。

二、模型构建

（一）农户的生产行为

代表性个人（由于本文使用的是农户数据，以下简称为农户）拥有独立分布的创业能力 z 和财富 a，概率密度函数分别为 $\varphi(a)$和 $\varphi(z)$，其拥有一单位劳动力，能够在劳动力市场上就业。如果农户选择创业（Entrepreneur，E），则其生产函数为：

$$y=(zk)^{\alpha}l^{1-\alpha} \tag{1}$$

农户从要素市场上通过交易获得资本，但由于有限责任和道德风险（Paulson 等，

2006；Buera 等，2011；张海洋等，2012），创业者需提供相应的抵押品，其面临的流动性约束为：

$$k \leqslant \lambda a \tag{2}$$

其中，k 是资本，l 是劳动力，λ 由资本市场外生给定，因此家庭财富从根本上决定了农户面临的流动性约束。由此，如果农户选择创业（E），则收益函数为：

$$y^E = \max\{z\pi - r，0\}\lambda a，\pi = \alpha\left(\frac{1-\alpha}{w}\right)^{\frac{1-\alpha}{\alpha}} \tag{3}$$

其中，r 和 w 分别表示资本和劳动力的价格。从式（3）中可以发现，创业者获得的利润为其个人财富和能力的增函数。为便于后续分析，此处设 λ = 1，即不存在对外借贷。

初始财富为 a 的农户如果选择外出打工（Worker，W），则能够获得固定工资 w。因此如果农户的就业选择为 W，则其能够获得的收入为：

$$y^W = w + ra \tag{4}$$

（二）农户的创业决策

在任意 t 时刻，假定农户可以在 W 与 E 之间自由转换，则在利润最大化目标下，农户的选择函数为：

$$v(a_t，z) = \mathrm{Max}\{y^E(a_t，z)，y^W(a_t，z)\} \tag{5}$$

静态时，只要 $y^E \geqslant y^W$，则第 t 期农户的就业选择为 E_t，否则农户选择为 W_t。在 Z~[0，1] 服从均匀分布的假设下，农户的创业概率为：

$$P(E_t) = \int_{\frac{2r}{\pi}+\frac{w}{\pi v_t}}^{1} l dz = 1 - \left(\frac{2r}{\pi} + \frac{w}{\pi a_t}\right) \tag{6}$$

由式（6）可以看出，农户创业概率为财富的增函数，个人财富越多，创业概率越高，这与已有研究一致（Evans 和 Jovanovic，1989；程郁和罗丹，2009）。

但事实上，农户存在于一个连续的生命周期中，其决策行为是动态的。在过去的实证研究中将创业者定义为：当期为工人、下一期创业的个人（Paulson 和 Townsend，2004），当期的状态是上一期选择的结果。因此，如果用我们实际观察到的样本来代表静态模型中的情况，那些符合能力和财富条件的个人因已经创业而被排除在外（如高能力、高财富等），这使样本存在选择性偏差（Sample Selection）。假设在 t 期观察到一农户的职业选择为工人（记为 W_t），那么设该农户在 t + 1 期财富增加 Δ，则选择创业（记为 E_{t+1}）的真实概率为：

$$P(E_{t+1}|W_t；z，a_t) = \frac{P(E_{t+1}W_t；z，a_t)}{P(W_t；z，a_t)} = \frac{\int_{e^{-1}(a_t+\Delta)}^{e^{-1}(a_t)} l de}{P(W_t；z，a_t)}$$

$$= \frac{e^{-1}(a_t) - e^{-1}(a_t+\Delta)}{P(W_t；z，a_t)} \tag{7}$$

其中，e^{-1}（x）表示财富与创业天赋临界值的关系。在财富足够多而农户并未创业时，农户的最低创业天赋会越来越接近临界值$\underline{z} = 2r/\pi$，此时有 $e^{-1}(a_t) - e^{-1}(a_t + \Delta) \to 0$。当 a_t 足够大时，我们几乎可以认为该农户的创业天赋要小于$\underline{z} = 2r/\pi$。此时，无论财富如何增加，农户均不会从事创业活动，即农户的创业概率为 0。

综合来看，农户的创业概率在最初阶段会随个人财富的增加而增加，而当处于个人财富分布的尾部时，由于拥有足够财富的个人已经选择创业，在剩余的样本中财富越多农户的创业能力越低，最后无论财富如何变化，其创业的概率均为 0，从而使财富对农户创业的影响在较高的区间内会实现由正相关到负相关的转换（倒 U 形关系）。因此，可以推断受样本选择偏差的影响（即样本中个人财富越大，创业天赋越小），在某一区间内，当财富足够多时，创业概率会随着财富的增加而下降直至为 0。需要强调的是，动态模型的结果并没有否定静态模型，而是对其的延伸和扩展。在动态模型中，在财富分布尾部区间内，财富与创业的概率呈负相关关系，这是由农户的自我选择造成的。若财富与创业能力在此范围内不相关，则动态模型与静态模型的预测相同，财富增加，创业概率亦随之增加。

三、数据来源与变量选择

（一）数据来源

本文的数据来源于全国农村固定跟踪观察点办公室，选择的样本区间为 2003~2006 年，省份为山西、河南和浙江，总计 9506 户。需要说明的是，目前所获得的全国农村固定跟踪观察数据还不是真正的面板数据（朱喜等，2011）。我们使用 Yang（2004）的方法，根据户码和户主年龄两个信息建立面板数据，在此工作完成之后生成混合截面数据。由于本文研究财富与农户创业之间的关系，从农户创业的定义出发删除了初期即为创业者的样本 920 户。为了消除不参与劳动力市场的样本（如仍在上学或者已经退休等），我们将样本的户主年龄限定为 18~60 岁。最后，为了保持结论的稳健性，我们还删除了样本中最大和最小的 0.50%，最终得到的样本为 3627 户。各省农户面临的情况存在较大差异，山西的创业比例为 1.26%，浙江为 5.39%，河南为 2.34%，全样本的创业比例为 2.32%。

（二）变量选择

1. 创业

与 Paulson 和 Townsend（2004）一致，本文中农户创业特指非农经营（即工商业经营）。具体是指农户从事的家庭经营主业中在第一年是第一产业（含种植业、林业、畜牧业或渔业），下一年转换为非农经营（如工业、建筑业等），否则未进行创业。

2. 财富

与 Hurst 和 Lusardi（2004）、李实等（2005）相同，本文使用农户的家庭净资产来衡量其财富数量，即净资产=资产-负债。具体而言，农户的资产部分包含了农户金融性资产和生产性固定资产等，而负债则包含了各类正式与非正式负债。

在存在流动性约束的情况下，决定一个农户家庭进行创业的因素主要是家庭净资产。此外，农户的受教育水平、年龄等个人特征和家庭人口特征等都可能影响个人的职业选择。因此，在实证中还包含了家庭规模、人口负担系数和人均耕地面积等家庭特征变量。此外，考虑到农户创业在时间上和地区间存在巨大差异，回归时对年份和省份变量进行了控制。① 表 1 给出了在下一年进行创业子样本和继续务农或者外出打工子样本的描述性统计，以及二者的均值—方差配对 t 检验。总的来看，进行创业的农户拥有更多的家庭财富。

表 1　农户家庭净资产描述性统计（万元）

变量名	非农经营 = 0 (N = 3543)	非农经营 = 1 (N = 84)	原假设: 变量相等（P 值）
均值	3.50	7.14	0.00
中位数	2.06	3.66	0.00

四、实证方法及结果

（一）实证方法

农户是否创业是一个二值变量，本文选择 Probit 模型来估计农户家庭财富与其创业概率之间的关系，估计方程如下：

$$P(y=1|x)=G(\alpha+X\beta+f(A)\times\gamma+\varepsilon) \qquad (8)$$

其中，$G(z)=\Phi(z)\equiv\int_{-\infty}^{z}\varphi(v)dv$ 为标准正态分布函数，X 为控制变量，β 为相应的系数，f(A) 为资产的多项式，γ 为相应的系数。本文分别将家庭财富的高次项逐步加入，最终结果见表 2。

表 2 中的模型 1 给出了家庭财富与创业概率之间的线性关系，而模型 2 和模型 3 则给

① 本文实证中包含的控制变量为性别、年龄、年龄的平方、教育、培训、是否党员、健康状况、是否村干部、人口负担系数、家庭规模、人均耕地、省份和年份。限于篇幅，正文中没有给出相应结果，如有需要请向作者索取。

表 2　农户家庭财富与创业

	创业（否 = 0，是 = 1）			
	模型 1	模型 2	模型 3	模型 4
资产	0.02*** (0.01)	0.08*** (0.02)	0.11*** (0.03)	0.06*** (0.01)
资产 ^{2}		−0.01*** (0.00)	−0.01* (0.00)	
资产 ^{3}			0.00 (0.00)	
资产 *D				−0.06** (0.03)
N	3627	3627	3627	3627
loglikehood	−363.28	−357.27	−357.12	−357.61

注：括号内为标准误，*、** 和 *** 分别代表在 10%、5%和 1%的水平上显著。下同。

出了财富与创业概率之间的非线性关系。从模型 1 的结果看，家庭财富的系数为正且在 1%水平上显著（$\beta = 0.02$，$p < 0.01$），说明财富水平越高的农户选择创业的可能性越大。在线性方程中，农户个人财富每增加 1 万元，其创业概率会提高 0.05 个百分点（均值 = 3.50），由 0.83%上升到 0.88%。① 对样本均值来说，提高 1 万元是一个相当可观的数字，相当于财富水平提高了 28.57%，但创业概率仅上升了 6.02%，说明在这个阶段财富水平与农户创业概率之间的关系相对平缓，支持了 Hurst 和 Lusardi（2004）的结论。

表 2 中的模型 2 与模型 3 分别给出了包含财富平方项到三次方项的回归结果，与 Hurst 和 Lusardi（2004）的结果不同，模型显示当包含财富平方项时有更好的拟合效果，一次项系数显著为正（$\beta = 0.08$），二次项系数为负（$\beta = -0.01$），且均在 1%水平上显著。模型 2 的结果表明，个人财富对其创业概率并非单调，而是存在一个拐点，证明了本文和 Buera（2009）的理论预测。经过计算可知，该二次函数在 W = 26.84（万元）达到最大值，这相当于 98.70 分位数，预计的创业概率为 5.59%。当将财富的更高次项纳入方程时模型的预测效果并未得到提高，其系数方向不确定且不显著。

$$\frac{\partial P}{\partial A} = \frac{\partial G(f(A))}{\partial A} = g(f(A))\frac{f(A)}{\partial A} = 0 \tag{9}$$

其中，$G(x)$ 为正态分布的累积分布函数，$g(x)$ 为正态分布的概率密度函数。

模型 2 预测财富与创业概率在尾部呈负相关关系，但在整个区间内二者的关系可能并不是准确的二次函数，也可能在线性趋势下表现为斜率、截距等不同。为此，本文根据已有的计算结果，在 W = 26 处将财富分为两部分，生成财富虚拟变量并重新进行检验。

$$P(y = 1 | x) = G(\alpha + X\beta + \delta_1 A + \delta_2 A \times D + \varepsilon) \tag{10}$$

其中，D 为虚拟变量，当 W < 26 时为 0，否则为 1；δ_1 为财富对创业的关系系数，δ_2 表示斜率的变化，如果其显著不为 0，则说明财富与创业之间的关系在此发生变化。表 2 的模型 4 给出了最终结果。资产 *D 的系数显著小于 0（$\beta = -0.06$，$p < 0.05$），拒绝了财富

① 文中进行预测时设定为：性别 = 男性，年龄 = 47 岁，教育年限 = 6.8 年，受过培训、身体状况良好、非党员、干部，家庭规模 = 4 人，人均耕地 = 1.4 亩，年份 = 2005，省份 = 山西。

与创业之间关系在此未发生改变的假设。

为了能够更加直观地了解财富与创业的关系，我们分别使用模型 1 和模型 2 的结果来预测不同财富水平的创业概率（见图 1）。从图 1 可以看出，在线性模型中财富与创业概率之间的关系在大部分区间内都比较平坦。当个人财富从 0 元开始增加至 3.5 万元时（68.60 分位数），个人的创业概率仅从 0.67%上升至 0.83%，而后开始快速增长；当财富从 3.5 万元增加至 10 万元时（94.4 分位数），创业概率增加了 0.38 个百分点，达到 1.21%；而在财富的后 5%，财富对创业概率的影响更加显著，当财富由 10 万元增长到样本最大值 57.18 万元时，创业概率也达到最大值，为 11.13%，是原来的 9.21 倍。可见，财富与创业之间的关系主要是由高财富部分所主导，而在大部分区间内，财富的上升能够增加农户创业的概率，但效果有限。

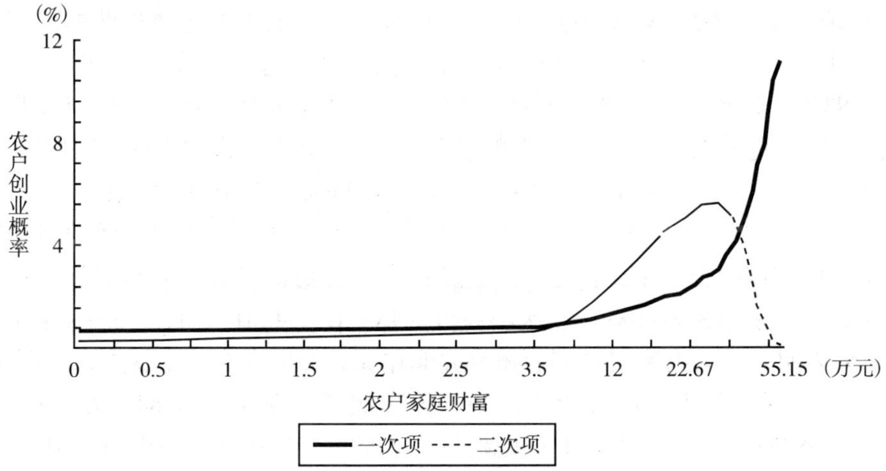

图 1　农户家庭财富与创业概率

图 1 也给出了非线性模型（模型 2）的预测结果，与线性趋势相比，二者在大部分区间的走势相同，当个人财富从 0 元增加至 5 万元时（85.94 分位数），创业概率从 0.30%上升至 0.92%，在此区间非线性模型预测的概率要低于线性模型的预测值；当个人财富从 5 万元增加至 26.84 万元时（98.7 分位数），创业概率达到最大，为 5.59%，增加了 5.08 倍，而后开始下降；当到达最大值 57.18 万元时，创业概率仅为 0.11%。与线性关系相似，在大部分区间内个人财富对创业概率的影响幅度较小，而在中间的财富区间二者关系逐渐加强，在后 1%的尾部区间，二者呈显著负相关，财富水平越高，创业概率越低。

（二）“人情收入”与农户创业

需要注意的是，上述分析仅仅关注了财富对农户下一期创业的影响。然而现实生活中（动态模型）时间是连续的，农户或个人的就业选择依赖其上期状态，创业的真实定义为：一个人在当期（即 t 期）的就业选择为工人，用 W_t 表示；而下一期（即 t+1 期）的就业选择为创业，用 E_{t+1} 表示。因此，在研究中应将上期就业选择为创业的个人去除，这将导致样本选择性偏差（即个人财富越多，创业天赋越小）。样本中财富水平较高的农户已在前期进行了选择，当前依然选择不创业的原因更可能是其本身创业能力较低。这往往低估了财富水平对创业的影响，扭曲了流动性约束对农户创业的真正影响。出现这种现象的根本原因在于财富与创业能力的相关关系，即内生性问题。所以，如何消除模型中的内生性问题就成为研究财富与创业关系的难点。针对这一问题，Holtz-Eakin 等（1994）、Blanchflower 和 Oswald（1998）、Hurst 和 Lusardi（2004）及程郁和罗丹（2009）都进行了有益的探索，并得到了有价值的结论。

在本文中，我们使用亲友赠送收入作为农户资产的工具变量。从本文选择的样本看，2003~2005 年山西、河南的户均人情收入为 345 元和 382 元，浙江为 1768 元，按每次有 10 户来往看，山西、河南和浙江的人情收入分别占其总财富的 11.94%、16.47%和 18.06%，人情收入的影响可见一斑，其描述性统计见表 3。从人情收入发生的原因看，农户间的人情礼往更多的是基于血缘等亲情关系的对等往来，而与其个人能力并无直接联系（陈云等，2005；尚会鹏，1996）。初步分析可以认为人情收入与农户家庭财富相关，而与创业能力不相关，满足工具变量的条件，因此可以作为农户财富数量的工具变量。本文以农户间人情礼往的收入及其平方项分别作为家庭财富及其平方项的工具变量，使用 2SLS（两阶段最小二乘法）对财富与创业的关系重新进行估计，结果见表 4。

表 3 工具变量的描述性统计

单位：万元

	样本数	均值	方差	最小值	最大值
山西	1503	0.03	0.15	0	2.10
河南	1623	0.04	0.15	0	3.50
浙江	501	0.18	0.59	0	5.61

表 4 农户家庭财富与创业（工具变量估计）

	模型 1（线性）	模型 2（非线性）	
二阶段	是否创业（否 = 0，是 = 1）	是否创业（否 = 0，是 = 1）	
财富	0.02** (0.01)	−0.01 (0.03)	
财富平方		0.01 (0.00)	
一阶段	财富	财富	财富平方
人情	0.79*** (0.28)	0.71** (0.36)	−6.48 (20.70)
人情平方		0.06 (0.14)	9.20 (5.13) **
N	3627	3627	3627
内生性检验			
Durbin-Wu-Hausman	3.98**	4.87***	
第一阶段弱工具变量检验			
Cragg-Donald Wald F 统计值	10.84	4.75	

续表

	模型 1（线性）	模型 2（非线性）
Stock-Yogo 偏误关键值	8.96（15%）	4.58（15%）
第一阶段识别不足检验		
Anderson canon LM 统计量	10.86***	9.03***

注：在第二阶段使用的是 OLS 回归，这不影响本文的结论。

严格来说，一个合格的工具变量应该满足两个条件：①与内生变量相关；②与残差项不相关。若模型中不存在内生性问题，则使用 OLS 估计最为有效，而使用 IV 方法则会带来更多偏误。虽然上述逻辑推理从理论上阐明了人情收入可以作为农户家庭财富的工具变量，但我们仍需进一步检验该工具变量的质量（尹志超和甘犁，2010）。

我们首先需要检验模型中是否存在内生性问题。表 4 中模型 1（线性模型）的内生性检验显示，Durbin-Wu-Hausman 统计值为 3.98，且在 5%水平上显著，财富为外生变量的原假设在 95%的置信区间内被拒绝；表 4 中模型 2（非线性模型）的内生性检验显示，Durbin-Wu-Hausman 统计值为 4.87，且在 1%水平上显著，说明原模型存在内生性，需要使用工具变量进行估计。

表 4 模型 1 的一阶段结果显示，人情收入与家庭财富存在显著正相关关系（$\beta = 0.79$，$p < 0.01$），农户当年接受亲友赠送收入每增加 1 万元，会使农户当年的家庭财富增加 0.79 万元，这说明农户将亲友赠送收入的 79%进行了储蓄；表 4 中模型 2 的一阶段结果显示，人情收入与财富显著正相关（$\beta = 0.71$，$p < 0.05$），人情收入的平方项也与财富的平方项显著正相关（$\beta = 9.20$，$p < 0.05$），满足工具变量的第一个条件。对工具变量的进一步检验显示，线性模型中用人情收入作为财富的工具变量，弱工具变量检验 Cragg-Donald 统计值为 10.84，大于 15%偏误下的临界值 8.96，即拒绝弱工具变量的假设，Anderson Canon 统计值为 10.86，且在 1%水平上显著，说明工具变量能够很好地识别原变量。非线性模型中用人情收入及其平方项作为财富及其平方项的工具变量，弱工具变量检验 Cragg-Donald 统计值为 4.75，大于 15%偏误下的临界值 4.58，拒绝了弱工具变量假设，Anderson Canon 统计值为 9.03，且在 1%水平上显著，说明所选工具变量能够很好地识别原变量，工具变量的个数并未超出原变量的个数，原方程不存在过度识别。由表 4 的检验结果可知，我们选定的工具变量满足工具变量的条件且不存在弱工具变量问题，而且对财富的检验表明存在内生性问题。因此，我们选用“人情收入”作为财富的工具变量来重新估计流动性约束对农户创业的影响是必要且适当的。

在线性模型的第二阶段，当消除了模型可能存在的内生性问题后，个人财富对其创业的影响依然显著为正（$\beta = 0.02$，$p < 0.01$），说明流动性约束的确是制约农户创业的一个重要因素，这与已有研究结论相同。而非线性模型的二阶段还显示，在使用工具变量重新估计后，财富二次项系数为 0.01，但并不显著，这与表 2 中的结果不同。事实上，正如前文所述，表 2 中二次方项显著为负是因为农户职业选择存在路径依赖，实际的数据存在样本选择性偏差。当期就业选择为工人（即不创业）而又拥有较多财富者可能具有较低的创业

能力，样本选择性偏差的存在使在财富分布的尾部区间财富与创业能力呈负相关关系，正如动态模型所描述的。而当财富与能力相互独立，即财富与创业能力的这种负相关关系消失时，动态模型转化为静态模型，财富对创业的影响在全区间内显著为正，财富的高次项（这里特指二次项）的影响不再显著。表 4 模型 1 中财富对创业的影响系数显著为正，模型 2 中二次项系数不显著，恰好支持了本文的预测。

五、结论

流动性约束对创业的负面影响在以往的实证中已被广泛证明。但事实上，在实证中使用的样本是选择性样本，以往对财富与创业关系的判断是有偏的。创业选择是个人创业能力和家庭财富共同作用的结果，当个人财富较多时只需要较低的创业能力即可创业，此时如果观察到其仍为工人，则可推断其创业能力较低。当创业能力低至某一临界值时，财富对创业的约束不再成立，无论财富如何增加，其不再创业，创业概率为 0，由此可以推断在财富分布的尾部，由于个人的自选择行为，财富越多，其创业的概率越低，这与在静态模型时观察到的结果截然不同。

基于此，本文在动态框架下构造了农户家庭财富与创业之间的动态关系，并使用中国农村固定跟踪观察点的数据进行了实证分析。研究发现：无论是线性模型还是非线性（含二次项）模型，财富对创业的影响在大部分区间（85 分位数）都比较平坦，财富的增加对提升创业概率的影响较为有限；随着财富的进一步增加，在线性模型中创业的概率急剧上升，并在财富最多时达到最大，这与 Hurst 和 Luarsdi（2004）的结论相似；而在非线性模型中当财富处于尾部 1.30%区间时，随着财富增加，农户创业概率反而下降，这验证了本文和 Buera（2009）的理论预期。当使用线性可变斜率模型时，结论依然稳健。考虑到财富与个人能力之间存在内生关系，从而导致系数估计有偏，本文还使用人情收入作为财富的工具变量，结果同样支持了本文的研究结论。

在现实生活中，流动性约束不仅取决于个人自身拥有的财富，而且同金融市场的发达程度相关。因此，研究金融市场的结构、发达程度及风险状况是创业研究的一个重要方向。同时，当期的财富会影响下期的就业选择，甚至影响下期或者后代的收入，所以在动态模型中流动性约束对收入分布的影响机理和结果还需要进一步探讨。

参考文献

[1] 陈云，顾海英，史清华. 礼金成重负——农村人情礼往行为的经济学分析 [J]. 消费经济，2005（6）：60-63.

[2] 程郁，罗丹. 信贷约束下农户的创业选择——基于中国农户调查的实证分析 [J]. 中国农村经济，2009（11）：25-38.

[3] 解垩. 中国非农自雇活动的转换进入分析 [J]. 经济研究，2012 (2)：54-66.

[4] 李实，魏众，丁赛. 中国居民财产分布不均等及其原因的经验分析 [J]. 经济研究，2005 (6)：4-15.

[5] 马光荣，杨恩艳. 社会网络、非正规金融与创业 [J]. 经济研究，2011 (3)：83-94.

[6] 尚会鹏. 豫东地区婚礼中的随礼现象分析 [J]. 社会学研究，1996 (6)：104-110.

[7] 史清华，徐翠萍. 农户家庭成员职业选择及影响因素分析——来自长三角 15 村的调查 [J]. 管理世界，2007 (7)：75-83.

[8] 尹志超，甘犁. 香烟、美酒和收入 [J]. 经济研究，2010 (10)：90-100.

[9] 张海洋，郝朝艳，平新乔，梁爽. 社会资本与农户创业中的金融约束——基于农村金融调查数据的研究 [R]. 经济研究工作论文，WP261，2012.

[10] 朱喜，史清华，盖庆恩. 要素配置扭曲与农业全要素生产率 [J]. 经济研究，2011 (5)：86-98.

[11] Blanchflower D. G.，Oswald A. J. What Makes an Entrepreneur? [J]. Journal of Labor Economics，1998，16 (1)：26-60.

[12] Buera F. J. A Dynamic Model of Entrepreneurship with Borrowing Constrains：Theory and Evidence [J]. Annals of Finance，2009，5 (3-4)：443-464.

[13] Buera F. J.，Kaboski J. P.，Shin Y.Finance and Development：A Tale of Two Sectors [J]. The American Economic Review，2011，101 (5)：1964-2002.

[14] Cagetti M.，De Nardi M.Entrepreneurship，Frictions，and Wealth [J]. Journal of Political Economy，2006，114 (5)：835-870.

[15] Evans D. S.，Jovanovic B. An Estimated Model of Entrepreneurial Choice under Liquidity Constraints [J]. Journal of Political Economy，1989，97 (4)：808-827.

[16] Holtz-Eakin D.，Joulfaian D.，Rosen H. S.Sticking it Out：Entrepreneurial Survival and Liquidity Constraints [J]. Journal of Political Economy，1994，102 (1)：53-75.

[17] Hurst E.，Lusardi A. Liquidity Constraints，Household Wealth and Entrepreneurship [J]. Journal of Political Economy，2004，112 (2)：319-347.

[18] Paulson A. L.，Townsend R. Entrepreneurship and Financial Constraints in Thailand [J]. Journal of Corporate Finance，2004，10 (2)：229-262.

[19] Paulson A. L.，Townsend R. M.，Karaivanov A.Distinguishing Limited Liability from Moral Hazard in a Model of Entrepreneurship [J]. Journal of Political Economy，2006，114 (1)：100-144.

[20] Turvey C. G.，Kong R. Informal Lending amongst Friends and Relatives：Can Microcredit Compete in Rural China? [J]. China Economic Review，2010，21 (4)：544-556.

[21] Yang D. T. Education and Allocative Efficiency：Household Income Growth during Rural Reforms in China [J]. Journal of Development Economics，2004，74 (1)：137-162.

The Heterogeneous Effect of Wealth on Entrepreneurship: An Empirical Analysis Based on Farmers in Three Provinces

Ge Qing'en, Zhu Xi, Shi Qinghua

(Antai College of Economics and Management, Shanghai Jiao Tong University, Shanghai 200052, China)

Abstract: This paper analyzes the relationship between wealth and entrepreneurship from a dynamic perspective, and makes an empirical analysis based on the survey of some certain farmers in China.It shows that the effect of wealth on entrepreneurship is not a simple monotonic relationship. When assets fall in 0~98.70 percent, namely 0 <assets <268.4 thousand yuan, farmers with more assets are more inclined to start an undertaking, which is consistent with the prediction of the static model. But when assets fall in larger than 98.70 percent, namely assets are equal to or larger than 268.4 thousand yuan, owing to the sample self-selection, wealth is negatively correlated with entrepreneurship, namely more assets lead to low probability of entrepreneurship, supporting the theoretical prediction of the dynamic model. This paper also takes human income as the instrumental variable of assets to solve the endogeneity problem which may exist in the model and provides the results which confirm the theoretical prediction.

Key Words: Entrepreneurship; Dynamic Model; Liquidity Constraint; Sample Selection

创业导向有助于提升企业绩效吗*
——基于创业导向型企业高管胜任特征的中介效应

贾建锋[1]，赵希男[1]，于秀凤[1]，王国锋[2]
（1. 东北大学工商管理学院，沈阳 110004；
2. 电子科技大学经济与管理学院，成都 611931）

【摘 要】创业导向与企业绩效关系的讨论一直是创业研究领域的热门话题，本文以创业导向型企业的高管胜任特征作为中介变量，通过规范的实证研究过程，揭示其对创业导向与企业绩效关系的影响路径与作用机制。研究发现，创业导向整体的确可以提升企业的绩效水平，而这种对企业绩效的正向促进作用主要通过创新性和先行性两个维度得以体现；创业导向型企业的高管胜任特征对企业绩效产生正向的影响，这一发现从结果变量的角度验证了本文构建的高管胜任特征量表的有效性；创业导向型企业的高管胜任特征在创业导向整体与企业绩效的关系中起到部分中介作用，在创新性与企业绩效的关系中起到完全中介作用，在先行性与企业绩效的关系中起到部分中介作用。基于以上发现，本文进行了分析讨论并给出了对管理实践的启示，试图为解释中国企业的创业战略决策提供理论依据与实证支持。

【关键词】创业导向；高管胜任特征；中介效应；企业绩效

一、引言

20 世纪 90 年代末以来，以创新、变革为主要特征的企业创业（Corporate

---

* 本文受国家自然科学基金项目（70902064）、教育部人文社会科学项目（09YJC630030）资助。

作者简介：贾建锋，东北大学工商管理学院副教授、博士，研究方向为组织行为与人力资源管理；赵希男，东北大学工商管理学院教授、博士生导师、博士，研究方向为组织行为与组织理论；于秀凤，东北大学工商管理学院硕士研究生，研究方向为组织行为与人力资源管理；王国锋，北京大学光华管理学院博士后、电子科技大学经济与管理学院副教授，研究方向为团队管理、跨文化管理。

Entrepreneurship）行为不断涌现，成为企业应对动态环境变化的有力推手。国际战略管理学术界关于“创业导向”概念的热烈讨论和研究正是对这一趋势的反应。在不确定性日益增强的环境中，企业只有实施与动态变化环境相适应的创业导向战略，通过创新应对变化，克服路径依赖性，才会拥有可持续性的竞争优势。

理解和控制绩效是战略管理领域区别于其他组织科学的主要方式。在战略管理研究中，企业绩效是绝对的因变量，如果我们研究的问题没有明确指出它与企业绩效的关系，那么它就不具研究意义或者根本不重要。因此，一个有效的战略理论必须告诉管理者它对这个因变量的影响。正是基于这样的理由，创业导向与企业绩效关系的讨论一直是创业研究领域的热门话题。早期研究探讨两者的直接关系，论证创业导向是否会带来企业绩效的提升，多项研究已经证实创业导向会促进企业绩效的正向提升。但也有与此不同的结论，例如，Morris 和 Sexton 的研究表明，创业导向与销售增长率正相关，而与利润增长率无显著相关；Sapienza 和 Grimm 发现，创业导向与企业绩效无关联；Slater 和 Narver 发现，创业导向和企业利润无关；Lee 等发现，创业导向与新建企业的绩效只有微弱正相关。之所以会产生不同的结果，学者们通过分析认为是因为不同环境、组织等情境下创业导向对绩效的影响是不同的，亦即早期的研究未将一些权变因素纳入创业导向与企业绩效关系的研究中来。Lumpkin 和 Dess 提出，创业导向与企业绩效之间的关系会受环境因素及组织因素两类调节变量的影响，高绩效是创业导向和这些调节变量匹配的结果。这种观点对后续研究产生了深刻的影响，在组织变量方面，学者们分别研究了战略选择、战略决策过程、财务资源、人力资源（特别是员工的受教育程度）、组织结构（柔性或机械）、企业年龄等变量对创业导向与绩效关系的调节效应；在环境变量方面，学者们分别研究了环境敌对性、环境动态性、行业生命周期等变量对创业导向与绩效关系的调节效应。随着研究的进一步深入，人们关注的焦点开始转移到通过何种手段和方式使企业从创业导向中受益，这一变化在研究上的直接表现是中介变量的引入，学者们试图挖掘“黑箱”内部的作用机理，了解从创业导向到企业绩效的中间转换路径。在这方面，学者们分别研究了市场导向、网络战略、双元能力、组织学习等变量对创业导向与绩效关系的中介效应。从以上研究脉络可以梳理出这样的结论，创业导向与绩效关系的研究经历了从最简单、最原始的双变量直接关系模型到复杂模型的演变，在演变过程中经历从调节变量到中介变量的引入。正如 Davidsson 在其创业研究方法论的著作中所阐述的：创业研究是令人沮丧的，原因之一是创业现象太过丰富和复杂；但同时创业研究也是有趣、令人着迷和至关重要的。这位大师一再呼吁和强调，研究者必须注重对过程的深入研究，不要认为只要把产出联系起来的就叫作创业研究。因此，从创业导向到企业绩效过程的探索将是一个重要的方向，也就是要深入探讨创业导向通过何种中间转化路径作用于企业绩效的机理。

Covin 和 Slevin 研究发现，外部环境变量（技术、环境动态性、环境敌对性、产业生命周期）、内部战略变量（战略使命、事业战略、竞争策略）与内部组织变量（高层管理者、组织资源和能力、组织文化、组织结构与组织学习）是对公司创业活动与绩效间关系的影响变量，特别强调了创业导向背景下高层管理者（以下简称高管）对企业绩效的影响作用。根据组织行为理论，企业要实现战略目标，需要相应的高管行为，而高管行为是高管胜任特征作用的结果。以创新、变革为主要特征的企业创业行为使得企业高管经常会碰到一些预料不到的新情况，此时就需要企业做出新的反应，并且这些新的反应往往不在企业现有惯例集之内，因此与创业导向需要相匹配的高管胜任特征（即创业导向型企业的高管胜任特征）就成为创业导向作用于企业绩效的重要路径与机制，而现有的研究尚未从这样的视角进行探讨。基于此，本研究将以创业导向型企业的高管胜任特征作为中介变量，揭示其对创业导向与企业绩效关系的影响路径与机制。

二、理论和假设

（一）创业导向

学者们对创业导向这一概念比较深入和系统的探讨起源于20世纪70年代。其中在此领域做出巨大贡献的学者包括Mi1ler、Covin、Lumpkin、Dess等。Miller的研究中指出，采取创业导向战略的企业应该具有创新性、风险承担性和先行性三个基本特征。同时，Covin和Slevin也对这种观点给予了肯定和支持。Guth和Ginsberg在研究中指出，创业导向的定义中应该包含新市场的进入、公司策略的更新等类似的个体或组织的一些行为特点。Lumpkin和Dess指出，创业导向是无形的，并且被分散到组织成员当中，是融合在企业组织的日常经营当中的。Zahra、Jennings和Kuratko认为，创业导向能够为企业提供长期持续的竞争优势，并将它界定在组织文化的范畴内。

关于创业导向的测量维度，一直是学术界关注和争论的焦点。Mi1ler的研究中指出，创业导向应该包含创新性、先行性和风险承担性三个内容要素。但是，Covin和Slevin、Naman和Slevin以及Covinetal等学者都认为需要将刻画创业导向的所有内容要素综合在一起，作为一个单一维度进行考虑。后来，Kreiser等通过实证研究的方式对Miller提出的创业导向三因素结构进行了检验，数据分析的结果表明，这三个维度之间的相关性很小，将它们分开来讨论，能够更好更精确地诠释创业导向这一概念。Lumpkin和Dess在对以往的研究进行总结的基础上，认为不同企业中的创业导向行为是有差别的，各个维度对创业活动的贡献率也是不同的，如果将各个维度加总在一起考虑，就会降低对企业中不同类型创业导向活动的区分程度，最终他们增加了竞争积极性和自主性两个维度，并且通过理论分析和实证研究，证明了这几个维度是相互独立的，并不是整体联动变化的。Lumpkin和Dess的“五维度论”得到了广泛的支持，对后续的研究有很大帮助，本文将借鉴该种测量方式。

（二）假设推演

1. 创业导向对企业绩效的作用

Lumpkin 和 Dess 认为，鉴于创业导向的资源耗散特点，有必要考察创业导向不同维度对绩效的贡献度，深入研究创业导向子维度与绩效的关系，有助于我们更加深入和细致地认识两者之间的关系。按照这样的思路，本研究将分别考察 Lumpkin 和 Dess 提出的创业导向的五个维度对企业绩效的影响。

创新性是指企业从事和支持那些可能产生新产品、新服务或新技术的创意、实验和创造活动的倾向，Dess 和 Lumpkin 认为，企业具体的创新方式可以分成产品市场创新、技术创新和管理创新等。Schumpeter 在其研究中指出，较高的创新能力是企业经济增长的发动机，可以为经济的发展提供原动力。具体来说，如果一个企业的创新意识和创新能力均比较强，那么相对于其他企业而言，就会有更大的概率开发出新产品或新技术，从而抢先获得发展机会和竞争优势以获得超额利润。因此，本文认为创新性会对企业绩效产生正向的促进作用。

风险承担性这一维度反映的是企业大胆行动从而有效地抓住发展机会的意愿。根据风险性质的不同，可将其分为财务风险、业务风险以及个人风险三类。从这个定义中并不能看出风险承担性与企业绩效直接的相关关系，因为大胆与冒险的决策会同时增加盈利项目与亏损项目的数目，但是在企业具体的生产经营活动中，虽然较高的风险承担性会使企业绩效的方差变大，但多数学者仍然认为这种大胆尝试、勇于冒险的做法往往会带来较高的平均绩效，即说明从长远来看，较高的风险承担特性会给企业带来较高的绩效水平。

先行性反映的是一个企业的前瞻性视角和探寻发展机会的行动。具备先行性特征的企业往往可以通过以下两种方式获取竞争优势：一是企业首先生产出某种新产品或服务打入市场，由于没有竞争对手与其争夺市场份额，故企业能在一定时间内获取良好的绩效表现；二是已经在某个市场领域内建立起品牌认知的企业，由于已经在客户群体中树立了良好的企业形象和顾客忠诚度，即使有竞争者进入市场，通常它也可以保持自己作为先行者的大部分市场份额。由此可见，先行性能够带来较高的绩效水平。

竞争积极性是指企业为了进入某个市场或者提高市场地位而直接猛烈地向对手发起进攻和挑战的努力程度。根据企业在市场中的不同地位，竞争积极性对企业的作用可以分为两种情形：一是对于优势企业来说，可以通过猛烈的进攻去威胁竞争对手的生存，从而提高自身在市场中的份额和绩效水平；二是对于弱势企业而言，通过提高自身的竞争积极性，可能有利于保住自己已有的市场地位，甚至争取行业的领导地位。基于以上分析，本文认为竞争积极性会对企业绩效产生正向影响。

自主性指具有独立新奇思想的个人或者团队能够提出新的想法和愿景，并把它执行到底，发展成为新的市场需求，即个人或团队寻求和探索新机会的能力和意愿，虽然这是从个人或团队角度出发的，但却是企业创新性的源泉和前提。企业如果给予个人和团队充分的自主权，给予其施展才能和实施想法的机会和平台，企业就有更大的机会实现创新和进步，进而带来绩效的提升。同时，若企业具有较高的自主性，也会增强员工的主人翁意识，提高工作的热情、积极性和责任感，从而最终提高企业的绩效。

创业导向整体对企业绩效的影响也就是其各维度组合在一起所表现出来的对企业绩效的综合影响，基于上述理论分析，同时借鉴以往学者的研究结论，本文认为，在当今复杂多变的环境下，创业导向及其各维度都会对企业绩效产生正向的影响。基于以上理论分析，本文提出如下研究假设：

Hl：创业导向整体对企业绩效有正向的促进作用。

H1a：创新性维度对企业绩效有正向的促进作用。

H1b：风险承担性维度对企业绩效有正向促进作用。

H1c：先行性维度对企业绩效有正向促进作用。

H1d：竞争积极性维度对企业绩效有正向促进作用。

H1e：自主性维度对企业绩效有正向促进作用。

2. 创业导向型企业的高管胜任特征对企业绩效的作用

在复杂多变的环境中，创业导向型企业高管凭借自身的胜任特征对市场发生的变化迅速做出反应，并制定出相应的战略目标、方针和政策，从而使企业在激烈的竞争中立于不败之地。由此可见，高管胜任特征是创业导向型企业获得良好绩效不可或缺的前提和基础。同时，胜任特征与企业绩效之间的关系，也一直是学者们研究关注的焦点。当前对于胜任特征的研究往往采用过程或者行为的方式，它通常被界定为个人成功履行其职责的所有能力的总和。早在 1987 年，McClelland 在对成功企业的研究中，就已经证明了胜任特征对于企业绩效的作用。而在 Baum 的模型中，也说明了胜任特征与企业成长是联系在一起的。综上所述，胜任特征对于企业绩效有着积极作用。基于以上理论分析，本文提出如下研究假设：

H2：创业导向型企业的高管胜任特征对企业绩效有正向的促进作用

3. 创业导向型企业的高管胜任特征对创业导向与企业绩效关系的中介作用

从以上分析可知，创业导向能有效促进企业绩效，同时 Tzokas 和 Kyriazopoulos 的研究中，也定性说明了创业导向、胜任特征和企业绩效之间有着密切的关系。Miles 和 Arnold 认为，企业的战略导向（比如创业导向）是影响组织胜任特征的主要构思，即企业的创业导向只有通过个人或组织所具备的胜任特征才能落地，从而对企业绩效发生作用。国内学者曹松和严进研究发现，企业的战略思想、使命、目标等核心价值观要通过高管所具备的胜任特征层层传递给员工，进而保证企业战略目标的顺利实现。综上所述，创业导向作为企业的一种战略导向被确定之后，需要通过创业导向型企业中胜任的高管将其转化为企业的经营行为，进而才能促成企业经营业绩的提升，即创业导向会通过创业导向型企业的高管胜任特征影响到企业绩效。基于以上理论分析，本文提出如下研究假设：

H3：创业导向型企业的高管胜任特征在创业导向与企业绩效关系中具有中介作用。

H3a：创业导向型企业的高管胜任特征在创新性与企业绩效关系中具有中介作用。

H3b：创业导向型企业的高管胜任特征在风险承担性与企业绩效关系中具有中介作用。

H3c：创业导向型企业的高管胜任特征在先行性与企业绩效关系中具有中介作用。

H3d：创业导向型企业的高管胜任特征在竞争积极性与企业绩效关系中具有中介作用。

H3e：创业导向型企业的高管胜任特征在自主性与企业绩效关系中具有中介作用。

三、研究设计

（一）研究量表

本研究所采用量表均来自国内外比较成熟的量表，所有问项均采用李克特七点打分法。

1. 创业导向量表

对于创业导向的测量，主要参考 Covin 和 Slevin、Lumpkin 和 Dess 以及陈林芬的研究，从创新性、先行性、风险承担性、竞争积极性和自主性五个方面进行测量，每个方面三个测量条目。同时考虑到创业导向战略的实施并不会是一个截面时间点就能完成的，故在引导语中，让填答者根据近三年来企业的情况作答。

2. 企业绩效量表

对于企业绩效的测量，主要参考 Covin 和 Slevin 的观点，采用成长性（Growth）和获利性（Profitability）两个维度来衡量，具体的测量则采用 Chandier 和 Hanks 的研究量表，一共包含六个条目。考虑到创业导向作为一种战略导向，对企业绩效的影响可能会有时滞性，即采取了高创业导向的企业不一定立刻会对企业绩效造成某种影响，所以本文采取的方法是测量企业近三年的绩效状况，以准确测量创业导向对企业绩效带来的影响。

3. 创业导向型企业的高管胜任特征量表

由于以往关于高管胜任特征的研究分别服务于不同的用途，因此本文的创业导向型企业高管胜任特征量表需要笔者自主开发，主要采用以下步骤：首先，采用文献研究方法对以往学者们关于高管胜任特征的研究成果进行总结和整理；其次，采用行为事件访谈法对创业导向型企业高管的关键行为进行分析，提取高管胜任特征要素；最后，通过专家小组讨论、征询企业高管意见与预测试的方法，对要素进行删除与合并。通过上述步骤，确定了包含胜任特征要素 32 个行为特征问项的初始量表。以此为基础形成调查问卷，发放到多个创业导向型企业，请企业中的高管根据自己的看法认真作答。

如何评定一个企业是不是创业导向型企业？换言之，研究者如何知晓并确认样本企业正在采取创业导向战略，对这个问题的识别是决定回收的样本是否符合研究需要的重要步骤。同时，又考虑到创业导向是一个专业性比较强的术语，对于多数填答者来说理解起来可能有一定困难。因此，我们采用了情景施测的方法，即在填答者正式填写之前，基于 Lumpkin 和 Dess 的研究成果设置了一段情景，虚拟了一个公司（艾诺公司），该公司具有创业导向型企业的一些具体特征，这些特征体现了 Lumpkin 和 Dess 提出的创业导向的五维度（即自主性、创新性、风险承担性、超前行动性、竞争侵略），如十分注重新产品和服务的开发、公司中的自主性很强等。请填答者对自己公司与上述情景的符合程度进行 1~7 的打分（1 代表十分不符合，7 代表十分符合，4 代表一般），当得分在 6 分及以上时，我们认为该企业是创业导向型企业。发放的企业类型涉及国有企业、外资企业、中外合资和民营企业，行业涵盖了制造业、金融业、高科技企业、服务业等，样本的覆盖范围比较广泛，可以得到较好的测量效果。共计发放问卷 220 份，回收 198 份，回收率为 90%，其中有效问卷 184 份。

在此基础上，将问卷随机分为两部分，选取其中的一部分数据（N=101），利用 SPSS19.0，采用主成分分析法和方差极大旋转法对数据进行因子分析，以特征值大于 1 为因子提取标准，最终提取出四个因子（其中，“控制力”这一胜任特征要素在探索性因子分析后获得的 4 个因子上的载荷都比较低，且在各个因素上区分很不明显，故将这一要素予以剔除），解释了总体 82.481%的方差。根据各个因子内胜任特征要素的共同特征，对每个因子进行命名，上述结果如表 1 所示。

表 1　探索性因子分析结果

因子命名	胜任特征要素	因子 1	因子 2	因子 3	因子 4	α 系数
业务特征维	信息寻求	0.095	0.061	0.208	0.898	0.852
	市场导向意识	0.029	0.103	0.042	0.935	
概念特征维	洞察力	0.901	0.020	0.093	0.137	0.823
	决策判断能力	0.894	0.055	0.131	0.048	
	风险评价能力	0.856	−0.066	0.122	0.027	
	授权赋能	0.802	0.070	0.142	−0.144	
	接受变革能力	0.870	0.112	0.149	0.132	
人际特征维	团队建设	0.158	−0.055	0.889	0.030	0.931
	培养他人	0.127	−0.021	0.916	0.079	
	人际沟通能力	0.129	−0.061	0.894	0.135	
	公平公正	0.159	0.015	0.882	0.067	
个人内驱特征维	成就欲望	0.042	0.885	0.034	0.071	0.836
	冒险意识	0.005	0.913	−0.088	−0.038	
	创新能力	0.015	0.936	0.031	0.063	
	勇于挑战	0.103	0.915	−0.100	0.112	
特征值		3.849	3.377	3.353	1.793	0.828
累计解释方差（%）		25.659	48.171	70.526	82.481	

在此基础上，利用 AMOS17.0 对探索性因子分析得到的维度结果进行验证性因子分析，采用卡方自由度检验（χ^2/df）、拟合优度指数（GFI）、规范拟合指数（NFI）、增值拟合指数（IFI）、比较拟合优度指数（CFI）、近似误差均方根估计（RMSEA）作为检验指标，结果如表 2 所示。

表 2　模型拟合参数统计表

检验指标	χ^2/df	GFI	NFI	IFI	CFI	RMSEA
标准	< 5	> 0.9	> 0.9	> 0.9	> 0.9	< 0.1
本模型	1.76525	0.909	0.89	0.939	0.938	0.097

由表 2 可知，本文构建的高管胜任特征量表通过了验证性因子分析的检验。

（二）样本描述

问卷发放和收集时间在 2011 年 3~5 月，充分利用笔者与课题组的社会资源，选取北京、上海、杭州、沈阳、大连、鞍山、成都、贵阳、武汉、太原、西安、广州、深圳等多个城市的创业导向型企业的中高层管理者作为调查对象（对创业导向型企业的认定仍然按照设计高管胜任特征量表时采用的方法，关于这个在前文有详细的叙述，这里不再赘述），在地域上基本覆盖了华北、东北、长三角、珠三角等区域，具有较强的代表性和覆盖性。共计发放问卷 300 份，回收 276 份，回收率为 92%，其中有效问卷为 248 份，样本基本情况如表 3 所示。

表 3　样本基本情况（N = 248）

特征	特征分布	频数（N = 248）	频率（%）
性别	男	192	77.42
	女	56	22.58
最高学历	博士	2	0.81
	硕士	147	59.27
	学士	99	39.92
	专科及以下	0	0
企业规模	10~99 人	12	4.84
	100~500 人	35	14.11
	501~1000 人	60	24.19
	1000 人以上	141	56.85
企业所在行业	制造	87	35.08
	高科技	76	30.65
	金融	43	17.34
	房产	28	11.29
	贸易	0	0
	服务	12	4.84
	其他	2	0.81
企业性质	国有	115	46.37
	外商独资	0	0
	中外合资	54	21.77
	民营	79	31.85
	其他	0	0

四、数据分析与假设验证

（一）信度和效度检验

1. 信度检验

采用 Cronbach α 系数对问卷中的三个量表进行信度分析，结果如表 4 所示。

表 4 各变量的信度分析表（N = 248）

变量	维度	项目数	Cronbach α 系数
创业导向	创新性	3	0.882
	先行性	3	0.877
	竞争积极性	3	0.894
	风险承担性	3	0.862
	自主性	3	0.803
高管胜任特征	业务特征类	2	0.909
	概念特征类	5	0.804
	人际特征类	4	0.919
	个人内驱特征类	4	0.828
企业绩效	成长性绩效	3	0.650
	获利性绩效	3	0.800

由表 4 可知，三个变量各个维度的 Cronbach α 系数基本都达到了 0.7 的标准要求，其中只有成长性绩效的 α 系数为 0.65，但也比较接近 0.7，达到了中等信度的级别。故总体来说，各变量内部均表现出良好的一致性，量表非常稳定，通过了信度检验。

2. 效度检验

（1）内容效度。

本文对创业导向与企业绩效的测量均来自于国内外比较成熟的研究量表，被国外量表引用之前，都经过了十分严格的双语翻译过程，因此可以认为具有良好的内容效度。创业导向型企业的高管胜任特征量表虽为笔者自行构建，但是在阅读大量文献基础上借鉴已有的研究成果，经过行为事件访谈和专家小组讨论等步骤，对每一个要素进行仔细推敲和反复修正，且通过了严格的探索性和验证性因子分析，因此可以认为具有良好的内容效度。

（2）收敛效度。

将收集到的 248 份样本数据输入 AMOS17.0，获得三个变量验证性因子分析的各项拟合指标情况，如表 5 所示。

由表 5 可知，虽然创业导向和创业导向型企业的高管胜任特征的 NFI 值以及高管胜

表 5 三个变量验证性因子分析的拟合指标统计（N = 248）

检验指标	χ^2/df	GFI	NFI	IFI	CFI	RMSEA
标准值	< 5	> 0.9	> 0.9	> 0.9	> 0.9	< 0.1
创业导向	3.803	0.916	0.878	0.907	0.906	0.097
高管胜任特征	3.094	0.911	0.898	0.954	0.851	0.0912
企业绩效	3.930	0.943	0.900	0.915	0.914	0.0941

任特征的 CFI 值略低于标准值，但都基本接近，综上可以认为三个变量均具有良好的收敛效度。

（3）判别效度。

采用 AVE 值进行判别效度检验，通过计算，创业导向量表中，创新性、先行性、竞争积极性、风险承担性和自主性五个维度 AVE 值的平方根分别为 0.843、0.85、0.86、0.824 和 0.765，均明显大于任何两个维度之间的相关系数；创业导向型企业的高管胜任特征量表中，业务特征、概念特征、人际特征和个人内驱特征四个维度 AVE 值的平方根分别为 0.863、0.749、0.793 和 0.782，均明显大于任何两个维度之间的相关系数；企业绩效量表中，成长性绩效和获利性绩效两个维度 AVE 值的平方根分别为 0.641 和 0.777，均大于二者的相关系数 0.49。综上所述，可以认为三个变量具有良好的判别效度（限于篇幅，这里没有列表展示，感兴趣的读者可以向作者索取详细的分析结果）。

（二）假设检验

1. 变量的相关性分析

采用 SPSS19.0 对变量进行相关分析，具体结果如表 6、表 7 所示。

表 6 创业导向及各维度与企业绩效的相关分析（N = 248）

	创新性	先行性	竞争积极	风险承担	自主性	创业导向
企业绩效	0.265	0.376	0.038	0.224	0.214	0.288
显著性	0.009	0.000	0.548	0.000	0.035	0.000

表 7 创业导向及各维度与高管胜任特征的相关分析（N = 248）

	创新性	先行性	竞争积极	风险承担	自主性	创业导向
高管胜任特征	0.197	0.389	0.201	0.270	0.257	0.423
显著性	0.002	0.000	0.001	0.000	0.000	0.000

从表 6 可以看出，只有竞争积极性这一维度与企业绩效没有表现出显著的相关性，因而不能进入回归方程。从表 7 可以看出，创业导向及其各个维度与创业导向型企业的高管胜任特征都在 0.01 水平上具有显著的相关性，它们可以进行进一步的回归分析，以更精确地判断它们的相关程度。另外，将创业导向型企业的高管胜任特征与企业绩效这两个整体变量进行相关分析，得到两者在 0.01 的水平上显著相关，且相关系数为 0.344，由此可

以推断，高管具有较高水平的胜任特征时，可能会带来较高水平的企业绩效。上述相关分析明确了各个变量之间的相关性，为了进一步明确各个变量间的影响方向和程度以及对假设进行检验，应该做进一步回归分析。

2. 创业导向及其各维度对企业绩效的回归

将创新性、先行性、风险承担性和自主性四个维度作为自变量，将企业绩效整体作为因变量，利用 SPSS19.0 软件，运用逐步回归（Stepwise）方法进行分析，结果如表 8 所示。

表 8　创业导向各维度对企业绩效的回归分析（N = 248）

模型		非标准化系数		标准系数	t	Sig.	调整 R^2	共线性统计量	
		β	标准误差					容差	VIF
1	（常量）	3.002	0.224		13.418	0.000	0.138		
	先行性	0.273	0.043	0.376	6.356	0.000		1.000	1.000
2	（常量）	2.750	0.254		10.833	0.000	0.149		
	先行性	0.263	0.043	0.361	6.106	0.000		0.886	1.129
	创新性	0.079	0.039	0.121	2.054	0.041		0.886	1.129

创业导向整体对企业绩效的回归结果如表 9 所示。

表 9　创业导向整体对企业绩效的回归分析（N = 248）

模型		非标准化系数		标准系数	t	Sig.	调整 R^2
		β	标准误差				
1	（常量）	3.154	0.265		11.887	0.000	0.104
	创业导向	0.316	0.067	0.288	4.723	0.000	

3. 创业导向型企业的高管胜任特征对企业绩效的回归

本文中，将创业导向型企业的高管胜任特征作为一个整体变量，与企业绩效同时放入回归方程中，其结果如表 10 所示。

表 10　创业导向型企业的高管胜任特征对企业绩效的回归分析（N = 248）

模型		非标准化系数		标准系数	t	Sig.	调整 R^2
		β	标准误差				
1	（常量）	1.671	0.474		3.527	0.001	0.115
	高管胜任特征	0.605	0.105	0.344	5.749	0.000	

4. 创业导向、创业导向型企业的高管胜任特征与企业绩效的回归

本文采用 Baron 和 Kenny 提出的判定变量中介作用的方法验证创业导向型企业的高管胜任特征对创业导向与企业绩效关系的中介作用。关于创业导向型企业的高管胜任特征对创新性与企业绩效关系的中介回归，结果如表 11 所示。

表 11 创业导向型企业的高管胜任特征对创新性与企业绩效中介作用的回归分析（N = 248）

序号	自变量	因变量	标准系数	t	Sig.	容差
1	创新性	企业绩效	0.121	2.054	0.041	0.986
2	创新性	高管胜任特征	0.197	3.148	0.002	1.000
3	高管胜任特征	企业绩效	0.344	5.749	0.000	1.000
4	创新性	企业绩效	0.101	1.657	0.099	0.961
	高管胜任特征		0.324	5.330	0.000	0.961

关于创业导向型企业的高管胜任特征对先行性与企业绩效关系的中介回归，结果如表 12 所示。关于创业导向型企业的高管胜任特征对创业导向整体与企业绩效关系的中介回归，结果如表 13 所示。

表 12 创业导向型企业的高管胜任特征对先行性与企业绩效中介作用的回归分析（N = 248）

序号	自变量	因变量	标准系数	t	Sig.	容差
1	先行性	企业绩效	0.361	6.106	0.000	0.986
2	先行性	高管胜任特征	0.389	6.620	0.000	1.000
3	高管胜任特征	企业绩效	0.344	5.749	0.000	1.000
4	先行性	企业绩效	0.285	4.556	0.000	0.849
	高管胜任特征		0.233	3.733	0.000	0.849

表 13 创业导向型企业的高管胜任特征对创业导向与企业绩效中介作用的回归分析（N = 248）

序号	自变量	因变量	标准系数	t	Sig.	容差
1	创业导向	企业绩效	0.288	4.723	0.000	1.000
2	创业导向	高管胜任特征	0.423	7.323	0.000	1.000
3	高管胜任特征	企业绩效	0.344	5.749	0.000	1.000
4	创业导向	企业绩效	0.174	2.664	0.008	0.821
	高管胜任特征		0.271	4.416	0.000	0.821

五、结果讨论与管理启示

（一）关于创业导向对企业绩效的作用

由表 8 可知，在创业导向的四个维度与企业绩效的回归方程中，风险承担性和自主性都没有通过 t 检验而没能进入回归方程，创新性和先行性分别在 0.05 和 0.01 水平上显著。对于创新性和先行性，模型 2 的调整 R^2 为 0.149，即能够解释企业绩效 14.9%的变异，大于模型 1 的调整 R^2，这说明模型 2 优于模型 1，能更好地解释创业导向对企业绩效的影响。同时，在模型 2 中，模型的 VIF 值为 1.129，这说明在回归方程中，创新性和先行性两个维度并不存在多重共线性。由表 9 可知，创业导向整体在 0.01 水平上对企业绩效有显著影响（回归系数为 0.288，调整 R^2 为 0.104）。综上所述，假设 H1、假设 H1a 和 H1c 都得到了验证，假设 H1b、H1d 和 H1e 均未获得支持。

在创业导向与企业绩效的关系方面，假设 H1、H1a 和 H1c 都得到了验证，这说明在目前市场竞争日益激烈和环境复杂多变条件下，企业通过采取创业导向战略，的确可以提升企业的绩效水平，而这种对企业绩效的正向促进作用主要是通过创新性和先行性两个维度直接体现出来的。然而，假设 H1b、H1d 和 H1e 却没有得到数据的支持，可能的原因是：首先，随着我国市场经济环境的逐步规范，仅靠敢于承担风险并不一定能带来组织绩效的提升，这一研究结果与张玉利和李乾文的结论一致。其次，自主性在使得员工和各个部门拥有较高自由空间和决策权力的同时，也可能会带来自由度的肆意放大和决策权力的滥用，由此导致自主性对企业绩效的正向促进作用未获得支持，这在某种程度上与我国目前企业管理成熟度水平相对较低存在一定的关联性。最后，由于在当今竞争异常激烈的市场环境当中，产品的同质化程度比较高，技术和能力比较高的企业也越来越多，因此某个企业采取猛烈的攻击方式向竞争对手发起挑战（比如大幅降价等），并不一定能够给企业带来更好的绩效，因为这会引起行业内其他企业的共同反击和抵制。

上述研究结果给管理实践的启示是：在当今市场竞争日益激烈和环境复杂多变的情况下，企业可以尝试调整战略，通过采用创业导向战略会使企业绩效表现得到一定程度的提升。在具体实践中可以考虑从如下几方面入手：首先，企业可以采取相应的措施和手段，形成较高的创新能力和行动领先能力，不断开发出新的产品、服务或管理方法，先于竞争对手占领市场，从而提高企业的绩效水平。其次，在加强员工与部门自主性的同时，要加强企业的流程与制度建设，提高管理的规范化与成熟度水平。最后，竞争积极性并没有表现出与绩效显著相关性的结果，这告诉企业，在当今竞争激烈的环境下，一味强调竞争并不一定可取，竞合是处理企业间关系更为明智的策略选择。

（二）关于创业导向型企业的高管胜任特征对企业绩效的作用

由表 10 可知，创业导向型企业的高管胜任特征对企业绩效也有正向的促进作用，在 0.01 水平上显著，回归系数为 0.344，故假设 H2 得到了验证。

上述结果说明，创业导向型企业的高管胜任特征确实对企业绩效具有正向的促进作用，在验证假设 H2 的同时，也从结果变量企业绩效的角度验证了本文构建的创业导向型企业高管胜任特征量表的有效性。企业的创业导向战略是适应竞争激烈和复杂多变的市场环境而被提出的，那么，在这样的环境中，如果企业高管能够具备较高的胜任特征水平，即能够高瞻远瞩，具有良好的决策判断能力，以及时抓住市场中的新机遇，必然能够给企业带来更好的绩效，这也与构建高管胜任特征模型的初衷不谋而合。

上述研究结果给管理实践的启示是：首先，本文构建的创业导向型企业高管胜任特征量表包含业务特征、概念特征、人际特征和个人内驱特征四个维度，共包括信息寻求能力、洞察力、人际沟通能力、勇于挑战等 15 项胜任特征要素。其次，对于创业导向型企业而言，在高管招聘和甄选工作中可以将此量表作为参考，以选拔出具备与创业导向相匹配的胜任特征的高管，这样有利于他们在今后的工作中更好地发挥个人优势和特长。最后，在对高管的培训中，亦可以此量表的胜任特征要素为方向，使企业中高管的个体胜任特征能够更好地与企业战略相匹配，以不断提升企业的绩效水平。

（三）关于创业导向型企业的高管胜任特征对创业导向与企业绩效关系的中介作用

关于创业导向型企业高管胜任特征对创新性与企业绩效关系的中介回归，按照 Baron 和 Kenny 提出的判定变量中介作用的四个步骤，由表 11 可知，首先，将企业绩效对创新性进行回归，得到在 0.05 的水平上显著，回归系数为 0.121；其次，将高管胜任特征对创新性进行回归，得到在 0.01 水平上显著，回归系数为 0.197；再次，将企业绩效对高管胜任特征进行回归分析，结果表明，在 0.001 显著水平上的回归系数为 0.344；最后，将创新性与高管胜任特征同时放入回归方程进行分析，结果显示，二者的容差为 0.961，在 0.1 与 1 的区间内，故此模型中，创新性与高管胜任特征不存在共线性。创新性的标准回归系数为 0.101，但是并没有达到显著的水平（本文对显著性水平的设置标准为 0.05），而高管胜任特征仍然在 0.01 水平上显著，标准化的回归系数为 0.324。综上分析，高管胜任特征在创新性与企业绩效的关系中起到了完全中介的作用，创新性完全通过创业导向型企业的高管胜任特征来发挥对企业绩效的影响作用，因此 H3a 得到验证。关于创业导向型企业高管胜任特征对先行性与企业绩效关系的中介回归，按照上述思路，由表 12 可知，创业导向型企业的高管胜任特征在先行性对企业绩效的影响过程中起到部分中介的作用，因此 H3c 获得部分支持。关于创业导向型企业高管胜任特征对创业导向整体与企业绩效关系的中介回归，由表 13 可知，创业导向型企业高管胜任特征在创业导向整体对企业绩效的正向影响中起到部分中介作用，创业导向整体对企业绩效产生正向的促进作用，除一部分通过高管胜任特征进行传递外，也会通过其他的变量起到中介的传递作用，因此 H3 获得部分支持。

上述研究结果给管理实践的启示是：首先，要想使得创业导向战略对企业绩效起到真正的促进作用，创业导向型企业的高管胜任特征是重要的影响路径与转化机制。其次，在创业导向型企业中，可以通过培训、项目锻炼、企业导师制等多种方式提升高管的胜任特征水平；而具体需要提升的内容可以依据本文构建的创业导向型企业高管胜任特征量表中的具体要素入手，通过胜任特征评估发现高管的胜任特征缺口，从而进行有针对性的开发，进而促进创业导向型企业绩效水平的不断提升。

参考文献

[1] 陈劲，朱朝晖，王安全 . 公司企业家精神培育的系统理论假设模型及验证 [J]. 南开管理评论，2003（5）：36-42.

[2] 张玉利，李乾文．公司创业导向与组织绩效：基于探索能力与开发能力的中介效应研究 [J]. 创业管理研究，2006，(1)：133-154.

[3] 李琰，焦豪．创业导向与组织绩效间关系实证研究：基于组织学习的中介效应 [J]. 科研管理，2008，29 (5)：35-41.

[4] 曹松，严进．胜任力模型：战略导向的人力资源管理体系新平台 [J]. 经济论坛，2004 (19)：60-61.

[5] 陈林芬．中小企业创业导向与企业绩效的关系研究 [M]. 上海：上海交通大学，2007.

[6] 张玉利，李乾文．公司创业导向、双元能力与组织绩效 [J]. 管理科学学报，2009，12 (1)：137-152.

[7] Wiklund J. The Sustainability of the Entrepreneurial Orientation -performance Relationship [J]. Entrepreneurship Theory and Practice，1999，24 (1)：39-50.

[8] Thomas H.，Pollock T. From I -O Economics'S -C -P Paradigm through Strategic Groups to Competence -based Competition：Reflections on the Puzzle of Competitive Strategy [J]. British Journal of Management，1999，10 (2)：127-140.

[9] Meyer A. D. What is Strategy's Distinctive Competence? [J]. Journal of Management，1991，17 (4)：821-833.

[10] Prime R. L.，Butler J. E. Is the Resource-based "View" a Useful Perspective for Strategic Management Research? [J]. Academy of Management Review，2001，26 (1)：22-40.

[11] Zahra S. A.，Ireland R. D.，Hitt M. A. International Expansion by New Venture Firms：International Diversity，Mode of Market Entry，Technological Learning，and Performance [J]. Academy of Management Journal，2000，43 (5)：925-950.

[12] Covin J. G.，Green K. M.，Slevin D. P. Strategic Process Effects on the Entrepreneurial Orientation-sales Growth Rate Relationship . Academy of Management Proceedings，2005 (2)：1-6.

[13] Wiklund J.，Shepherd D. Entrepreneurial Orientation and Small Business Performance：A Configurational Approach [J]. Journal of Business Venturing，2005，20 (2)：71-91.

[14] Chow H. S. The Relationship between Entrepreneurial Orientation and Firm Performance in China [J]. S. A. M. Advanced Management Journal，2006，71 (3)：11-20.

[15] Morris M. H.，Sexton D. L. The Concept of Entrepreneurial Intensity：Implications for Company Performance [J]. Journal of Business Research，1996，36 (1)：5-13.

[16] Sapienza H. J.，Grimm C. M. Founder Characteristics，Startup Process，and Strategy/Structure Variables as Predictors of Shortline Railroad Performance [J]. Entrepreneurship Theory and Practice，1997，23 (1)：5-24.

[17] Slater S. F.，Narver J. C. The Positive Effect of a Market Orientation on Business Profitability：A Balanced Replication [J]. Journal of Business Research，2000，48 (1)：69-73.

[18] Lee C.，Lee K.，Pennings J. M. Internal Capabilities，External Networks，and Performance：A Study on Technology-based Ventures [J]. Strategic Management Journal，2001，22 (6)：615-640.

[19] Lumpkin G. T.，Dess G. G. Clarifying the Entrepreneurial Orientation Construct and Linking It to Performance [J]. Academy of Management Review，1996，21 (1)：135-173.

[20] Lumpkin G. T.，Wales W.，Ensley M. D. Entrepreneurial Orientation Effects on New Venture Performance：The Moderating Role of Venture Age. Academy of Management Proceedings，2006，(6)：1-6.

[21] Zahra S. A., Garvis D. M. International Corporate Entrepreneurship and Firm Performance: The Moderating Effect of International Environmental Hostility. Journal of Business Venturing, 2000, 15 (2): 469-492.

[22] Lumpkin G. T., Dess, G. G. Linking Two Dimensions of Entrepreneurial Orientation to Firm Performance: The Moderating Role of Environment and Industry Life Cycle [J]. Journal of Business Venturing, 2001, 16 (3): 429-451.

[23] Matsuno K., Mentzer J. T., Zsomer A. The Effects of Entrepreneurial Proclivity and Market Orientation on Business Performance [J]. Journal of Marketing, 2002, 66 (3): 18-32.

[24] Blesa A., Ripolles M. The Role of Market Orientation in the Relationship between Entrepreneurial Proactiveness and Performance [J]. Journal of Entrepreneurship, 2003, 12 (2): 1-19.

[25] Stam W., Elfring T. Entrepreneurial Orientation and New Venture Performance: The Mediating Effect of Network Strategies [J]. Academy of Management Proceedings, 2006, (7): K1-K6.

[26] Davidsson P. Researching Entrepreneurship [M]. Boston: Springer, 2004.

[27] Covin J. G., Slevin D. P. A Conceptual Model of Entrepreneurship as Firm Behavior [J]. Entrepreneurship Theory and Practice, 1991, 16 (1): 7-25.

[28] Bird A., Beechler S. Links between Business Strategy and Human Resource Management [J]. Journal of International Business Studies, 1995, 26 (1): 23-46.

[29] Martell K., Gupta A., Carroll S. J. Human Resource Management Practices, Business Strategies, and Firm Performance: A Test of Strategy Implementation Theory [J]. Irish Business and Administration Research, 1996, 17 (1): 18-35.

[30] Miller D. The Correlates of Entrepreneurship in Three Types of Firms [J]. Management Science, 1983, 29 (7): 770-791.

[31] Covin J. G., Slevin D. P. The Influence of Organization Structure on the Utility of An Entrepreneurial Top Management Style [J]. Journal of Management studies, 1988, 25 (45): 217-234.

[32] Covin J. G., Slevin D. P. Strategic Management of Small Firms in Hostile and Benign Environments [J]. Strategic Management Journal, 1989, 10 (1): 75-87.

[33] Guth W. D., Ginsberg A. Guest Editor's Introduction: Corporate Entrepreneurship [J]. Strategic Management Journal [Special issue], 1990, (11): 5-15.

[34] Zahra S. A., Jennings D. F., Kuratko D. F. The Antecedents and Consequences of Firm-level Entrepreneurship: The State of the Field [J]. Entrepreneurship Theory and Practice, 1999, 24 (2): 102-111.

[35] Kreiser P. M., Marino L. D., Weaver K. M. Assessing the Psychometric Properties of the Entrepreneurial Orientation Scale: A Multi-country Analysis [J]. Entrepreneurship Theory and Practice, 2002, 26 (4): 71-93.

[36] Dess G. G., LumPkin G. T. The Role of Entrepreneurial Orientation in Stimulating Effective Corporate Entrepreneurship [J]. Academy of Management Executive, 2005, 19 (1): 147-156.

[37] Sehumpeter J. A. The Theory of Economy Development. Cambridge [M]. MA: Hanraid University Press, 1934.

[38] McClelland D. C. Characteristics of Successful Entrepreneurs [J]. Journal of Creative Behavior, 1987, 21 (1): 18-21.

[39] Baum J. R. The Relationship of Traits, Competencies, Motivation, Strategy and Structure to Venture

Growth [D]. University of Maryland, 1994.

[40] Nikolaos T., Sara C., Panagiotis K. Marketing and Entrepreneurial Orientation in Small Firms [J]. Enterprise and Innovation Management Studies, 2001, 2 (1): 19-33.

[41] Miles M. P., Arnold D. R. The Relationship between Marketing Orientation and Entrepreneurial Orientation [J]. Entrepreneurship Theory and Practice, 1991, 15 (2): 49-65.

[42] Chandler G. N., Hanks S. H. Measuring the Performance of Emerging Businesses: A Validation Study [J]. Journal of Business Venturing, 1993, 8 (5): 391-408.

[43] Baron R. M., Kenny D. A. The Moderator-mediator Variable Distinction in Social Psychological Research: Conceptual, Strategic, and Statistical Considerations [J]. Journal of Personality and Social Psychology, 1986, 51 (6): 1173-1182.

Will Entrepreneurial Orientation Help to Improve Corporate Performance: A Study Based on the Mediating Effect of Competency of Top Managers in Entrepreneurial-oriented Companies

Jia Jianfeng[1]; Zhao Xi'nan[1]; Yu Xiufeng[1]; Wang Guofeng[2]

(1. School of Business Administration, Northeastern University, Shenyang 110004, China;
2. School of Management and Economics, University of Electronic Science and Technology of China Chengdu 611931, China)

Abstract: The study of the relationship between entrepreneurial orientation and corporate performance has been a hotspot in the field of entrepreneurship researches. As known to all, enterprise entrepreneurship behavior often makes top managers meet some new circumstances which are unexpected. At this time, enterprises need to make new responses which are not included in existing traditional muster. Therefore, competency of top managers in entrepreneurial -oriented companies becomes influence path and mechanism between entrepreneurial orientation and corporate performance and existing researches have not discussed this issue from the above aspect. On the basis of organizational behavior theory, taking competency of top managers as a mediating variable, influence path and mechanism are revealed between entrepreneurial orientation and corporate performance by the process of normative empirical study. The results are as follows: Firstly, competency of top managers in entrepreneurial-oriented companies is made up of 4 dimensions, which are the business features, the conceptual features, the interpersonal features and the internal driven features; and 15 competency elements are included in the above dimensions. Secondly, entrepreneurial orientation improves corporate performance indeed and the positive influence represents mainly through two dimensions, which are innovation and antecedence. Thirdly, competency of top managers has a positive influence on corporate performance, which verifies the effectiveness of competency model of top managers from the aspect of dependent variable. Finally, competency of top managers has a partial mediating influence on the relationship between entrepreneurial orientation and corporate performance, a complete mediating influence on innovation and corporate performance, and a partial mediating influence on antecedence and corporate performance. Based on the above, the related results are discussed in the aspect of theory and enlightenments of management practices are put forward, which helps to provide the theoretical basis and empirical support for explaining entrepreneurial strategy in Chinese corporate in order to improve the corporate performance constantly.

Key Words: Entrepreneurial Orientation; Competency of Top Managers; Mediating Effect; Corporate Performance

创业活动活跃程度的先决变量：创业情境的视角 *

林　嵩，刘小元
（中央财经大学商学院，北京　100081）

【摘　要】本文将特定区域内的创业活动活跃程度分为新创企业成长和社会人群创业倾向两个方面，进而将创业情境作为影响创业活动活跃程度的先决变量，研究开发了家庭情境、社会情境、商业情境、空间情境对于创业活动活跃程度的影响机制。本文搜集了来自北京的239份新创企业样本以及500份社会人群样本的数据，回归模型的分析结果验证了本文的大部分假设。结果显示当我们从新创企业成长和社会人群创业倾向两个方面考察创业活动活跃程度时，不同层面的情境变量的角色和影响存在差异。基于上述分析，本文提供了区域层面鼓励和发展创业活动的可行措施。

【关键词】创业活动；新创企业成长；创业倾向；创业情境

一、引言

近年来，伴随着世界范围内高新技术的发展以及经济全球化的浪潮，创业活动发展非常迅速，但是很多数据也显示不同区域创业活动发展势态不一。这一现象引起了大量学者的关注。他们利用定量数据研究不同经济要素对于区域创业活动数量的影响。这些要素涵盖的范围很广，包括区域内的供应商和分销商、失业人群数量以及变化速度、已有的新创企业数量、区域资金资源的可获得性、区域教育水平、区域经济状况、人口统计学特征、创业活动本身的一些属性等。这些研究提供了充分的证据以显示为何区域创业活动发展存在差异。但是其主要问题在于不同的研究结论往往存在矛盾，某些文章中存在影响的要素

* 基金项目：国家自然科学基金项目（71072023）；北京市自然科学基金项目（9113028）。
作者简介：林嵩，中央财经大学商学院教授，博士；刘小元，中央财经大学商学院讲师，博士。

在其他文章中失去了显著性，因此难以形成一个统一的框架。同时，它们主要关注区域内新增企业的数量，这只能反映创业活动发展的某一方面，因为注册企业的原因很多，并不都是由潜在的创业者完成，而且每年新注册企业数量很多，但同时失败的企业数量也很多，这并不能说明该地区适合创业。

与本文主题相关的另一个重要概念是由 Gnyawali 和 Fogel、Edelman 和 Yli-Renko 等学者先后开发的创业环境概念，他们总体上都认为创业环境是一系列经济、社会、政治等要素的组合，这些要素能够影响创业者意愿，并且支持和服务于创业过程。同时，由美国百森商学院发起的《全球创业观察报告》是创业环境方面的重要研究，他们在全球范围内展开调查，拥有大量的实证成果。《全球创业观察中国报告》在国内也有重要的影响力，它对中国各个省份创业活动的活跃程度进行了调查，并且将 29 个省（市、区）分成高活跃创业地区、活跃创业地区、一般活跃地区、沉寂地区四类。高建和石书德又进一步利用《全球创业观察中国报告》的数据以及其他区域统计指标对中国地区创业差异的影响因素进行了实证研究，发现人力资本、私人财富和失业是地区创业差异的重要影响因素，市场需求增长则是通过人口收入的变化对创业产生影响。可以看到，全球创业观察以及其他创业环境方面的研究仍然关注的是区域宏观层面的总体特征，缺乏对创业活动产生和发展过程的微观层面的分析。因此，在结论形成方面仍有一定提升空间。

与上述研究不同，本文开发了创业情境（Context）概念，力争从微观到宏观层面开发对于创业活动存在影响的系列情境概念，并且应用实际数据予以证实。情境概念最初可以追溯到 Polanyi、Parsons、Granovetter 等的经典著作，20 世纪 90 年代以来，情境成为组织研究的重要概念之一，并且用于解释企业战略、人力资源管理等问题。在创业领域，创业情境研究最初可以见于 Spilling、Aldrich 和 Martinez 的研究，而后在 Welter 的研究中予以系统论述。Welter 指出情境是在独立现象的外部，产生促进或制约作用的形势、条件、境况或者周围状况，并提出了创业情境与创业活动的总体研究架构。尽管如此，由于创业情境研究总体上起步较晚，目前还处于理论探索阶段，也没有可以用于实证研究的研究命题，这为本文提供了研究机会。

二、理论框架与研究假设

（一）创业活动的活跃程度：新创企业和潜在创业者的视角

本文首先需要解决这一问题：如何认识创业活动的活跃程度。本文与已有研究的最大区别在于本文所关注的是微观层面的创业活动产生和发展的特征。基于这一出发点，本文将创业活动活跃程度分为两个方面：新创企业的成长状况以及普通社会人群的创业倾向。

新创企业成长：新创企业成长已经成为创业研究中的重要焦点。这是因为快速成长对于创业活动来说意义重大。新创企业的竞争对手往往是成熟企业，后者已经获得一定的生存和发展能力。新创企业需要加大发展速度，提升对于市场、战略、组织、合作者的控制度，才能够提升自身的经营合法性，从而赢得竞争。企业的成长性不足，就会加大企业失败的可能。已有的大量研究显示了不同的因素对于新创企业成长的影响，这些因素包括创业者自身对于成长的积极渴望、创业者所拥有的资源、企业的战略方案、企业的组织架构、企业所处的行业特征等。然而，有关地理与区域方面的因素与新创企业成长的关系还没有充分的研究。地理区域与创业活动面向的市场需求有关，也会影响创业者对于经营环境的认知，从而对他们所要实施的战略产生影响。Gilbert 等指出创业活动的地理位置可以影响企业吸引合作者的能力，进而影响企业的成长。在这一方面，由于已有的实证研究还非常少，本文有助于提供相关的实证证据。

社会人群的创业倾向：倾向是一种精神方面的状态，这一状态能够指引个体针对某一特定目标产生持续关注并形成后续的行为。创业倾向是创业者愿意成为创业者实施创业行为的内在意愿。创业决策通常是自愿的，决定创业的决策通常需要经过一定时间的筹划，虽然倾向并不一定会转化为真实的创业行动，但创业倾向总体上可以用于预期个体选择创业的概率。创业倾向是创业过程的第一步，是执行创业行为必要的前提条件。创业倾向可能受到很多因素的影响，如个体的价值观、信仰、习惯经历等因素，这些因素一般属于个体的认知层面的因素，已经成为已有研究的重要构成。同时，外部的条件也将影响创业者对于创业行动的总体看法，进而积极影响创业倾向。在这一方面，已有的实证研究同样并不多，本文将力图形成相关的研究结论以丰富已有的创业倾向研究。

当从特定区域的背景考察创业活动的发展特征时，上述两个层面的概念都将嵌入在区域的创业情境中，在创业情境的作用下显示出特定的发展效果。

（二）创业活动活跃程度的先决变量：创业情境的开发

组织研究认为作为组织的外部条件，情境通常可以为组织中的行为和态度提供机会或限制，进而影响组织之间的差异，并且会导致组织内部发生变化。在创业情境研究中，Welter 同样提出了类似的论断：情境为个人提供创业机会的同时也设定了他们行为的边界，因此情境对于理解创业行为何时、如何和为何发生以及谁将参与其中有着重要的意义。因此，为了系统研究区域层面的系列要素对于创业活动活跃程度的影响，本文开发了创业情境这一总体概念，并且将其作为创业活动活跃程度的先决变量。所谓情境不同于环境研究的一个最主要方面就是情境概念细分了不同层面的子情境（而不是环境概念中同处一个层面的不同维度）。在本文所开发的创业情境中，按照距离创业者或社会人群的距离远近细分了四类子情境：

1. 家庭情境（Family Context）

在本文所开发的创业情境中，家庭情境作为距离创业活动最近，同时也是最微观的情境，在影响创业活动活跃程度方面发挥着最为直接的作用。家庭情境是指已经创业或者尚未创业的人员所处的家庭环境。在已有的创业研究中，家庭情境与创业活动的研究还非常少。在为数不多的研究中，Aldrich 和 Cliff 较为系统地总结了创业者的家庭系统对于创业活动的影响，他们所开发的家庭系统包括家庭的变化、资源、规范、态度和价值观，这些要素在不断施加对创业活动的影响的同时，也受到了创业活动的反作用力。当探讨家庭情境对于创业活跃程度的影响时，我们主要探讨家庭价值观念的角色，并且重点考察创业者的家庭和睦（Family Harmony）和家庭利益（Familial Interest）两个方面，这两个方面在 Au 和 Kwan 的研究中被定义为家庭主义（Chinese Familism Value）的价值观的两个构成。根据 Au 和 Kwan 的观点，这两个方面都属于在中国情境中家庭成员所共同分享的价值观念。

家庭和睦是指创业者或潜在的创业者与家庭成员之间的联系。在中国的社会背景中，家庭作为社会的核心构成，家庭成员之间的良好关系是一项非常悠久的文化传统。这种良好的关系一是保证了家庭成员之间较为亲密，从而拓展个体的信息和资源来源，这对于潜在的创业者以及已经创业的人员都是有益的支持；二是使得家庭成员之间形成一定的信任，如果家庭成员参与到新创企业的管理活动中，就降低了企业管理的沟通协调成本，考虑到在中国的管理情境中，家庭和企业活动往往是不可分离的，这一点往往非常重要。

家庭利益是指个体与家庭之间是否存在利益方面的冲突。当家庭的利益与创业者的经营目标高度一致时，家庭成员会更加支持创业者的经营行动，家庭成员和创业者之间也不会有严重的矛盾，在已有的家族企业研究中，这是一个影响企业绩效的重要因素。利益的统一，也有助于家庭成员之间形成一定的凝聚力。对于潜在的创业者来说，家庭利益与创业行为的目标相一致时，家庭成员会更加愿意为创业行动投入必要的资源，如创业的启动资金，甚至亲自加入创业团队，为创业活动贡献力量，这就提升了创业行动发生的可能。

总而言之，在家庭情境中，良好的家庭价值观念有助于创业者或预备创业的个体实现资源和信息的获取，并且有助于吸纳家庭成员参与到新创企业的活动中。因此，家庭情境对于创业活动的活跃程度的影响总体上是正面的。这里没有考察家庭成员对于创业活动的参与程度这种定量指标，是因为我们的创业活动活跃程度分为创业者和社会人群两个方面，对于后者来说，因为创业活动还没有发生，所以不能够对家庭成员的参与度进行分析。根据上述分析，我们得到：

假设 1：家庭情境对于创业活动活跃程度的影响是正面的。

2. 社会情境（Social Context）

社会情境是指创业者所处的社会网络特征。社会情境在以中国为研究背景的组织研究中非常重要。已有的大量研究探讨了联系在中国的商业活动中的重要作用。社会网络是单一的联系或关系的聚合体。当创业行动发生之后，社会网络能够为创业者提供各种各样的资本、技能、劳动力，正常情况下这些资源需要很多时间来积累或者获取。因此社会情境能够避免在初创期由于缺乏必要的资质或市场信誉，创业者难以获得企业经营活动急需的资源。在社会人群决定是否创业时，如果社会网络中的其他成员大力支持他的决策，并且能够为创业行动提供资源的话，也会积极促进个体的创业行动。

本文主要考察两个方面的社会情境特征。一是创业者或社会人群所拥有的社会网络关系的数量，这些网络关系可能是正式的社会组织，也可能是一些非正式的组织机构所提供的联系。已有的研究通常认为网络关系越多，为网络参与者所提供的信息或资源越多，因为他们能够接触到更多的正式或非正式的合作对象，因而对于经营环境的变化或是市场中的商机能够更快地做出反应。当然，也有一些学者认为如果个体所拥有的网络关系同质化太厉害，则无助于资源的获取，这实际上意味着这一网络存在着大量结构洞，同时，太多的网络关系也将带来关系维系成本的上升，这将降低网络关系的价值。

二是社会网络带来的与创业活动相关的联系资本。在创业过程中，这些联系资本包括个体能够从社会网络中获取的有关商业创意、创业方案等方面的信息，以及针对已经成立的企业，在运营管理方面所能够获得的关于供应商、分销渠道、关键员工、客户等方面的资源。因此联系资本能够通过提供多元化的支持提升创业活动的实施可能，也有助于已经成立的企业积极开展企业经营行为，提升企业业绩。联系资本是社会情境的重要构成。因为在某些情况下，即使创业者拥有大量网络关系，但是网络关系所能提供的资源很少，此时网络关系与创业行为的关系仍是微弱的。只有当网络关系能够积极提供大量有利于创业行为的资源时，社会情境和创业活动才能真正建立起密切的正向联系。

根据上述分析，我们得到：

假设 2：社会情境对于创业活动活跃程度的影响是正面的。

3. 商业情境（Business Context）

商业情境是企业经营的市场环境，特别集中于创业者将要开发的行业领域。在机会识别和机会开发时，市场环境的特征将对创业者及创业活动产生重要影响。市场环境的特征是多元化的，既有市场的总体容量，也就是市场需求的规模大小，也有市场的发展预期，也就是未来市场的发展趋势，特别是在竞争强度方面的趋势。可以看出，相对于家庭情境以及社会情境，商业情境的影响距离要远一些，因为无论是否创业，创业者每天都要接触他的家人和朋友，而商业情境是创业者必须真正开始考虑实施创业行动之后才会接触到的，而且其运行特征并不是物质化的，难以直接观测，必须通过一定的市场检测技术才能予以分析（家庭成员和社会网络成员是真实的人，而且家庭情境和社会情境所提供的资源也是物质化的）。

本文主要关注在商业情境中的两个重要要素：一是市场经营中的竞争不确定性。市场环境的不确定性是创业者在识别创业机会时必须做出评判的。如果创业者发现将要进入的市场环境中的竞争对手实力强大，这说明这项创业机会的运作风险太高，此时创业者应当审慎地做出创业决策。当企业已经创立之后，由于要直接面对市场上其他企业的竞争行动，市场竞争层面的特征对于创业者的影响更为明显。创业者需要积极理解市场上的竞争“游戏”如何进行。具体而言，创业者需要关注如何开拓市场、获取客户、与其他企业竞争、技术变化和政策变化的应对措施等内容，以及它们之间的彼此关联。当外部竞争势态越为有利，新创企业的成长也会越快。

二是指企业的运作方面的不确定性。这主要是指企业在组织原材料、获得雇员、推广市场方面的不确定性。运作不确定性较高意味着创业者需要运用更多的资源用于克服企业在运作环节所不能完全掌控的环节。这将提升企业的经营成本，并且降低企业在经营方面的效率。运作方面的不确定性也将导致企业在与市场上已有的成熟企业发生竞争时占据不利地位，因为后者往往已经在市场上经营多年，已经充分克服了在运作和经营方面的可能存在的不确定性。因此运作不确定性对于新创企业的成长有负面的影响。对于潜在的创业者来说，如果他们意识到将要进入的市场在运作层面也有很强的不确定性和风险，也会降低他们的创业意愿，因为他们需要付出更多才能创业成功。

根据上述分析，我们得到：

假设 3：商业情境对于创业活动活跃程度的影响是正面的。

4. 空间情境（Spatial Context）

空间情境是特定区域的总体特征。在已有的大量以创业环境或其他相关概念为重点的研究中，这一情境是它们的关注焦点。空间情境通常并不直接作用于创业活动本身，但是能够通过改造创业活动的支持条件和经营环境以鼓励或限制创业活动，因此反映了区域在有利于创业活动的物质条件方面的总体充裕程度特征。而且，需要注意的是，空间情境所作用的是区域内部所有行业，并不限于某一具体行业，这与商业情境形成了区别。根据 Suzuki 等的研究，在特定区域的支持性基础设施方面，存在三个最重要的维度。

首先是围绕企业运营流程的专业化支持性服务。对于创业活动来说，在成长的最初阶段，缺乏大量的专业型人才，创业者本人也通常缺乏一定的经营经验。企业所涉及的大量经营事务需要大量人员予以实施，创业者如果仅仅靠个人或创业团队的力量难以应付这些事务，而且其中某些事务是企业发展的关键环节，如果创业者不能有针对性地实施管理措施，不仅可能失去有利的发展时机，而且可能对企业的关键性竞争优势造成破坏，因此区域层面的有利情境对于新创企业的成长非常有利。同时，空间情境对于潜在的创业者也有一定的推进作用。区域层面大量的专业服务使得创业者的创业行动便利性大为上升，另外，针对创业活动的大量专业服务的存在也有助于促进区域形成有利于创业活动的总体氛围，这就提升了创业行动的可能。

其次是支持创业活动的资金资源。资金是制约创业行动发生和发展的重要因素，也是已有创业研究的关注焦点。潜在创业者决定创业时，需要一定规模的注册资本和启动资金。缺乏资金有时会成为创业者实施创业行动的障碍。对于已经成立的企业，资金资源更为重要。因为成熟企业已经拥有多年的经营经验，企业所拥有的运营资金也会比较充裕，与这些企业竞争需要必要的财务资源作为支持，新创企业才能开展市场营销、技术创新等管理活动，企业的成长绩效也会更佳。如果区域层面为创业行动提供了大量低成本的资金，创业活动的活跃程度将大大上升。

最后是区域内部来自于某些机构的支持。在 Suzuki 等的研究中，这主要指一些公共机构对于创业活动的支持，主要包括两个类型：一是学校所提供的创业培训，二是某些提供商业支持的公共机构的服务。在特定区域内部，它们同样为创业活动提供了一些急需的信息、知识或服务，从而对社会人群的创业倾向以及已经创办的企业的发展都有正面的影响。

根据上述分析，我们得到：

假设 4：空间情境对于创业活动活跃程度的影响是正面的。

可以看到，本文所细分的这几类创业情境在影响创业活动的距离方面存在差异。家庭情境距离创业者或预备创业的个体是最近的，即使个体最终不实施创业活动，家庭情境的影响仍然存在。其次是社会情境，这一情境所囊括的社会网络关系超越了单一的家庭成员，包含了更大范围内的更多个体与组织，它为个体所提供的资源和信息也更为多元化。商业情境则涉及具体的商业活动，对于已经实施创业活动的个体来说，往往是指他们所进入的行业的特征。空间情境则是涵盖范围最大的情境，它作用于区域内部所有的行业与个体。因此，当单独考虑已经成立的新创企业时，因为要应对更大范围内的多样化的市场竞争，家庭成员以及创业者所处的社会网络所能够提供的信息和资源相对不足，因为这些人群的规模毕竟是有限的。同时，空间情境——区域层面所提供的多样性支持和服务，以及商业情境——新创企业自身所处的行业特征，对于创业活动的影响则更为显著。与之相反，当单独考虑普通社会人群时，由于商业情境和空间情境的存在大多数情况下必须经由创业者亲身体会才能感知到（空间情境中的某些内容可能对于普通社会人群也有影响，如某些创业项目培训，但是总体而言，它们是作用于实体企业的），虽然在创业前，社会人群可能通过理性的分析和判断对于商业情境和空间情境有所了解，但是这些认知仍不能完全捕捉二者的最准确特征。因此我们认为对于普通社会人群来说，商业情境和空间情境的影响将会低于家庭情境和社会情境。因此可以得到：

假设 5：商业情境和空间情境对于新创企业成长的影响高于家庭情境和社会情境。

假设 6：商业情境和空间情境对于社会人群创业倾向的影响低于家庭情境和社会情境。

综上所述，本研究所开发的创业情境与创业活动活跃程度的结构性联系如图 1 所示。

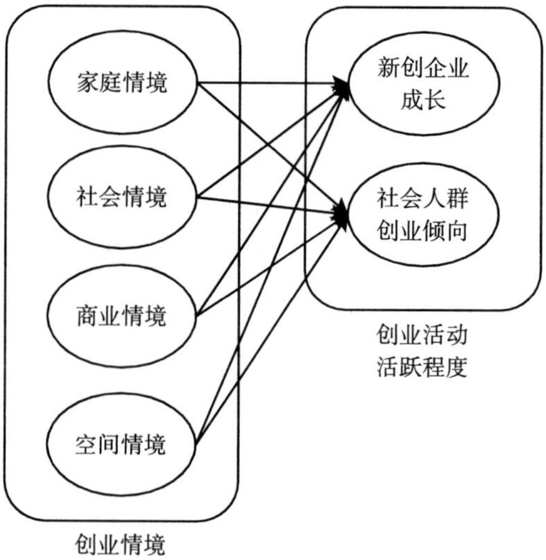

图 1　本文的理论框架

三、数据分析

（一）样本与调研

本研究将北京作为创业情境调查的主要场所。北京是中国创业活动最为活跃的地区之一。北京拥有国内最早的科技园——中关村科技园，经过 20 多年的发展建设，已经聚集高新技术企业近 2 万家，每年发生的创业投资案例和投资金额均占全国的 1/3①。作为国内创业活动集聚区域之一，北京已经拥有较为先进的基础设施，如交通、水电、酒店等设施，这为企业的组织行为以及创业行为提供了良好的区域条件。在《全球创业观察中国报告》中，也将北京作为国内创业活动最为活跃的区域之一，这为本文所探索的创业情境与创业活动活跃程度的研究提供了总体上的有利背景。

2011 年 9 月到 12 月，我们在北京进行了大样本的调查。我们在一家从事专业市场调研的公司协助下组建了一支专业调查队伍。根据本文的研究目的，我们的调查对象主要分为两类，一类是成立时间在 8 年以内的新创企业，这一标准来自于已有的大量创业领域的实证文献，我们要求调查人员面向 2003~2010 年之间在北京创业的创业者发放调查问卷，这样，最大的企业年龄只有 8 年，同时，最小的企业也已经创业 1 年以上，它们已经实现了一定的经营绩效。在调查中，调查员将选择北京市的某些办公楼，在其中随机抽取某些企业进行上门入户调查。调查员将面向创业者本人进行调查，其主要调查方式是面对面的访谈，因为创业情境的大部分问题是主观评价问题，这些问题只有由创业者本人填写才能够得到最为准确的答案，当面交流的方式也可以避免因为不理解某些题项所造成的错误回答，调查人员可以对某些创业者不愿意回答的问题进行旁敲侧击。另一类是北京市的普通人群，我们要求调查人员随机抽取一定数量的北京市普通家庭上门调查，一户人家仅调查一个成年人。调查方式同样是面对面的访谈。2011 年 12 月底，最终完成创业者调研 239 次，普通人群 500 次。

表 1 样本分布

		企业样本	社会人群样本
性别（%）	男性	54.8	50
	女性	45.2	50
平均年龄（岁）		41.7	40.0
平均工作经验（年）		7.9	15.2

① 数据来自于中关村科技园网页 http：//www.zgc.gov.cn/sfqgk/56261.htm。

续表

		企业样本	社会人群样本
学历背景	高中、中专以下	5.4	5.6
	高中、中专	19.3	20.0
	大学本科	38.9	38.2
	硕士	33.9	35.2
	博士	2.5	1.0
创业企业的年龄（年）		4.6	
行业分布（最大的几类）	制造业	13.4	
	零售和批发业	13.8	
	社会服务业	13.0	
	交通运输、仓储业	9.6	
	信息与文化产业	9.6	
	其他	40.6①	
婚姻状况（%）	已婚		71.2
	未婚		21.8
年收入	无收入		1.6
	0~2 万		4.6
	2~5 万		26.4
	5~10 万		46.8
	10~15 万		13.4
	15 万以上		7.2

表 1 显示了样本的分布特征。其中，在企业样本部分，创业者的性别比例中男性比例略高于女性；他们的平均年龄为 41.7 岁；他们在所创业的领域平均拥有 7.9 年的工作经验；他们的学历背景中，大学本科学历最多，达到了 38.9%，硕士比例也很高，达到 33.9%，博士比例最低，仅为 2.5%；受调查的企业的平均年龄为 4.6 年，符合我们对于新创企业的界定；在行业分布方面，我们遵照中国官方的行业划分标准将受调查企业进行分类，可以看出，各个行业的比例总体上较均衡，没有特别占优的产业，其中制造业和销售业的比例最高，但也不到 14%，因此不会造成分析结果的偏差。在社会人群部分，其样本分布总体上和创业者分布比较接近，他们的性别分布正好对等；平均年龄为 40 岁，略低于创业者群体；他们平均拥有 15.2 年的工作经验；他们的学历背景中，大学本科学历最多，达到了 38.2%，博士比例最低，仅为 1.0%；71.2%的人群已婚；他们的年收入集中在 5 万~10 万元这一层次。

① 其他行业中包含农林牧渔业（6.3%）、采掘业（4.0%）、电力煤气及水的生产和供应业（4.6%）、建筑业（6.3%）、邮电通信业（8.8%）、金融保险业（5.9%）、房地产业（4.2%）、其他（4.2%）。这些行业所占比例较小，并没有出现某些行业过大的情况，篇幅起见，没有一一列入表中。

（二）测量

因变量：本课题的因变量由两类指标构成。在针对新创企业的调研中，因变量为新创企业成长。在已有的创业研究中，新创企业成长是最为常用的创业绩效测量指标。我们不仅使用已有研究中应用非常广泛的销售额成长率、固定资产增长率、雇员增长率，而且还采用了净利润增长率和总资产增长率两个指标。为了测量企业的成长状况，我们使用 5 分制的李克特量表，其中 1 代表非常慢，5 代表非常快，创业者将针对过去三年不同成长指标的情况，在 1 和 5 之间选择一个最合适企业情况的数字。以上述五个指标为评价对象的主观成长量表的 Cronbach's α 系数为 0.883。这说明这一量表的信度非常好。我们将各个题项的填答结果取平均值作为新创企业成长的观测值。

在社会人群的创业倾向部分，我们使用 Liñán 和 Chen 的实证研究所使用的李克特量表，这一量表包含六个题项，分别是：我已经做好准备成为一个创业者、我的职业目标是成为一个创业者、我将要做出所有努力来开创和运营我自己的企业、我已经决定未来创建一个企业、我已经认真地考虑过创业的事情、我拥有坚定的目标准备某天创业。在 Liñán 和 Chen 的研究中，Cronbach's α 系数为 0.943。本研究的 Cronbach's α 系数则为 0.965，说明创业倾向量表的信度良好。我们将各个题项的填答结果取平均值作为创业倾向的观测值。

自变量：

家庭情境：我们使用了 Au 和 Kwan 的实证研究中家庭和谐和家庭利益的李克特量表，每个量表各含有四个题项，其中家庭和谐的题项为：和家人保持良好的关系非常重要、"家和万事兴"这一原则必须坚持、和家人吵架是不能接受的、履行自己的家庭责任是很重要的。家庭利益的题项包括：家庭（家族）的长远利益和我密切相关；如果做出有违家庭（家族）利益的事情，我会被家庭（家族）排斥；我可以分享到家庭（家族）的财富；我有责任维护家庭（家族）的长远利益。在 Au 和 Kwan 的研究中，这两个概念的 Cronbach's α 系数均为 0.57。本研究的 Cronbach's α 系数则为 0.668 和 0.493，这说明家庭和谐量表的信度尚可，而家庭利益量表的信度则不佳，考虑到本文的研究目的，我们依然在研究中保留这两个概念。我们将每个概念下的四个题项的填答结果作为该概念的观测值，进而将两个观测值取平均值作为家庭情境的观测值。

社会情境：在社会网络部分，我们使用 De Carolis 等的研究中关于社会网络的测量方法，我们给予一系列与创业或企业经营相关的正式或非正式网络，询问创业者是否属于这些网络：工商联合会、行业协会、私营企业主协会、个体劳动者协会、MBA 或 EMBA 等培训项目校友会、非正式的联谊组织（社区、网络、沙龙等）、宗教、信仰团体、妇联、其他正式注册的社会团体（学会、专业协会、联合会、联谊会等）。在中国的创业情境中，上述组织与创业活动存在一定联系，很多组织机构隶属于政府部门，政府有专项资金提供给这些组织，它们有可能将这些资金用于为创业活动提供必要的启动资金，另外，这些组织会定期组织活动，这为创业者获得信息、拓展资源提供了平台。我们将每个样本的填答结果作为社会网络变量的观测值。

在联系资本方面，我们同样采用 De Carolis 等的处理方式，询问上述网络组织是否能够帮助创业者或社会个体提升创业活动的效率。其中，两个题项是以 5 分的李克特量表出现的：这些组织能帮助成员实施创业行动、这些组织为准备创业的成员提供探讨新商业创意的平台。第三个题项要询问这些组织是否能够提供信息、供应商、雇员、销售渠道、客户这几个方面的资源。其中就前两个主观打分的题项的 Cronbach's α 系数为 0.761，显示其较好的信度。我们进一步将三个题项的均值作为联系资本变量的观测值。因为社会网络和联系资本的观测方式不同，我们无法将它们简单平均得到一个整体的社会情境变量的观测值，因此在后续的研究中，我们同时保留社会网络和联系资本两个变量。

商业情境：我们使用 Matthew 和 Human、Liao 和 Gartner 中关于环境不确定性的量表，我们询问创业者及社会人群他们对于商业领域的经营不确定性的态度。其中竞争不确定性包含如下几个题项：获得客户、有效应对其他企业的竞争、遵循本地政策法规的要求、紧跟技术发展前沿。运作不确定性包含如下几个题项：获得原材料、获得雇员、获得销售商。在 Matthew 和 Human 的研究中这两类不确定性的 Cronbach's α 系数分别为 0.77 和 0.53，Liao 和 Gartner 的研究中这两类不确定性的 Cronbach's α 系数分别为 0.705 和 0.682。本研究所测算的 Cronbach's α 系数则为 0.722 和 0.695，显示其较好的信度。我们分别用简单平均的方法算出竞争不确定性和运作不确定性的观测值，然后将它们的平均值作为商业情境变量的观测值。

空间情境：我们使用 Suzuki 等的研究中关于区域的支撑性基础设施的问卷。我们将询问创业者或社会人群在其生活或工作的区域，某些服务对于创业者来说是否容易获得。其中，专业服务包括：会计/税收服务、法律服务、管理咨询服务、人才猎头服务、抵押担保服务、企业孵化服务、房产租赁服务。财务服务包括：天使投资、银行贷款、政府贷款、政府主导的风险资本。公共机构服务包括：学校提供的创业培训、公共机构的商业服务。本研究所测算的 Cronbach's α 系数分别为 0.791、0.823 和 0.653，显示其较好的信度。我们分别用简单平均的方法算出专业服务、财务服务、公共机构服务的观测值，然后将它们平均作为空间情境变量的观测值。

控制变量：在全样本作为分析对象的回归模型中，我们选用了企业样本和社会人群样本所共有的一些变量，这些变量包括：创业者或社会人群的性别（1 为男性，0 为女性）、年龄、工作经验，以及一个用于指示样本属性的虚拟变量（1 为企业样本，0 为社会人群样本）。在以新创企业样本为分析对象的回归模型中，我们添加了企业的成立年限以及企业的创业领域（1 为制造业，0 为服务业）。在以社会人群样本为分析对象的回归模型中，我们添加了属于个体信息的控制变量：个体婚姻状况（1 为已婚，0 为未婚或离异），个体的收入状况。

（三）分析结果

篇幅所限，我们仅仅列出在全样本模型中所涉及的变量的描述性统计以及相关系数，如表 2 所示。可以看出，各个变量的描述性统计分布大致合理，企业样本、个体样本以及全样本的各个变量的均值和方差大抵相当。需要注意的是，在社会情境的两个变量上，企业样本的均值要显著低于社会人群的均值。这可能是因为创业活动占据了大部分时间和精力，因此创业者不能够像社会普通人群那样投入更多时间用于网络经营与开发。

表 2　变量的描述性统计量以及相关系数

	增长	家庭情境	社会网络	联系资本	市场情境	空间情境	性别	年龄	工作经验	教育程度	虚拟变量
均值（全样本）	3.350	4.435	0.809	2.157	3.607	3.194	0.516	40.589	13.035	3.069	0.323
方差（全样本）	1.166	0.436	0.953	2.384	0.675	0.596	0.500	10.549	9.844	0.907	0.468
均值（企业样本）	2.858	4.499	0.598	1.365	3.777	3.297	0.548	41.695	7.933	3.088	
方差（企业样本）	0.966	0.342	0.868	1.752	0.614	0.623	0.499	9.804	7.299	0.919	
均值（个体样本）	3.586	4.404	0.910	2.512	3.525	3.145	0.500	40.060	15.624	3.060	
方差（个体样本）	1.181	0.472	0.976	2.541	0.688	0.576	0.501	10.857	9.962	0.902	
增长	1										
家庭情境	0.041	1									
社会网络	0.345**	–0.073*	1								
联系资本	0.472**	–0.111**	0.787**	1							
市场情境	0.105**	0.192**	0.022	0.075*	1						
空间情境	0.088*	0.068	0.128**	0.176**	0.558**	1					
性别	0.060	–0.081*	0.008	0.036	0.078*	0.041	1				
年龄	–0.193**	0.074*	–0.112**	–0.136**	–0.060	0.043	0.041	1			
工作经验	0.008	0.034	–0.017	0.012	–0.048	0.063	0.006	0.678**	1		
教育程度	0.108**	0.005	0.142**	0.185**	0.165**	0.304**	0.049	–0.115**	–0.105**	1	
虚拟变量	–0.292**	0.102**	–0.153**	–0.223**	0.175**	0.120**	–0.045	0.073*	–0.369**	0.014	1

注：** 表示 $p < 0.01$，* 表示 $p < 0.05$。

同时，各个自变量和因变量之间的相关系数大小比较合适，其中最大的相关系数是社会情境下的社会网络和联系资本两个变量，达到了 0.787，并且在 0.01 下显著，这一状况可能与我们的调查样本中大部分人未加入任何社会网络有关（此时，大多数人在社会网络变量方面取值为 0，同时，因为联系资本是针对那些存在社会网络的个体而言的，在同样的样本上该变量也为 0）。虽然这一相关系数较大，但是也有学者认为通常相关关系高于 0.8 甚至 0.9 时才说明变量之间存在严重的多重共线性。考虑到本模型中社会网络和联系资本作为两个重要的变量，不能够在回归模型中缺失，因此我们保留这些变量。

需要注意到模型所涉及的自变量和因变量之间的相关系数大部分达到了一定的显著性

水平以上，这在一定程度上反映了各个变量之间存在一定联系，从而部分支持了本研究的部分假设。

基于本文的研究目的和研究假设，我们主要采用三个回归模型，分别以全样本、企业样本和社会人群样本作为分析对象。其中，以全样本为分析对象的模型中，主要的控制变量是企业样本和社会人群样本都共有的变量以及区分企业样本和社会人群样本的虚拟变量。以企业样本为分析对象的模型中控制变量包含企业特定属性的变量——企业成立时间、经营领域。以社会人群为分析对象的模型中控制变量包含社会人群的特定属性——婚姻状况、收入状况。各个模型的回归结果为标准化回归系数（见表3）。

表3 回归结果

	模型1（全样本）	模型2（企业样本）	模型3（社会人群样本）
因变量	创业活动活跃程度	新创企业成长	个体创业倾向
自变量			
家庭情境	0.083**	–0.058	0.134***
社会网络	–0.053	–0.365***	0.039
联系资本	0.439***	0.388***	0.437***
市场情境	0.072*	0.084	0.090*
空间情境	0.012	0.260***	–0.115**
控制变量			
性别	0.054*	0.037	0.066
年龄	–0.158***	–0.205**	–0.098
工作经验	0.036	0.179**	–0.050
创业年龄		0.020	
创业领域		–0.067	
婚姻状况			–0.113**
年收入水平			0.168***
虚拟变量	–0.217***		
F	30.164***	6.849***	20.060***
Adjust R^2	0.295	0.208	0.309

注：*** 表示 $p<0.01$，** 表示 $p<0.05$，* 表示 $p<0.1$。

研究结果显示在以全样本作为分析对象的模型中，家庭情境对于创业活动活跃程度的回归系数较为显著（$b=0.083$，$p<0.05$，模型1），而且这一显著性更多是因为在普通社会人群样本中，家庭情境对于其创业倾向的显著影响所引起的（$b=0.134$，$p<0.01$，模型3），但是家庭情境对于新创企业成长性的影响却并没有达到必要的显著性。因此，我们从总体上接受假设1。

社会情境的两个变量对于创业活动活跃程度的影响并没有全部得到支持，其中社会网络的偏相关系数仅仅在以新创企业成长为因变量的模型2中是显著的，但是其是负值（$b=-0.365$，$p<0.01$），与我们的事先设想并不一致。相反，联系资本的偏相关系数在各

个模型中都达到了较高的显著性（b = 0.439，p < 0.01，模型 1；b = 0.388，p<0.01，模型 2；b=0.437，p<0.01，模型 3）。因此，我们部分接受假设 2，但是对其中不符合预期的部分回归结果需要进一步的解释。

市场情境对于创业活动活跃程度的影响达到了一定的显著性（b = 0.072，p < 0.1，模型 1），但在以新创企业成长作为因变量的模型 2 中这一系数并不是显著的，在以创业倾向为因变量的模型中它同样也仅仅达到可接受的显著性标准（b = 0.090，p < 0.1，模型 3）。因此，我们总体上接受假设 3，但是对其中不符合预期的部分回归结果需要进一步的解释。

空间情境对于创业活动活跃程度的影响未达到必要的显著性，这可能是由于在以新创企业成长作为因变量的模型 2 以及以创业倾向为因变量的模型 3 中，其回归结果是截然相反的，这使得当全样本模型把它们整合在一起的时候，偏相关系数难以达到显著。因此，我们总体上不接受假设 4。

在以新创企业成长作为因变量的模型 2 中，从各个自变量的回归系数来看，家庭情境以及社会网络的回归系数没有达到必要的显著性，而空间情境的回归系数达到了一定的显著性，这部分验证了假设 5 所设定的商业情境和空间情境的影响要强于家庭情境和社会情境的关系。在以社会人群创业倾向作为因变量的模型 3 中，家庭情境、联系资本、市场情境和空间情境的回归系数达到了必要的显著性，但是其中市场情境的显著性并不高，仅仅到了可接受的边界条件，同时，市场情境和空间情境的标准化系数低于家庭情境和联系资本，因此这验证了假设 6 所设定的商业情境和空间情境的影响要低于家庭情境和社会情境的关系。

除了上述自变量对于因变量的影响以外，模型中所涉及的控制变量也显示出一些值得注意的回归结果，而且基本上符合我们通常的预期。其中，性别对于创业活动活跃程度的影响是正面的，而且得到一定的显著性（b = 0.054，p < 0.1，模型 1），这说明女性的创业活动总体上不如男性活跃。年龄对于创业活动活跃程度的影响是负面显著的（b = –0.158，p < 0.01，模型 1），这说明区域人群的平均年龄越大，总体上创业活动越不活跃。工作经验对于新创企业成长的影响是正向显著的（b = 0.179，p < 0.05，模型 2），因此，在创业之前工作经历丰富的创业者能够建立更具成长性的企业。婚姻状况对于个体创业倾向的影响也是负面显著的（b = –0.113，p < 0.05，模型 3），这说明未婚人群更愿意选择创业。年收入水平对于个体创业倾向的影响是正向显著的（b = 0.168，p < 0.01，模型 3），因此，收入水平越高，人群越有动力创业。

四、讨论

（一）创业情境与新创企业成长

本研究主要确认了空间情境和社会情境对于新创企业成长的重要影响。其中，空间情境作为区域层面能够为创业活动提供的各项服务和资源，对于企业的成长非常有效。这些不同方面的服务来自于商业机构的专业服务、各项资金支持，以及公共机构的商业服务等。从区域发展的角度来看，这些不同因素实际上构成了支持新创企业成长的生态系统。因此，在区域层面，为了提升新创企业的发展状况，可以从多方面入手积极鼓励和引导有利于创业活动开展的多元化支持和服务。这一点充分符合已有的创业环境研究。在社会情境方面，我们发现联系资本与新创企业的成长与发展存在密切联系，联系资本越高，则新创企业的成长速度越高。与此相反，社会网络与新创企业的成长却是负向相关的，这可能是由于本文所使用的社会网络变量仅仅从网络关系的多寡方面反映社会情境特征，却无法体现出那些与创业活动关系更为紧密、作用更为明显的网络属性——如网络关系的强度和质量，如果能够在定量部分将其作为因变量，应当能够发现它们对于创业活动的显著正向作用。由于网络关系的经营需要资源投入，如果创业者在开发、维系网络方面投入太大，而产出并未及时形成，这就可能形成社会网络与企业成长之间的负面联系，这可能是本部分检验结果的主要原因。

商业情境和家庭情境对于新创企业成长的影响没有得到验证。商业情境之所以没有得到验证可能是因为商业情境所描述的竞争不确定性和运作不确定性的影响是即期的，也就是说它们可能对企业目前的战略方案和财务绩效有较为直接的影响，但是对于企业成长这种长期的绩效指标影响难以在短期内反映出来。同样，由于创业活动要面临非常复杂的竞争环境，家庭情境所能提供的资源和信息相对来说并不足以支持新创企业的发展（我们的企业样本平均年龄为 4.6 岁，已经不属于刚刚创立的阶段）。因此家庭情境对于创业活动的影响已经让位于其他因素。

（二）创业情境与社会人群的创业倾向

根据本文的研究结果，区域创业情境在提升社会人群的创业倾向方面起到了重要的作用。家庭情境对于创业倾向的提升有着重要影响。这说明家庭成员作为最为接近潜在创业者的个体，在他们的创业决策过程中扮演了重要角色。在社会情境中，虽然社会网络对于创业倾向的提升并没有很显著的作用，但是联系资本的作用高度显著，而且其系数绝对值高于其他变量。这同样验证了在新创企业成长研究中得到的类似结论，也就是说社会网络多并不意味着对于潜在创业者的支持多，必须将这些支持转化为真正有利于创业者开展创业活动的资源，才会真实地促进创业行动的产生。市场情境对于创业倾向的影响同样存在，虽然这一影响仅达到了边际性的显著水平，但是证明了在潜在创业者准备创业的时候，他们将会通过识别行业市场的特征决定是否实施创业行动。

空间情境对于创业倾向的影响是负面的，而且达到了一定的显著性，这与我们的预期相反。原因可能有如下几点：首先，因为空间情境的大部分内容作用于真实的商业活动。如果社会人群之前未曾有过相关的经营活动，那么对于空间情境的评价并不准确，这将会影响回归的结果。其次，空间情境的大部分题项中我们并没有明确强调该服务对于创业活动的针对性（这是为了避免形成倾向性的调查偏差），这些大部分服务所针对的是一般性商业活动，因此没有精确衡量区域内部对于创业活动的支持，同样削弱了回归结果的有效性。

（三）创业情境的构建与区域创业活动的发展

根据本文的主要结论，创业情境的开发总体上有利于提升创业活动的活跃程度，这为区域层面鼓励和发展创业活动提供了政策依据。特别是就本文所开发的创业活动活跃程度的两个重要方面而言，不同情境的重要性是不同的，这进一步为开发有针对性的创业政策提供了依据。

在新创企业成长部分，空间情境的构建是最为有力的措施。因此，应当积极构建有利于产业发展的商业生态环境，通过基础设施建设改进创业活动的实施空间，将多元化的商业服务组织囊括到区域创业情境建设中，并且取代目前政府部门所竭力扮演却力所不能及的角色，从而促进产业的良性发展。应当注意到，因为创业政策的实施效果缓慢，政策制定者还应当具备充分的心理准备，不要期望空间情境的改进能够一蹴而就。在创业倾向方面，家庭情境的形成和发展是其重要推动力量，而家庭情境更多的是与社会文化、家庭背景等因素相关的，外力难以迅速改变。这解释了为什么虽然很多地方在不断推出创业政策，但是创业活动的数量并没有明显上升，而在某些地区，创业活动的发展始终非常活跃，创业文化甚至已经可以成为社会文化的重要构成。

社会情境是对新创企业成长和创业倾向都有重要作用的因素，因此，应当积极鼓励创建涵盖众多社会人群的多元化正式或非正式组织。这些组织能够为创业活动的开展提供信息平台，能够弥补个体的亲朋好友在提供创业资源方面的不足，从而拓展创业者的社会情境。另外，应当积极引导这些不同的社会组织和社会网络服务与创业活动，能够为创业活动带来更为直接和多样化的资源和信息，这是社会情境真正有价值的地方。本研究的结果说明目前在社会情境方面还有很大的提升空间，在这一方面的改善将能够明显改进区域的整体创业情境。

五、总结

本文开发了创业情境与创业活动活跃程度的结构性联系，并且应用大样本数据予以验证。研究显示当我们从新创企业成长和社会人群创业倾向两个方面考察创业活动活跃程度时，家庭情境、社会情境、商业情境、空间情境的角色和影响存在差异。相关结论有助于从理论上进一步加深对于创业本质的认知，它不再是对创业过程中的某些元素的零星探讨，而是试图在众多彼此关联的多样化区域要素和创业活动之间建立起一个对话框架：以特定区域为背景，创业活动是不同层次的创业情境作用的结果，并且呈现出创业者和新创企业两个层面的创业活动发展规律。因此，在个体层面，在决定创业的时候，创业者应当积极识别和了解有助于创业活动的情境要素，将创业情境的相关信息纳入创业机会的评价维度中，以保证创业行动的决策是理性的。创业者将企业建立起来之后，也要积极分析和鉴定有利或不利的管理情境，不同情境与其他层面的情境的动态复杂作用将能够充分解释企业成长的有效动力，从而有助于创业者整合各方面的资源和能力，特别是创业情境所给予的特定资源，构建合理的战略规划，并且通过一系列有效的战略实施方案和控制措施，形成持续竞争优势，提升创业绩效。创业情境研究对于区域层面的政策开发和执行也有重要的意义。创业情境研究的不断推进，有助于识别区域层面支持或限制创业活动的外在条件，从而回答如何采用有效措施改善创业情境，进而提升特定区域内部的创新和创业活动的活跃程度，促进产业结构转型和经济发展。

参考文献

[1] 高建，石书德. 中国转型经济背景下创业地区差异的决定因素研究 [J]. 科学学研究，2009，27 (7)：1011-1019.

[2] Glaeser E. L.，Kerr W. R. Local Industrial Conditions and Entrepreneurship：How Much of the Spatial Distribution can We Explain? [J]. Journal of Economics & Management Strategy，2009，18 (3)：623-663.

[3] Okamuro H.，Kobayashi N. The Impact of Regional Factors on the Start-up Ratio in Japan [J]. Journal of Small Business Management，2006，44 (2)：310-313.

[4] Stuart T.，Sorensen O. Liquidity Events and the Geographic Distribution of Entrepreneurial Activity [J]. Administrative Science Quarterly，2003，43 (2)：175-201.

[5] Gnyawali D. R.，Fogel D. S. Environments for Entrepreneurship Development：Key Dimension and Research Implications [J]. Entrepreneurship Theory and Practice，1994，18 (2)：5-21.

[6] Fogel G. An Analysis of Entrepreneurial Environment and Enterprise Development in Hungary [J]. Journal of Small Business Management，2001，39 (1)：103-109.

[7] Edelman L.，Yli-Renko H. The Impact of Environment and Entrepreneurial Perceptions on Venture-Creation Efforts：Bridging the Discovery and Creation Views of Entrepreneurship [J]. Entrepreneurship：Theory

and Practice, 2010, 34 (5): 833-856.

[8] Levie J. D., Erkko A. A Theoretical Grounding and Test of the GEM Model [J]. Small Business Economics, 2008, 31 (3): 235-263.

[9] Valliere D. Reconceptualizing Entrepreneurial Framework Conditions [J]. International Entrepreneurship and Management Journal, 2010, 6 (1): 97-112.

[10] Capelli P., Sherer P. D. The Missing Role of Context in OB: The Need for a Meso-level Approach [M]// Cummings L. L., Staw B. M. Research in Organizational Behavior, Greenwich, CT: JAI Press, 1990.

[11] Mowday R. T., Sutton R. I. Organizational Behavior: Linking Individuals and Groups to Organizational Contexts [J]. Annual Review of Psychology, 1993, 44 (1): 195-229.

[12] Johns G. The Essential Impact of Context on Organizational Behavior [J]. Academy of Management Review, 2006, 31 (2): 396-408.

[13] Spilling O. R. The Entrepreneurial System: On Entrepreneurship in the Context of a Mega-event [J]. Journal of Business Research, 1996, 36 (1): 91-103.

[14] Aldrich H. E., Martinez M. E. Many are Called but Few are Chosen: An Evolutionary Perspective for the Study of Entrepreneurship [J]. Entrepreneurship Theory and Practice, 2001, 25 (4): 41-56.

[15] Welter F. Contextualizing Entrepreneurship -conceptual Challenges and Ways Forward [J]. Entrepreneurship Theory and Practice, 2011, 35 (1): 165-185.

[16] Chrisman J. J., Bauerschmidt A., Hofer C. W. The Determinants of New Venture Performance: An Extended Model [J]. Entrepreneurship Theory and Practice, 1998, 23 (1): 5-30.

[17] Baum J. R., Locke E. A., Smith K. G. A Multidimensional Model of Venture Growth [J]. Academy of Management Journal, 2001, 44 (2): 292-303.

[18] Gilbert B. A., McDougall P. P., Audretsch D. B. New Venture Growth: A Review and Extension [J]. Journal of Management, 2006, 32 (6): 18-33.

[19] Bird B. J. Implementing Entrepreneurial Ideas: The Case for Intention [J]. Academy of Management Review, 1988, 13 (3): 27-38.

[20] Davidsson P. Determinants of Entrepreneurial Intention [C]. Paper Prepared for the RENT IX Workshop, Piacenza, Italy, 1995.

[21] Liñán F. Intention-based Models of Entrepreneurship Education [J]. Piccolla Impresa/Small Business, 2004, 3 (1): 11-35.

[22] Liñán F., Chen Y. W. Development and Cross-cultural Application of a Specific Instrument to Measure Entrepreneurial Intentions [J]. Entrepreneurship Theory and Practice, 2009, 33 (3): 593-617.

[23] Boyd N. G., Vozikis G. S. The Influence of Self-Efficacy on the Development of Entrepreneurial Intentions and Actions [J]. Entrepreneurship Theory and Practice, 1994, 18 (4): 63-77.

[24] Johns G. In Praise of Context [J]. Journal of Organizational Behavior, 2001, 22 (1): 31-42.

[25] Aldrich H. E., Cliff J. E. The Pervasive Effects of Family on Entrepreneurship: Toward a Family Embeddedness Perspective [J]. Journal of Business Venturing, 2003, 18 (5): 507-525.

[26] Au K., Kwan H. K. Start-up Capital and Chinese Entrepreneurs: The Role of Family [J]. Entrepreneurship Theory and Practice, 2009, 33 (4): 889-908.

[27] Kellermanns F. W., Eddleston K. A. Feuding Families: When Conflict does a Family Firm Good [J]. Entrepreneurship Theory and Practice, 2004, 28 (3): 209-228.

[28] Lee M. S., Rogoff E. G. Research Note: Comparison of Small Businesses with Family Participation versus Small Businesses without Family Participation: An Investigation of Differences in Goals, Attitudes, and Family/Business Conflict [J]. Family Business Review, 1996, 9 (4): 423-437.

[29] Xin K., Pearce J. L. Guanxi: Connections as Substitutes for Structural Support [J]. Academy of Management Journal, 1996, 39 (6): 1641-1658.

[30] Park S. H., Luo Y. Guanxi and Organizational Dynamics: Organizational Networking in Chinese Firms [J]. Strategic Management Journal, 2001, 22 (5): 455-477.

[31] Ahuja G. The Duality of Collaboration: Inducements and Opportunities in the Formation of Interfirm Linkages [J]. Strategic Management Journal, 2000, 21 (3): 317-343.

[32] Burt R. S. Structural Holes: The Social Structure of Competition [M]. Cambridge, MA: Harvard University Press, 2009.

[33] De Carolis D. M., Litzky B. E., Eddleston K. A. Why Networks Enhance the Progress of New Venture Creation: The Influence of Social Capital and Cognition [J]. Entrepreneurship: Theory and Practice, 2009, 33 (2): 527-545.

[34] Ardichvili A., Cardozo R., Ray S. A Theory of Entrepreneurial Opportunity Identification and Development [J]. Journal of Business Venturing, 2003, 18 (1): 573-596.

[35] Liao J., Gartner W. The Effects of Pre-venture Plan Timing and Perceived Environmental Uncertainty on the Persistence of Emerging Firms [J]. Small Business Economics, 2006, 27 (1): 23-40.

[36] Suzuki K. I., Kim S. H., Bae Z. T. Entrepreneurship in Japan and Silicon Valley: A Comparative Study [J]. Technovation, 2002, 22 (10): 595-606.

[37] Zacharakis A. L., Meyer G. D. The Potential of Actuarial Decision Models [J]. Journal of Business Venturing, 2000, 15 (4): 323-346.

[38] Casillas J. C., Moreno A. M. A Configurational Approach of the Relationship between Entrepreneurial Orientation and Growth of Family Firms [J]. Family Business Review, 2010, 23 (1): 27-44.

[39] Matthew C., Human S. The Economic and Community Context for Entrepreneurship: Perceived Environmental Uncertainty [M] //In Gartner W. B., Shaver K. G., Carter N. M., Reynolds P. D. Handbook of Entrepreneurial Dynamics, Thousand Oaks, CA: Sage Publications, 2004.

[40] Matthew C., Human S. The Little Engine that Could: Uncertainty and Growth Expectations of Nascent Entrepreneurs [C]. Frontiers of Entrepreneurship Research, Wellesley, MA: Babson College, 2000.

Predetermined Variable of Regional Entrepreneurial Activity: Based on the Angle of Entrepreneurial Context

Lin Song, Liu Xiaoyuan
(Business School, the Central University of Finance & Economics, Beijing 100081)

Abstract: This paper divides regional entrepreneurial activity into two parts –new venture growth and entrepreneurial intention of common people, and makes regional entrepreneurial context as the predetermined variable of regional entrepreneurial activity. It constructs the influence mechanism of family context, social context, business context and spatial context on regional entrepreneurial activity. This paper collects 239 samples of new ventures and 500 common people and the regression result proves most of the hypotheses in this paper. The result shows that when we explore the regional entrepreneurial activity from the two facets of new ventures and common people, different context has different role and influence. Based on the analysis above, this paper proposes some workable entrepreneurship–provoking measures at the regional level.

Key Words: Entrepreneurship; New Venture Growth; Entrepreneurial Intention; Entre-preneurial Context

中小企业开放式创新能力与创新绩效的关系研究*

陈艳[1,2]，范炳全[1]
（1. 上海理工大学管理学院，上海 200093；
2. 温州市经济建设规划院，温州 325009）

【摘 要】以中小企业为研究对象，将开放式创新能力分解为发明能力、吸收能力、变革能力、连接能力、创新能力和解吸能力，运用结构方程建模实证检验了上述各种能力对创新绩效的影响。研究表明，发明能力、吸收能力、连接能力和创新能力对中小企业的创新绩效具有显著正向影响，而变革能力和解吸能力对创新绩效的影响不显著。当前中小企业开放式创新体现出一定的由外而内的特征，但各项能力的发展不均衡；与内部探索相比，更侧重于外部探索；内部保留和外部开发成为当前中小企业开放式创新的能力短板；连接能力的作用更多地体现在销售环节，而不是研发环节。最后，指出未来研究的方向。

【关键词】中小企业；开放式创新；能力；创新绩效

自2003年哈佛商学院教授Chesbrough提出开放式创新概念以来，开放式创新受到理论界的高度关注。然而已有的开放式创新理论研究主要针对大企业，对中小企业开放式创新的关注较少。事实上，开放式创新对于许多中小企业而言并不新鲜，而且中小企业的开放式创新呈现出与大企业完全不同的特点。研究中小企业开放式创新对于快速提升中小企业的技术创新能力，推动开放式创新理论的发展和完善具有重大的理论和实践意义。

* 基金项目：教育部人文社会科学研究青年基金资助项目“颠覆性创新与我国中小企业动态竞争优势的构建”（09YJC790124）。

作者简介：陈艳（1971-），女，博士研究生，温州市经济建设规划院高级工程师，研究方向为创新管理、产业经济。

一、研究综述

Kim 和 Park 发现有关开放式创新的成功案例大多来自大型企业，只有很少来自中小企业，这让人怀疑开放式创新的战略是否适合于中小企业。Lee 等认为，小企业开放式创新之所以被排除在主流文献研究之外，主要原因在于大企业的开放式创新更容易研究，中小企业获得外部资源的能力更少，可供交换的技术资产更少。

然而，已有的调研数据表明开放式创新在中小企业中普遍存在。Van de Vrande 等通过调研荷兰 605 个创新性中小企业发现，中小企业介入多种开放式创新实践中，并且这些实践在过去的 7 年里被大量采用。Lichtenthaler 通过对德国、奥地利和瑞士的中小企业和大企业调研发现，32.5%的被调研企业某种程度上介入了开放式创新。虽然中小企业在灵活性和专业化方面更具有优势，但是很少有中小企业拥有充分的能力独立管理全部的创新过程，这反过来会激发它们与其他企业合作。

尽管已有的开放式创新文献较少关注中小企业，但并不意味着这一问题不重要。①大企业和中小企业擅长不同类型的创新，中小企业天生地更加依赖于组织间的关系和外部联系以保持竞争力，中小企业比大企业更倾向于使用非内部的创新方法，因为它们将联盟或网络作为扩展技术竞争力的途径，因此研究开放式创新时有必要区分中小企业与大企业；②尽管中小企业对开放式创新有着巨大的贡献，但它们受开放式创新过程影响的方式与大企业显著不同，中小企业开放式创新的侧重点以及它如何影响开放式创新的产出及企业绩效仍然不清楚，因此阐述开放式创新影响中小企业绩效的方式极为必要；③人们对中小企业如何介入开放式创新并识别外部知识和资源知之甚少，而且中小企业创新的外部联系大多受限于合作关系和联盟。正因为如此，开放式创新理论的创立者 Chesbrough 在分析开放式创新未来有待进一步研究的问题时指出，有必要了解大企业采用开放式创新是否与中小企业不同，或者内部研发投资更大的企业是否与研发投资较少的企业不同。Lee 等也认为，如果企业大小对创新作用的影响理由仍然存在，那么从中小企业的观点来探讨开放式创新就是有价值的。

令人欣慰的是，近年来中小企业开放式创新逐渐受到理论界的关注，主要集中在以下三个方面。

（1）检验开放式创新对中小企业绩效的影响。Gronum 和 Verreynne 通过调研开放式创新、正式网络、创新宽度和绩效的关系，发现早期形成的正式网络有助于提高小企业参与开放式创新的效益，采取由外而内的开放式创新对提高创新宽度和中小企业的绩效有益。通过建立正式的网络，中小企业可以缓解规模障碍，并提高创新及其对企业绩效的效应。Huang 认为当中小企业要执行由外而内的开放式创新时，技术互补性是资源互补性中最为重要的要素，而转化能力对资源互补性、由外而内的开放式创新以及厂商绩效具有显著的中介效果，由外而内的开放式创新对厂商绩效有正向影响。Parida 等指出已有文献几乎没有调研中小企业开放式创新活动对创新绩效或竞争的影响，他们把中小企业由外而内的开放式创新活动分解为技术搜索、技术水平扫描、技术垂直扫描和技术精练，通过调研 252 个技术型中小企业发现，不同的开放式创新活动有益于不同的创新绩效。技术精练对激进性创新有益，而技术探索与渐进性创新相联系。他们强调进行开放式创新研究对中小企业非常有价值。Vahter 等运用 1994~2008 年爱尔兰制造业企业的面板数据，发现就开放广度对创新绩效的影响而言，小企业比大企业要强；与大企业相比，小企业可以从开放式创新战略上明显获益，但是选择合适的开放式创新模式是有待研究的重要问题。

并非所有的研究结果都证实开放式创新对企业绩效具有正向影响，Rosenbusch 等认为内部创新项目比与外部伙伴合作的创新项目导致更好的企业绩效，聚焦于外部合作的创新项目不能增加小企业的绩效。他们还指出创新与绩效的关系依赖于情境，如企业的年龄、创新的方式以及文化背景等。Tim 等也指出，将小企业与创新联系绑定的网络关系具有一定的争议性。Kim 和 Park 通过对中小企业的实证研究发现，并非中小企业所有的开放式创新活动都对创新产出有正向影响。

（2）从能力的视角来研究中小企业开放式创新。Huang 和 Rice 以中小企业为背景检验了开放式创新战略和吸收能力之间的交互效应，发现有效的知识吸收能力是推动创新效果的关键因素。Cosh 等提出中小企业在吸收能力方面的欠缺是其创新和成长的关键障碍。Spithoven 等提出传统产业中的中小企业在构建吸收能力方面可能需要帮助，他们重点关注了组织间关系层面上集体研究中心在建立吸收能力方面的作用。Sun 等研究了中国台湾生物技术产业中的小企业内部能力和外部网络之间的一致性问题。Hafkesbrink 和 Schroll 根据开放式创新的挑战，以数字经济中的中小企业为研究对象将组织开放式创新的能力分解为组织的准备能力、合作能力、吸收能力。

（3）探讨中小企业开展开放式创新的策略和方法。Rahman 和 Ramos 通过关注从封闭到网络范式转变的创新过程变革，重点研究了中小企业在初始阶段的不同开放式创新策略，讨论了中小企业在执行这些策略时所面临的障碍。Bianchi 等指出开放式创新实践的关键因素是定期识别企业核心业务以外的外部技术许可机会，这对中小企业而言是个挑战，他们试图为中小企业识别外部技术许可机会提供快速和简易的方法。Brunswicker 和 Vanhaverbeke 实证研究表明中小企业有意识地对外部创新输入进行开放，他们识别了中小企业在寻找外部创新输入方面的变化，并划分了五种开放式创新搜索战略类型。Hafkesbrink 等针对数字经济中的中小企业走向更为开放的创新，提出了衡量组织开放式创新前期准备和能力的“快速检验”审计工具。

开放式创新理论的研究在我国刚刚兴起，而有关中小企业开放式创新的研究几乎是空白的，极少量的文献主要探讨了开放式创新的特征以及技术创新服务体系下中小企业开放式创新模式。鉴于中小企业在创新中的重要作用，研究我国中小企业的开放式创新对于推动中小企业的技术进步和产业结构升级意义重大。

综上所述，我们不难发现：①长期以来有关中小企业相关概念的探讨及潜在应用一直被排除在主流文献研究以外，但近年来越来越多的学者认识到这一问题的重要性及研究价值；②尽管一些学者检验了开放式创新与中小企业绩效的关系，但是所得到的结论并不一致，而且这些研究的重点大多放在调查企业开放式创新导向与创新绩效的关系，而开放式创新与企业绩效的直接关系则被大大忽略了；③有关中小企业开放式创新能力的探讨基本集中在吸收能力上，而事实上开放式创新需要组织拥有全方位、多维度的能力体系，中小企业与大企业在所拥有的开放式创新能力方面有什么差异，这些差异会对企业绩效产生什么影响，已有文献都没有涉及。基于上述原因，本文以我国中小企业为研究对象，从知识探索、知识保留和知识开发三个层面划分中小企业开放式创新所需要的能力体系，通过构建结构方程模型实证检验中小企业开放式创新各项能力对创新绩效的影响，为中小企业开放式创新能力的构建与提升提供理论依据。

二、概念模型与理论假设

（一）概念模型

企业竞争优势来源于企业的能力，而企业试图通过开放式创新来构筑持续的竞争优势就必须具备成功实施开放式创新所需要的各种能力。从知识管理的视角看，企业的创新活动分为知识探索、知识保留以及知识开发。与传统创新理论不同，开放式创新理论强调企业在内部开展上述三项活动的同时还要求企业到外部进行知识探索、保留和开发，由此衍生出企业开展开放式创新所需要的六大能力：发明能力（内部探索）、吸收能力（外部探索）、变革能力（内部保留）、连接能力（外部保留）、创新能力（内部开发）、解吸能力（外部开发）。能力的高低影响着企业开放式创新的绩效，基本概念模型如图 1 所示。

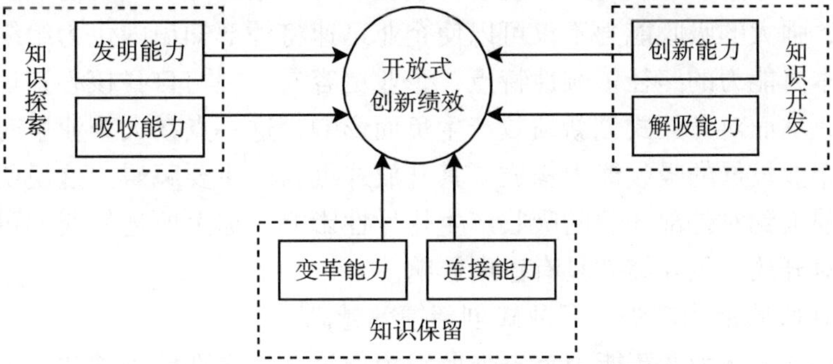

图 1　开放式创新能力与创新绩效关系模型

（二）理论假设

目前有关开放式创新的各类能力界定比较混乱，各种能力内涵之间存在不少的交叉重叠，由此带来测度上的差异和困难。以吸收能力为例，许多实证研究利用与企业 R&D 行为有关的变量如专利、出版物的数量、受过高等教育的员工数量等作为测量指标，然而，专利、出版物数量只是创新的成果，与吸收能力之间虽然存在一定的因果关系，但是这些变量并不能准确反映吸收能力的丰富内涵，因而用这些代理变量代表吸收能力招致很多批评。本部分在对各类能力进行辨析的基础上，结合已有的研究成果进行理论逻辑推演，建立中小企业开放式创新的各种能力与创新绩效关系的假设。

通常企业在感知到一个未开发的机会时需要开始知识探索过程，新知识与现有知识建立联系以后才能整合到知识基中。发明能力是指企业内部探索新知识的能力，包含内部产生新知识并将新知识整合到现有的知识基中去。新知识的产生通常是对一个感知到的知识需要的反应，但它不是发生于对现有知识基的提炼。知识产生过程通常需要时间，因为发明超越了一个单纯的思想。发明能力的水平在很大程度上受到企业在特定领域所拥有的知识的影响，因为这些知识有利于新知识的产生和整合。总体上看，突出的发明能力取决于内部的研发活动，因此企业在研发方面所投入的人力、财力以及激励机制等直接决定着发明能力的高低，大企业往往拥有较强的发明能力，而中小企业发明能力相对较差。我国中小企业的发明能力是否达到对开放式创新绩效产生影响的水平目前并无证据。从理论上看，由于发明能力直接影响着其产品的技术含量和市场竞争力，因此提出假设：

H1　中小企业的发明能力越强，开放式创新绩效就越高。

Cohen 和 Levinthal 的吸收能力概念应用较为广泛，他们将吸收能力视为评价、同化、转变和应用新知识的能力。Zahra 和 George 认为吸收能力是组织管理和过程集，通过这些惯例和过程，企业获得、同化、转变和开发这些知识以形成动态能力。尽管迄今并未形成统一的吸收能力概念，但是学者们基本认同吸收能力是一个多维结构，包括评价、同化、转变和应用知识的能力。从已有的研究看，吸收能力对企业开放式创新绩效可能具有双重作用，一方面，强大的吸收能力不仅可以使企业迅速将外部知识内化为组织知识；另一方面，由于组织本身能力的路径依赖性特点，企业更容易忽视与自身核心知识不同或者冲突的外部新知识，从而对开放式创新绩效产生负面影响，这一点在大企业里时常会出现。有研究发现中小企业较低的吸收能力构成了其开放式创新的主要障碍。这说明中小企业的吸收能力还没有强大到对外部知识的吸收产生排斥性影响。综上所述，我们可以假定中小企业的吸收能力对开放式创新绩效具有正向影响。

H2　小企业吸收能力越强，开放式创新绩效越高。

Garud 和 Nayyar 认为变革能力首先强调组织通过开发内部储备的知识形成商业机会的能力，是基于企业内部创造的技术机会不断重新界定产品组合的能力，是指随着时间的变化在内部保留知识的企业能力。如果技能和惯例没有得到运用或者雇员离开公司，那么知识将会丢失。从变革能力的内涵看，变革能力越强，企业的知识基里所保留的知识越完善，日后激活这些知识的能力越强，企业开放式创新的绩效越高。但是由于来自先前知识的利益会导致知识保留的路径依赖性，因此，变革能力的加强会强化企业已有的核心能力，从而对企业新知识吸收产生负面的排斥效应。与大企业相比，中小企业所面临的人才流失问题更为严重，内部知识的储存和保留缺乏完善的制度，中小企业的变革能力较弱，因此从理论逻辑上看，可以假设中小企业的变革能力对其开放式创新绩效具有正向影响。

H3 中小企业变革能力越强，开放式创新绩效就越高。

连接能力是指在企业间保留知识的能力，它包括联盟的能力和关系能力。连接能力致力于保留外部知识，与吸收能力不同，这些外部知识保留并不意味着一定要向企业内部转移，而是为了确保企业能够在需要的时候优先接触这些外部知识，而不是获得它们。实施开放式创新的企业需要与外部知识源，如顾客、上游企业、下游企业、同行、大学等，建立联系，因此保持密切的双边和多边关系对于确保企业在需要的时候能够顺利获取知识至关重要。中小企业限于自身的资源和市场影响力，在外部联系的广度上远不及大企业，但是在外部联系的深度上的表现并不逊色，一些中小企业与合作单位建立了非常密切的合作关系。广泛的外部联系是开放式创新的重要特征之一，因此我们可以假设中小企业的连接能力越强，企业的开放度就越高，获取外部知识就越方便，由此导致其开放式创新的绩效就越高。

H4 中小企业连接能力越强，企业开放式创新绩效就越高。

创新能力与发明和最终市场情境匹配相关联，是指运用已经搜索到的并保留在企业内部或外部的知识，因为它需要类似开发的过程。企业可能从少量新知识中产生大量的创新，也可能缺乏能力开发所产生或保留的大量的知识基。因此，本文将创新能力界定为企业内部开发知识的能力。一般而言，大企业拥有更多的知识基，而中小企业内部知识基相对较小，因此在基于原有知识开发出新知识方面，大企业拥有一定的优势。但是在将新知识与市场情境相匹配方面，小企业更方便和快捷。因此，如果中小企业创新能力越强，企业将知识转化为新产品的能力就越强，开放式创新的绩效就越高。

H5 中小企业创新能力越强，企业开放式创新绩效就越高。

解吸能力是与吸收能力相反的过程，解吸能力描述了企业外部开发知识的过程。外部知识开发是指外向知识转移。在识别了基于知识转移的财务和战略动机的外部知识开发机会后，企业就必须将知识转移给接受者。大企业拥有更多的知识基，因此能够向外部转移的知识比中小企业多。但是大企业在外部开发知识时也有顾虑，知识转移会带来技术泄密和培养竞争对手等风险，且大企业为了保持超额垄断利润和技术领先优势，甚至故意进行技术封锁。而中小企业出于财务需要，常常将无力进一步开展深入研发或者不需要的技术知识以合理的价格出售或转让。因此，中小企业解吸能力越强，企业从已拥有的知识中获益就越大，开放式创新的绩效也就越高。

H6 中小企业解吸能力越强，企业开放式创新绩效就越高。

三、实证分析

（一）问卷调研与数据收集

结合开放式创新的三方面内容，即知识探索、知识保留和知识开发，从内外两个层面着手，我们设计了反映开放式创新能力的24个题项来测度企业内部知识探索和外部知识探索、内部知识保留和外部知识保留、内部知识开发和外部知识开发所需要的各项能力，另外用三个题项测量创新绩效。问卷的设计邀请了部分专家和中小企业管理人员进行研讨，并根据反馈意见对问卷进行了修正。根据上述不同能力的界定，结合已有相关研究，我们将各种能力的测量题项简要介绍如下（见表1）。

表1　开放式创新能力与绩效的测量题项

变量	代码及测量题项		变量	代码及测量题项	
发明能力	A1	研发资金投入	创新能力	E1	鼓励员工应用新技术、新知识
	A2	研发人员数量		E2	有效促进新技术的推广和应用
	A3	研发人员的素质		E3	拥有成熟新产品商业化的经验和模式
	A4	创新激励机制		E4	为新产品开拓新市场的能力
吸收能力	B1	评价外部信息和知识的价值	解吸能力	F1	是否有专利或知识产权公开或出让
	B2	掌握获得的外部信息和知识		F2	是否需要合法权利才能获取知识产权
	B3	外部知识能否尽快转化为产品		F3	企业是否享有或参与技术交易平台
	B4	能否充分利用伙伴的互补资源		F4	企业是否有完善的知识产权保护制度
变革能力	C1	鼓励知识交流和共享的政策	创新绩效	Y1	新产品销售率
	C2	内部知识共享平台建设		Y2	新产品开发成本
	C3	同事之间的知识分享		Y3	专利申请数量
	C4	内部知识的编码贮存			
连接能力	D1	伙伴关系的种类			
	D2	伙伴间相互信任情况			
	D3	伙伴间知识和诀窍的共享			
	D4	外部信息收集和整理			

上述所有的问项测度都采用李克特五级量表，问卷的发放对象主要是制造业中的中小企业，其中中小企业的界定依据国家工信部中小企业司2011年6月18日颁布的最新标准，即从业人员1000人以下或营业收入4亿万元以下的为中小微型企业。其中，从业人员300人及以上，且营业收入2000万元及以上的为中型企业；从业人员20人及以上，且营业收入300万元及以上的为小型企业。样本的行业类型主要分布在服装行业、鞋革行业、印刷包装业、塑料制品、锁具、合成革、电气、泵阀、汽摩配件、电子信息这十大行业。

问卷发放区域主要集中在浙江省温州地区，问卷的发放途径主要委托温州市全景市场研究有限公司做问卷调查，对温州市统计局入库的制造企业做随机抽样，采用电话联系后寄信的方式发放问卷，同时对于我们感兴趣和愿意接受面访的企业进行了现场访谈。问卷共发放了 300 份，回收问卷 171 份，回收率为 57%，剔除无效问卷 17 份，实际有效问卷为 154 份。样本的抽样情况如表 2 所示。

表 2　样本抽样的统计描述

指标	企业数量（家）	占比（%）	指标	企业数量（家）	占比（%）
行业分布			营业收入		
汽摩配件	23	14.9	300 万元以下	26	16.9
服装行业	19	12.3	300 万~2000 万元	43	27.9
泵阀	18	11.7	2000 万~4 亿元	81	52.6
合成革	17	11.0	4 亿元以上	4	2.6
鞋革	16	10.4	小计	154	100.0
电气	15	9.7	职工人数		
印刷包装	12	7.8	300 人以下	71	46.1
塑料制品	11	7.1	300~1000 人	62	40.3
其他	23	14.9	1000 人以上	21	13.6
小计	154	100.0	小计	154	100.0

（二）效度与信度分析

1. 探索性因子分析

为了尽量避免测量题项所反映的信息重叠，有必要检验是否存在需要剔除的测量题项，为此我们对数据进行了探索性因子分析（EFA）。在做因子分析之前，需要使用 KMO 测度来检验数据是否适合做因子分析。KMO 越接近 1，越适合做因子分析；KMO 过小（一般小于 0.5），则不适合做因子分析。我们对开放式创新各项能力及绩效的测度分别进行 KMO 检验和巴特莱球形检验。

巴特莱球形检验结果为 Approx. Chi-Square = 2.799E3，df = 351，Sig. = 0.000。测量问项的 KMO 值为 0.913，大于 0.9，说明非常适合做因子分析。我们利用 SPSS16.0 软件采用主成分分析法进行探索性因子分析，结果如表 3 和表 4 所示。

表 3　开放式创新能力与绩效公因子总方差解释度量表

成分	初始特征根			提取的平方和载荷			旋转平方和载荷量		
	总体	方差解释（%）	累计贡献率（%）	总体	方差解释（%）	累计贡献率（%）	总体	方差解释（%）	累计贡献率（%）
1	11.218	41.549	41.549	11.218	41.549	41.549	3.189	11.810	11.810
2	1.913	7.084	48.633	1.913	7.084	48.633	3.044	11.276	23.086
3	1.743	6.455	55.088	1.743	6.455	55.088	3.023	11.197	34.283

续表

成分	初始特征根			提取的平方和载荷			旋转平方和载荷量		
	总体	方差解释（%）	累计贡献率（%）	总体	方差解释（%）	累计贡献率（%）	总体	方差解释（%）	累计贡献率（%）
4	1.643	6.085	61.173	1.643	6.085	61.173	3.017	11.173	45.457
5	1.567	5.802	66.975	1.567	5.802	66.975	2.973	11.011	56.468
6	1.399	5.183	72.158	1.399	5.183	72.158	2.954	10.939	67.407
7	1.109	4.107	79.264	1.109	4.107	76.264	2.392	8.858	76.264

表 4　开放式创新能力与创新绩效旋转后的因子载荷

题项代码	1	2	3	4	5	6	7
A1	0.792	0.147	0.155	0.166	0.193	0.046	0.124
A2	0.849	0.085	0.150	0.195	0.067	0.196	0.136
A3	0.840	0.103	0.081	0.143	0.147	0.171	0.070
A4	0.721	0.216	0.137	0.115	0.093	0.179	0.268
B1	0.065	0.112	0.312	0.101	0.732	0.194	0.157
B2	0.143	0.191	0.138	0.144	0.767	0.064	0.167
B3	0.153	0.198	0.159	0.171	0.775	0.061	0.172
B4	0.141	0.139	0.094	0.083	0.771	0.266	0.135
C1	0.164	-0.003	0.177	0.111	0.120	0.788	0.259
C2	0.137	0.287	0.165	0.058	0.149	0.772	0.062
C3	0.151	0.183	0.197	0.207	0.159	0.728	0.025
C4	0.146	0.159	0.147	0.184	0.135	0.762	0.181
D1	0.075	0.102	0.160	0.795	0.149	0.153	0.186
D2	0.245	0.193	0.141	0.723	0.064	0.194	0.151
D3	0.129	0.074	0.204	0.825	0.200	0.091	0.052
D4	0.203	0.210	0.151	0.762	0.075	0.109	0.147
E1	0.156	0.732	0.270	0.191	0.134	0.101	0.211
E2	0.032	0.786	0.093	0.133	0.151	0.223	0.054
E3	0.210	0.806	0.191	0.108	0.140	0.135	0.178
E4	0.170	0.760	0.075	0.149	0.222	0.125	0.151
F1	0.088	0.147	0.760	0.137	0.095	0.205	0.263
F2	0.200	0.128	0.728	0.221	0.216	0.170	0.064
F3	0.160	0.134	0.769	0.120	0.220	0.180	0.087
F4	0.099	0.182	0.818	0.215	0.151	0.137	0.056
Y1	0.256	0.242	0.179	0.210	0.256	0.194	0.0739
Y2	0.237	0.193	0.174	0.203	0.275	0.158	0.785
Y3	0.174	0.215	0.136	0.200	0.226	0.219	0.804

表 3 提供了开放式创新能力与创新绩效公因子总方差解释度量结果，表 4 提供了开放式创新能力与创新绩效旋转后的因子载荷。本研究探索性因子分析的结果表明，在同一个

因素构面中，若干个测量题项的因素载荷均大于 0.5，并且问卷题目在非所属构面中，其因素负荷较小（一般以低于 0.5 为标准）。因此，本研究所设计的测量题项可以较好地测度开放式创新的六大能力及创新绩效，而且不存在需要删除的多余测量题项。

2. 信度和效度检验

本研究信度的测定采用 Cronbach's α 系数，通过运用 SPSS 计算出六大能力及创新绩效量表的 Cronbach' s α 值均大于 0.7，此外组合信度值都在 0.8 以上，说明调研问卷的信度良好。信度和效度检验结果及相关系数如表 5 所示。

表 5　信度和效度检验结果

变量	Cronbach's α	组合信度	1	2	3	4	5	6	7
1. 发明能力	0.896	0.926	**0.758**						
2. 吸收能力	0.862	0.892	0.46	**0.673**					
3. 变革能力	0.861	0.906	0.52	0.53	**0.706**				
4. 连接能力	0.870	0.888	0.52	0.49	0.51	**0.665**			
5. 创新能力	0.866	0.887	0.49	0.56	0.54	0.50	**0.663**		
6. 解吸能力	0.881	0.913	0.46	0.57	0.57	0.57	0.54	**0.724**	
7. 创新绩效	0.930	0.951	0.59	0.67	0.60	0.59	0.64	0.55	**0.865**

注：对角线加粗的数字为平均变异抽取值（AVE），下三角数字为构念间的相关系数。

为了计算问卷的效度，我们采用验证性因子分析。在运用软件进行验证性因子分析时，我们将原始数据转换成协方差矩阵的形式，测量模型的验证性因素分析结果表明，各题项的因子载荷均在 0.6 以上（见表 6），所有 t 值的绝对值都大于 1.96，说明测量模型各参数估计均通过检验，参数具有显著的统计意义。另外，测量模型的拟合指标为 χ^2 = 476.58，df = 303，RMSEA = 0.061，NFI = 0.94，NNFI = 0.96，CFI = 0.97，其中，RMSEA 小于 0.08，NFI、NNFI 和 CFI 的值均大于 0.9，说明测量模型和数据具有较好的拟合度。

表 6　验证性因子分析结果

变量	测量指标	因子载荷	t 值	变量	测量指标	因子载荷	t 值
发明能力	A1	0.86	13.07	创新能力	E1	0.81	11.86
	A2	0.92	14.81		E2	0.74	10.31
	A3	0.87	13.47		E3	0.90	13.82
	A4	0.83	12.40		E4	0.80	11.58
吸收能力	B1	0.80	11.55	解吸能力	F1	0.82	12.31
	B2	0.80	11.51		F2	0.83	12.36
	B3	0.85	12.75		F3	0.84	12.54
	B4	0.83	12.19		F4	0.91	14.81
变革能力	C1	0.82	12.02	创新绩效	Y1	0.93	15.14
	C2	0.85	12.68		Y2	0.94	15.33
	C3	0.82	12.05		Y3	0.92	14.79
	C4	0.87	13.30				
连接能力	D1	0.81	11.66				

续表

变量	测量指标	因子载荷	t 值	变量	测量指标	因子载荷	t 值
连接能力	D2	0.80	11.59				
	D3	0.84	12.48				
	D4	0.81	11.76				

尽管结果显示模型的拟合度良好，但从程序运行的结果看，模型修饰指数（MI）提示测量模型部分还可以进一步优化，软件建议的新增路径从外源潜变量创新能力指向观测变量 CI（即企业的政策或程序鼓励知识交流与共享），由于改变后新增路径的因素载荷为-0.16，显然从理论上来说，两者不可能是负向关系。考虑到理论上的适切性，并且为了确保测量模型本身拟合度良好，本文对测量模型部分不加修饰。

为了分析量表的效度，根据验证性因子分析结果中的因子载荷（见表 6），我们计算了构念的平均变异抽取值（AVE）（见表 5），所有 AVE 的值均在 0.5 以上，表明所有的量表均具有良好的收敛效度。此外，任何两个潜变量的 AVE 平均值均大于这两个潜变量之间相关系数的平方，说明各构念之间具有良好的区别效度。因此，整体问卷的建构效度良好。

（三）结构方程建模

本文采用 Lisrel 8.7 统计软件进行结构方程建模，分析开放式创新过程中各项能力影响开放式创新绩效的内在机理。所建立的结构方程模型标准路径如图 2 所示。

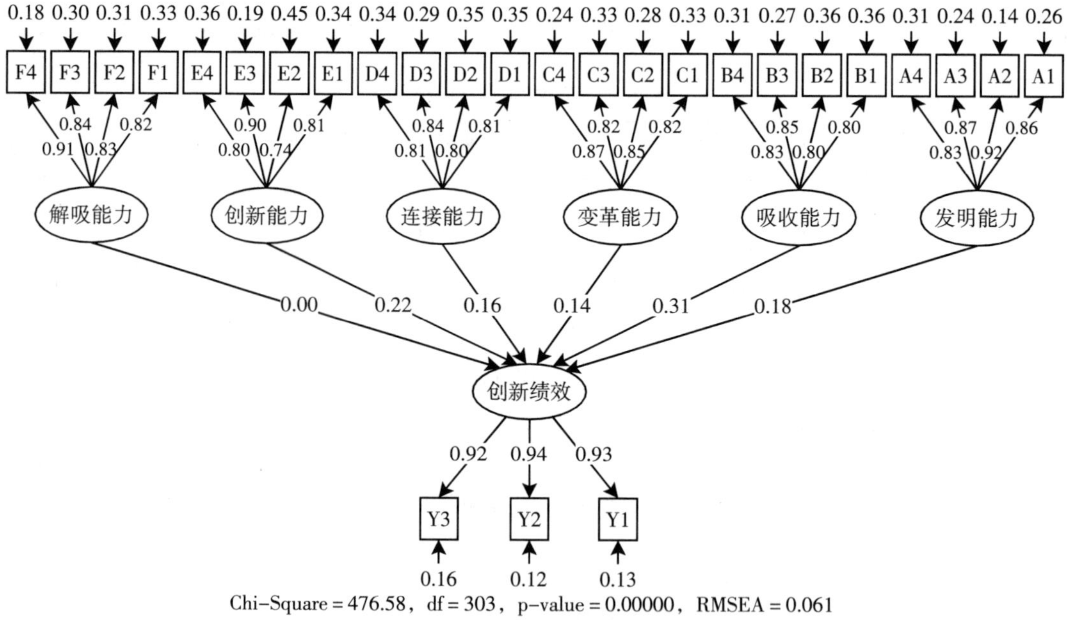

图 2　结构方程模型标准路径图

关于结构方程模型评价指标的选择理论界仍有争议，从已有的相关文献看，一般需要提供 RMSEA、NFI、NNFI、CFI、GFI 和 χ^2/df 等主要指标。本模型各项拟合指标结果如表 7 所示。

表 7 结构方程模型拟合指标

指标值	RMSEA	NNFI	NFI	CFI	GFI	χ^2/df
拟合值	0.061	0.96	0.94	0.97	0.81	1.57
判定标准	<0.08	>0.9	>0.9	>0.9	>0.8	<5

其中，χ^2(WLS Chi-Square) = 476.58 (p = 0.0)，df = 303。从表 7 的结果可以发现，结构方程模型各类拟合指标均达到判定标准的要求，说明该结构方程模型与实际数据拟合良好，可以用来验证所提出的理论假设。此外，模型修饰指数显示，结构模型部分无须修饰。内生潜变量和外源潜变量的参数估计结果见表 8。

表 8 内生潜变量和外源潜变量参数估计结果

估计结果	发明能力	吸收能力	变革能力	连接能力	创新能力	解吸能力
路径系数	0.18	0.31	0.14	0.16	0.22	0.00
标准误差	(0.07)	(0.08)	(0.08)	(0.08)	(0.08)	(0.08)
t 值	2.45	3.75	1.73	1.97	2.64	0.00

从表 8 中可以看出，变革能力和解吸能力的 t 值绝对值小于 1.96，未能通过检验。发明能力、吸收能力、连接能力和创新能力的 t 值绝对值均超过 1.96，从统计意义上看这些能力对创新绩效的影响较为显著，其路径系数均为正，说明它们对创新绩效存在正向影响。因此，H3 和 H6 未通过检验，H1、H2、H4 和 H5 通过检验。

（四）实证结果讨论

(1) 总体上看，开放式创新对中小企业的创新绩效具有正向影响。从知识管理的角度分析中小企业的开放式创新活动不难发现，尽管在整个知识管理过程中不同的活动对创新绩效的影响作用大小不一，但是除解吸能力的路径系数趋于零外，其余路径系数均为正数，说明知识探索、知识保留和知识开发都对创新绩效有正向影响。这说明，开放式创新行为有助于中小企业创新绩效的提升，因此在实践中应该积极鼓励和大力推动中小企业开展开放式创新。

(2) 中小企业的开放式创新行为体现出一定的由外而内特征，但开放式创新所需要的各项能力发展极为不均衡。模型中除了外部知识开发（解吸能力）对创新绩效影响不显著外，外部知识探索（吸收能力）与外部知识保留（连接能力）对创新绩效具有显著影响且吸收能力在所有能力中对创新绩效的影响最大，这表明中小企业的创新行为具有一定的外向特征。在开放式创新六大能力中，发明能力、吸收能力、连接能力以及创新能力对创新绩效具有显著影响，而变革能力和解吸能力影响不显著，说明中小企业开放式创新的六大能力发展不均衡。我们认为上述现象是中小企业在特定发展阶段展现出来的特征。中小企业资源少，知识存量小，内部研发创新的难度大，因而更多依靠知识探索来寻求和发现新知识，结合创立者的经验和对市场的敏感度，将新的知识与细分市场有效结合，在这个过程中吸收能力起着主导作用，连接能力以及创新能力对于将新产品成功商业化起着重要的辅助作用，而变革能力和解吸能力作用不显著。

（3）与内部知识探索相比，当前中小企业开放式创新更侧重于外部知识探索。在能力体系中，吸收能力对中小企业创新绩效的影响最大，内部发明虽然对创新绩效的影响也比较大，但是其对创新绩效的影响程度明显不如吸收能力。这说明当前我国中小企业在创新模式上更强调从外部获得新知识，通过自身的吸收能力将新知识内化为企业自身的知识。在这样的模式中，吸收能力对于新知识的转化就显得尤为重要，直接决定着企业开放式创新的绩效。

（4）变革能力和解吸能力对创新绩效的影响不显著，表明内部知识保留及外部知识开发成为中小企业开放式创新能力体系中的短板。中小企业发展时间比较短，企业规模相对比较小。一方面较少的知识存量使得知识保留工作显得不那么迫切，另一方面也有可能是当前许多中小企业还没有意识到知识保留对于企业未来发展的重要性，这一点在我们的访谈中也得到验证。

大多数中小企业对于知识在企业内部的传播、共享以及知识的编码保留工作相当忽视，企业通常没有专人进行知识的推广与保留。企业对核心员工进行培训的结果是增加了个人依仗专业知识与企业主进行讨价还价的资本，个人知识难以在企业内共享和推广。上述原因可能导致知识保留在企业发展初期对于企业创新绩效的影响并不显著。此外，中小企业总体上拥有的专利相对较少，大多数企业基本通过拥有一项或少数几项专利立足于细分市场，较少的专利也使得中小企业无法通过不断向市场出售专利或者持续转让新知识获利。

（5）连接能力的作用更多地体现在销售环节，而不是研发环节。尽管中小企业的连接能力对企业创新绩效具有显著影响，但是当前中小企业的联系更多侧重于销售网络的建设及产品的推广与用户信息的反馈，有关技术交流与合作的外部联系并不是很多。这些联系无疑对企业的绩效具有很大的帮助，但是如何建立基于技术层面的联盟与协作是中小企业开放式创新中需要面对的问题。

四、结束语

我国中小企业开展开放式创新的情况总体不容乐观，距离成熟的深度开放式创新的要求还有很长的路要走。尽管有一些中小企业已经着手利用外部资源，推动企业内外的知识交流，但是从总体上看，这些行为仍然基本处于满足潜意识层面的生存需要，没有明确的开放式创新战略。从能力的视角看，广大中小企业开展开放式创新所面临的障碍不仅在于开放式创新所需要的各项能力的弱化，还在于各种能力的发展处于一种不平衡的状态，偏重于强调提升探索能力以获取新知识，把握新机会，而对于知识的保留重视不够，后劲不足，在开发能力上缺少成熟的新产品商业化经验和模式，由于拥有的专利不多导致解吸能力严重不足。

解决上述问题的关键在于中小企业如何在资源瓶颈、规模劣势和技术薄弱等约束条件下及时发现外部创新资源，并为己所用，进而促进开放式创新能力体系的发展和完善。大企业在开放式创新中可以通过强大的发明能力、创新能力带动吸收能力、变革能力、连接能力和解吸能力的发展，而中小企业的开放式创新则需要通过吸收能力、连接能力来带动发明能力、变革能力、创新能力及解吸能力的提升，这是两条完全不同的开放式创新路径。因此，处于合作弱势地位的中小企业除了自身必要的知识积累和新知识的创造外，如何从能力培养的战略高度选择合作伙伴，采取何种方式进行合作，合作中的利益分配机制、风险规避机制、知识产权保护机制，以及政府如何从宏观层面为中小企业开放式创新营造良好外部发展环境等都是未来有待进一步深入研究的问题。

推动中小企业的开放式创新是一项极其艰巨的任务。一方面，相关理论的探讨刚刚起步，另一方面，在实践中缺乏成功的经验可以借鉴。本文研究的局限性在于仅仅以温州地区中小企业为研究对象，而且样本量不是很大。虽然温州地区是我国中小企业比较活跃的地区之一，但研究结论的普遍适用性还有待于通过更大范围的样本采集数据进行检验。当然，作为我国中小企业开放式创新的理论研究初期的尝试，本文为后续的深入研究提供了有益的参考。

参考文献

[1] 张震宇，陈劲. 开放式创新环境下中小企业创新特征与实践 [J]. 科学学研究，2008 (S2)：552-513.

[2] 李文元，梅强，顾桂芳. 基于技术创新服务体系的中小企业开放式创新研究 [J]. 科技进步与对策，2011，28 (16)：5-8.

[3] 邱皓政，林碧芳. 结构方程模型的原理与应用 [M]. 北京：中国轻工业出版社，2009.

[4] Chesbrough H. Open Innovation：The New Imperative for Creating and Profiting from Technology [M]. Boston：Harvard Business School Press，2003：43-62.

[5] Lee S.，Park G.，Yoon B.，et al. Open Innovation in SMEs—An Intermediated Network Model [J]. Research Policy，2010，39 (2)：290-300.

[6] Kim H.，Park Y. The Effects of Open Innovation Activity on Performance of SMEs：The Case of Korea [J]. International Journal of Technology Management，2010，52 (3/4)：236-256.

[7] Van de Vrande V.，De Jong J. P. J.，Vanhaverbeke W.，et al. Open Innovation in SMEs：Trends，Motives and Management Challenges [J]. Technovation，2009，29 (6/7)：423-437.

[8] Lichtenthaler U. Open Innovation in Practice：An Analysis of Strategic Approaches to Technology Transactions [J]. IEEE Transactions on Engineering Management，2008，55 (1)：148-157.

[9] Laursen K., Salter A. J. Searching High and Low: What Type of Firms Use Universities as a Source of Innovation? [J]. Research Policy, 2004, 33 (8): 1201-1215.

[10] Tim E., Rick D., Max M. Understanding Innovation in Small and Medium-sized Enterprises: A Process Manifest [J]. Technovation, 2005, 25 (10): 1119-1127.

[11] Gronum S., Verreynne M-L. Open Innovation in Australian Small Firms: When Should We Collaborate? [EB/OL]. (2011-02-01) [2012-04-06]. http: //www.swinburne.edu.au/lib/ir/onlineconferences/agse2011/000031.pdf.

[12] Chesbrough H., Vanhaverbeke W., West J. Open Innovation: Researching a New Paradigm [M]. Oxford: Oxford University Press, 2006.

[13] Huang Weiwei. Does Transformative Capacity Matter in SMEs? The Mediating Effect between Resource Complementarity and Inbound Open Innovation [D]. 中国台湾：国立高雄应用科技大学，1999.

[14] Parida V., Westerberg M., Frishammar J. Effect of Open Innovation Practices on SMEs Innovative Performance: An Empirical Study [EB/OL]. (2011-06-18) [2012-02-04]. http: //pure.ltu.se/portal/files/33497180/418.pdf.

[15] Vahter P., Love J. H., Roper S. Openness and Innovation Performance: Are Small Firms Different? [EB/OL]. (2012-01-03) [2012-04-08]. http: //www2.warwick.ac.uk/fac/soc/wbs/research/csme/research/working_papers/working_paper_no.113.pdf.

[16] Rosenbusch N., Brinkmann J., Bausch A. Is Innovation always Beneficial? A Meta-analysis of the Relationship between Innovation and Performance in SMEs [J]. Journal of Business Venturing, 2011, 26 (4): 441-457.

[17] Huang F., Rice J. The Role of Absorptive Capacity in Facilitating "Open Innovation" Outcomes: A Study of Australian SMEs in the Manufacturing Sector [J]. International Journal of Innovation Management, 2009, 13 (2): 201-220.

[18] Cosh A., Bullock A., Milner I. Barriers to Innovation and Growth in High Technology SMEs: The Role of Absorptive Capacity [EB/OL]. (2007-02-26) [2012-04-08]. http: //www.cbr.cam.ac.uk/pdf/Barriers% 20 to% 20growth.pdf.

[19] Spithoven A., Clarysse B., Knockaert M. Building Absorptive Capacity to Organize Inbound Open Innovation in Traditional Industries [J]. Technovation, 2011, 31 (1): 10-21.

[20] Sun Yushan, Wu Fengshang, Vanhaverbeke W. How Small Firms can Benefit from Open Innovation?—Evidence form Taiwanese Biotechnology Firms [EB/OL]. (2010-06-16) [2012-04-10]. http: //www2.druid.dk/conferences/viewpaper.php? id=501961&cf=43.

[21] Hafkesbrink J., Schroll M. Organizational Competences for Open Innovation in Small and Medium Sized Enterprises of the Digital Economy [EB/OL]. (2010-01-17) [2012-03-10]. http: //www.innowise.eu/Dokumente/Organizational% 20Competences% 20for% 20Open% 20Innovation% 202010.pdf.

[22] Rahman H., Ramos I. Open Innovation in SMEs: From Closed Boundaries to Networked Paradigm [EB/OL]. (2010-07-19) [2012-04-06]. http: //iisit.org/Vol7/IISITv7p471-487Rahman792.pdf.

[23] Bianchi M., Campodall' Orto S., Frattini F., et al. Enabling Open Innovation in Small-and Medium-sized Enterprises: How to Find Alternative Applications for Your Technologies [J]. R&D Management, 2010, 40 (4): 414-431.

[24] Brunswicker S., Vanhaverbeke W. Beyond Open Innovation in Large Enterprises: How do Small and

Medium Sized Enterprises (SMEs) Open up to External Innovation Sources? [EB/OL]. (2011-07-09) [2012-04-10]. http: //papers.ssrn.com/sol3/papers.cfm? abstract_id=1925185.

[25] Hafkesbrink J., Stark A., Schmucker M. Controlled Opening in Pro-active SME Innovation—A Case Study on an "Open Innovation Audit" in the Digital Economy [EB/OL]. (2010-05-27) [2012-04-10]. http: //www.innowise.eu/Dokumente/Controlled% 20Opening% 202010.pdf.

[26] Lichtenthaler U., Lichtenthaler E. A Capability-based Framework for Open Innovation: Complementing Absorptive Capacity [J]. Journal of Management Studies, 2009, 46 (8): 1315-1338.

[27] Smith K. G., Collins C. J., Clark K. D. Existing Knowledge, Knowledge Creation Capability, and the Rate of New Product Introduction in High-technology Firns [J]. Academy of Management Journal, 2005, 48 (2): 346-357.

[28] Cohen W. M., Levinthal D. A. Absorptive Capacity: A New Perspective on Learning and Innovation [J]. Administrative Science Quarterly, 1990, 35 (1): 128-152.

[29] Zabra S., George G. Absorptive Capacity: A Review, Reconceptualisation, and Extension [J]. Academy of Management Review, 2002, 27 (2): 185-203.

[30] Garud R., Nayyar P. R. Transformative Capacity: Continual Structuring by Intertemporal Technology Transfer [J]. Strategic Management Journal, 1994, 15 (5): 365-385.

[31] Pandza K., Holt R. Absorptive and Transformative Capacities in Nanotechnology Innovation Systems [J]. Journal of Engineering & Technology Management, 2007, 24 (4): 347-365.

[32] Kale P., Singh H. Building Firm Capabilities through Learning: The Role of the Alliance Learning Process in Alliance Capability and Firm-level Alliance Success [J]. Strategic Management Journal, 2007, 28 (10): 981-1000.

[33] Lane P. J., Koka B. R., Pathak S. The Reification of Absorptive Capacity: A Critical Review and Rejuvenation of the Construct [J]. Academy of Management Review, 2006, 31 (4): 833-863.

Research on the Relationship Between Open Innovation Capability and Innovation Performance in Small and Medium-sized Enterprises

Chen Yan[1,2], Fan Bingquan[1]

(1. School of Management, Shanghai University of Science and Technology, Shanghai 200093, China; 2. Wenzhou Academy of Economy and Development Planning, Wenzhou 325009, China)

Abstract: The capabilities of open innovation are classified into inventive, absorptive, transformative, connective, innovative and desorptive capabilities. The impact on innovation performance exerted by various capabilities in SMEs are tested by the structural equation model. The results indicate that inventive, absorptive, connective and innovative capabilities have positive impacts on innovation performance, while the impact of transformative and desorptive capabilities is not obvious. The trend of inbound innovation is found in the open innovation of SMEs, but these capabilities develop in an imbalanced way. Compared with internal exploration, external exploration becomes the main way of open innovation in SMEs. Internal knowledge retention and external knowledge exploitation are two disadvantages in the process of open innovation for SMEs. Connective capability plays a more important role in sales than in R&D. Finally, it points out the direction of future research.

Key Words: Small and Medium -sized Enterprise; Open Innovation; Capability; Innovation Performance

知识溢出与创业*
——基于中国地区数据的研究

林 苞
（清华大学经济管理学院，北京 100084）

【摘 要】创业活动已经被视为促进经济增长与转型的重要机制。但由于缺乏可靠的统计数据，对影响创业活跃程度的环境因素，特别是对创业与新知识产生的关系，因此还缺少实证的研究。本文利用中国经济普查中的地区数据，对影响创业活跃程度的因素进行了统计检验。在已有研究的基础上，建立了一个在地区层次上解释创业活动的模型，考虑了机会、资源与制度环境。发现 R&D 活动与创业活动的正向联系，支持“知识溢出创业”的理论，还发现了经济的市场化程度、金融活跃程度与创业活动的正向联系，并对这些结果的政策与理论意义进行了讨论。

【关键词】创业；机会；知识溢出；地区数据

一、引言

创业活动愈来愈被认为是保持经济活力的关键。因此，理解创业活动受到哪些环境因素影响，无论在理论上还是政策上，都有重要意义。同时，创业活动也愈来愈被认为是经济进行创新的重要机制。因此，理解创业活动与知识产生的关系，也同样具有重要意义。这也是本文要研究的两个问题。

近年的创业研究大多比较重视对创业者和创业过程的研究，但从产生具有政策含义的结论来说，还需要有另一类研究，即从整体上去衡量影响创业活动的因素。这类研究对于从理论上理解创业在经济系统中的功能也是很重要的，但是，这类研究目前还比较缺乏，主要原因是创业活动的统计数据较难获得。本文将利用中国两次经济普查（2004 年和

---

* 作者简介：林苞（1972–），男，清华大学经济管理学院博士研究生，研究方向：创新、创业与科技政策。

2008 年）中关于各地区新办企业的数据以及其他地区数据，对影响创业活动的环境因素以及创业活动与知识生产的关系进行研究。

为了建立研究的理论基础，本文首先回顾了已有研究。根据这些研究，创业被认为具有发现与创新的功能。其中，“知识溢出创业”理论是近年出现的新理论，它试图解释何以新知识会以创业这种方式被利用。本文在已有研究的基础上，建立了一个在地区层次上解释创业活动的模型，这个模型考虑了机会、资源与制度环境。接着，本文将以中国的地区数据对这个模型进行验证，并对结果的理论和政策含义进行讨论。

二、文献回顾

从经济理论出发，创业应当被理解为经济系统运行过程的产物，并在整个系统的运行中起到特定的作用。为了解释创业的产生，需要解释这样的问题：为什么会有创业机会？为什么这些机会是以创业的方式被加以利用，而不是被现有企业加以利用？

机会就是一些其他人不知道或其他人未加以利用的获利的可能。因此，机会与两个因素有关：知识、其他人的行动。可能存在其他人不知道的获利可能，这就涉及对社会中知识分布的假设。也可能存在别人虽然知道但由于机会成本的差异而未加以利用的获利可能，比如说，可能存在一些现有企业无法或不愿加以利用的市场机会。但在知识分布与机会成本差异这两个因素中，知识的分布是更重要的。这是因为，假设人们具有相同的知识，那么，在经济中那些机会成本相近的个体都会争先去利用出现的机会，并使这些机会趋于消失。因此，创业活动出现的前提是人们拥有不同的知识。正如 Shane 和 Venkataraman 所指出的，“创业的前提是人们对资源的价值持有不同的信念”。

但还必须再区分两种知识：关于实际情况的知识和新的科学（或技术）知识。关于实际情况的知识，由于它可能是“本地的”知识，因而可能不容易被现有企业利用，这就会产生创业的机会。新的科学（或技术）知识，一开始难以被所有人理解，特别是不容易让现有企业判断其获利的方式与可能，所以，它也能产生创业的机会。

最先把关于知识的假设作为理解创业前提的是奥地利学派，特别是哈耶克之后的奥地利学派。哈耶克把知识的分散性作为竞争过程的基础。他主要指出一种知识是无法集中化的，即“对特定的时间和地点的情形的知识”，由此他发展了一种将竞争作为发现程序的理论：竞争是一种知识发现和知识扩散的程序，通过价格体系发挥作用，执行着协调的功能。柯兹纳进一步界定了企业家的作用：企业家的品质表现在机敏方面。由于知识的分散和不完全，就存在利润机会，而企业家机敏地“通过计划的对抗”加以利用。这种利用的结果扩散了知识，并使机会趋于消失，因而，对他来说：“企业家发动的变化总是面向于所假定的均衡状态。”

熊彼特则对创业提供了不同的理解。他主要关注一类将“新的组合”带入经济之中的企业家，由于这些人的存在才能不断把创新引入经济中来，并推动经济的发展。正如柯兹纳所说的："对熊彼特来说，企业家的实质是打破惯例、摧毁现存结构并使系统远离平衡的和循环流转的均衡状态的能力。"如果说，哈耶克强调的是企业家的"发现"功能的话，熊彼特则强调了他们的"创新"功能。

当代对创业来源的理解实际上包含了以上两种思想。在 Shane 和 Venkataraman 的著名文章中，他们明确地建议创业研究应当采用非均衡和信息不对称的框架，可以说，非均衡的观点显示了熊彼特的影响，而信息不对称的观点则显示了奥地利学派的影响。这种框架普遍体现在当代对创业机会来源的理解之中。比如，德鲁克在其书中提出了创业机会的三种来源：新信息，或体现为新技术的发明；对由信息不对称造成的市场无效率的利用；对使用替代资源所导致的成本、收益变化的反应。Eckhardt 和 Shane 也提出了相似的分类：外在的信息冲击和信息不对称；供应方变化与需求方变化；促进生产率的机会与寻租机会。

随着创新在经济发展中变得越来越重要，创业活动的创新功能得到了更多的重视。也就是说，在理论上应当更进一步解释新知识产生与创业活动的联系。Audretsch 和 Keilbach 特别关注这种由于新知识生产而出现的创业机会，他们的理论被称为"知识溢出创业理论"。他们认为："那些有丰富知识的环境本质上存在不确定性，因而产生更多的创业机会。"新知识的产生会带来不确定性，这会导致现有组织难以迅速决定将这些知识商业化，那些拥有更充分知识的个人就可能通过建立新企业去利用这些机会。

在 Audretsch 和 Keilbach 的"知识溢出创业"理论中，关键的假设是关于新知识所产生的不确定性以及现有企业在不确定性下的决策行为。由于新知识产生的不确定性，现有企业的决策过程使其倾向于保持现状，不能完全地利用这些知识，最终，有一部分新知识通过创业的方式得到应用。也就是说，知识从生产新知识的组织中"溢出"，产生了创业。

除了不确定性之外，新知识的另外一个维度也非常关键，即缄默性。Polanyi 最先提出了"缄默知识"的概念，此后产生了大量关于技术学习的研究，比如 Cohen 和 Levinthal 对"吸收能力"的研究，现在，知识的"缄默维度"已经得到广泛的重视。缄默知识无法被完全编码化，因此，无法完全被别人理解或容易地转移与传播，这也就是说，新知识的分布是不均匀的。组织理论进一步揭示了组织管理中的诸如"知识过滤"的现象，说明科学知识或技术知识在组织中同样是难以集中的，可能分散地掌握在一些专家手里。在很多新科学知识和新技术被发现或发明出来时，往往只有其发现者或发明者才更能理解其重要性与潜力，而现有企业，由于其决策过程所造成的倾向，以及由于知识本身难以集中的特点，则往往不能够有效地加以利用，因此，那些掌握着更多知识的人就会愿意承担风险去创业。所以，创业是将新知识带入经济中来的一个必要的机制，如果没有这种机制，新知识就可能没有办法在现有的组织中得到应用。

以上回顾了现有研究中关于创业机会的认识，可以看到，知识的分散性是创业机会产生的一个根本的条件。主要有两类知识与创业活动有关：关于实际情况的知识以及新的科学或技术知识。创业活动对这些知识的利用，一方面可视为一个发现的过程，即发现经济中的不均衡的现象，通过新企业的产生，这些不均衡就趋于消失；另一方面则可视为一个创新的过程，即将未被现有组织利用的新知识带入经济中来，新企业的产生使原有的均衡趋势被打破。当然，实际的创业活动的发生还与可供利用的资源与制度环境有关，这将在下面的模型建立过程中加以讨论。

三、创业活动的产生：机会、资源与制度环境

（一）概念框架

对创业活动的产生可以有两个解释的思路：一个思路是关注谁会去创业，它实际上是将创业机会视为一个给定的变量，然后观察哪一类人会去创业；另一个思路则是关注外部环境，而不去关注创业者的具体特征。也就是说，如果确实存在一种个体的“创业倾向”的话，假设它在各个人群中是平均的，然后去关注创业活动与环境因素的关系。从产生政策建议的角度来看，关注环境中的创业机会的研究更加重要。这也是本文将要建立的模型的思路。

前文已经讨论了关于创业机会起源的理论解释。实际的创业活动要产生出来，除了存在创业机会之外，还得有一些条件。首先，创业者要有可以利用的资源。创业者必须要预先支付开展其经营所需要的投入，但他还没有办法从其经营中获利，因此，如果他自己缺乏可利用的资源，他就必须能够从外部借到所需要的资源。其次，创业活动是否活跃还与一些制度因素有关，这些因素会影响他能否顺利地开展其创业活动，比如说，合同与产权是否得到保护、各种市场是否开放、生产要素是否可以流动等。因此，本文解释创业活动产生的概念模型就如图 1 所示：如果存在创业机会，并且具有可用于创业的资源，同时，如果制度环境有利于创业，那么，创业活动就会产生。

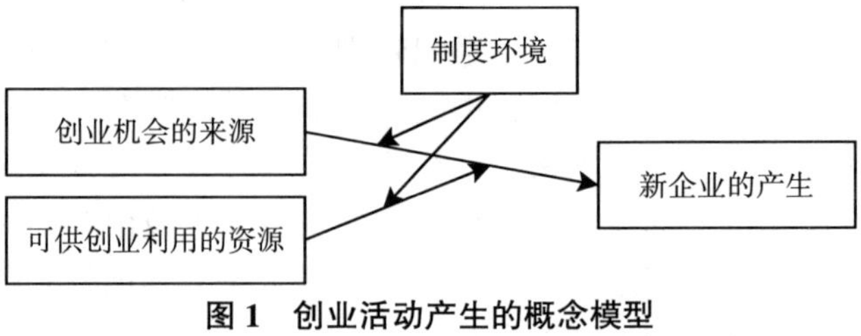

图 1　创业活动产生的概念模型

（二）模型与变量

从这个概念模型出发，建立一个用于统计检验的模型。也就是说，将这些概念“操作化”。本文的研究设想是通过比较不同地区的创业活动差异来检验影响创业活动的环境因

素，因此，对这些概念的衡量也是在地区这个层次上进行的。

从前文对经济理论中关于创业起源的回顾中可以看出：信息不对称和新知识的生产，是创业机会的两个主要来源。经济中的信息不对称的情况是难以直接测量的。因而，本文假设：经济规模越大，则产生信息不对称的可能性就越大，因而创业机会就会越多。对于新知识生产，可以从投入或产出的角度去衡量，但是，由于知识的产出具有多种形式，因此，采用投入的方法加以衡量是比较好的。本文将用整个地区的 R&D 支出（包括大学、公共研究机构与企业的研究与开发支出）来衡量。根据“知识溢出创业理论”，本文假设：一个地区研究与开发的投入越多，则创业机会也会越多。

环境中可供创业利用的资源，主要是两个方面：资金与人力。由于典型的创业者并没有现存的现金流来支持其创业，因而他们首先需要筹集资金。创业者筹集资金的方式可能是正式的，也可能是非正式的。但本文假设一个地区的金融活动越活跃，则创业者越容易从各种渠道筹集资金，并用一个地区的金融机构数目来衡量这个地区金融活动的活跃程度。本文假设：一个地区的金融活动越活跃，就会有越多的创业活动，它意味着创业机会得到更充分的利用。同时，就如一些关于地区创业活动的研究中显示的，一个地区的人力资本水平也可能对创业活动有影响。本文将用就业人口中受过高等教育者的数量来衡量人力资本水平，并假设：就业人口中受过高等教育的人员越多，创业活动也会越多。

制度环境的因素，主要是考虑经济的市场化程度。由于中国是一个处于转型中的国家，并且各个地区的制度环境存在差异，因此需要把各地区的市场化程度作为一个控制变量。为了对各地区的制度环境进行衡量，本文采用樊纲等计算的中国各地区的市场化指数（它包括五个方面的指标：政府与市场的关系、非国有经济的发展、产品市场的发育程度、要素市场的发育程度、市场中介组织的发育和法律制度环境）来衡量各地区市场化程度的差异，并假设：市场化程度越高的地区其创业活动会越活跃。

最后，对创业活动的规模，本文采用当年新开办企业的数量来衡量。创业企业的界定在实际操作上存在一些困难。首先，“创业”的概念可能不限于创办新企业。但是，现有企业的“企业家行为”很难在统计数据中显示出来，而新办企业可视为企业家行为的一种典型方式，因而在这里只关注新开办企业。其次，统计数据中的新办企业并不一定是创业活动的产物，它可能包括现有企业设立的新组织，甚至可能包括 Baumol 所说的“寻租性”的新企业。但是，假设新办企业主要是创业活动的结果，这在常识上看也是合理的，因此可以认为是具有效度的衡量方法。

至此本文就已经根据理论建立了一个概念模型，并将各个概念操作化。下面，将对所使用的数据进行进一步讨论，并报告统计检验的结果。

四、基于中国地区数据的统计检验

（一）数据来源

在建立了适用于研究地区创业活动的模型之后，本文将用中国的地区数据对其进行检验。首先，一个需要加以讨论的问题是这个数据所受的限制。对各地区创业活动，本文采用中国经济普查（2004 年和 2008 年）中各地区在当年新开办企业的数目来衡量。这样选择的理由首先是在一般的连续的统计数据（如《中国统计年鉴》）中，缺乏关于新创企业的统计[①]。只有在比如经济普查这样全面的调查中，才对企业的开办时间进行了统计，并且统计范围更为广泛。其次，本文只采用了当年新开办企业的数量，这与一般创业研究中对创业企业在开办时间上的界定不同（在许多对创业的微观研究中，创业企业往往被界定为开办一至三年之间）。这样做的理由是：当年新开办企业的数量衡量了创业活动的活跃程度，符合本文的目的。至于普查数据中以前年份成立的企业数量，它们只反映了那些企业中直到普查当年仍存活下来的数量，而不是在那些年份中真正新开办的企业，因而不适宜作为创业活动的衡量。所以，对于创业活动的衡量，本文就得到了两个截面数据：2004 年和 2008 年当年新开办企业的数量。

使用截面数据，除了检验的可靠性上存在局限之外，还有两个问题。首先，不知道这些企业在之后是否存活下去。但是，由于本文关心的是影响创业活动的因素，因而，并不关心这些企业在之后是否继续存活。其次，只使用一年的数据会带来特殊性（比如受当时的经济形势影响），但由于这一类因素主要是一些全局性的因素，可能对各地区都有类似的影响。因此，虽然使用截面数据存在一些局限，但还是可用以检验本文所关心的问题，即影响各地区创业活动差异的因素。

因此，根据前文所讨论概念的衡量方法，本文确定了统计检验中使用的变量。使用当年新办企业数量来衡量创业活动，使用经济规模与 R&D 投入来衡量创业机会，使用金融资源与人力资源水平来衡量可供创业利用的资源，使用市场化程度来衡量有利于创业的制度环境。

本文的统计数据主要取自《中国经济普查年鉴》、《中国统计年鉴》和《中国科技统计年鉴》。利用的数据为各省的数据，一共 30 个省级区域（西藏因为部分数据缺乏，故不采用）。第一次经济普查于 2004 年进行，第二次经济普查于 2008 年进行，所报告的数据为

① 虽然在连续的统计数据中可以找到不同年份企业的数量，并可以计算不同年间企业数量的变化，但由于不同年份之间企业数量的变化可能包括复杂的情况（如企业的退出、合并等），因而无法用以衡量创业活动。

当年的数据。其他变量则取自《中国统计年鉴》(2005、2009)及《中国科技统计年鉴》(2005、2009),实际报告的数据为2004年和2008年的数据。而市场化指数取自《中国市场化指数:各地区市场化相对进程2009年报告》中2003年和2007年的数据。表1列出了变量及其数据来源。

表1 变量及数据来源

分类	变量名称	变量含义	指标	数据来源
被解释变量	NEWENTER	创业活动的规模	当年新创办企业数量/个	《中国经济普查年鉴(综合卷)》
解释变量和控制变量	GDP	经济规模	该地区当年国内生产总值/亿元	《中国统计年鉴》
	RDEXPEND	新知识生产	当年科技经费内部支出总额/万元	《中国科技统计年鉴》
	FINAN	金融支持	当年金融机构(银行、保险、证券与其他金融企业)法人单位数/个	《中国经济普查年鉴(综合卷)》
	HIGHEREM	人力资本供给	当年从业人员中具有本科以上学历人数	《中国经济普查年鉴(综合卷)》
	MARKETINDEX	经济市场化程度	中国各地区的市场化指数	《中国市场化指数:各地区市场化相对进程2009年报告》

(二)估计结果与讨论

在建立以上数据之后,利用EViews5.0软件,使用最小二乘法对表1中模型进行估计,得到表2中的结果,从结果可以看出:

(1)模型整体显著,F统计量的p值为0。

(2)调整后R^2的值达到0.85和0.94,拟合程度非常高。

表2 最小二乘法模型估计结果

变量	2004年	2008年
GDP	1.27** (−2.50)	0.62*** (2.87)
RDEXPEND	0.006*** (2.55)	0.001** (2.36)
FINAN	−0.80 (−0.39)	9.8*** (3.60)
HIGHEREM	−0.012 (−1.47)	−0.005* (−1.94)
MARKETINDEX	3322*** (3.35)	2255*** (4.4)
调整后的R^2	0.85	0.94
F-statistic	33.96	99.20
p值	0.00	0.00

注:括号内为系数的t统计量;*表示$p<0.1$,**表示$p<0.05$,***表示$p<0.01$。

（3）GDP 对创业活动影响显著，系数为正，支持了本文的假设。

（4）R&D 支出对创业活动影响显著，系数为正，支持了本文的假设。

（5）经济的市场化程度对创业活动影响显著，系数为正，支持了本文的假设。

（6）金融活跃程度对创业活动的影响在不同年间存在差异，在 2008 年中有显著影响，系数为正，但在 2004 年中的影响不显著。

（7）人力资源水平对创业活动的影响不显著。

从变量的符号来看，除了人力资本水平这个变量之外，其余都符合本文的假设。经济规模这个变量具有很高的显著性，而新知识生产这个变量也具有相当高的显著性。这个结果支持了本文的主要假设：随着经济规模的增加与新知识生产的增加，经济中的创业行为增加了。在这里，本文使用的创业活动的数量只是总量的数据而不是分行业的数据，可以预料，如果能够得到研发密度较高的行业的数据，研发水平对创业的影响将会在统计上和实际上都更显著。因此，本文的结果可以作为对“知识溢出创业”理论的支持。同时，金融活跃程度和经济的市场化程度的提高都显著地提高了创业活动的水平，这也符合本文的预期。特别是经济的市场化程度，在两个年度中都对创业活动有显著影响，这说明经济的自由程度、合同与产权的有效性、各种产品与要素的市场化程度越高，创业活动就越活跃。

从模型结果上看：人力资本水平这个变量的影响不够显著。从系数上看，系数为负，说明在这里随着人力资源教育水平的提高，创业活动反而有减少的趋势。这与本文一开始的直觉不相符合。其原因可能是：第一，使用的创业活动的数量是一个总量，因而包含了研发密度较低的行业；第二，人力资本教育程度的提高也可能提高了现有企业的效率，或使得受教育者更容易就业，因此在总体上并没有提高创业水平。

所使用的创业活动的数量只是一个总量，这是本文研究的一个不足，因此就无法更严格地区分机会的性质。同时它所统计的是具有法人地位的新企业，因而也忽略了其余的更小型的创业活动。国内学者在创业研究中曾经提出：中国的创业活动可分为机会型与生存型，因而可以推测创业活动应当也会受就业情况影响。但由于在加入了失业率的变量之后，模型整个的显著性反而下降了，因此，在模型设定的过程中决定不把失业率包括在模型里。把 2008 年新办企业数目与失业率画成散点图，如图 2 所示。可以看出，其关系并不明显。但从总体上，随着失业率的上升，新办企业的数量有下降的趋势。这种趋势存在的原因可能是，就整体而言，失业率低说明经济更为景气，因而可能带来更多的创业机会。

五、结论

尽管本文没有使用复杂的统计方法，并且受数据限制，只是一个截面数据，但其结果却很能说明问题。本文检验了各地区创业活动数量的差异，证实了 R&D 活动对一个地区

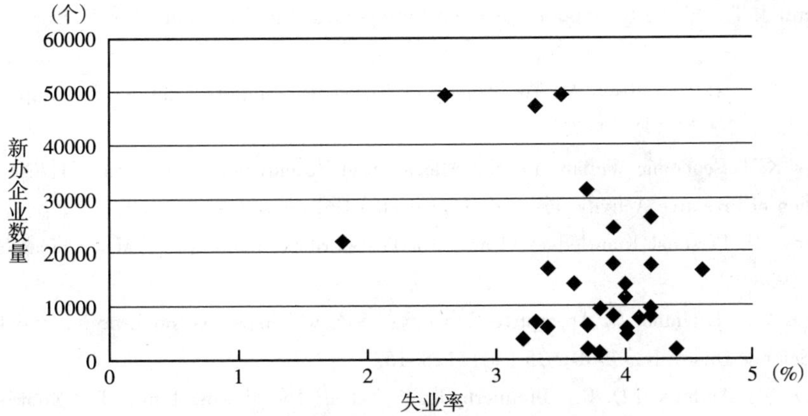

图 2 失业率与新办企业数量的关系（2008 年）

创业活动的正面影响，也证实了市场化程度的提高有利于创业活动的活跃。从政策上，说明知识生产和经济的自由度是促进创业活动的主要因素，其余的影响因素还有金融的活跃程度与地区经济的规模。

本文研究的局限除了已经在文中讨论的数据问题以及缺乏分行业的比较之外，对于地区的一些特征也未考虑在内，如地理位置、对外贸易等。将这些因素考虑进来将会使模型变得过于复杂。而在本文的模型中，在控制了所考虑的重要因素之后，创业活动的数量就几乎都被解释了，这在一个方面说明了模型的建立是比较合理的。

发现了 R&D 活动与创业活动的正向联系，是本文一个很有意义的结果，它支持了"知识溢出创业"理论，并且也支持了将创业理解为经济中创新的一种重要机制。由于这一类创业对于经济发展的重要性，对其开展进一步的研究是相当有意义的。进一步的研究可以集中于一些研发投入较高的行业，并可以进一步研究影响此类创业的更多的因素（比如哪种类型的研发影响更大，又比如大学所起的作用等），这将有助于推进对创新与创业的理解。

参考文献

[1] 桑迪·葛劳蕊·帕勒莫. 发现与创造：奥地利学派市场过程观的含义 [M]//杰弗里·M.霍奇逊. 制度与演化经济学现代文选：关键性概念 [M]. 北京：高等教育出版社，2005.

[2] 彼得·德鲁克. 创新与企业家精神 [M]. 北京：机械工业出版社，2009.

[3] 樊纲，王小鲁，朱恒鹏. 中国市场化指数：各地区市场化相对进程 2009 年报告 [M]. 北京：经济科学出版社，2010.

[4] 高建，姜彦福，李习保等. 全球创业观察中国报告：基于 2005 年数据的分析 [M]. 北京：清华大学出版社，2006.

[5] Shane S., Venkataraman S. The Promise of Entrepreneurship as a Field of Research [J]. Academy of Management Review, 2000 (25): 218-228.

[6] Hayek F. A. The Use of Knowledge in Society [J]. American Economic Review, 1945 (4): 519-530.

[7] Kirzner I. M. Competition and Entrepreneurship [M]. Chicago: University of Chicago Press, 1973.

[8] Eckhardt J. T., Shane S. Opportunities and Entrepreneurship [J]. Journal of Management, 2003, 29 (3): 333-349.

[9] Audretsch D. B., Keilbach M. The Theory of Knowledge Spillover Entrepreneurship [J]. Journal of Management Studies, 2007 (44): 1-7.

[10] Arrow K. J. Economic Welfare and the Allocation of Resources for Invention [M]//Nelson R. R.. The Rate and Direction of Inventive Activity. Princeton: Princeton University Press, 1962.

[11] Polanyi M. Personal Knowledge: Towards a Post-Critical Philosophy [M]. Chicago: University of Chicago Press, 1958.

[12] Cohen W., Levinthal D. Absorptive Capacity: A New Perspective on Learning and Innovation [J]. Administrative Science Quarterly, 1990, 35 (1): 128-152.

[13] Acs Z. J., Audretsch D. B., Braunerhjelm P., et al. The Missing Link: The Knowledge Filter and Entrepreneurship in Endogenous Growth [M]. London: Center for Economic Policy Research Discussion Paper (CEPR), 2004.

[14] McMullen J. S., Plummer L. A., Acs Z. J. What is an Entrepreneurial Opportunity? [J]. Small Business Economics, 2007 (28): 443-456.

[15] Baumol W. J. Entrepreneurship: Productive, Unproducive and Destructive [J]. Journal of Business Venturing, 1990 (11): 893-921.

Knowledge Spillover and Entrepreneurship
—A Study Based on Regional Data of China

Lin Bao

(School of Economics and Management, Tsinghua University, Beijing 100084, China)

Abstract: Entrepreneurship has been seen as an important mechanism of economic development and transformation. However, due to the difficulties in obtaining suitable data, there still lack of empirical examinations of environmental factors that influencing entrepreneurship. This article uses regional data from the Economic Census of China to examine factors that influencing regional activities of entrepreneurship. This article finds a positive relation between R&D and entrepreneurship, which supports the Knowledge Spillover Entrepreneurship theory. This article also finds positive relations between economic freedom, activity of finance and entrepreneurship. The implications for theory and policy of the results are discussed in this article too.

Key Words: Entrepreneurship; Opportunities; Knowledge Spillover Entrepreneurship Theory; Regional Data

中小企业内、外部知识获取与技术能力提升实证研究*

李艳华
(北京工商大学商学院，北京 100048)

【摘 要】为探究中小企业如何有效地应用内、外部知识实现技术能力由初级水平向高级水平提升，本文从知识获取模式角度，以北京市软件、汽车零部件和生物农业的432家中小企业为样本，运用Logistic回归分析方法实证研究内、外部知识获取对中小企业技术能力提升的影响，检验内部知识获取在外部知识获取与技术能力提升中发挥的作用。研究结果表明，内部研发、内部管理知识开发、先进设备引进和研发合作都显著促进中小企业的技术能力提升，但其影响在技术能力提升的不同阶段存在差异；研发外包阻碍中小企业的技术能力提升；内部知识获取在中小企业外部知识获取与技术能力提升之间存在一定程度的中介作用。

【关键词】中小企业；内部知识获取；外部知识获取；技术能力提升

一、引言

中小企业技术能力提升是实现产业升级和区域创新体系健康发展的重要途径，在知识经济深入发展、技术变革不断加速的竞争环境下，中小企业的发展面临着新的机遇和挑战。一方面，中小企业的技术水平普遍较低，技术创新动力不足，在竞争中处于劣势；另一方面，随着创新资源在更大的范围内流动，中小企业获得了更广泛的外部知识获取和技

* 基金项目：国家社会科学基金（13BJY126）；北京市自然科学基金（9132008）；北京市哲学社会科学规划项目(12JGB047)。

作者简介：李艳华（1975-），女，河北玉田人，毕业于中国科学院研究生院，获管理学博士学位，现为北京工商大学商学院讲师，研究方向：企业创新管理和战略管理等。E-mail：liyanhua1123@126.Com。

术创新的机会。由于内部创新资源匮乏，中小企业更加依赖与外部组织的互动获取知识，制定有效的知识获取战略对中小企业的可持续发展具有深远影响。

在创新管理领域，许多研究证实了内、外部知识获取对提高企业技术能力或创新绩效的积极作用，但是也有研究发现外部知识获取对技术能力提升的影响并不显著，甚至产生负向影响，研究结论的差异可能受到研究样本的规模、所处产业和区域差异的影响。中小企业在进行知识获取和技术创新方面与大企业有着较大差异，一方面由于内部资源匮乏导致中小企业特别依赖外部知识，另一方面中小企业缺乏相应的技能来有效取得和应用技术及管理知识，这些差异导致在大企业研究中得出的结论可能不适用于中小企业。学术界专门针对中小企业知识获取的研究还较为有限，中国国内较少有学者以中小企业为对象系统探讨其技术能力提升的机制以及内、外部知识获取对企业技术能力的影响。随着近年来研究的深入，一些学者发现内、外部知识获取不仅对技术创新具有直接影响，内部知识获取还可能在外部知识获取作用于技术创新的过程中发挥调节或中介作用，但这些研究大都聚焦于内部研发这一内部知识获取模式，研究结论是否适合中小企业的情境有待检验。本研究构建中小企业技术能力提升路径的分析框架，通过对北京地区中小企业的大样本调查和实证研究，揭示中小企业的主要内、外部知识获取模式对技术能力提升的作用和影响差异，检验内部研发、管理知识开发两种内部知识获取在外部知识获取与技术能力提升之间的调节效应和中介效应的显著性，为探索中小企业的知识获取机制和技术能力提升路径提供借鉴。

二、相关研究评述

（一）企业技术能力提升的路径

对企业技术能力的关注起源于 20 世纪 80 年代理论界对后发国家（相对于经济发达国家而言）技术追赶的研究，在这些研究中，企业技术能力提升的路径及模式受到广泛关注。国内外学者比较认可 Kim 的研究逻辑，即后发国家企业大多是技术上的后来者，技术活动普遍遵循从简单到复杂的发展路径，企业首先培养较低附加值的生产和运作能力，进而在技术引进和学习过程中发展自主的技术创新能力；Lall 认为技术能力的提升表现为一个由低水平向高水平的跃升过程，在每个阶段，企业技术能力都具有一个基本和核心的功能，所包含的知识体系也具有差异；Choung 等根据技术能力在每个发展阶段的功能差异，将技术能力分为技术使用能力和技术创新能力，进而分析韩国企业的技术能力提升过程；Figueiredo 按照不同功能将技术能力划分为常规性生产能力和创新性技术能力，并采用多案例方法对巴西企业技术能力提升的机制进行研究。自 20 世纪 90 年代以来，中国学者开始关注企业的技术能力问题，采用与国外学者相似的分析思路。谢伟认为生产能力和创新能力的发展构成了产业技术能力发展的阶梯，每上一个台阶都是技术能力的一次跃迁；彭新敏等将中国企业技术能力提升划分为技术仿制、系统整合、自主创新三个阶段；宋宝香等从生产能力、改进能力和研发创新能力分析本土企业的技术能力提升过程。

总体来看，学者们普遍认同企业技术能力提升是一个由低水平向高水平发展的渐进、累积过程，生产能力等常规技术能力是较为低级的技术能力，而技术创新能力是技术能力发展的高级阶段。同时，已有研究还强调技术学习是实现企业技术能力提升的内生过程，技术学习的内在机制是知识的获取和转化，因此企业如何进行内部知识开发以及如何处理与外部知识来源的关系受到重视。但是，目前对企业技术能力提升路径和影响因素的研究大都以案例分析为主要研究方法，还缺乏基于大样本的实证研究。

（二）内、外部知识获取对企业技术能力提升的影响

Galunic 等认为，知识代表有形投入要素如何被操纵和转变以增加价值的方式。基于知识基础观的企业能力理论认为，知识是企业保持竞争优势最有价值的资源，企业通过利用、开发和整合内外部不同领域的专业知识来建立和保持竞争优势。要提升技术能力，企业必须处理好内部知识和外部知识之间的关系。一方面，企业要特别重视从内部发展技术知识，这有助于形成基于隐性知识的核心技术能力并获取超额收益；另一方面，随着创新的开放性不断加强，单一企业不再可能承担所有相关领域的技术活动，企业从外部获取知识成为推动技术发展的重要因素，通过多种外部知识获取途径，企业能够扩展自身的知识基础，并且更好地处理技术发展过程中的高成本、高复杂性等问题。基于这样的视角，企业如何通过内、外部知识获取和整合提升技术能力成为创新管理领域关注的一个重要问题。

知识获取的途径多种多样，研究开发被视为最重要的内部技术知识获取模式，外购实物资产嵌入的技术、研发合作（包括短期的合作和长期的技术联盟）、技术许可或购买（专利、诀窍）、研发外包等外包知识获取模式也受到广泛关注。大部分实证研究分析了不同的知识获取模式对企业技术能力的直接影响。Caloghirou 等对欧洲七个国家的企业知识获取实证研究发现，内部研发以及与外部企业的战略研发合作对技术创新程度有显著的正向影响。Tsai 等对中国台湾中、低技术企业的研究发现，内部研发显著促进了企业的技术创新，但技术外包和技术许可的影响却不显著。中国国内研究中，毕克新等对中国制造业的样板数据分析表明，中国技术购买对制造业技术创新投入具有促进作用，国外技术引进和国内技术购买对制造业技术创新产出具有正向影响；宋宝香等以苏州制造业本土企业为例进行的实证分析发现，技术合作促进了企业研发创新能力的提升，但技术许可对企业生产能力和改进能力有显著的负向影响。

由于知识的特性，外部获取的知识需要接收者投入大量的资源进行知识的消化和适应，即外部知识获取将通过企业的某些内部活动而对技术能力产生间接影响，内部研发被认为是一个重要的影响因素，这是由于企业获取外部知识的能力对企业绩效的影响是通过学习的知识传递的，而内部研发是最为重要的内部技术学习方式。基于此，近年来内部研

发在外部知识获取与企业能力或绩效之间的作用日益受到关注。Tsai 等研究发现企业的内部研发能力越强，外部知识获取对企业创新绩效的影响越显著。赵文红等认为内部技术获取在外部技术获取与企业绩效之间发挥着部分中介作用。通过对已有研究回顾可知，内、外部知识获取都可能对企业的技术能力提升产生重要影响，但不同知识获取模式的影响存在着较大差异，内、外部知识获取之间的关系以及在企业技术能力提升中的作用机制还有待更为深入和系统的探讨。

三、研究框架和假设提出

（一）中小企业技术能力提升路径的研究框架

从中小企业的发展规律看，中小企业的资金、人员、知识等内部资源匮乏，在发展初期的战略重点是利用低成本和市场机会抢占市场，通过积累生产能力提高产品质量、降低生产成本、扩大市场份额是求得生存和发展的关键。随着企业规模和市场份额的增长，中小企业必须加强对产品和工艺的开发力度，技术创新能力在企业竞争中发挥着更为重要的作用。因此，从初级技术能力到生产能力再到创新能力的跃升是中小企业技术能力提升的重要途径。本研究借鉴已有学者关于技术能力分析的思路，将企业技术能力划分为常规生产能力和技术创新能力两个层次，常规生产能力指企业应用现有技术维持和优化生产运行的能力，技术创新能力指企业改进现有技术或创造新技术的能力。从价值链角度看，中小企业技术能力的提升主要表现为初级技术能力—常规生产能力—技术创新能力的发展路径。在技术能力发展的不同阶段，技术能力具有相对明确的技术知识系统，在主要功能、知识特征等方面具有较为明显的差异，中小企业技术能力提升的分析框架如图 1 所示。

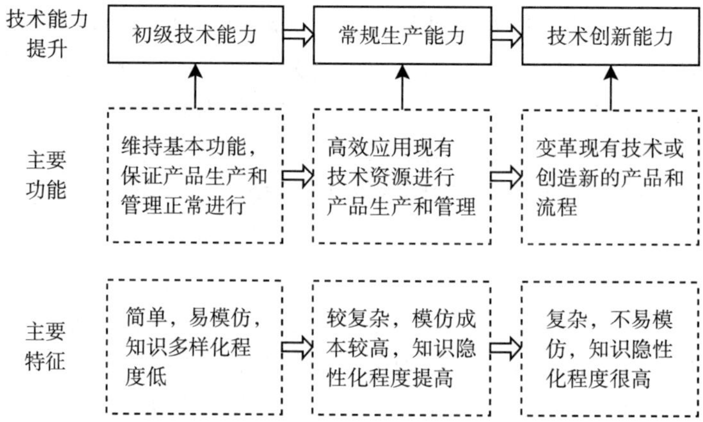

图 1　中小企业技术能力提升的分析框架

（二）中小企业内部知识获取与技术能力提升的关系

内部知识获取分为正式机制和非正式机制两种，内部研发是最为正式的内部知识获取模式。研究开发活动的产出是新的知识以及新的或明显改进的产品、装置、工艺和服务等。与其他知识获取模式相比，企业在内部研发中的组织承诺最高，更有利于形成独特和关键的技术知识。由于技术知识具有环境依赖性，企业放弃内部研发活动就意味着失去新知识产生的环境，因此内部研发对企业技术创新具有不可替代的作用。内部研发也是生产活动的有益辅助，高质量的研究开发将减少新产品在生产中可能发生的故障，有利于解决生产中的重大和长远问题。基于此，本研究提出假设。

H1 中小企业的内部研发对技术能力提升有显著的正向影响。

技术能力提升过程非常复杂，具有很高的不确定性，企业既需要直接开发和生产与产品有关的技术知识，还需要协调各种生产技能和有机结合多种技术资源的学识，后者往往是影响企业核心能力的重要因素。目前中国中小企业疏于规范化管理，引发了企业资源个人化、投机行为不断强化、协调机制缺乏等一系列问题，对研究开发和生产等活动的有效管理可以更好地促进中小企业的内部沟通和协作，提高技术活动的效率。此外，技术能力的提升需要企业处理来自内、外部的多种专业知识，并对这些知识进行转化和应用，这也需要中小企业不断开发新的管理技能、流程和制度。因此，本研究提出假设。

H2 中小企业进行管理知识开发对技术能力提升有显著的正向影响。

（三）中小企业外部知识获取与技术能力提升的关系

本研究将外部知识获取分为先进设备引进、研发合作、技术许可或购买以及研发外包四种主要模式。对于自身知识积累较少的中小企业，引进先进的生产设备等硬件设施以及制造和生产工艺等方面的软件技术是提高生产能力的重要途径。此外，中小企业在设备引进过程中可以学习到更多的产品设计知识，为自主技术创新奠定基础。与外部组织建立正式和非正式的研发合作关系是获取外部知识的另一个重要途径，企业在研发合作中不仅可以直接获得显性知识，还可以通过正式和非正式交流促进隐性知识的转移，进而提升技术创新能力。技术许可或购买以及研发外包可以增加企业接触先进技术的机会，降低内部研发成本，提高技术选择的灵活性，从而有利于自身技术能力的培养。基于此，本研究提出假设。

H3a 先进设备引进对中小企业技术能力提升有显著的正向影响。

H3b 研发合作对中小企业技术能力提升有显著的正向影响。

H3c 技术许可或购买对中小企业技术能力提升有显著的正向影响。

H3d 研发外包对中小企业技术能力提升有显著的正向影响。

（四）内部知识获取在外部知识获取与技术能力提升之间的作用

中小企业的内部知识较为缺乏，外部知识获取可以提高企业的内部知识存量。同时，由于外部知识获取是一个互动过程，要求获取方的管理人员或技术人员的广泛参与，这极大地促进了隐性知识的转移和知识获取方的技术学习，有助于知识获取方积累更为丰富的内部研发知识和管理知识。已有研究证实了外部知识获取对内部知识获取的促进作用。刘敏等实证研究发现外部知识获取对内部研发有显著的正相关关系。高宇等发现企业从大学、供应商或竞争者获取知识显著正相关于内部研发能力。基于此，本研究提出假设。

H4 中小企业内部知识获取在外部知识获取与技术能力提升之间发挥重要的中介作用。

虽然外部知识获取给企业带来了机会，但由于许多知识具有隐性特征，需要企业进行一系列的转化、存储、改进才能真正促进技术能力的提升。对技术知识和管理知识的内部获取可以提高企业对外部知识质量的辨识能力，降低对外部知识的转换和整合成本。Frenz 等对英国创新调查样本企业的研究发现，企业的内部研发能力越强，越能有效获取和应用外部获取的知识，进而提升技术创新能力。Vega-Jurado 等对西班牙企业的研究发现，内部研发不仅能创造新的知识，还对推动企业进行外部技术知识获取和产品创新有积极作用。中小企业受限于内部资源的薄弱，如果不重视内部研发和管理方法的改进，将很难有效吸收和应用外部知识。基于此，本研究提出假设。

H5 中小企业的内部知识获取加强了外部知识获取对技术能力提升的正向影响，即内部知识获取对外部知识获取与技术能力提升的关系有显著的正向调节作用。

四、研究设计

（一）研究样本和数据收集

本研究采取问卷调查方式进行数据收集。调查问卷的设计借鉴经济合作与发展组织以及欧盟统计署发布的《奥斯陆手册（第三版）》的调查方法，并结合中国企业的实际情况进行适当调整。设计问卷之后，与北京市一家著名的市场调查公司合作，抽取北京地区的部分企业进行小规模预调查，根据调查反馈对学术性较强的问题进行修改，并删减了企业反映在实际经营中不重要的一些题项。最终的大规模问卷调查在 2011 年 7 月至 12 月进行，调查企业涉及汽车零部件、软件和生物农业三个产业，请企业以 2010 年的实际业务状况为依据进行填写，调查对象主要是企业的高管人员或技术部门主管。正式问卷调查仍与预调查中的市场调查公司合作，依托于该公司的行业企业信息库，采取按比例分层随机抽样的方法，对抽样企业进行电话调查，最终获得有效问卷 533 份，样本涉及各类规模的企业。以人员规模作为判断企业规模的标准，对企业人数在 250 人以下的企业进行筛选，共取得符合条件的中小企业样本 432 份。样本企业的特征如表 1 所示。

表 1　样本企业特征

项目	样本特征	频率	百分比（%）	项目	样本特征	频率	百分比（%）
产业类型	软件	178	41.204	股权结构	内资	367	84.954
	汽车零部件	167	38.657		合资	65	15.046
	生物农业	87	20.139				
企业规模（员工人数）	1~9 人	20	4.630	企业年龄	1~5 年	130	30.093
	10~49 人	202	46.759		6~10 年	184	42.593
	50~99 人	110	25.463		11~15 年	65	15.046
	100~249 人	100	23.148		15 年以上	53	12.268

（二）变量测量

1. 技术能力提升

基于以往学者的研究思路，本研究将企业技术能力划分为常规生产能力和技术创新能力两个主要方面，通过判断企业的这两类技术能力是否处于高水平，将样本企业分为三类。一是具备初级技术能力的企业，即常规生产能力和技术创新能力都较弱；二是具备常规生产能力的企业，即常规生产能力强但技术创新能力弱；三是具备技术创新能力的企业。在变量测量中，技术能力提升是一个有序分类变量，对初级技术能力赋值为 1，对常规生产能力赋值为 2，对技术创新能力赋值为 3。对常规生产能力和技术创新能力的测量是判断企业技术能力所处水平的关键，也是本研究在问卷设计中重点考虑的内容。

Iammarino 等借鉴企业技术能力的相关研究成果，认为较强的常规生产能力可以依据以下标准来判断，即取得质量认证、引进先进生产方法和技术（如 JIT、全面质量管理、灵活生产）、生产的自动化。本研究借鉴这一方法，在评估企业常规生产能力时将企业是否具有完善的生产管理系统以及是否通过质量认证作为标准，对企业生产管理系统的应用情况设计四个题项，分别为企业在生产管理过程中是否具有质量控制系统、准时生产系统（JIT）、持续改进机制、内部生产手册；对企业质量认证情况设计一个题项，请企业填写是否通过相关的质量认证，如 ISO 质量认证、汽车工业的 ISO/TS16949 认证、软件行业的 CMM 认证。如果企业具备上述生产管理系统的四个要素并通过质量认证，则判断该企业具有较强的常规生产能力。

技术创新能力强的企业是指技术创新处于较高水平的企业。欧盟创新调查建议以企业创新成果是全球最新、市场最新还是企业最新来判断其创新水平，如果创新只局限于企业内部，说明这种创新只是一种跟随战略下的创新，而国内创新或全球创新企业是创新的开拓者，能使企业获得技术领先和市场先导优势。借鉴这一思路，本研究在调查问卷中从产品和流程两个方面询问企业在被调查期间的创新情况，并请企业确认该项创新成果是属于全球最新、中国国内最新还是企业最新，如果这两类创新成果中至少有 1 项属于全球最新或中国国内最新，则判断企业具有较强的技术创新能力。

2. 内部知识获取

内部知识获取主要从技术知识获取和管理知识获取两个层面设计内部研发和管理知识开发两个变量，这两个变量都是虚拟变量。如果企业在被调查期间进行内部研发和管理方法开发活动，赋值为1，否则赋值为0。

3. 外部知识获取

对于先进设备引进，在调查问卷中定义为购买先进的机器设备、电脑硬件或软件来进行新产品生产或产品改进；对于研发合作，在调查问卷中定义为企业与外部组织为了共同的研发目标投入各自的优势资源而形成的合作契约安排；对于技术许可或购买，在调查问卷中定义为从外部以许可或购买形式获得专利、非专利发明、技术诀窍及其他形式的知识；对于研发外包，在调查问卷中定义为企业委托另一方提供技术成果，包括新产品、新工艺或新思路的一种契约安排。针对这四种外部知识获取模式，分别设置四个虚拟变量，如果企业进行该类知识获取，赋值为1，否则赋值为0。

4. 控制变量

选取产业类别、企业规模、企业年龄、股权结构作为控制变量。对产业类别设置三个虚拟变量，分别为软件、汽车零部件和生物农业，如果样本企业属于对应的产业，赋值为1，否则赋值为0；对于企业规模，按员工人数小于10人、10~49人、50~99人、100~249人分为四种，按照规模大小进行赋值，最小值为1，最大值为4；对于企业年龄，按照企业自成立时间到问卷调查期间的存续时间，按1~5年、6~10年、11~15年、15年以上分为四类，按照年龄长短进行赋值，最小值为1，最大值为4；对股权结构设置一个虚拟变量，如果企业属于内资，赋值为1，否则赋值为0。

五、研究结果

（一）内、外部知识获取对技术能力提升的影响

在内、外部知识获取与技术能力提升的回归分析中，由于因变量技术能力提升是一个有序分类变量，因此本研究采用有序多分类Logistic回归分析模型。多重共线性诊断表明，所有控制变量、自变量的条件指数都小于10，因此判断变量间多重共线性不显著。

检验内、外部知识对中小企业技术能力提升的直接影响以及内部知识获取的调节作用，检验结果如表2所示，模型1检验控制变量对技术能力提升的影响，模型2和模型3分别检验内部知识获取、外部知识获取与技术能力提升的关系，模型4和模型5分别检验内部研发和管理知识开发两种内部知识获取模式在外部知识获取与技术能力提升中的中介作用。由表2模型1可知，中小企业的人员规模越大，越有可能提升技术能力；与合资企业相比，内资企业更有可能实现技术能力的跃升；产业类型和企业年龄对技术能力提升均

没有显著的影响。模型 2 显示，内部研发和管理知识开发都显著促进中小企业的技术能力提升，两个变量的回归系数分别为 0.632（$p < 0.010$）和 0.951（$p < 0.001$），表明管理知识开发比内部研发对技术能力提升的影响更大、更显著，H1 和 H2 得到支持。由模型 3 可知，先进设备引进、研发合作都显著正向影响技术能力提升，两个变量的回归系数分别为 0.790（$p < 0.001$）和 0.660（$p < 0.010$），表明中小企业通过采购先进的软硬件设施、与外部组织进行研发合作能够显著促进技术能力的提升，并且先进设备引进的影响较研发合作更为显著，H3a 和 H3b 得到支持。模型 3 中技术许可或购买的回归系数为 0.148，不具有显著性，而研发外包的回归系数为–0.418（$p < 0.050$），表明研发外包对中小企业技术能力提升有显著的负向影响，H3c 和 H3d 没有得到支持。

表 2　内、外部知识获取对技术能力提升的影响以及内部知识获取的调节作用检验

变量	因变量：技术能力提升				
	模型 1	模型 2	模型 3	模型 4	模型 5
软件	0.374	0.017	0.383	0.242	0.301
汽车零部件	–0.078	0.170	–0.049	–0.029	0.025
企业规模	0.527***	0.400***	0.459***	0.431***	0.376**
企业年龄	–0.065	–0.047	0.006	–0.001	–0.001
股权结构（内资）	0.861**	0.667*	0.708*	0.600*	0.670*
内部研发		0.632**		0.530*	
管理知识开发		0.951***			1.002***
先进设备引进			0.790***	0.688***	0.752***
研发合作			0.660**	0.454	0.569*
技术许可或购买			0.148	0.129	–0.232
研发外包			–0.418*	–0.338	–0.477*
内部研发×先进设备引进				–0.533	
内部研发×研发合作				–0.132	
内部研发×技术许可或购买				–0.036	
内部研发×研发外包				0.023	
管理知识开发×先进设备引进					–0.761
管理知识开发×研发合作					0.029
管理知识开发×技术许可或购买					0.699
管理知识开发×研发外包					0.674
–2 倍对数似然值	341.127	517.143	645.626	686.197	675.897
模型卡方	35.370	76.095	64.482	71.955	96.123
模型显著性	0.000	0.000	0.000	0.000	0.000

注：* 为 $p < 0.050$，** 为 $p < 0.010$，*** 为 $p < 0.001$；控制变量产业类别有三个类别，由于在 Logistic 回归分析中自动将生物农业作为参考类别，其所有系数均为 0，因此在回归结果中不显示；下同。

为了进一步探究内、外部知识获取模式对中小企业技术能力提升不同阶段的影响是否存在差异，本研究分别将常规生产能力和技术创新能力作为因变量，应用二元 Logistic 方法进行回归，回归结果如表 3 所示。

表 3 内、外部知识获取对常规生产能力和技术创新能力的影响

变量	因变量 1：常规生产能力	因变量 2：技术创新能力
内部研发	-0.150	0.767**
管理知识开发	0.403*	1.077***
先进设备引进	0.574**	0.601**
研发合作	0.077	0.539*
技术许可或购买	-0.113	-0.108
研发外包	0.336	-0.546*
-2 倍对数似然值	579.573	518.646
模型卡方	17.490	80.224
模型显著性	0.008	0.000

注：均采用二分类 Logistic 回归分析模型。

从表 3 回归结果可知，在中小企业提升常规生产能力阶段，管理知识开发、先进设备引进发挥了显著的正向作用，其他知识获取模式没有显著作用；在提升技术创新能力阶段，内部研发、管理知识开发、先进设备引进、研发合作发挥了显著的正向作用，研发外包发挥了显著的负向作用。由此可见，不同的知识获取模式对中小企业技术能力提升的各个阶段具有不同的影响，管理知识开发在中小企业提升生产能力和技术创新能力方面都发挥着积极作用，而内部研发仅在技术创新能力阶段发挥显著作用，技术创新能力的提升需要更为广泛的内、外部知识获取途径。

（二）内部知识获取的调节作用检验

为了避免变量与交互项之间的多重共线性问题，本研究对涉及交互项的内、外部知识获取的相关变量进行中心化处理，并采用三步估计方法检验内部知识获取的调节作用，具体如表 2 所示。第一步，控制变量进入模型（模型 1）；第二步，在模型中增加外部知识获取的四个自变量（模型 3）；第三步，在模型 4 和模型 5 中分别加入内部研发、管理知识开发及其与外部知识获取的交互项。从模型 4 可以看出，内部研发与外部知识获取的交互项进入方程后，回归系数都不显著，因此内部研发在外部知识获取与技术能力提升中没有显著的调节作用；模型 5 中，管理知识开发与外部知识获取的交互项进入方程后，回归系数也不具有显著性，表明管理知识开发在外部知识获取与技术能力提升中也没有显著的调节作用，H3 没有得到统计数据的支持。

（三）内部知识获取的中介作用检验

根据温忠麟等提出的中介变量的检验程序，对内部研发和管理知识开发的中介作用的检验分别采用三步进行，检验结果如表 4 所示。第一步，检验自变量（外部知识获取）对技术能力提升的影响是否显著，影响显著的自变量将进入下一步的中介效应分析。由表 2

模型 3 可知，先进设备引进、研发合作、研发外包三种外部知识获取模式对技术能力提升有显著影响，技术许可或购买的回归系数不显著，因此下一步将分析内部知识获取在先进设备引进、研发合作、研发外包与技术能力提升之间的中介作用，由于技术许可或购买的回归系数不显著，因此不进入中介作用检验模型。第二步，做部分中介检验，依次检验自变量（外部知识获取）对中介变量（内部知识获取）的影响是否显著（见表 4 模型 6 和模型 7）以及中介变量（内部知识获取）对因变量（技术能力提升）的影响是否显著，如果都显著，意味着外部知识获取至少有一部分是通过内部知识获取实现的。由表 4 模型 6 可知，先进设备引进、研发合作对内部研发有显著的正向影响，研发外包对内部研发有显著的负向影响；由模型 7 可知，研发合作对管理知识开发有显著的正向影响；由表 2 模型 2 可知，内部研发和管理知识开发都对技术能力提升有显著的正向影响。以上结果表明，先进设备引进、研发合作、研发外包对技术能力提升的影响至少有一部分是通过内部研发实现的，管理知识开发还可能在研发合作对技术能力提升的影响中发挥中介效应。第三步，将自变量、中介变量同时放入回归方程，如果自变量的回归系数不再显著，说明是完全中介过程；如果显著，则说明是部分中介过程。从表 4 的模型 8 和模型 9 可知，在加入中介变量内部研发之后，先进设备引进对技术能力提升的影响仍然显著，说明内部研发在先进设备引进与技术能力提升之间起到部分中介作用；研发合作和研发外包对技术能力提升的影响不再显著，说明内部研发在其中发挥完全中介作用。从表 4 的模型 10 和模型 11 可知，加入中介变量管理知识开发之后，研发合作的显著性水平明显降低，但仍然具有 5% 的显著水平，说明管理知识开发在研发合作与技术能力提升之间起到部分中介作用。

表 4 内部知识获取的中介作用检验

变量	因变量 1：内部研发	因变量 2：管理知识开发	因变量 3：技术能力提升			
	模型 6	模型 7	模型 8	模型 9	模型 10	模型 11
软件	1.237***	0.215	0.386	0.271	0.338	0.268
汽车零部件	−0.637*	0.019	−0.053	0.007	−0.019	−0.033
企业规模	0.330*	0.468***	0.459***	0.437***	0.505***	0.416***
企业年龄	0.043	−0.076	0.008	0.003	−0.043	−0.037
股权结构（内资）	0.927**	0.187	0.694**	0.601*	0.753**	0.737**
先进设备引进	1.349***	0.341	0.805***	0.693***		
研发合作	1.844***	0.851***	0.671**	0.483	0.663**	0.485*
研发外包	−0.708**	0.035	−0.413*	−0.342		
内部研发				0.540*		
管理知识开发						1.030***
−2 倍对数似然值	414.855	552.859	609.165	656.047	431.630	518.151
模型卡方	153.582	39.746	64.291	69.926	44.287	72.084
模型显著性	0.000	0.000	0.000	0.000	0.000	0.000

注：模型 6 和模型 7 的因变量均为二分类变量，因此均采用二分类 Logistic 回归分析模型。

六、结论

本研究从内、外部知识获取角度分析知识获取的不同模式对中小企业技术能力提升的影响，并对内部知识获取的调节效应和中介效应进行检验，弥补了已有研究忽略内、外部知识获取之间的相互关系以及不重视中小企业层面研究的局限性，主要研究结论如下：

（1）内部研发和管理知识开发对中小企业技术能力提升有显著的正向影响，说明中小企业要提升技术能力，就要重视企业内部的技术和管理知识的开发，而不能仅依赖外部知识获取。研究还发现，虽然样本企业中进行内部研发的企业比例大于进行管理知识开发的比例，但是实证分析显示，管理知识开发的影响比内部研发更为显著。这可能是由于，随着中小企业的规模扩大和能力发展，有效协调内部资源、加强复杂性管理是企业面临的主要问题，而对管理知识的开发、利用和创新是解决这一问题的根本途径。已有研究普遍重视内部研发在企业发展技术能力中的作用，但是忽略了管理知识开发在其中发挥的重要作用，本研究结论是对已有研究的扩展和补充。

（2）外部知识获取模式对中小企业技术能力提升具有显著影响，但影响的性质存在较大差异。与其他外部知识获取模式相比，先进设备引进对技术能力提升的正向影响最为显著，说明要成为技术创新型企业，中小企业需要加强在设备引进过程中从供应商的知识网络中获取知识的能力；研发合作对技术能力提升也有显著的正向影响，调查显示研发合作是样本企业最普遍采用的外部知识获取模式，表明中小企业普遍重视与外部组织的研发合作以弥补自身资源的局限；研发外包对中小企业技术能力提升有显著的负向影响，也不利于中小企业内部研发能力的培养，这可能是由于研发外包会造成中小企业对外部技术知识的过度依赖，从而降低了内部研发的力度，从长远来看会损害中小企业的技术创新能力；技术许可或购买对技术能力提升没有显著影响，可能是由于技术许可或购买的技术主要是成熟技术，交易双方直接的知识交流十分有限，不利于中小企业的技术学习和技术创新能力培养。可见，并非外部知识获取都有利于中小企业的技术能力提升，企业要根据自身资源条件和外部环境的匹配性来选择适合的外部知识获取模式。

（3）内部知识获取对外部知识获取与技术能力提升的调节作用不显著，并且仅对特定的外部知识获取模式具有中介效应。具体来看，中小企业通过先进设备引进和研发合作可以显著地促进内部研发活动，进而间接影响技术能力提升，这可能是由于设备引进和研发活动要求企业的内部知识开发和吸收能力具有更好的匹配性。内部研发对研发外包与技术能力提升的中介作用很显著，作用路径表现为越是采用研发外包的企业其内部研发活动越不活跃，进而越对技术能力提升产生负向影响。管理知识开发仅对研发合作与技术能力提升的关系具有中介作用，这可能是由于研发合作对组织间的团队管理、知识转移提出了更高的要求，有利于促进中小企业的管理知识开发和创新。本研究从中小企业层面检验内部知识获取对不同外部知识获取模式的中介作用，拓展了将外部知识获取作为单一变量或仅针对一种获取模式而得出的研究结论。

（4）中小企业的规模越大，越有利于提升技术能力，内、外部知识获取也越活跃。与合资企业相比，内资企业更注重内部研发，更有利于实现从初级能力到创新能力的跃升，这可能是由于跨国公司在发展中国家投资更多的是利用当地低成本的生产资源，与合资企业之间的知识转移有限，因而对合资企业的技术创新能力培养作用较小。这说明中国本土中小企业比合资企业更具有创新潜力，依靠与跨国公司合资来提高中小企业技术能力的效果还不够显著。

中小企业是中国经济最活跃的组成部分，也是中国成长型企业的代表，中小企业的技术能力提升是一项关系重大且相当艰巨的任务，总体看中国中小企业的技术能力水平并不乐观，本研究为相关问题提供了可供借鉴的启示。①虽然中小企业的自身资源有限，但是不能放弃内部研发知识和管理知识的开发。已有研究普遍认为外部联系与知识获取对中小企业获得竞争优势至关重要，不过通过本研究的实证发现，进行内部知识获取的中小企业在技术能力提升方面更具优势。现阶段中小企业的竞争环境已经发生了较大的改变，单纯依靠低成本和区域销售优势很难取得长远发展，低水平竞争使许多中小企业无力承受价格压力而早早夭折。可见内部研发和管理方法创新是中小企业持续发展的原动力，也是促进技术能力升级并维持竞争力的关键因素。②先进设备引进和研发合作对中小企业的内部研发和技术能力提升都具有显著的推动作用，研发合作显著促进了中小企业管理知识的开发，而研发外包却与内部研发具有一定的替代关系。可见，中小企业要结合自身需求谨慎制定外部知识获取策略。虽然已经有许多中小企业开始重视外部联系和知识获取，但是许多行为还是为了满足生存需要的短期行为，影响了对外部知识的有效利用。解决这一问题的关键是要制定明确的知识获取战略，促进内、外部知识获取的互动和良性循环。

本研究虽然对中小企业的内、外部知识获取与技术能力提升之间的关系进行探索性研究和论证，得出一些有意义的结论，但还存在一些不足之处，有待今后进一步探讨。①本研究的企业样本仅来自于北京地区的软件、汽车零部件和生物农业产业，难以排除该区域企业固有特性的影响，今后可对其他区域和产业的样本进行扩展研究，并比较不同区域、不同产业和不同类型的企业在知识获取与技术能力提升方面的差异。②受数据收集条件制约，本研究没有将知识获取和技术能力提升中可能涉及的其他因素纳入研究模型，如组织学习和政策支持等，今后可适当增加相关重要变量，提高对中小企业技术能力提升的解释力。③本研究的实证研究是基于企业问卷调查所获得的横截面数据，而技术能力提升是一个动态过程，未来可以进行纵向数据分析和典型案例研究，进一步挖掘中小企业技术能力提升的动态规律和不同阶段的知识获取机制。

参考文献

[1] 樊霞，赵丹萍. 技术属性对中小企业技术获取策略选择影响的实证研究 [J]. 科学学与科学技术管理，2012，33（10）：129-136.

[2] 宋宝香，彭纪生，王玮. 外部技术获取对本土企业技术能力的提升研究 [J]. 科研管理，2011，32 (7)：85-95.

[3] 陈艳，范炳全. 中小企业开放式创新能力与创新绩效的关系研究 [J]. 研究与发展管理，2013，25 (1)：24-35.

[4] 赵文红，梁巧转. 技术获取方式与企业绩效的关系研究 [J]. 科学学研究，2010，28 (5)：741-746，776.

[5] 谢伟. 技术学习过程的新模式 [J]. 科研管理，1999，20 (4)：1-7.

[6] 彭新敏，吴晓波，卫冬苇. 基于技术能力增长的企业技术获取模式研究 [J]. 科研管理，2008，29 (3)：28-34，59.

[7] 毕克新，杨朝均，艾明晔. 外部技术获取对我国制造业技术创新的影响研究：基于创新投入产出视角 [J]. 工业技术经济，2012，31 (11)：55-61.

[8] 张玉利，徐海林. 中小企业成长中的复杂性管理及知识显性化问题研究 [J]. 外国经济与管理，2002，24 (3)：18-23.

[9] 刘敏，田增瑞，徐凯. 企业 R&D 能力在知识获取和产品创新间的中介作用 [J]. 研究与发展管理，2010，22 (6)：90-96.

[10] 高宇，高山行，沈灏. 合作方技术获取对企业绩效的作用机制研究 [J]. 科研管理，2011，32 (9)：108-116.

[11] 温忠麟，张雷，侯杰泰，刘红云. 中介效应检验程序及其应用 [J]. 心理学报，2004，36 (5)：614-620.

[12] 朱岩梅，吴霁虹. 我国创新型中小企业发展的主要障碍及对策研究 [J]. 中国软科学，2009 (9)：23-31.

[13] Van Gils A., Zwart P. Knowledge Acquisition and Learning in Dutch and Belgian SMEs: The Role of Strategic Alliances [J]. European Management Journal, 2004, 22 (6): 685-692.

[14] Yam R. C. M., Lo W., Tang E. P. Y., Lau A. K. W. Analysis of Sources of Innovation, Technological Innovation Capabilities, and Performance: An Empirical Study of Hong Kong Manufacturing Industries [J]. Research Policy, 2011, 40 (3): 391-402.

[15] Hung S. W., Tang R. H. Factors Affecting the Choice of Technology Acquisition Mode: An Empirical Analysis of the Electronic Firms of Japan, Korea and Taiwan[J]. Technovation, 2008, 28 (9): 551-563.

[16] Alvarez S. A., Barney J. B. How Entrepreneurial Firms can Benefit from Alliances with Large Partners [J]. The Academy of Management Executive, 2001, 15 (1): 139-148.

[17] Tsai K. H., Hsieh M. H., Hultink E. J. External Technology Acquisition and Product Innovativeness: The Moderating Roles of R&D Investment and Configurational Context [J]. Journal of Engineering and Technology Management, 2011, 28 (3): 184-200.

[18] Kim L. Building Technological Capability for Industrialization: Analytical Frameworks and Korea's Experience [J]. Industrial and Corporate Change, 1999, 8 (1): 111-136.

[19] Lall S. Technological Capabilities and Industrialization [J]. World Development, 1992, 20 (2): 165-186.

[20] Choung J. Y., Hwang H. R., Choi J. H., Rim M. H. Transition of Latecomer Firms from Technology Users to Technology Generators: Korean Semiconductor Firms [J]. World Development, 2000, 28 (5): 969-982.

[21] Figueiredo P. N. Industrial Policy Changes and Firmlevel Technological Capability Development: Evidence from Northern Brazil [J]. World Development, 2008, 36 (1): 55-88.

[22] Kim Y., Lee B. Patterns of Technological Learning among the Strategic Groups in the Korean Electronic Parts Industry [J]. Research Policy, 2002, 31 (4): 543-567.

[23] Figueiredo P. N. Learning Processes Features and Technological Capability-Accumulation: Explaining Interfirm Differences [J]. Technovation, 2002, 22 (11): 685-698.

[24] Galunic D. C., Rodan S. Resource Recombinations in the Firm: Knowledge Structures and the Potential for Schumpeterian Innovation [J]. Strategic Management Journal, 1998, 19 (12): 1193-1201.

[25] Grant R. M. Toward a Knowledge-based Theory of the Firm [J]. Strategic Management Journal, 1996, 17 (Special Issue): 109-122.

[26] Kessler E. H., Bierly P. E., Gopalakrishnan S. Internal vs. External Learning in New Product Development: Effects on Speed, Costs and Competitive Advantage [J]. R&D Management, 2000, 30 (3): 213-223.

[27] Laursen K., Salter A. Open for Innovation: The Role of Openness in Explaining Innovation Performance among U. K. Manufacturing Firms [J]. Strategic Management Journal, 2006, 27 (2): 131-150.

[28] Caloghirou Y., Kastelli I., Tsakanikas A. Internal Capabilities and External Knowledge Sources: Complements or Substitutes for Innovative Performance? [J]. Technovation, 2004, 24 (1): 29-39.

[29] Tsai K. H., Wang J. C. External Technology Sourcing and Innovation Performance in LMT Sectors: An Analysis Based on the Taiwanese Technological Innovation Survey [J]. Research Policy, 2009, 38 (3): 518-526.

[30] Lane P. J., Salk J. E., Lyles M. A. Absorptive Capacity, Learning, and Performance in International Joint Ventures [J]. Strategic Management Journal, 2001, 22 (12): 1139-1161.

[31] Tsai K. H., Hsieh M. H., Hultink E. J. External Technology Acquisition and Product Innovativeness: The Moderating Roles of R&D Investment and Configurational Context [J]. Journal of Engineering and Technology Management, 2011, 28 (3): 184-200.

[32] Ford D. Develop Your Technology Strategy [J]. Long Range Planning, 1988, 21 (5): 85-95.

[33] Prencipe A. Technological Competencies and Product's Evolutionary Dynamics a Case Study from the Aero-engine Industry [J]. Research Policy, 1997, 25 (8): 1261-1276.

[34] Prahalad C. K., Hamel G. The Core Competence of the Corporation [J]. Harvard Business Review, 1990, 68 (3): 79-91.

[35] de Faria P., Lima F., Santos R. Cooperation in Innovation Activities: The Importance of Partners [J]. Research Policy, 2010, 39 (8): 1082-1092.

[36] Frenz M., Ietto-Gillies G. The Impact on Innovation Performance of Different Sources of Knowledge: Evidence from the UK Community Innovation Survey [J]. Research Policy, 2009, 38 (7): 1125-1135.

[37] Vega-Jurado J., Gutiérrez-Gracia A., Fernández-de-Lucio I., Manjarrés-Henríquez L. The Effect of External and Internal Factors on Firms' Product Innovation [J]. Research Policy, 2008, 37 (4): 616-632.

[38] Iammarino S., Padilla-Pérez R., von Tunzelmann N. Technological Capabilities and Global-local Interactions: The Electronics Industry in two Mexican Regions [J]. World Development, 2008, 36 (10): 1980-2003.

[39] Organisation for Economic Co-operation and Development. Oslo manual: Guidelines for Collecting

and Interpreting Innovation Data [M] . Paris: Statistical Office of the European Communities, 2005.

[40] Rogers M. Networks, Firm Size and Innovation [J]. Small Business Economics, 2004, 22 (2): 141-153.

Research on the Impact of Internal and External Knowledge Acquisition on Technological Capability Upgrading of SMEs

Li Yanhua

(School of Business, Beijing Technology and Business University, Beijing 100048, China)

Abstract: To explore how SMEs upgrade their technological capabilities from a junior level to a high level by effectively applying internal and external knowledge, the study takes 432 enterprises in software, automobile and biological agriculture fields in Beijing as research sample. Employing logistic modeling, this study empirically investigates the impacts of internal and external knowledge acquisition modes on technological capability upgrading of SMEs, and tests the effects of internal knowledge acquisition on external knowledge acquisition and technological capability upgrading. The results show that: ①internal R&D, internal managerial know-how development, advanced equipment procurement and R&D cooperation significantly promote technological capability upgrading, but exist discrepancies in the different stages of upgrading; ②R&D outsourcing has a negative effect on technological capability upgrading of SMEs; and ③ moreover, internal knowledge acquisition has a mediating effect on the relationship between external knowledge acquisition and technological capability upgrading of SMEs.

Key Words: SMEs; Internal Knowledge Acquisition; External Knowledge Acquisition; Technological Capability Upgrading

企业家人口统计特征对中小企业融资约束的影响机制研究*

陈晓红，高阳洁
（中南大学商学院，长沙 410083）

【摘 要】基于高层梯队理论，以 2010 年我国 530 家中小上市企业为样本，采用层级回归方法，分析企业家人口统计特征对中小企业融资约束的影响及其作用机制。研究结果表明，企业家不同的人口统计特征对中小企业融资约束产生不同的影响，具体来说，企业家受教育程度和职称对缓解中小企业融资约束产生积极影响，企业家年龄和任期对中小企业融资约束产生显著 U 型影响，而女性企业家对缓解中小企业融资约束产生消极影响。研究结果不仅丰富了企业家人口统计特征与中小企业融资约束之间的相关理论，并为缓解我国中小企业融资约束提供了实践支持。

【关键词】企业家；人口统计特征；融资约束指数；中小企业

一、引言

目前，中小企业已成为推动我国经济持续发展的重要力量，是我国技术创新和就业的重要载体。融资难往往是创办中小企业的主要障碍，也是影响企业进一步发展的瓶颈（陈晓红，2000）。在信息与激励问题普遍存在的现实经济中，由于难以按照理论成本筹集足够的资金，企业常常被迫放弃一些有价值的投资机会，这种状态被定义为融资约束

* 基金项目：国家自然科学基金创新群体科学基金项目（70921001/G0104，2010–2012）；教育部哲学社会科学研究重大课题攻关项目（10JZD0020，2010–2013）。

作者简介：陈晓红（1963–），女，汉族，湖南长沙人，中南大学商学院名誉院长，博士，教授，博士生导师，研究方向：中小企业融资与治理、战略资本运营。高阳洁（1989–），女，汉族，湖南湘潭人，中南大学商学院硕士研究生，研究方向：中小企业融资与治理。

(Fazzari 等，1988)。已有的研究指出企业的融资约束与企业规模、留存盈利率、利息保障倍数等指标相关。Ritter（1987）指出企业规模与企业融资约束存在负相关关系。然而，Palani-Rajan 和 Zingales（1998）的研究结论与之相反。Fazzari、Hubbard 和 Petersen（1988）认为，具有较高留存盈利率的企业没有其他低成本的投资资金来源，因而更可能面临融资约束问题。Aggarwal 和 Zong（2003）则通过实证研究表明，利息保障倍数越小，企业拖欠债务的可能性就越大，面临融资约束问题的可能性也越大。可以看出，在理论界关于融资约束问题的研究至今仍未形成系统的结论。企业面临融资约束程度的大小取决于宏观金融环境，同时也取决于企业内部因素，尤其是企业家的自身因素。目前，对于中小企业内部管理特性对融资约束的影响缺少系统的研究。而事实上，中小企业融资约束与企业内部因素，特别是与企业家的人口统计特征密切相关。

Hambrick 和 Mason（1984）提出的高层梯队理论认为高层管理人员会影响组织结果。该理论认为由于内外环境的复杂性，企业家不可能对其所有方面进行全面的认识，这样，企业家特质影响他们的战略选择，并进而影响企业行为。因此，企业家的认知能力、感知能力和价值观等心理结构决定了战略决策过程和对应的组织结果。不过，企业家的心理结构难以度量，而企业家可客观度量的人口统计特征与企业家认知能力和价值观密切相关(Hambrick，2007)。因此，通过观察企业家人口统计特征变量就可以客观地研究企业家对中小企业融资约束的影响。

在分析高层梯队理论的基础上，企业家人口统计特征，如受教育程度、职称、年龄、任期和性别很可能对中小企业的融资约束产生重要而显著的影响。Wailderdsak 和 Suehiro（2004）指出企业家的教育水平是其知识能力的普遍反映。此外，知识能力是在自我导向的学习过程中产生的新管理技能，对实现企业竞争优势和获取经营资金至关重要(Boyatzis，2004)。企业家通过社会关系以及与外部利益相关者的联系，促进资源、信息和知识的交流，从而帮助企业降低交易成本，减少融资约束（Burt，1997；Luo，2003）。Barker 和 Mueller（2002）的研究表明，管理者的年龄和任期与其承担风险的战略有关。另外，Reed 和 De Fillippi（1990）指出在生活和工作中积累的知识和经验可以让企业家更有效地处理企业的融资约束问题。Carter 等（2003）发现，女性占董事会的比例对企业融资产生一个积极的影响。尽管国内外学者对企业家人口统计特征作用于中小企业融资约束的关系给予了高度的关注，并得出了一些非常有益的结论。但是，专门对“影响机制”问题做出完整、系统解释的文献很少。

基于以上原因，本文将沿袭现有理论文献的思路，采用我国中小上市企业的数据，实证分析企业家人口统计特征对中小企业融资约束的影响机制。以企业家受教育程度、职称、年龄、任期以及性别等指标表示企业家人口统计特征，试图考察各指标对中小企业融资约束的影响，以期为我国中小企业的融资提供经验证据与理论支持。

二、机理分析与研究假设

Hambrick 和 Mason（1984）认为企业家的认知基础都是从他的经验（包括背景和训练）中演化而来的，因而人口统计特征是企业家品质的指示器。人口统计学方法的优越性在于客观、简约、容易理解、逻辑一致、具有事先预测能力和容易测量，这也是众多学者研究企业家人口背景特征对企业融资约束影响的原因（张建军、李宏伟，2007）。借鉴 Hambrick 和 Mason（1984），Wiersema 和 Bantel（1992），Finkelstein 和 Hambrick（1996），Jensen 和 Zajac（2004），孙海法等（2006）的研究成果，同时考虑到数据的可获得性，本文选取受教育程度、职称、年龄、任期和性别等人口统计特征变量测量企业家人口统计特征。企业家受教育程度是新增长理论下企业家人力资本投资成本的衡量，也反映了企业家的个性特征、认知方式和价值观念；企业家职称是对企业家社会资本的衡量；企业家年龄是企业家自身职业生涯、风险偏好、声誉和形象的重要影响因素；企业家任期则是对企业理解程度和管理经验的衡量，将影响到管理绩效；企业家性别会对企业决策行为产生影响。综上所述，本文提出核心假设：

假设：企业家人口统计特征对缓解中小企业融资约束产生重要而显著的影响。

（一）企业家受教育程度

受教育程度反映了企业家的认知能力，对新异、复杂信息的搜集和处理能力。受教育程度高的企业家更愿意接受新思想，有能力适应变化，还具有较强的获取所需信息的能力。企业家的社会认知复杂程度与受教育程度正相关，高社会认知复杂度使得中小企业家能够在复杂的融资外部环境中有能力进行准确的定位，快速确定适合企业自身的融资模式（Wiersema 和 Bantel，1992）。Kimberly 和 Evanisko（1981）、Bantel 和 Jackson（1989）发现企业家受教育程度对企业战略革新和技术改革有着显著的积极影响。Hitt 和 Tyler（1991）认为受教育程度越高的企业家拥有更强的认知复杂性，且更为创新地处理决策信息。姜付秀等（2009）发现企业家受教育程度越高，越有助于抑制企业过度投资行为。而有关社会关系交往的研究发现，关系主体的受教育程度越高，其社会交往参与度越高，交往对象的层次也越高（胡荣，2003）。因而，受教育程度高的企业家的社会网络在网络规模和网络成员层次上具有明显优势，其通过社会关系运作获得的资源或支持更多，也就越可能缓解中小企业融资约束。由以上分析可知：

假设 1：企业家受教育程度对缓解中小企业融资约束产生积极影响。

（二）企业家职称

企业家的社会资本是影响组织成果的一个重要运行机制（Adler 和 Kwon，2002；

Shipilov & Danis，2006）。衡量一个人的社会资本，重要的是指出他在社会中与之相关联的成员类型。个人与较重要群体成员（如政党及专业团体）有关联，则认为其拥有更多的社会资本。从社会资本理论的角度来看，企业家的社会资本可以极大地方便各种跨组织活动，如获取市场信息和筹集经营资金（Luo，2003）。企业家的学术职称以及专业技术职称与其社会资本紧密相关。企业家拥有职称，意味着其拥有更多的社会资本处理企业融资问题。基于这一点，本文认为以拥有职称为依据的社会资本能缓解中小企业融资约束，因此假设：

假设2：企业家拥有职称对缓解中小企业融资约束产生积极影响。

（三）企业家年龄

企业家的年龄代表着企业家的阅历和风险倾向，进而影响企业家的融资观点和融资选择。关于年龄与认知关系的大量研究表明，随着年龄的增长，企业家的部分认知能力下降，知识结构老化，使其变通能力降低，对改变的抵制倾向增加，并且在做出决策时的信心开始下降。因而年长的企业家会倾向于规避风险，而年轻的更愿意承担风险（Hambrick & Mason，1984）。Taylor（1975）的研究表明企业家的年龄与整合信息的能力、决策的信心存在着负相关关系。相关实证研究都证实，企业家的年龄越大，其融资决策行为越为保守，企业受到的融资约束越高（Bantel & Jackson，1989；Wiersema & Bantel，1992）。但Prendergast和Stole（1996）认为，年轻的企业家急于展示自身能力，容易过高评价私有信息而忽视公共信息，在企业决策中表现出过度自信；相反，年长的企业家倾向于符合行业标准或历史经验，决策行为趋于保守。有关调查研究表明，在中国，年纪过轻的人还缺乏必要的人力资本积累和物质资本积累，因而，年轻的企业家不足以为中小企业融资提供各种资源，从而加重了企业融资约束的程度。通过综合以上两种观点，本研究提出：

假设3：企业家年龄对缓解中小企业融资约束产生显著的U型影响。

（四）企业家任期

企业家的任期是受到定性和定量研究最多关注的特征（Finkelstein & Hambrick，1996）。Michel和Hambrick（1992）发现，对企业战略机会的把握能力会随着企业家任期的增加而得以提升。任期越长的企业家拥有企业更多的知识和经验，因此，他们拥有更好的能力、更大的自主权，以及更有信心经营管理公司（Miller，1991）。由此看来，随着任期的延长，企业家在中小企业经营管理中获得、积累的知识也会随之增加，有利于缓解中小企业融资约束。另外，基于信息不对称视角，企业家任期同样可以作为外部投资者推断企业发展预期的一种信号。企业家任期越长，不仅反映了企业家对企业未来充满信心，也代表着企业家的经营管理工作得到公司员工的认同，从而影响外部投资者的投资决策。然而，实证表明，当任期增加，企业家对企业战略往往做较少的改变（Grimm & Smith，1991；Hambrick & Fukutomi，1991）。企业家随着任期的增加，对企业的经营管理产生一种惯性思维，无法适应现在和将来环境的变化，对中小企业融资产生不利影响。基于以上两种不同的观点，本文假设：

假设 4：企业家任期对缓解中小企业融资约束产生显著的 U 型影响。

（五）企业家性别

心理学和人口特征学的部分研究发现，男性企业家和女性企业家在一些人口特征和行为上是存在差别的。在一般情况下，男性企业家比女性企业家更容易创新，男性经营管理的企业更容易获得资金（Kalleberg & Leicht，1991）。Alexander 等（2009）运用跨国企业数据证明女性企业家所经营管理的企业更难获得银行贷款，并指出即使企业获得贷款，也要支付更高的利息。而这种现象出现的可能原因之一就是不同性别的企业家在风险偏好、战略关注点和对成就感追求的强烈程度上存在差异，女性企业家往往追求的是企业稳定增长，因此其对缓解中小企业融资约束的影响较小。同时，不同性别的关系主体在社会交往中往往会呈现不同的特征（胡荣和胡康，2007）。男性企业家比女性企业家更容易从社会网络获取更多的资源或支持，从而提高缓解中小企业融资约束的可能性。为了更好地分析像我国这样的男权主导社会中性别的表现内涵，本文假设：

假设 5：女性企业家对缓解中小企业融资约束产生消极影响。

综上所述，本文构建了企业家人口统计特征对中小企业融资约束影响的框架（见图 1），考察企业家受教育程度、职称、年龄、任期、性别对中小企业融资约束的作用机制。

三、研究设计

（一）数据来源和样本选取

本文的研究样本为 2010 年我国中小上市企业。为保证数据的有效性，对原始样本进行筛选，标准如下：①2010 年 12 月 31 日前上市的中小企业板上市公司，不包括在上海、深圳证券交易所主板上市的中小上市企业；②剔除金融类样本企业；③剔除样本中经营状况异常（ST、*ST）的企业；④剔除样本中数据遗漏、不全的企业。筛选得出最终的研究样本为 530 家中小上市企业。

本文的数据均来自上市企业在其指定信息披露媒体上所公布的年报、公告以及招股说明书，部分数据来自中国上市公司治理数据库（CSMAR）。本文使用 SPSS18.0 数据分析软件对数据进行处理。

（二）变量选取及定义

借鉴以往的融资理论和高层梯队理论，本文选取的被解释变量、解释变量及控制变量说明见表 1。

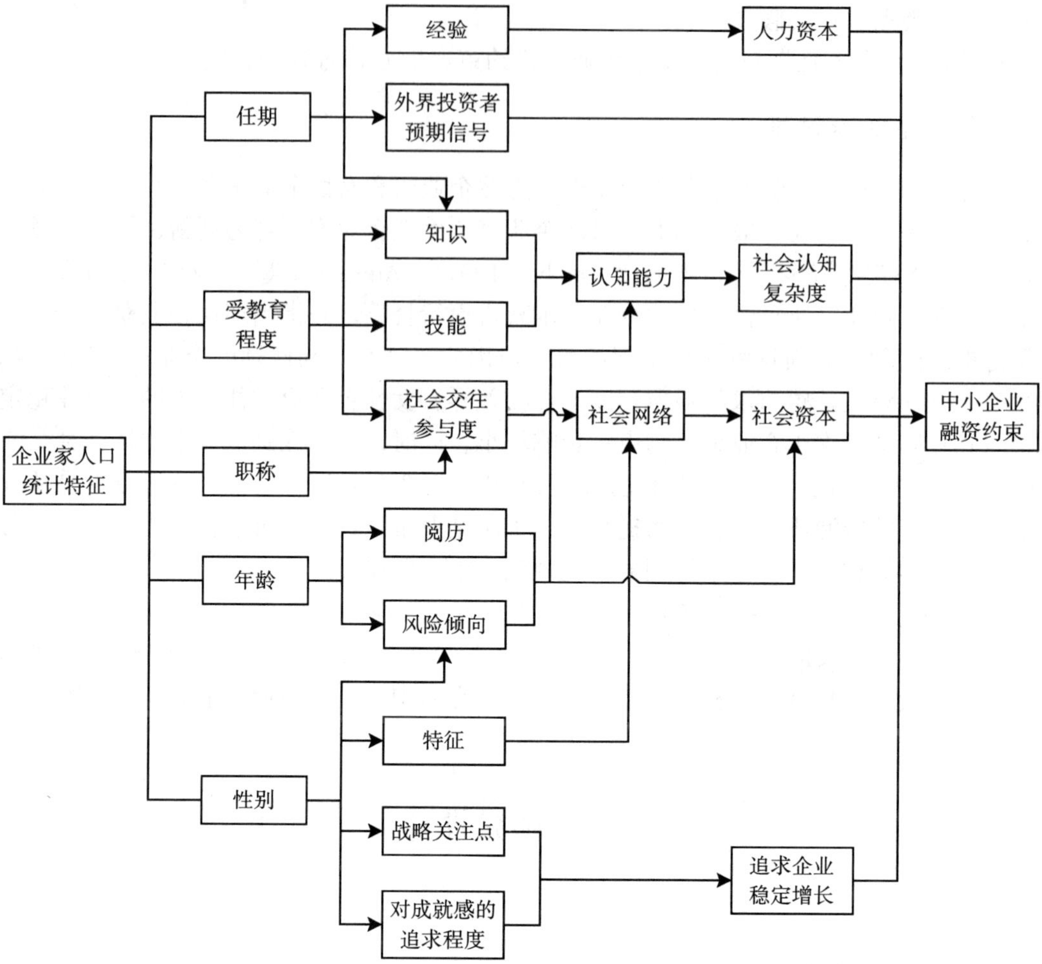

图 1　企业家人口统计特征对中小企业融资约束的作用机制

表 1　变量定义

变量分类	变量名称	变量定义
被解释变量	FC	融资约束指数
解释变量	Edu	企业家受教育程度，其中高中学历取 1，大专学历取 2，本科学历取 3，硕士学历取 4，博士学历取 5
	Title	企业家职称，拥有取 1，不拥有取 0
	Age	企业家年龄
	Tenure	企业家任期，任职天数的自然对数
	Gender	企业家性别，女性取 1，男性取 0
企业特征控制变量	LnTA	企业规模，总资产的自然对数
	LEV	资产负债率
	Regi	地理区域，发达地区（北京、上海、天津、广东、浙江、江苏、福建和山东）取 1，其他较不发达地区取 0
	F_Age	企业年龄

续表

变量分类	变量名称	变量定义
治理结构控制变量	BS	董事会规模，董事会人数
	NED	独立董事比例
	Type	所有制类型，国有取 1，非国有取 0

1. 被解释变量

关于企业融资约束的度量，目前尚无统一的标准。已有的融资约束指数设计方法包括 Z_{FC} 约束指数（Cleary，1999）、KZ 约束指数（Lamont 等，2001）、WW 约束指数（Whited 和 Wu，2006）。由于 WW 指数通过对大样本的结构方程估计，回避了样本选择问题、联立性偏误以及由托宾 Q 引发的测量误差，因此，本文采用 WW 约束指数衡量中小企业融资约束指数 FC。

Whited 和 Wu（2006）选取长期负债与资产比率（CF）、股利支付哑变量（DIV）、营业收入增长率（LDEBT）、总资产的自然对数（LnTA）、行业销售增长率（ISG）以及现金流与总资产比率（SG）等指标，构建了一个企业 WW 融资约束指数。

$$FC = -0.091CF - 0.062DIV + 0.021LDEBT - 0.044LnTA + 0.102ISG - 0.035SG$$

2. 解释变量

研究表明，我国企业的法人代表大多是董事长，董事长是事实上的企业家，在企业经营与发展中拥有更多的决策权。因此，本文将企业家定义为董事长（宋德舜，2004）。为了验证企业家人口统计特征对中小企业融资约束（FC）的影响，在参考 Bantel 和 Jackson（1989）、Zenger 和 Lawrence（1989）、Prendergast 和 Stole（1996）、Fraser 和 Greene（2006）、Adams 和 Ferreira（2009）、张龙和刘洪（2009）、姜付秀等（2009）研究的基础上，本文选取企业家受教育程度（Edu）、职称（Title）、年龄（Age）、任期（Tenure）和性别（Gender）等指标作为解释变量。

3. 控制变量

为了尽可能准确地研究企业家人口统计特征对中小企业融资约束的影响机制，本文还需要控制可能对中小企业融资约束产生影响的其他因素。参考孙海法等（2006）、姜付秀等（2009）、张龙和刘洪（2009）、何威风和刘启亮（2010）、饶育蕾和王建新（2010）的研究成果，将控制变量分为两组，一是企业特征变量，包括企业规模（LnTA）、资产负债率（LEV）、地理区域（Regi）以及企业年龄（F_Age）；二是治理结构变量，包括董事会规模（BS）、独立董事比例（NED）和企业所有制类型（Type）。

（三）研究方法和计量模型

本文采用层级回归方法（HLM）。层级回归模型是专门用于分析不同层次变量之间关系的工具，其可以估计各层次的效果，以及各层次所能够解释的变异量（Bryk & Raudenbush，1992）。本文涉及企业家受教育程度、职称、年龄、任期和性别五个层面的变量，将各个人口统计特征分步代入回归方程，再将所有测试变量放在同一模型中进行回归，构建了六个多层回归模型。因此，本文构建如下实证模型：

$$FC = \alpha_1 + \beta_1 Edu + ControlVariables + \varepsilon \quad (1)$$

$$FC = \alpha_2 + \beta_2 Title + ControlVariables + \varepsilon \quad (2)$$

$$FC = \alpha_3 + \beta_3 Age + \gamma_3 Age^2 + ControlVariables + \varepsilon \quad (3)$$

$$FC = \alpha_4 + \beta_4 Tenure + \gamma_4 Tenure^2 + ControlVariables + \varepsilon \quad (4)$$

$$FC = \alpha_5 + \beta_5 Gender + ControlVariables + \varepsilon \quad (5)$$

$$FC = \alpha_6 + \delta_1 Edu + \delta_2 Title + \delta_3 Age + \delta_4 Age^2 + \delta_5 Tenure + \delta_6 Tenure^2 + \delta_7 Gender + ControlVariables + \varepsilon \quad (6)$$

其中，α_1~α_6 为截距；β_1~β_5、δ_1~δ_7、γ_3、γ_4 为回归系数；控制变量包括企业特征控制变量和治理结构控制变量；ε 为随机变量扰动项，表示影响中小企业融资约束的其他变量。

四、实证结果及分析

（一）描述性统计

本文采用我国中小上市企业的样本数据资料，对主要变量指标进行初步的描述性统计。

由表 2 可知，我国中小上市企业的融资约束指数平均值为 0.612，该值处于一个较为合理的水平，能较好地反映企业的融资约束状况。融资约束指数的平均数略小于中位数，说明我国多数中小上市公司受到的融资约束较小，这主要是因为我国中小上市企业凭借其上市的优势，更多地依赖股权融资方式，充实企业的运营资金，从而受到的融资约束较小（施海娜等，2011）。通过对数据进行观察，可以发现多数中小企业企业家拥有本科以上学历，平均年龄和任期分别为 51 岁和 6 年，其样本基本呈正态分布。企业家拥有职称的样

表 2　变量描述性统计

变量	均值	中位数	最大值	最小值	标准差
FC	0.612	0.696	1.000	0.000	0.312
Edu	3.200	3.000	5.000	1.000	0.981
Title	0.670	1.000	1.000	0.000	0.469
Age	50.860	49.000	84.000	32.000	7.543
Tenure	5.731	5.998	8.117	0.693	1.347
Gender	0.050	0.000	1.000	0.000	0.216
LnTA	21.179	21.099	24.505	19.243	0.748
LEV	0.061	0.057	0.270	−1.189	0.071

续表

变量	均值	中位数	最大值	最小值	标准差
Regi	0.740	1.000	1.000	0.000	0.437
F_Age	9.040	9.000	27.000	2.000	4.120
BS	8.820	9.000	15.000	5.000	1.466
NED	0.364	0.333	0.571	0.231	0.048
Type	0.120	0.000	1.000	0.000	0.324

本 357 个，在整个样本中的比重较大，占 67.36%，表明多数企业家拥有以职称为依据的社会资源。女企业家的样本共 26 个，在整个样本中的比重较小，仅为 0.049。

（二）相关性分析

进行回归分析之前，先对所有数据进行相关性检验，检验结果如表 3 所示。由表 3 可知，作为反映中小企业融资约束的 FC 与企业家受教育程度、职称变量之间存在显著负相关关系，与性别变量之间存在显著正相关关系，但与年龄、任期变量不存在显著的线性关系。企业特征控制变量和治理结构控制变量对中小企业融资约束也有一定的影响。

表 3 相关系数表

	1	2	3	4	5	6	7	8	9	10	11	12	13
1	1	0.059	-0.272^{***}	−0.039	0.004	0.014	−0.006	-0.165^{***}	0.045	0.031	0.036	0.191^{***}	-0.494^{***}
2	0.069	1	0.186^{***}	−0.037	−0.047	0.004	0.012	-0.133^{***}	0.093^{**}	0.082^{*}	-0.083^{*}	0.094^{**}	-0.249^{***}
3	-0.296^{***}	0.167^{***}	1	0.072^{*}	−0.049	0.018	−0.015	−0.014	0.016	0.131^{***}	-0.135^{***}	0.054	−0.096
4	−0.050	−0.066	0.032	1	−0.055	0.075^{*}	−0.035	0.005	−0.053	−0.003	0.038	0.036	−0.095
5	0.016	−0.047	−0.058	−0.024	1	−0.024	−0.035	0.013	0.001	−0.046	0.057	−0.030	0.133^{***}
6	0.041	0.009	0.024	0.042	−0.015	1	0.083^{*}	0.051	0.028	0.211^{***}	0.007	0.143^{***}	−0.042
7	−0.007	0.055	0.059	0.018	−0.006	0.144^{***}	1	0.057	−0.011	0.025	−0.052	-0.094^{**}	0.296^{***}
8	-0.174^{***}	-0.133^{***}	0.002	0.030	0.013	0.031	0.087^{**}	1	−0.030	-0.116^{***}	0.053	-0.186^{***}	0.181^{***}
9	0.065	0.058	0.033	−0.018	0.002	0.047	-0.107^{**}	−0.040	1	0.016	−0.040	0.043	-0.140^{***}
10	0.043	0.087^{**}	0.096^{**}	0.009	−0.038	0.215^{***}	0.011	-0.108^{**}	0.058	1	-0.455^{***}	0.171^{***}	-0.097^{**}
11	0.030	-0.103^{**}	-0.139^{***}	−0.009	0.044	0.010	0.016	0.065	−0.020	-0.464^{***}	1	−0.049	0.076^{*}
12	0.187^{***}	0.094^{**}	0.030	−0.007	−0.030	0.162^{***}	−0.026	-0.186^{***}	0.076^{*}	0.189^{***}	-0.078^{*}	1	-0.206^{***}
13	-0.472^{***}	-0.254^{***}	−0.101	−0.098	0.134^{***}	−0.048	0.137^{***}	0.176^{***}	-0.146^{***}	-0.114^{***}	0.097^{**}	-0.205^{***}	1

注：1 为企业家受教育程度，2 为职称，3 为年龄，4 为任期，5 为性别，6 为企业规模，7 为资产负债率，8 为地理区域，9 为企业年龄，10 为董事会规模，11 为独立董事占比，12 为所有制类型，13 为融资指数。表左下部分为 Pearson 相关系数，右上部分为 Spearman 相关系数。* 表示 10%的显著水平，** 表示 5%的显著水平，*** 表示 1%的显著水平。

整体来看，各变量之间的相关系数绝大部分不超过 0.400。同时，多重共线性检验显示回归模型中解释变量和控制变量的 VIF 值均不超过 2，说明解释变量和控制变量之间的多重共线性较小，可以放入研究模型中。

（三）回归分析

表 4 给出了全样本模型 1 至模型 6 的回归分析结果。六个模型调整之后的 R^2 分别为 0.266、0.135、0.099、0.093、0.099 和 0.376，拟合优度较好，方程的显著性检验都在 1% 的水平上通过。

表 4　回归结果

变量	模型 1	模型 2	模型 3	模型 4	模型 5	模型 6
常数项	1.203*** (3.404)	1.041*** (2.713)	2.033*** (3.492)	1.018** (2.431)	0.856** (2.192)	2.447*** (4.824)
Size	−0.014 (−0.852)	−0.018 (−0.979)	−0.016 (−0.850)	−0.014 (−0.762)	−0.015 (−0.831)	−0.013 (−0.862)
LEV	0.527*** (3.149)	0.580*** (3.183)	0.580*** (3.101)	0.507*** (2.726)	0.506*** (2.733)	0.674*** (4.323)
Regi	0.048* (1.734)	0.075** (2.501)	0.090*** (2.969)	0.096*** (3.146)	0.093*** (3.061)	0.030 (1.172)
F_Age	−0.007** (−2.406)	−0.007** (−2.404)	−0.008*** (−2.598)	−0.008*** (−2.661)	−0.008*** (−2.681)	−0.005** (−2.028)
BS	−0.005 (−0.503)	−0.005 (−0.538)	−0.005 (−0.453)	−0.007 (−0.671)	−0.006 (−0.614)	−0.002 (−0.173)
NED	0.549** (1.993)	0.248 (0.827)	0.304 (0.992)	0.356 (1.162)	0.339 (1.111)	0.280 (1.095)
Tpye	−0.080** (−2.122)	−0.133*** (−3.251)	−0.136*** (−3.270)	−0.149*** (−3.551)	−0.144*** (−3.458)	−0.056* (−1.576)
Edu	−0.139*** (−11.370)					−0.159*** (−13.312)
Title		−0.152*** (−5.554)				−0.119*** (−4.981)
Age			−0.106** (−2.509)			−0.103** (−1.633)
Age^2			0.001** (2.303)			0.001** (1.031)
Tenure				−0.043** (−0.808)		−0.072*** (−1.615)
$Tenure^2$				0.003** (0.356)		0.004** (0.975)
Gender					0.179*** (3.002)	0.167*** (3.342)
R^2	0.277	0.148	0.114	0.109	0.113	0.392
调整 R^2	0.266	0.135	0.099	0.093	0.099	0.376
F 值对应 p 值	0.000	0.000	0.000	0.000	0.000	0.000

注：括号内为 t 统计量；* 表示 10%的显著水平，** 表示 5%的显著水平，*** 表示 1%的显著水平。

企业家人口统计特征对中小企业融资约束的影响作用如表 4 所示。在模型 1 的回归结果中，企业家受教育程度的未标准化系数为–0.139，且统计显著（$p < 0.01$），说明企业家的受教育程度越高，中小企业所面临的融资约束越小，这一实证结论支持假设 1。模型 2 显示，拥有职称的企业家所经营管理的中小企业的融资约束明显小于无职称企业家所经营管理的中小企业（Beta = –0.152，$p < 0.01$），实证结论表明企业家拥有职称对缓解中小企业融资约束产生积极影响，支持假设 2。在模型 3 的回归结果中，企业家年龄和年龄平方的未标准化系数分别为–0.106 和 0.001，且都在 5%水平下显著，说明企业家年龄对中小企业融资约束产生显著的 U 型影响。当企业家年龄在 53 岁以下时，中小企业融资约束随着年龄的增大而减小，当企业家年龄超过 53 岁时，中小企业融资约束随年龄的增大而增大，假设 3 得到验证。模型 4 显示，企业家任期和任期平方的未标准化系数分别为–0.043 和 0.003，且都在 5%水平下显著，说明企业家任期对中小企业融资约束产生显著的 U 型影响。刚开始中小企业融资约束随着企业家任期的增长而减少，到达 7 年后，任期再增长，中小企业受到的融资约束反而增加。因此，实证结论支持假设 4。模型 5 显示，企业家性别也影响中小企业融资约束，目前我国女性企业家经营管理的中小企业所面临的融资约束比男性所管理的企业大 0.179（$p < 0.001$），这一实证结论支持假设 5。模型 6 是将所有企业家人口统计特征变量放在同一个回归方程中，结果显示，企业家人口统计特征对中小企业融资约束的影响基本与前面模型一致，核心假设得到验证。

五、结论

本文在分析高层梯队理论的基础上，对企业家人口统计特征作用于中小企业融资约束的影响机制进行了系统、深入的分析与论证，并通过实证研究对相关假设进行了检验。本文的研究结果表明，企业家人口统计特征对中小企业融资约束产生重要而显著的影响，同时，不同的人口统计特征对中小企业融资约束的影响呈现出不同特点。具体研究结论包括以下几个方面：

第一，企业家受教育程度、拥有职称对缓解中小企业融资约束产生积极影响。企业家受教育程度越高，其认知水平和专业技术水平越高，处理企业融资约束的能力越强，对缓解中小企业融资约束具有积极的促进作用。而社会资本理论认为企业家的社会资本极大地方便企业筹集资金，而企业家的职称与其社会资本紧密相关，因此，企业家拥有职称有利于缓解中小企业融资约束。

第二，企业家年龄、任期对中小企业融资约束产生显著 U 型影响。当企业家的年龄达到 53 岁、任期达到 7 年之前，年龄和任期的增长使企业家拥有更丰富的经验和更有效的能力处理中小企业融资约束问题，因此，年龄和任期对缓解中小企业融资约束产生积极影响；一旦超过这一年龄和任期，企业家随着年龄和任期的进一步增长，部分认知能力将会下降，知识结构老化，变通能力降低，因此对融资环境不能及时做出判断，企业面临的融资约束加大，企业家年龄和任期对中小企业融资约束产生消极影响。

第三，女性企业家对缓解中小企业融资约束产生消极影响。由于女性较男性更不容易找到企业的融资途径，较难筹集到资金，因而女性企业家对缓解中小企业融资约束不能发挥积极的作用。

本文虽然尽力避免和弥补不足，但由于样本数据的限制，还存在以下局限：①本文的样本来自我国中小上市企业的二手数据，因此，对我国非上市中小企业使用本文结论时须持谨慎态度。②本文采用的是横截面数据，所得结论本质上是变量间的相关关系，因此更为严谨的因果关系还需要纵向研究加以检验。对于这些问题，有待于进一步的深度分析和梳理。

参考文献

[1] 陈晓红. 中小企业融资 [M]. 北京：经济科学出版社，2000.

[2] 张建君，李宏伟. 私营企业的企业家背景、多元化战略与企业绩效 [J]. 南开管理评论，2007，10（5）：12-25.

[3] 孙海法，姚振华，严茂盛. 高管团队人口统计特征对纺织和信息技术公司经营绩效的影响 [J]. 南开管理评论，2006，9（6）：61-67.

[4] 姜付秀，伊志宏，苏飞，黄磊. 管理者背景特征与企业过度投资行为 [J]. 管理世界，2009（1）：130-139.

[5] 胡荣. 社会经济地位与网络资源 [J]. 社会学研究，2003（5）：58-69.

[6] 胡荣，胡康. 城市居民的社会交往与社会资本建构 [J]. 社会科学研究，2007（4）：98-103.

[7] 宋德舜. 国有控股、最高决策者激励与公司绩效 [J]. 中国工业经济，2004（3）：91-98.

[8] 张龙，刘洪. 高管团队中垂直人口特征差异对高管离职的影响 [J]. 管理世界，2009（4）：108-118.

[9] 何威风，刘启亮. 我国上市公司高管背景特征与财务重述行为研究 [J]. 管理世界，2010（7）：144-155.

[10] 饶育蕾，王建新. CEO 过度自信、董事会结构与公司业绩的实证研究 [J]. 管理科学，2010，23（5）：2-13.

[11] 施海娜，徐浩萍，陈超. 中小企业股权融资中投资银行市场竞争力构建与作用 [J]. 金融研究，2011（2）：95-113.

[12] Fazzari S. M.，Hubbard R. G.，Peterson B. C. Financial Constrains and Corporate Investment [J]. Brookings Papers on Economic Activity，1988，19（1）：141-195.

[13] Ritter J. R. The Costs of Going Public[J]. Journal of Financial Economics，1987，19（2）：269-281.

[14] Palani-Rajan R.，Zingales L. Financial Dependence and Growth [J]. American Economic Review，1998（88）：559-587.

[15] Aggarwal R.，Zong S. Internal Cash Flows and Investment Decisions：Empirical Evidence from the G4 Countries [Z].Working Paper，2003.

[16] Hambrick D. C.，Mason P. A. Upper Echelons：The Organization as a Reflection of Its Top Managers [J]. Academy of Management Review，1984，9（2）：193-206.

[17] Hambrick D. C. Upper Echelons Theory: An Update [J]. Academy of Management Review, 2007, 32 (2): 334-343.

[18] Wailderdsak N., Suehiro A. Top Executive Origins: Comparative Study between Japan and Thailand [J]. Asian Business and Management, 2004 (3): 85-104.

[19] Boyatzis R. E. Self-directed Learning: Develop Your Emotional Intelligence [J]. Executive Excellence, 2004, 21 (2): 11-12.

[20] Burt R. The Contingent Value of Social Capital [J]. Administrative Science Quarterly, 1997 (42): 339-363.

[21] Luo Y. Industrial Dynamics and Managerial Networking in an Emerging Market: The Case of China [J]. Strategic Management Journal, 2003 (24): 1315-1327.

[22] Barker V. L., III, Mueller G. C. CEO Characteristics and Firm R&D Spending [J]. Management Science, 2002, 48 (6): 782-801.

[23] Reed R., De Fillippi R. Casual Ambiguity, Barriers to Imitation and Sustainable Competitive Advantage [J]. Academy of Management Review, 1990 (15): 88-102.

[24] Carter D. A., Simkins B. J., Simpson W. G. Corporate Governance, Board Diversity and Firm Value [J]. Financial Review, 2003 (38): 33-53.

[25] Wiersema M. A., Bantel K. A. Top Management Team Demography and Corporate Strategic Change [J]. Academy of Management Journal, 1992 (35): 91-121.

[26] Finkelstein S., Hambrick K. C. Strategic Leadership [M]. NM: West Publishing Company, 1996.

[27] Jensen M., Zajac E. J. Corporate Elites and Corporate Strategy: How Demographic Preferences and Structural Position Shape the Scope of the Firm [J]. Strategic Management Journal, 2004, 25 (6): 507-524.

[28] Kimberly J., Evanisko M. Organizational Innovation: The Influence of Individual, Organizational, and Contextual Factors on Hospital Adoption of Technological and Administrative Innovation [J]. Academy of Management Journal, 1981, 24 (4): 689-713.

[29] Bantel K. A., Jackson S. E. Top Management and Innovations in Banking: Does the Composition of the Top Team Make a Difference? [J]. Strategic Management Journal, 1989 (10): 107-124.

[30] Hitt M. A., Tyler B. B. Strategic Decision Models: Integrating Different Perspectives [J]. Strategic Management Journal, 1991 (12): 327-351.

[31] Adler P. S., Kwon S. W. Social Capital: Prospects for a New Concept [J]. Academy of Management Review, 2002 (27): 17-40.

[32] Shipilov A., Danis W. TMG Social Capital, Strategic Choice and Firm Performance [J]. European Management Journal, 2006 (24): 16-27.

[33] Taylor R. N. Age and Experience as Determinants of Managerial Information Processing and Decision Making Performance [J]. Academy of Management Journal, 1975, 18 (1): 74-81.

[34] Prendergast C., Stole L. Impetuous Youngsters and Jaded Old-timers: Acquiring a Reputation for Learning [J]. Journal of Political Economy, 1996 (104): 1105-1134.

[35] Michel J. G., Hambrick D. C. Diversification Posture and the Characteristics of the Top Management Team [J]. Academy of Management Journal, 1992 (35): 9-37.

[36] Miller D. Stale in the Saddle: CEO Tenure and the Match between Organization and Environment [J]. Management Science, 1991 (37): 34-52.

[37] Grimm C. M., Smith K. G. Management and Organizational Change: A Note on the Railroad Industry [J]. Strategic Management Journal, 1991 (12): 557-562.

[38] Hambrick D. C., Fukutomi G. D. The Seasons of a CEO's Tenure [J]. Academy of Management Review, 1991 (16): 719-742.

[39] Kalleberg A. L., Leicht K. T. Gender and Organizational Performance: Determinants of Small Business Survival and Success [J]. Academy of Management Journal, 1991, 34 (1): 136-161.

[40] Alexander M., Oleksandr T., Dorothea S. Entrepreneurs' Gender and Financial Constraints: Evidence from International Data [J]. Journal of Comparative Economics, 2009 (37): 270-286.

[41] Cleary S. The Relationship between Firm Investment and Financial Status [J]. Journal of Finance, 1999, 54 (2): 673-692.

[42] Lamont O., Polk C., Saa-Requejo J. Financial Constraints and Stock Returns [J]. Review of Financial Studies, 2001, 14 (2): 529-554.

[43] Whited T. M., Wu Guojun. Financial Constraints Risk [J]. Review of Financial Studies, 2006, 19 (2): 531-559.

[44] Zenger T. R., Lawrence B. S. Organizational Demography: The Differential Effects of Age and Tenure Distributions on Technical Communications [J]. Academy of Management Journal, 1989 (32): 353-376.

[45] Fraser D. B. Restoring Trust after Fraud: Does Corporate Governance Matter? [J]. The Accounting Review, 2005, 80 (2): 539-561.

[46] Adams R. B., Ferreira D. Women in the Boardroom and Their Impact on Governance and Performance [J]. Journal of Financial Economics, 2009 (95): 291-309.

[47] Bryk A. S., Raudenbush S. W. Hierarchical Linear Models: Applications and Data Analysis Methods [M]. New-bury Park, CA: Sage, 1992.

Influencing Mechanism of Demographic Traits of Entrepreneurs on Financing Constraints of SMEs

Chen Xiaohong, Gao Yangjie

(Business School of Central South University, Changsha 410083, China)

Abstract: Based on the upper echelons theory, the research analyzes the effect of demographic traits of entrepreneurs on financing constraints of SMEs by means of the hierarchical regression method and with samples of 530 Chinese listed SMEs in 2010. The results show that different demographic traits of entrepreneurs have different effects on the financing constraints of SMEs. Specifically, the education background and professional title of entrepreneurs have a positive impact on easing the financing constraints of SMEs, meanwhile, the age and tenure of entrepreneurs have a significant U-shaped impact on the financing constraints of SMEs, but women entrepreneurs have a negative impact in alleviating such constraints. The research not only enriches the theories between demographic traits of entrepreneurs and financing constraints of SMEs, but also provides a practical support for SMEs in China to ease financing constraints.

Key Words: Entrepreneur; Demographic Traits; Financing Constraints Index; SMEs

组织冗余如何影响中小企业产品创新？离心力和向心力的中介作用研究*

李晓翔[1,2,3]，陈邦峰[2]，霍国庆[3]
（1. 安徽大学商学院，合肥 230601；2. 中国葛洲坝集团，宜昌 443002；3. 中国科学院大学科技管理学院，北京 100049）

【摘　要】本文试图构建中小企业组织冗余、离心力、向心力以及产品创新的传导机制模型，并选择科技型中小企业为调查对象对模型进行检验，研究证实：沉淀冗余有利于中小企业产品创新，离心力中的分权维度和向心力同样如此，并且在沉淀冗余与产品创新之间起到部分中介的作用；中小企业的规范性能够正向调节离心力在沉淀冗余与产品创新之间所起的作用。结论有助于揭示组织冗余作用机理，同时也为中小企业科学利用组织冗余以及外部组织更有效率地支持中小企业创新提供实践指导。

【关键词】中小企业；组织冗余；产品创新；离心力；向心力

组织冗余是否有利于创新是很多企业都关心和必须面对的问题，现有研究对这一问题的回答存在分歧。有研究认为，解决这一分歧需要对组织冗余的作用及其机理开展情境化分析。目前专门关注中小企业组织冗余作用的研究较少。一方面，因为中小企业普遍存在的资金紧张问题容易掩盖其组织冗余的存在，但实际上中小企业反而会维持一定的组织冗余去替代所不具备的正式和规范的计划、制度等，以保证灵活性、实现核心业务的连续性。另一方面，中小企业组织冗余作用和大企业有所不同，当前用于解释组织冗余作用的理论和观点并不一定适用于中小企业，而现有研究大多忽略了这一点，并未对此进行区分。

受限于规模，中小企业的组织冗余无法像大企业那样催生重大研发项目之类的显著事

* 基金项目：国家自然科学基金资助项目“中小企业组织冗余、组织搜索和产品创新：传导机制与情境因素研究”（71102157），“突发事件情境下冗余资源与公司绩效的关系研究”（71072038）；安徽省高校优秀青年人才基金项目（2012SQRW009ZD）。

作者简介：李晓翔（1982-），男，博士，中国科学院大学和中国葛洲坝集团联合培养博士后，安徽大学商学院副教授，研究方向为创新管理。

件，那么代理理论所诟病的组织冗余造成决策盲目性和随意性的情况在中小企业中就较少出现：鉴于正式性、规模优势等，大企业经常关注工艺和过程创新，而中小企业主要关注产品创新，组织冗余对不同类型创新的影响也会有所区别。因此，单独研究中小企业组织冗余对产品创新的影响很有必要。中小企业是国家创新体系中最能动、最活跃和最具效率的部分，我国长期以来对中小企业创新进行了各种形式的资源支持，这些外来资源中的相当一部分将以组织冗余的形式进入和存在于企业中，探讨它们是否以及如何影响创新也可为政府部门选择扶持方式和扶持对象提供借鉴。

一、组织冗余文献回顾

1963 年，Cyert 和 March 明确将组织冗余定义为“组织拥有的资源中超出实际所需资源的那一部分或未被使用的资源”，并从组织行为理论出发指出其所具备的缓冲环境变化等功能，开启了学术界对组织冗余功能的广泛探索。Bourgeois 进一步细化和梳理了这些功能，并较为系统地回顾了组织冗余的测量方法，指出财务指标可以用来衡量组织冗余数量，这为之后的实证研究提供了重要支持。Sharfman 等从企业部门、企业整体和行业三个层面分析组织冗余产生的原因，按照流动性和使用专有性高低把组织冗余分为非沉淀冗余和沉淀冗余两类，之后的实证研究也经常采用此法分类检验组织冗余的作用。其中，非沉淀冗余流动性较高，不面向特定的应用，包括现金、现金等价物等；沉淀冗余流动性较低，已经面向特定应用，包括冗员、过多的薪酬和管理费用等。可以看出，组织冗余作用的相关研究经历着由一般到具体、由定性到定量的发展历程。

目前，大量文献对组织冗余的特定作用进行了理论分析和实证检验，关注较多的为组织冗余和创新之间的关系。一方面，组织冗余较少时，管理者危机感增强，对资源使用的约束增加，管理者更加关注如何提高效率以在短期内改善绩效，而非创新；组织冗余较多时，企业对创新失败的容忍能力增加，管理者放松对资源的控制，员工可以更为自由地实验。从这个角度看，组织冗余有利于企业创新。另一方面，Baysinger 和 Hoskisson 认为管理者对权力的追求导致组织冗余催生的是多元化扩张、盲目扩大生产等行为，而非创新。类似地，Mishina 等发现组织冗余的存在会将管理者注意力从通过创新发展内部能力，转向通过并购来满足多元化战略的需求。此外，组织冗余容易增强企业满足感，减弱其创新动力，员工和管理者对待创新项目更加随意，而并不专注于做好这些项目。从这个角度看，组织冗余又有害于创新。可见，组织冗余对创新存在两种不同的作用方向。Nohria 和 Gulat、Herold 等证实组织冗余是把双刃剑，适量时有利创新，过量则会产生负面影响，即“过犹不及”。还有研究发现，不同组织冗余对创新的影响不同，需要分类研究。例如，Greve 对日本造船业的研究证实，只有沉淀组织冗余和研发活动之间才有显著的正向关系；Huang 和 Chen 则发现沉淀组织冗余正向调节技术多样化和创新绩效之间的关系，而非沉淀组织冗余负向调节二者关系。

尽管已有文献分析了组织冗余对创新的作用，但是仍然存在有待继续思考和注意的问题。①对作用机理的实证检验较少，仍然停留在对“黑箱”的猜测阶段，而并不能确认这些作用过程是否真实存在。②组织冗余在中小企业中的作用和在大企业中的不同，对产品创新的影响在这两类企业间也可能存在区别，因此单独分析中小企业组织冗余对产品创新的影响就很有必要，从文献检索情况来看相关的研究较少。③组织冗余会影响企业的决策和行为能力，而它们又会影响创新，尤其在中小企业中。尽管 Sharfman 等较早提及能力在组织冗余和创新之间所扮演的中介作用，但目前尚无更进一步的研究。大企业组织冗余会催生更多的大型研发项目，并且支持企业通过并购和购买等方式获得新技术，因此能力所起的中介作用更契合于中小企业。④情境不同，组织冗余的作用会有所区别，我们需要知道在具体情境下应当如何对待组织冗余，因此选择并研究合适的调节变量很有现实意义。

二、研究假设

（一）组织冗余与中小企业产品创新

组织冗余是有利的还是有害的？组织行为理论与代理理论对此有着不同的解释。如上文所述，关于组织冗余和创新关系问题同样存在两种截然相反的方向。Tan 和 Peng 提出要对组织冗余进行情境化研究，这种情境化首先应当体现于企业自身的特征，“小企业并不是规模小的大企业”。从创新的角度来看，由于规模大、资源的绝对数量高，大企业能够更为自由地探索感兴趣的研发项目。而且，大企业经常具有独立和正式的研发战略和计划，研发活动据之逐步推进，规划性较强。组织冗余为大企业的这些研发活动提供资源支持，有利于创新，但也可能造成决策的随意性和盲目性，有害于创新。例如，组织冗余的存在使得一些在资源紧缺时不会被接受的大型研发项目获得立项，企业研发成本和风险均随之得到增加。更为重要的是，管理者的承诺升级效应经常让该项目获得大量持续投入，即使它在后期被证实是不合理时同样如此。

相比起大企业，中小企业往往缺乏正式、详细的研发战略和计划，创新活动多由管理者所驱动。很多中小企业，尤其是科技型中小企业的创立多源自创业者及其团队的某项关键技术或者创新。这些人主导研发活动、熟悉相关知识领域，能够清晰判断技术或者产品的演化路径，因此对所从事的研发项目也较具前瞻性，研发风险较小。而且这类企业关注特定的细分市场，产品以及相关的知识构成较为单一，它们一般也倾向于在原有或者邻近的业务领域附近搜索可能存在的创新机会。可见，中小企业组织冗余催生企业及其管理者盲目进入陌生领域的可能性较小。

中小企业规模小，对管理者的监督较为容易。事实上，这类企业的管理者也经常是它们的所有者，具有企业家精神，其工作内容之一即为从外界争取资源帮助企业成长。大企业管理者中常见的为了私利而滥用资源的代理问题在中小企业中较少存在。组织冗余的利用效率在中小企业中得到增加，而且对产品创新的影响更多体现于资源支持等积极的方面。此外，组织冗余为企业及其管理者和员工均提供了更多的策略选择余地，增强其面对各种情境时的灵活性。充裕的决策空间、从容与灵活的行为方式又被 Beseant 和 Tidd、Qian 和 Li 认为对中小企业搜索、吸收和利用内外部环境中的新机会、新知识，乃至对成功实现产品创新均至关重要。由此，我们认为无论是沉淀冗余还是非沉淀冗余，均有利于中小企业的产品创新。

H1　组织冗余和中小企业产品创新正相关。

（二）离心力、向心力与中小企业产品创新

考虑到企业最关心的是应该增加还是减少组织冗余的问题，目前的研究往往直接把组织冗余与创新或者绩效联系起来，而忽略了其中更为基础的中介作用机制。组织冗余直接提供资源支持，如基于富足的资金和智力资本，企业可以更为自由地从事各种研发活动。组织冗余的存在也可以增强或者帮助企业具备某种能力，进而影响创新或者绩效。中小企业组织冗余数量少，很难直接催生长期和大型的研发活动，因此其对企业能力的改变可能产生更为显著的影响。

组织冗余的存在增加了员工和部门所能利用的资源数量，减少受到的资源约束，进而增加决策和行动的自由度，整个企业变得更为分权导向。例如，充足的研发经费、优越的实验条件以及丰富的知识储备支持中小企业研发人员更为自由地探索，而免于各种请示、经费申请等活动，管理者也得以从具体研发细节中解放出来，而把精力更多地放在确定或修正研发方向等宏观问题上。再者，企业内部无法实现信息交易行为，信息流动和传播更多取决于拥有者的意愿。这里的信息可以是关于技术或者市场的知识，也可以是关于项目、部门或者企业整体运营状况的数据。资源匮乏时，部门和员工专注于保护和争取自身利益，不愿意传播自己专有的信息。资源的富足则减少了企业内部关于资源的争夺行为和政治斗争，个体间共享有用信息的意愿增加，它们的溢出效应更加明显。而且信息共享属于员工的角色外行为，组织冗余经常催生这类角色外行为，进而增强信息的流动性。此外，中小企业经常以开放的心态搜索和借助外部力量以弥补自身规模和能力的局限。这种对外部环境的搜索需要资源支持，组织冗余也恰好可以满足这一需求。可见，组织冗余增加了分权程度、信息流动自由度和搜索范围。根据 Brown 和 Eisenhardt、Sheremata 以及 Atuahene-Gima 的研究，这三个方面恰好是企业离心力的三个构成维度，离心力被认为是企业的一种能力，这种能力支持企业在更大空间内分散化运作，并能够帮助企业获得新的信息和知识。因此，组织冗余可以增强中小企业的离心力。

基层的研发人员和部门比管理者更接近和了解具体的研发活动，也更有可能接触和辨识有用的想法和信息。分权减少了不必要的汇报、请示程序，它们能够更为快速和准确地

采取行动，增加创新产出。随着自主性的增加，研发人员和部门寻求创新的动力也得到增强。根据 Sheremata 的研究，企业内部信息的自由流动以及外部搜索范围的增加说明那些有用的信息和知识可以便捷地跨越个体、部门和企业边界，这为研发活动提供了更多的知识原料和其他资源，创新产出由此增加。以离心力中的搜索维度为例，中小企业对顾客的搜索可以掌握需求动向、识别新机会，进而有助于开发出相应的新产品。或者，通过对外部技术知识的搜索发现潜在的研发合作伙伴，扬长补短，与之进行合作研发以共担风险、共享资源，这其实也是中小企业借助外力进行创新的常见方式之一。因此，离心力增加了中小企业的产品创新能力。可见，组织冗余在为中小企业产品创新提供资源支持的同时，也可以通过增强离心力进而增加创新产出，离心力起着部分中介的作用。

H2a 离心力和中小企业产品创新呈正相关关系，并且在组织冗余和中小企业产品创新二者之间起中介作用。

和离心力的分散相对应，企业还存在整合、集成的能力，即向心力。向心力能够将分散的信息、观点和知识进行整合，以支持企业统一行动，它包括内部关联、行动一致性和目标一致性等维度。内部关联用于衡量员工个体间的直接联系和交互程度；行动一致性表征员工活动计划性的高低；目标一致性则指员工接受和认可企业整体目标的程度。尽管向心力和离心力分别代表整合和分散两个不同方向的作用力，但是相互间并不排斥，可以同时存在于企业中。向心力的三个维度是相互关联和共生的。向心力强意味着员工在行动过程中能够获得他人支持，相互协同性高。这种协同依赖于企业内部共同使命和目标的建立以及员工间合作能力的增强。根据 Bourgeois 的观点，工作环境中共同的使命、目标以及对他人的帮助、支持行为均建立在个体基本需求得到满足的基础上，组织冗余的存在有助于满足个体需求、减弱个体危机感，进而促进相互间的帮助和合作。例如，富余的智力资源使得员工对所处的部门甚至整个企业有着更为全局的认知和把握，协同和合作的意愿才会更加强烈；人力资源富余、员工和管理者自身工作负担较轻时，他们才有精力去考虑如何和同事共同去实现企业目标。这里富余的智力和人力资源就是典型的组织冗余。

向心力同样会对中小企业产品创新产生积极影响。①内部关联强说明研发人员可以获得企业内更多专家和部门的智力资源支持，并在和他人互动的过程中获得及时反馈。中小企业内部经常缺乏正式的沟通和协作机制，员工间这种自发的沟通和交互可以对此进行很好的补充。研发人员在获得技术等智力支持的同时，也能够得到关于市场需求、产品市场化等各个方面的建议，这些都有助于降低研发失败和走弯路的可能性。②向心力不是把员工简单地聚集到一起，还意味着员工拥有共同的目标，对不同的观点保持开放的态度，能够有效地整合不同的观点和信息，运用集体的力量争取资源以解决创新中所遇到的各种问题。而且，行动一致性能够同时增强员工的紧迫感，加快创新速度，并提高创新成功的可能性。由此，我们得到如下假设：

H2b 向心力和中小企业产品创新呈正相关关系，并且在组织冗余和中小企业产品创新二者之间起中介作用。

（三）企业规范性的调节作用

和大企业相比，中小企业经常采用被动、救火式的管理方式，缺乏规范性。缺乏规范性对中小企业创新有何影响也是一个长期争论的焦点。反对规范性的学者认为，灵活的组织结构是中小企业相对于大企业的优势之一，没有必要进行规范化。因为规范化需要构建正式的管理制度等，这将耗费资源，并且中小企业针对细分市场开发出的产品范围有限，而规范化的优势只有在创新产出达到一定规模时才会显现。支持规范性的观点认为，产品创新成功的关键在于后期生产工艺的改进以及生产成本的降低，这些都需要在正式的组织结构和管理体制下来完成。大企业正是因为具备这些条件并且关注于过程改进，才经常更加成功和有效率地实现各种创新。也有多项研究证实，缺乏规范性在增加中小企业灵活性的同时，更应该为它们的高死亡率负责，因此应当规范中小企业以使其更具竞争力。

规范与否本身只是代表企业的某种状态，并不存在优劣之分，但其作为中小企业内部环境的一个重要维度，会对行为等其他因素的作用结果产生影响。员工个体的能力有高有低，个体的产出也和具体的工作情境相关。因此，个体决策和行为质量存在一定的不确定性。分权在增加员工个体能动性的同时，也相应地增加了企业风险。规范性将使员工更加明确其自身的角色和职责，并带来员工承诺、员工参与和企业整体效率的提高，这些都将提高员工个体决策和行为的谨慎程度和科学性。因此，规范性高时的分权可以给企业带来更高的决策能力和行为能力，反之亦然。此外，规范性较低的时候，员工之间在决策依据和行为准则等方面都会有所不同，这时的分权还经常会使研发团队难以达成一致意见，进而降低创新速度和产出。

统一规范下的信息流动更具方向性，信息传播的效率也更高。例如，数据格式的统一以及更新速度的明确化都有利于信息的标准化管理，使员工能够更容易获取和理解所需信息。相反，我们很难相信在缺乏相应标准的环境中，员工间能够无障碍地传播和接收有用信息。类似地，毫无章法和计划的外部搜索效率较低，如果中小企业能够对自身和员工的行为进行规范，那么这些外部搜索会因为减少了个体不确定性的影响而更富效率。综合来看，规范化的实质就是将组织智慧强加于员工个体的过程，进而使得和个体行为相关的离心力对创新表现出更加积极的作用。

H3　企业规范性越高，离心力对中小企业产品创新的作用越明显。

三、实证研究设计

（一）样本选择

非科技型中小企业的创新产出较少，其组织冗余作用也更多体现在缓冲环境变化等方面。相比之下，科技型中小企业中组织冗余和产品创新之间的关系将更为明晰。因此，本文选择安徽、江苏、浙江三地的六个国家级高新技术开发区（安徽的合肥、蚌埠和芜湖，江苏的南京、苏州以及浙江的宁波）的科技型中小企业为样本。问卷对象为两类：①一线研发人员，仅完成中介变量相关量表；②研发部门内具有研发主管、研发经理及以上头衔的管理者，或者负责研发的企业高管完成其他量表。按照这些高新区管委会等提供的企业黄页，我们首先对企业进行筛选，选择的依据参照科学技术部等印发的《科技型中小企业技术创新基金项目管理暂行办法》，主要标准包括：职工人数不超过 500 人，具有大专以上学历的科技人员占职工总数的比例不低于 30%，直接从事研究开发的科技人员占职工总数的比例不低于 10%；每年用于高新技术产品研究开发的经费不低于销售额的 5%；有健全的财务管理机构。我们总共联系 832 家企业，最终得到 278 份有效问卷，其中现场填写问卷 196 份，邮件回复 82 份，有效问卷回收率为 33.4%。鉴于中小企业对所处地域的根植特征，我们两两比较安徽、江苏和浙江三地问卷，t 检验结果显示本文中的这些变量并无显著差别存在。表 1 给出了样本企业主要特征的统计结果。

表 1　样本企业的主要特征

特征	数量	百分比（%）	特征	数量	百分比（%）
企业规模/人			成立年限/年		
≤100	37	13.3	≤1	32	11.5
101~200	81	29.1	1~3	109	39.2
201~300	71	25.5	4~6	98	35.3
301~400	65	23.4	7~9	21	7.6
401~500	24	8.6	≥10	18	6.5
地区			产业		
合肥	89	32.0	电子信息	101	36.3
芜湖	20	7.2	生物医药	32	11.5
蚌埠	31	11.2	轻工机械	47	16.9
南京	55	19.8	新材料	31	11.2
苏州	42	15.1	动画	39	14.0
宁波	41	14.7	其他	28	10.1

（二）变量测量

组织冗余采用 Simsek 等所提出的量表，通过直接询问相关资源的充裕程度以及资源减少带给企业的影响来进行测量。离心力、向心力采用 Atuahene-Gima 的量表分别从分权程度、信息流动自由度、搜索范围和内部关联、行动一致性、目标一致性测量。之前的研究经常采用专利数据测量产品创新，但这些指标经常低估实际的产品创新绩效，而且行业等因素对专利数量等影响较大，在不同行业企业间比较专利数量等并不合适，因此产品创新的测量主要参考 Zhang 和 Li 采用的专门面向中小企业的量表。组织规范性采用 Sidhu 等的五条目量表。主要构念的量表如表 2 所示。

表 2 主要构念量表和验证性因子分析结果

量表	测量题项	Crobanch's α 值	标准化负载	t 值
产品创新	相对于主要竞争对手，经常推出新产品	0.79	0.715	7.84
	相对于主要竞争对手，总是先推出新产品		0.828	9.70
	相对于主要竞争对手，新产品研发和市场化速度很快		0.812	9.34
	相对于主要竞争对手，不断改进新产品质量		0.723	8.01
	相对于主要竞争对手，总是用新产品占领和巩固市场		0.833	9.80
组织冗余				
沉淀冗余	有足够的设备、厂房等去提供产品或服务	0.85	0.809	9.00
	有足够的能力去实施风险性项目		0.759	8.34
	有足够的资源以响应员工工作中的不确定性		0.891	10.03
	有足够的资源以超出员工工作所需		0.831	9.23
	当现有资源降低 70%后，企业正常经营不会受到任何影响		0.910	11.09
非沉淀冗余	有足够的现金储备以响应员工工作中的不确定性	0.83	0.812	8.13
	有足够的资金以超出员工工作所需		0.823	8.27
	有足够的融资能力以响应突发事件		0.799	7.92
	当现有现金流降低 70%后，企业正常经营不会受到任何影响		0.831	8.42
离心力				
分权程度	做任何事情前都要向上级请示（逆向编码）	0.85	0.662	6.95
	再小的事情都要获得上级许可（逆向编码）		0.680	7.11
	未获得上级许可之前，不会采取任何行动（逆向编码）		0.714	7.42
	任何决定都要征求管理者同意（逆向编码）		0.689	7.05
	任何擅自做主的行为都很快被打击（逆向编码）		0.709	7.22
信息流动自由度	同事间没有任何隐瞒	0.80	0.814	8.04
	同事间可以随时沟通		0.798	7.81
	可以很快且容易地从同事那里获得信息		0.781	7.74
	同事间致力于开放和真诚的沟通		0.810	7.99
	同事间时刻准备相互通知		0.841	8.55
搜索范围	项目组成员花费大量精力去和潜在客户交流	0.78	0.901	11.42
	项目成果经常和产品的可能客户交流		0.862	10.09
	项目组成员搜集关于新的、能够影响顾客市场发展的信息		0.912	11.56
	我们掌握并且学习新的影响客户需求的技术		0.875	10.78
向心力				
内部关联	项目小组和企业内其他和该项目相关的成员间有着紧密的个人联系	0.82	0.723	8.01
	我们经常和企业其他部门就该项目进行咨询		0.803	9.77
	项目小组花费大量精力就该项目建立和其他职能部门间的联系		0.706	7.86

续表

量表	测量题项	Crobanch's α 值	标准化负载	t 值
行动一致性	项目使用正规的程序经常检查进度	0.79	0.785	9.03
	项目使用正规的程序经常检查重大活动的不同阶段		0.717	8.32
	在特定阶段检查进度是否朝着项目目标前进		0.702	8.04
	项目小组遵照一个规范的程序，而这个程序对每项活动都确定了时间表		0.824	10.76
目标一致性	团队成员都承诺并致力于同样的项目目标	0.78	0.901	10.23
	项目目标把我们所有人都联系在一起		0.842	9.32
	团队成员把项目目标视为自己的目标		0.774	8.54
	每个成员的行为都和项目整体目标一致		0.835	9.22
	项目有着特定的目标，每个成员都被提醒，好像这些也是成员的目标		0.764	8.39
组织规范性	规章制度在其中占据核心地位	0.84	0.798	8.80
	每个人绩效表现都被认真记录		0.803	8.98
	员工经常被检查是否违规		0.842	9.46
	所有层级的员工都要按时进行工作记录		0.724	8.02
	不论何种情况出现，都有相应的应对程序		0.787	8.63

企业自身的特征以及高管团队的特征经常被认为会对中小企业的行为和绩效产生重要影响，本文把这些因素作为控制变量进行处理。其中，企业自身特征包括企业规模、企业年龄和组织规范性三个方面。企业规模以人数进行测量，企业年龄按企业成立至今的年份计算，这两个变量均按照表 1 分为 5 类，其中人数小于或等于 100 人或企业年龄小于或等于 1 年为 1，人数在 401~500 人或企业年龄大于或等于 10 年为 5。高管团队特征则包括高管团队规模、高管团队任职年限、高管团队教育背景三个方面。高管团队规模以团队人数计算，高管团队平均任现职的年限由受访者自行评估给出，高管团队教育背景也由受访者对团队平均受教育程度自行做出判断（采用由低至高的 7 分量表），因为受访者很难清楚地记得具体高管成员的任职年限和教育背景。

四、数据分析结果

（一）量表信效度检验

为了提高量表的信效度，本文的测量条目均来自现有文献。在正式投放问卷之前，我们选择 8 位来自合肥 4 家科技型中小型企业研发部门的管理者进行了试填写，并根据意见对条目进行了修改，以使受访者更容易、更准确地理解测量条目。一般来说，可靠的信度要求 Cronbach's α 值超过 0.7，表 2 显示本文相关变量的 α 值均超过此标准。

关于效度检验，本文采用 Lisrel 软件进行验证性因子分析。因子分析针对 10 个变量 45 个观察变量进行。模型的拟合指标如下：$\chi^2 = 94.33$，$p < 0.001$，$\chi^2/df = 1.43$，GFI = 0.910，CFI = 0.911，IFI = 0.908，RMSEA = 0.047。所有这些指标均超过了最低水平，从而证明了所有变量的测量模型整体拟合程度较好。本文从两个方面评估收敛效度：①所有标准化负载要大于 0.5，且至少在 $p<0.05$ 水平显著；②平均变异萃取（Average Variances Extracted，AVE）值要大于 0.5。检验结果显示，所有标准化负载都大于 0.5，最低为 0.662，且 t 值最低为 6.95。同样，每个变量的 AVE 值都大于 0.5。这些说明各个变量都具有较高的收敛效度。各个变量 AVE 值的平方根和变量相关系数的比较可用于检验区分效度。表 3 给出变量的描述性统计和 Person 相关系数，位于对角线上的 AVE 平方根均不小于 0.705，且均大于相关系数。总体来看，本文中的量表具有良好的信度和效度。

表 3　相关变量的均值、标准差和 Person 相关系数

	变量	1	2	3	4	5	6	7	8	9	10	11	12	13	14	15
1	企业规模	—														
2	企业年龄	0.103	—													
3	高管团队规模	0.057	0.112*	—												
4	高管团队教育背景	0.003	0.098	0.103	—											
5	高管团队任职年限	0.058	0.008	0.122*	0.092	—										
6	组织规范性	0.006	0.047	0.090	0.054	0.039	—									
7	沉淀冗余	0.029	0.048	0.021	0.017	0.029	0.115*	**0.732**								
8	非沉淀冗余	0.006	0.052	0.054	0.004	0.070	0.017	0.077	**0.745**							
9	分权程度	0.071	0.079	0.072	0.039	0.063	0.190**	0.175**	0.020	**0.705**						
10	信息流动自由度	0.055	0.022	0.038	0.087	0.056	0.108	0.139*	0.054	0.016	**0.832**					
11	搜索范围	0.068	0.121*	0.170**	0.101	0.051	0.033	0.089	0.075	0.141**	0.049	**0.801**				
12	内部关联	0.048	0.086	0.167**	0.074	0.080	0.080	0.046	0.026	0.036	0.094	0.092	**0.764**			
13	行动一致性	0.038	0.029	0.169**	0.078	0.059	0.097	0.010	0.015	0.119*	0.203**	0.086	0.104**	**0.793**		
14	目标一致性	0.004	0.026	0.035	0.081	0.149	0.034	0.074	0.044	0.102	0.015	0.035	0.034	0.026	**0.816**	
15	产品创新	0.018	0.176**	0.101	0.148*	0.064	0.073	0.155**	0.071	0.097	0.075	0.183**	0.243**	0.047	0.136**	**0.830**
	均值	2.853	2.939	3.543	2.460	2.432	2.496	2.655	3.205	3.108	3.644	3.712	3.385	3.583	3.417	3.324
	方差	1.224	1.335	1.428	1.421	1.520	1.515	1.497	1.828	1.659	1.917	1.886	1.754	1.701	1.594	1.629

注：*、** 分别表示在 $p < 0.05$、$p < 0.01$ 水平上显著；对角线上黑体数值为对应变量的 AVE 平方根。

（二）数据分析与解释

尽管结构方程模型在检验中介变量方面具有优势，但是由于本文同时检验调节效应，因此运用普通最小二乘法（OLS）回归模型来检验假设。本文变量 VIF 值均为 5 以下，小于临界点 10，多重共线性不存在。表 4 和表 5 是分别对自变量和中介变量回归的结果。H1 提出，两种组织冗余和产品创新之间均存在显著的正相关关系。表 4 中，模型 1 为仅加入控制变量和调节变量分析的结果，模型 2 是加入自变量分析的结果。加入自变量后，R^2 由 0.088 增加至 0.119，说明自变量的加入显著增强了对产品创新的解释能力。在模型 2 中，沉淀冗余的系数为 0.211，且 $t = 3.495$、$p = 0.001$，说明沉淀冗余和中小企业产品创新显著正相关。尽管非沉淀冗余的系数同样为正（0.086），但不显著（$t = 1.540$，$p = 0.125$）。其他模型中的结果同样如此。因此 H1 得到部分支持。

表 4　对产品创新的回归分析结果

变量	模型 1	模型 2	模型 3	模型 4	模型 5
截距项	0.526*** (0.141)	0.555*** (0.135)	0.111 (0.172)	−0.109 (0.244)	0.121 (0.248)
控制变量与调节变量					
企业规模	−0.014 (0.012)	−0.016 (0.014)	−0.025 (0.020)	−0.022 (0.021)	−0.042 (0.043)
企业年龄	0.101* (0.040)	0.110 (0.092)	0.088+ (0.048)	0.054 (0.044)	0.058+ (0.036)
高管团队规模	−0.053 (0.055)	−0.040 (0.041)	−0.057 (0.050)	−0.072 (0.069)	0.033 (0.038)
高管团队教育背景	0.124* (0.050)	0.103* (0.051)	0.141** (0.051)	0.106* (0.045)	0.104+ (0.056)
高管团队任职年限	−0.043 (0.042)	−0.037 (0.041)	0.068 (0.071)	0.060 (0.065)	0.049 (0.066)
组织规范性	0.107** (0.038)	0.144** (0.049)	0.103* (0.042)	0.109* (0.046)	0.091 (0.058)
自变量					
非沉淀冗余		0.086 (0.056)		0.078 (0.067)	0.102 (0.098)
沉淀冗余		0.211*** (0.060)		0.140** (0.047)	0.179*** (0.052)
中介变量					
离心力					
分权程度			0.134** (0.044)	0.132*** (0.035)	0.126* (0.055)
信息流动自由度			−0.042 (0.059)	−0.050 (0.058)	−0.059 (0.037)
搜索范围			0.072 (0.054)	−0.069 (0.059)	−0.091 (0.074)
向心力					
内部关联			0.116+ (0.059)	0.114* (0.045)	0.133** (0.050)
行动一致性			0.159* (0.067)	0.174* (0.073)	0.140* (0.060)
目标一致性			0.079* (0.037)	0.056+ (0.030)	0.091+ (0.047)

续表

变量	模型 1	模型 2	模型 3	模型 4	模型 5
交互项					
规范性×分权程度					0.065* (0.032)
规范性×信息流动自由度					0.133** (0.050)
规范性×搜索范围					0.110* (0.046)
R^2	0.088	0.119	0.205	0.214	0.303
Adj. R^2	0.079	0.108	0.189	0.201	0.287

注：显著性水平 $^+p<0.1$，$^*p<0.05$，$^{**}p<0.01$，$^{***}p<0.001$。

H2a 和 H2b 提出，离心力、向心力和中小企业产品创新正相关，并中介组织冗余和中小企业产品创新的关系。研究中介变量的检验需要满足四个条件：自变量对中介变量有影响；自变量对因变量有影响；中介变量对因变量有影响；控制中介变量时，自变量对因变量的影响变小。表 4 中的模型 3 相比模型 1 增加了中介变量，结果显示离心力中仅有分权程度和产品创新之间显著正相关（系数为 0.134，$t=3.089$，$p=0.002$），信息流动自由度和搜索范围的系数均不显著；向心力中的三个维度的系数均显著为正，且 p 值最大为 0.051。模型 4 显示，在模型 2 基础上控制中介变量后，沉淀冗余的系数则由 0.211 减至 0.140，且 $t=2.994$，$p=0.003$。这说明控制中介变量时，自变量对因变量的影响变小。表 5 是对分权程度以及向心力三个维度分别回归的结果。因为信息流动自由度、搜索范围和因变量没有相关性，所以并未显示对它们回归的结果。模型 6 显示沉淀冗余系数为 0.240，且 $p<0.05$，说明离心力中仅有分权程度和产品创新正相关，且部分中介沉淀冗余和产品创新之间的关系。类似地，沉淀冗余系数在表 5 的模型 7~模型 9 中均为正，且 p 值至少小于 0.1。因此，H2a 得到部分支持，H2b 得到了很好的支持。

表 5　对中介变量的回归分析结果

变量	分权程度 模型 6	内部关联 模型 7	行动一致性 模型 8	目标一致性 模型 9
截距项	−0.465 (0.289)	0.296+ (0.172)	−0.098 (0.225)	0.548+ (0.295)
企业规模	0.006 (0.100)	0.060 (0.102)	−0.178 (0.119)	−0.149 (0.093)
企业年龄	−0.055 (0.071)	−0.196* (0.090)	−0.082 (0.082)	−0.087 (0.066)
高管团队规模	0.118+ (0.076)	0.170+ (0.091)	0.220* (0.102)	0.052 (0.117)
高管团队教育背景	0.193* (0.092)	0.211* (0.098)	0.079 (0.071)	0.218 (0.168)
高管团队任职年限	0.043 (0.100)	0.069 (0.119)	0.244* (0.097)	0.075* (0.077)

续表

变量	分权程度 模型 6	内部关联 模型 7	行动一致性 模型 8	目标一致性 模型 9
非沉淀冗余	0.140 (0.090)	0.178+ (0.101)	0.202* (0.093)	-0.109 (0.069)
沉淀冗余	0.240* (0.098)	0.192+ (0.110)	0.151* (0.076)	0.208* (0.088)
R^2	0.123	0.155	0.210	0.183
Adj.R^2	0.114	0.130	0.195	0.166

注：显著性水平+p < 0.1，*p < 0.05，**p < 0.01，***p < 0.001。

H3 提出，规范性正向调节离心力对中小企业产品创新的作用。表 4 的模型 5 加入规范性和三种离心力之间的乘积项，R^2 从模型 4 中的 0.214 增加至 0.303。其中，规范性和分权程度、信息流动自由度、搜索范围乘积项系数分别为 0.065（t = 2.055，p = 0.041）、0.133（t =2.641，p = 0.009）、0.110（t = 2.392，p = 0.017），H3 得到很好的支持。经过规范性的调节，信息流动自由度、搜索范围的系数由负转正，说明在规范性较低的状态下，信息流动越自由、搜索范围越大，则产品创新越少；而规范性较高时，这二者对产品创新才起积极作用。

五、结论

大企业的组织冗余能够支持大规模研发活动，而中小企业组织冗余的作用可能更多体现于对能力的提升。从产品创新的角度，Sheremata、Atuahene-Gima 认为企业内部存在离心力和向心力两种作用力。前者代表企业分散行为的能力，有助于发挥个体的能动性和灵活性优势，后者则意味着整合和协作，有助于整合分散的信息、知识和个体能力。这两种能力都会影响中小企业的创新，且企业可以同时具备。本文首先分析并检验这两种能力在中小企业组织冗余和产品创新之间的中介作用，期望能够揭示组织冗余的作用机理。

本文研究结果证实，沉淀冗余和中小企业产品创新正相关，但非沉淀冗余却没有。非沉淀冗余不面向特定的应用，而沉淀冗余则由于内嵌于企业经营活动中，在需要时可以直接发挥其效用。换句话说，非沉淀冗余仅仅是一种资源冗余（典型例子就是冗余现金），而沉淀冗余可视为能力冗余，融合于企业内部。冗余现金等并不能给企业带来价值，除非将其投入特定的应用，即将其进行沉淀；冗余能力则内嵌于企业活动中，并为其提供直接支持，这当然包括研发活动。这也有助于我们理解那些优秀的企业为什么不愿意简单地维持大量闲置的现金，而倾向于维持充足的智力资源等，即使它们实际发挥作用的机会很少。我国各级政府对中小企业创新积极提供各种形式的资源支持，这些外来资源中的相当一部分将以组织冗余的形式进入和存在于企业中。本文结论告诉我们，对中小企业直接提供特定资源的支持或者规范资助现金的用途能够更为有效地促进产品创新。

本文研究同样证实，向心力有利于中小企业产品创新，且部分中介沉淀冗余和产品创新之间关系。这说明受限于规模等因素，中小企业更需要关注内部的整合，具体体现为增加员工间的沟通和协作、增强内部行动和目标的一致性。沉淀冗余可以减少内部的资源争夺和政治斗争、增强员工互助意愿和行为，因此企业可以通过增加这类组织冗余的方法增强内部的向心力，进而促进产品创新。

除了分权，我们并未发现其他维度的离心力起到中介作用。是否应该增加规范性一直困扰着中小企业。本文对规范性调节作用的检验结果发现，规范程度高时，离心力对产品创新的作用更为积极。表 4 中的模型 5 显示，尤其对于信息流动自由度和搜索范围，在中小企业规范性不强时，它们甚至有害于企业的创新。这给我们一个重要启示：尽管离心力可能会激发基层研发人员等的积极性和创造力，但这些都需要在一定的制度和规则约束下才能实现。分散、分权并不意味着放任自流和不管不问。例如，定期上报研发日志和进度等可能会让研发活动按照更为合理的方向进行，即使管理者并不需要对这些日志等做出响应。

参考文献

[1] Tan J., Peng M. W. Organizational Slack and Firm Performance during Economic Transitions: Two Studies from an Emerging Economy [J]. Strategic Management Journal, 2003, 24 (13): 1249-1263.

[2] Terziovski M. Innovation Practice and its Performance Implications in Small and Medium Enterprises (SMEs) in the Manufacturing Sector: A Resource-based View [J] .Strategic Management Journal, 2010, 31 (8): 892-902.

[3] Celuch K., Murphy G. B. Callaway S. K. More Bang for Your Buck: Small Firms and the Importance of Aligned Information Technology Capabilities and Strategic Flexibility [J]. Journal of High Technology Management Research, 2007, 17 (2): 187-197.

[4] Davies S. The Diffusion of Process Innovations [M]. Cambridge: Cambridge University Press, 1979.

[5] Sharfman M. P., Wolf G., Chase R. B., et al. Antecedents of Organizational Slack [J]. Academy of Management Review, 1988, 13 (4): 601-614.

[6] Cyert R., March J. A Behavioral Theory of the Firm [M]. Englewood Cliffs, NJ: Prentice-Hall, 1963.

[7] Bourgeois L. J. On the Measurement of Organizational Slack [J]. Academy of Management Review, 1981, 6 (1): 29-39.

[8] Baysinger B., Hoskisson R. E. Diversification Strategy and R&D Intensity in Muhiproduct Firms [J]. Academy of Management Journal, 1989, 32 (2): 310-332.

[9] Mishina Y., Pollack T., Porac J. Are More Resources always Better for Growth? Resource Stickiness in Market and Product Expansion [J]. Strategic Management Journal, 2004, 25 (12): 1179-1197.

[10] Love E. G., Nohria N. Reducing Slack: The Performance Consequences of Downsizing by Large Industrial Firms, 1977-1993 [J]. Strategic Management Journal, 2005, 26 (12): 1087-1108.

[11] Nohria N., Gulati R. Is Slack Good or Bad for Innovation? [J]. Academy of Management Journal,

1996，39 (5)：1245-1264.

[12] Herold D. M.，Jayaraman N.，Narayanaswamy C. R. What is the Relationship between Organizational Slack and Innovation? [J]. Journal of Managerial Issues，2006，18 (3)：372-392.

[13] Greve H. R. A Behavioral Theory of R&D Expenditures and Innovation：Evidence from Shipbuilding [J]. Aeademy of Management Journal，2003，46 (6)：685-702.

[14] Huang Yifen，Chen Chung-Jen. The Impact of Technological Diversity and Organizational Slack on Innovation [J]. Technovation，2010，30 (7/8)：420-428.

[15] Radas S.，Bozic L. The Antecedents of SME Innovativeness in an Emerging Transition Economy [J]. Technovation，2009，29 (6/7)：438-450.

[16] Welsh J. A.，White J. F. A Small Business is not a Little Big Business [J]. Harvard Business Review，1981，59 (4)：18-32.

[17] Hudson M. A.，Smart A.，Bourne M. Theory and Practice in SME Performance Measurement Systems [J]. International Journal of Operations & Production Management，2001，21 (8)：1096-1115.

[18] Qian Gongming，Li L. Profitability of Small-and Medium-sized Enterprises in High-tech Industries：The Case of the Biotechnology Industry [J]. Strategic Management Journal，2003，24 (9)：881-887.

[19] Bessant J.，Tidd J. Innovation and Entrepreneurship [M]. Chichester，UK：Wiley，2007.

[20] Appiah-Adu K.，Singh S. Customer Orientation and Performance：A Study of SMEs [J]. Management Decision，1998，36 (6)：385-394.

[21] Brown S. L.，Eisenhardt K. M. Product Development：Past Research，Present Findings，and Future Research [J]. Academy of Management Review，1995，20 (2)：343-378.

[22] Sheremata W. A. Centrifugal and Centripetal Forces in Radical New Product Development under Time Pressure [J]. Academy of Management Review，2000，25 (2)：389-408.

[23] Atuahene-Gima K. The Effects of Centrifugal and Centripetal Forces on Product Development Speed and Quality：How does Problem Solving Matter? [J]. Academy of Management Journal，2003，46 (3)：359-373.

[24] O'Regan N.，Ghobadian A.，Gallear G. In Search of the Drivers of High Growth in Manufacturing SMEs [J]. Technovation，2005，26 (1)：30-41.

[25] Narayanan V. K. Managing Technology and Innovation for Competitive Advantage [M]. Upper Saddle River，NJ：Prentice Hall，2001.

[26] Prakash Y.，Gupta M. Exploring the Relationship between Organization Structure and Perceived Innovation in the Manufacturing Sector of India [J]. Singapore Management Review，2008，30 (1)：55-76.

[27] Lu J. W.，Beamish P. W. The Internationalization and Performance of SMEs [J] .Strategic Management Journal，2001，22 (6/7)：565-586.

[28] Simsek Z.，Veiga J. F.，Lubatkin M. H. The Impact of Managerial Environmental Perceptions on Corporate Entrepreneurship：Towards Understanding Discretionary Slack's Pivotal Role [J]. Journal of Management Studies，2007，44 (8)：1398-1424.

[29] Nerkar A. Old is Gold? The Value of Temporal Exploration in the Creation of New Knowledge [J]. Management Science，2003，49 (2)：211-229.

[30] Zhang Yan，Li Haiyang. Innovation Search of New Ventures in a Technology Cluster：The Role of Ties with Service Intermediaries [J]. Strategic Management Journal，2010，31 (1)：88-109.

[31] Sidhu J. S., Commandeur H. R., Volberda H. W. The Multifaceted Nature of Exploration and Exploitation: Value of Supply, Demand, and Spatial Search for Innovation [J]. Organization Science, 2007, 18 (1): 20-38.

[32] Nunnally J. C. Psychometric Theory [M]. New York: McGraw-Hill, 1978.

[33] Baron R. M., Kenny D. A. The Moderator-mediator Variable Distinction in Social Psychological Research Conceptual, Strategic, and Statistical Considerations [J]. Journal of Personality and Social Psychology, 1986, 51 (6): 1173-1182.

How Organizational Slack Effect SMEs' Product Innovation? Mediating Role of Centrifugal and Centripetal Forces

Li Xiaoxiang[1,2,3], Chen Bangfeng[2], Huo Guoqing[3]

(1. School of Business, Anhui University, Hefei 230601, China; 2. China Gezhouba (Group) Corporation, Yichang 443002, China; 3. College of Technology Management, University of Chinese Academy of Sciences, Beijing 100049, China)

Abstract: It tries to build the transmission mechanism model of organizational slack, centrifugal force, centripetal force and product innovation in SMEs. And it takes science-based SMEs as the samples to test the proposed hypotheses. The result shows that absorbed slack benefits SMEs' product innovation, so do the decentralization dimension of centrifugal force and centripetal force. It also testifies that SMEs' formalization moderates effects of centrifugal forces on product innovation positively. These conclusions help to reveal mechanism of organizational slack, and provide some suggestions to SMEs on how to use slack in a proper way and to external agencies on how to encourage and support product innovation of SMEs.

Key Words: Small and Medium-sized Enterprise; Organizational Slack; Product Innovation; Centrifugal Force; Centripetal Force

融资缺口、市场化程度与中小企业信贷可得性*
——基于非上市制造业企业面板数据的分析

郭丽虹[1,2]，王硕[1]
（1. 上海财经大学金融学院，上海 200433；2. 上海财经大学 上海市金融信息技术研究重点实验室，上海 200433）

【摘 要】与现有文献分别从融资方式和融资环境角度研究中小企业信贷可得性问题不同，文章利用2003~2008年我国非上市制造业企业数据，主要考察了融资缺口和市场化程度对中小企业信贷可得性的影响。研究发现，随着中小企业融资缺口的增大，其信贷可得性有所提高，但新增的信贷融资只能在一定程度上弥补企业的资金缺口。同时，在市场化程度较低的地区，融资缺口较大的中小企业尤其是小企业的信贷可得性较低。文章研究表明，小企业尤其是市场化程度较低地区的小企业面临更严重的信贷约束，而企业规模因素和市场环境因素显著影响中小企业的信贷可得性。

【关键词】融资缺口；金融市场化程度；信贷可得性；中小企业

一、引言

2012年召开的全国金融工作会议强调，要显著提高金融服务实体经济的水平，从多方面确保资金投向实体经济，有效解决实体经济融资难的问题。而相关数据显示，我国银行贷款主要集中在大中型企业，小型企业覆盖率不到20%，规模或限额以下企业不到

---

* 基金项目：上海市教委科研创新重点项目（13ZS057），本文还得到上海财经大学基本科研业务费项目（2012110469）、上海财经大学小企业融资研究中心项目（201103）和上海财经大学211四期项目的资助。

作者简介：郭丽虹（1970-），女，湖北荆州人，上海财经大学金融学院和上海市金融信息技术研究重点实验室副教授，博士生导师；王硕（1982-），男，北京人，上海财经大学金融学院博士研究生。

5%。[①] 工信部发布的数据也显示，2011 年仅 15%左右的中小企业从银行争取到新的贷款。这说明金融资源的实际供给与实体经济的需求之间存在较大的不平衡。同时，在 1370 多万家登记注册的企业中，仅有 2400 多家上市企业能够通过资本市场融资；[②] 占绝大多数的非上市企业存在巨大的融资需求，而市场化程度差异直接影响它们能否从市场上筹集到所需资金。由此，我们思考的问题是：融资缺口和市场化程度这两个因素会对企业信贷可得性产生怎样的影响？

关于融资缺口对企业信贷可得性的影响，一些文献指出，在发达国家和发展中国家，小企业在经营成长方面很难利用外部资金，而且融资受到很多约束（Berger 和 Udell，1998；Galindo 和 Schiantarelli，2003）。Mallick 和 Chakraborty（2002）实证分析了受约束小企业的信贷缺口规模及影响因素，发现受约束小企业的信贷缺口平均为 20%，而且因企业所属行业、年龄以及组织形式的不同而表现出明显的差异。陈敏菊（2009）调查发现，企业规模越小，银行融资缺口越大，其中销售收入在 1000 万元以下的小企业在 2008 年和 2009 年的银行融资缺口分别为同期银行发放给中小企业贷款余额的 2.13 倍和 2.68 倍。张玉明（2004）分析指出，中小企业在向银行等金融机构进行债务融资时往往面临资金需求无法得到满足的问题，即使许多中小企业可以提供抵押品或者接受较高的利率也无法获得银行贷款。周鸿卫和王晶（2012）的实证研究则揭示了信贷关系特征、企业特征、企业家特征、信贷合约特征对中小企业信贷可得性的影响。另外，还有一些文献分别从资本结构、融资方式等角度研究了中小企业的信贷约束问题（程海波等，2005；张杰等，2007；郭丽虹和马文杰，2011）。

关于市场化程度对企业信贷可得性的影响，Beck 等（2004）指出，地区金融市场发展水平、经济周期、信息披露体系、法律法规体系等因素会影响中小企业的信贷可得性。Berger 和 Udell（2006）建立了一个小企业信贷可得性的分析框架，认为银行的信贷技术是核心，而政府政策和金融结构也会影响小企业的信贷可得性。何德旭等（2008）则认为，政策环境会影响竞争结构和信贷技术的可行性和盈利性，而后者决定了中小企业的信贷可得性。Shen 等（2008）调查发现，当地区贷款机构较多、法律保护较强时，我国商业银行对中小企业的信贷支持会显著增加。Beck 等（2011）的研究也表明，机构和法制环境会影响中小企业的信贷融资。国内学者罗正英等（2010）研究发现，非国有上市中小企业所在地区的金融市场化程度对其获得银行信贷资金具有积极影响。陈敏菊和曹桂芝（2011）调查发现，小微企业的融资缺口较大，信贷环境和企业自身因素共同影响了其获得信贷资金。谭之博和赵岳（2012）认为，小企业受到的融资抑制与其所处宏观金融体系密切相关。何韧等（2012）也发现，制度环境对中小微企业信贷可得性具有重要影响，在制度环境较好的地区，长期的银企关系对企业信贷可得性具有促进作用。

---

① 黄孟复. 中国小企业融资状况调查［M］. 北京：中国财政经济出版社，2010.

② 数据来源于国家工商总局网站。

综上分析，现有文献或者仅仅度量了中小企业的融资缺口规模，或者分别考察了中小企业的信贷约束问题和金融市场化等外部制度环境对中小企业信贷可得性的影响问题。而我们思考的问题是：如果把企业融资缺口与金融市场化程度这两个因素结合在一起，它们会对中小企业特别是非上市中小企业的信贷可得性产生什么新的作用？本文主要考察非上市中小企业的融资缺口和金融市场化程度与信贷可得性之间的关系，希望从中小企业自身和市场环境两个方面来探讨中小企业受信贷约束的机制。

本文选择非上市中小企业为研究对象，主要基于以下考虑：第一，非上市中小企业的融资渠道少，无法通过发行股票来融资，也很难通过发行债券来筹资，其外部融资主要依赖于银行信贷。第二，与上市企业相比，非上市中小企业与银行之间的信息不对称问题更加严重，从而更难获得银行信贷资金。

本文研究发现，融资缺口对企业信贷可得性产生了积极作用，但当融资缺口增大时，中小企业获得的信贷资金并不能完全弥补资金缺口。同时，在金融市场化程度较低的地区，随着中小企业融资缺口的增大，其信贷可得性反而下降。研究结果表明，中小企业确实存在较大的资金缺口，其信贷可得水平较低，而中小企业自身因素和市场环境因素显著影响其信贷可得性。本文为完善市场环境、解决中小企业资金缺口问题提供了理论和实证支持。

本文可能的贡献在于：第一，通过度量融资缺口可以直接考察资金供给与非上市中小企业资金需求之间的不平衡问题，从而便于发现中小企业的资金缺口能否通过信贷方式得到满足。第二，着重探讨了融资缺口和金融市场化程度对非上市中小企业信贷可得性的共同影响，发现在市场化程度不同的地区，企业融资缺口对信贷可得性的影响不同。这有助于揭示中小企业受信贷约束的机制，并进一步拓展了关于中小企业信贷可得性的研究。

二、研究设计

（一）研究样本

本文首先选取了2003~2008年的非上市制造业企业，然后根据2011年颁布的《中小企业划型标准规定》，以职工数在1000人以下的中小企业作为研究对象，同时剔除变量值缺失和存在异常的企业，最后得到3701家中小企业的9303个观测值。由于变量计算中涉及滞后一期值，本文的样本期间为2004~2008年。本文使用的企业数据来源于BvD的Oriana数据库，[①] 金融市场化数据来自樊纲等（2011）编制的《中国市场化指数》。

① BvD的Oriana数据库提供了自2003年以来30多万家公司的历史财务数据，其中非上市公司数据来自中国出口信用保险公司提供的企业财务报表。

（二）变量定义与研究假设

1. 被解释变量

本文的被解释量为企业信贷可得性。有研究依据企业的贷款申请是否被银行批准设置二元变量来衡量信贷可得性（Cole，1998；何韧等，2012），也有研究采用企业的负债率（Petersen 和 Rajan，1994；罗正英等，2010）。本文在现有研究的基础上，采用企业的长期负债率（即长期负债占总资产的比重）来衡量信贷可得性，这主要是因为：非上市中小企业很难通过发行债券获得资金，其长期债务融资主要来源于银行借款。

2. 解释变量

（1）融资缺口。我们借鉴 Frank 和 Goyal（2003）、Seifert 和 Gonenc（2008）的方法，利用式（1）来计算中小企业的融资缺口：

$$DEF = I + \Delta WC + DIV - CF = \Delta D + \Delta E \quad (1)$$

其中，DEF 表示融资缺口，I 表示企业的固定资产变动额，ΔWC 表示企业的营运资金变动额（即流动资产与流动负债差值的变动额），DIV 表示企业支付的现金股利，CF 表示企业的现金流量（=净利润+折旧），ΔD 表示企业负债变动额，ΔE 表示企业权益变动额。

Oriana 数据库中没有提供企业股利支付额数据，考虑到本文的研究对象是非上市中小企业，这些企业的资金匮乏，它们会把盈利首先用于再投资和生产经营活动，而很少甚至不会分配给投资者，因此在计算时，我们从式（1）中剔除现金股利支付。

优序融资理论认为，如果融资缺口增大，则企业应该先利用债务融资，从而负债率上升。Shyam–Sunder 和 Myers（1999）基于美国上市公司数据的分析证实了这一观点。Frank 和 Goyal（2003）则发现，净负债发行与融资缺口并不匹配，而是股票发行更多地弥补了企业的融资缺口。Graham 和 Harvey（2001）指出，因信息不对称而产生的交易成本对企业融资决策的影响在很大程度上与企业规模相关，融资选择顺序在大企业中表现得并不明显，而是更多地适用于信息不透明的中小企业。对非上市中小企业而言，由于很难通过发行股票来筹集资金，它们的资金需求应该通过债务融资来满足。因此，我们推测，盈利能力较强的企业未来扩张的空间较大，当出现较好的投资机会时，它们可能因内部资金不足而面临较大的融资缺口，此时其信贷可得性会上升。同时，随着融资缺口的增大，企业获得的信贷融资应该可以弥补其资金缺口。据此，我们提出以下假设：

假设 1：融资缺口较大的中小企业信贷可得性较高。

（2）金融市场化程度。完善的制度（如发达的金融体系、良好的产权保护、高效的法律和司法体系等）是一国经济增长的必要条件，是影响中小企业获得金融机构信贷支持的基础。目前，我国的市场经济体制尚不完善，各地区之间的市场化程度也很不平衡。在某些省份，市场化已经取得了决定性进展，而在另一些省份，经济中的非市场因素仍占重要地位（樊纲等，2011）。

在金融市场化程度较高的地区，企业的外部融资渠道较多，而且市场能够比较有效地发挥合理分配金融资源的作用，这有助于提高中小企业的信贷可得性；而在金融市场化程度较低的地区，金融业的市场竞争不太充分，信贷资金的分配在某种程度上受到非市场因素的制约，从而不利于中小企业获得信贷资金。罗正英等（2010）的研究表明，金融市场化程度对非国有中小企业的信贷可得性具有积极影响。何韧等（2012）也认为，地区经济发展水平、金融深化程度等因素对中小企业银企关系的正向贷款效应具有促进作用。因此，本文认为，不同的金融市场化程度会对中小企业的信贷可得性产生不同的影响，而且当中小企业的融资缺口较大时，其所在地区的市场化程度可能也会影响融资缺口与信贷可得性的关系。据此，我们提出以下假设：

假设 2：金融市场化程度对中小企业融资缺口与信贷可得性的关系具有正向影响。在金融市场化程度较高的地区，融资缺口的增大有助于提高企业信贷可得性；在金融市场化程度较低的地区，融资缺口的增大则不会引起企业信贷可得性的上升。

为了检验假设 2，本文采用樊纲等（2011）编制的我国各地区市场化指数体系中的"信贷资金分配的市场化"指数来衡量各地区的金融市场化程度。根据樊纲等（2011）的定义，这个指数值越小，金融市场化程度越低。我们定义金融市场化程度虚拟变量（D_Credit），如果这个指数值小于样本中位数，则 D_Credit 取 1，否则取 0。

3. 控制变量

（1）资产的有形性（T）。由资本结构理论可知，中小企业拥有较多的固定资产有利于提高其抵押担保能力，从而提高中小企业的信贷可得性。

（2）企业的盈利能力（P）。Fama 和 French（2002）指出，盈利能力与财务杠杆之间存在负相关关系，这与优序融资理论一致，因为盈利能力较强的企业可利用的内部资金较多，从而负债率较低；而权衡理论则认为，盈利性较强可以提高企业的偿债能力，从而企业的信贷可得性较高。

（三）描述性统计

表 1 给出了全样本及分组的描述性统计结果。平均而言，全样本企业的负债比率为 3.0%，融资缺口占总资产的比重为 1.3%；小企业的负债比率为 1.3%，融资缺口占总资产的比重为 3.3%；中型企业的负债比率为 3.6%，融资缺口占总资产的比重为 0.6%。可见，中小企业尤其是小企业的负债比率较低，其资金缺口较大。

表 1 变量描述性统计

	全样本（N = 9303）		小企业（N = 2440）		中型企业（N = 6863）	
	均值	标准差	均值	标准差	均值	标准差
D	0.0297	0.0921	0.0133	0.0653	0.0356	0.0992
DEF	0.0133	0.6476	0.0330	0.9880	0.0063	0.4706
D_Credit	0.5002	0.5000	0.4615	0.4986	0.5139	0.4998
T	0.2113	0.2190	0.1709	0.1994	0.2257	0.2239
P	0.0463	0.1551	0.0241	0.1512	0.0542	0.1557

我们还计算了主要变量之间的相关系数。相关性分析表明，融资缺口与负债比率之间存在显著的正相关关系，说明融资缺口较大的企业负债比率较高。另外，其他变量之间的相关系数都较小，说明变量之间不存在严重的多重共线性问题。

三、实证结果分析

（一）融资缺口与信贷可得性

下面我们利用非上市中小制造企业数据，对融资缺口与信贷可得性之间的关系进行回归分析。参考 Frank 和 Goyal（2003）、Seifert 和 Gonenc（2008）的方法，我们建立以下基本模型：

$$\Delta D_{it} = a + bDEF_{it} + e_{it} \quad (2)$$

其中，D_{it} 表示企业 i 在 t 年的长期负债率；DEF_{it} 表示企业 i 在 t 年的融资缺口，用期初总资产进行标准化处理；Δ 表示一阶差分。

一些理论和实证研究表明，规模较小的企业更容易受到融资约束。为此，本文将检验不同规模企业的信贷可得性是否存在明显的差异，据此判断小企业是否受到严重的信贷融资约束。我们以 2003 年作为基准，按照总资产大小对样本企业从小到大进行排序，将处于 30%以下的企业定义为小企业。如果样本企业属于小企业，则虚拟变量 D_Small 取值为 1，否则为 0。

另外，我们还考察了不同所有制性质企业的融资缺口与信贷可得性的关系是否存在显著差异。由于国有企业承担了就业、社会稳定等社会责任，政府不太可能轻易允许其破产。在政府干预非常普遍的环境下，银行不得不承担扶持国有企业的责任，即使是中小型国有企业。据此，由于预算软约束和隐性担保，与民营中小企业相比，国有中小企业更容易获得银行贷款。我们定义企业所有制性质虚拟变量（D_Private），如果样本企业属于民营企业，则 D_Private 取 1，否则取 0。

表 2 给出了式（2）的 OLS 回归结果。根据优序融资理论，企业融资缺口的增大应该被新增负债所抵消，所以式（2）中的融资缺口系数 b 应为 1，而常数项 a 应为 0（Frank 和 Goyal，2003；Seifert 和 Gonenc，2008）。列（1）结果显示，全样本的融资缺口系数显著为正，但远小于 1，说明当中小企业的内部资金不能满足其资金需求而出现融资缺口时，其信贷可获得性会上升，从而假设 1 得到验证。不过，从融资缺口系数大小看，中小企业获得的信贷资金并不能完全弥补其资金缺口。从列（2）结果可以看出，小企业虚拟变量与融资缺口的交叉项系数显著为负，表明与中型企业相比，当资金缺口增大时，小企业的信贷可得性反而下降。这与 Frank 和 Goyal（2003）、Seifert 和 Gonenc（2008）的研究结果一致，意味着小企业的资金缺口确实很大，信贷融资约束很严重。列（3）结果显示，民营中

小企业虚拟变量与融资缺口的交叉项系数显著为负，说明与国有中小企业相比，当民营中小企业的融资缺口增大时，其信贷可得性下降，这意味着民营中小企业受到比国有中小企业更严重的信贷融资约束。此外，我们还利用小企业虚拟变量、民营企业虚拟变量与融资缺口的交叉项考察了民营小企业面临的融资约束状况。从列（4）结果可以发现，与其他企业相比，随着资金缺口的增大，民营小企业获得的信贷资金减少。可见，民营小企业确实存在较大的资金缺口，而且受到严重的信贷融资约束。这与程海波等（2005）的研究结果一致，他们发现非国有中小企业面临严重的信贷约束。

表 2　融资缺口与信贷可得性

	(1)	(2)	(3)	(4)
C	−0.0006 (−0.89)	−0.0006 (−0.87)	−0.0006 (−0.82)	−0.0006 (−0.84)
DEF	0.0130** (11.13)	0.0290** (15.49)	0.0158** (8.87)	0.0211** (13.72)
D_Small × DEF		−0.02604** (−10.88)		
D_Private × DEF			−0.0048** (−2.04)	
D_Small × D_Private × DEF				−0.0190** (−8.04)
R^2	0.0132	0.0256	0.0136	0.0200
N	9303	9303	9303	9303

注：括号内为 t 值，下表同。

一些调研数据也证实了上述实证结果。例如，上海财经大学财经研究所在 2008 年底对上海、浙江、江苏三省部分中小企业进行了问卷调查，发现 74.6%的民营中小企业存在资金缺口。① 2009 年工商联对江苏省南通市部分中小企业进行调研发现，72%的企业认为存在资金缺口，其中 30%的企业在生产经营中的资金缺口为 1000 万~5000 万元，29%的企业为 500 万~1000 万元，37%的企业为 100 万~500 万元，仅有 4%的企业资金缺口在 100 万元以下。②

（二）融资缺口、金融市场化程度与信贷可得性

由上述分析可知，中小企业的信贷可得性会受到其资金缺口大小的影响。然而，由于我国各地区金融业的市场化程度存在很大差异，而这会影响金融业的竞争状况和金融机构的信贷资源分配以及企业的外部融资渠道，我们建立式（3）来分析中小企业的融资缺口与所在地区金融市场化程度对信贷可得性的共同影响，OLS 回归结果如表 3 所示。

① 赖涪林等."长三角"中小企业迫切需要解决的问题调查报告［R］. 上海：上海财经大学财政研究所，2009.
② 详见 Frank 和 Goyal（2003），第 223–224 页。

表 3　融资缺口、金融市场化程度与信贷可得性

	(1)	(2)	(3)
C	0.0001 (0.10)	0.0001 (0.08)	0.0001 (0.15)
DEF	0.0183** (8.12)	0.0223** (13.31)	0.0143** (9.20)
D_Credit × DEF	-0.0070** (-2.66)		
D_Small × D_Credit × DEF	-0.0196** (-8.01)		
D_Private × D_Credit × DEF			-0.0027 (-1.06)
ΔT	0.0084* (1.67)	0.0041* (1.81)	0.0095* (1.90)
ΔP	0.0218** (4.42)	0.0246** (5.00)	0.0209** (4.25)
R^2	0.0165	0.0225	0.0158
N	9200	9200	9200

注：T 表示资产的有形性，等于固定资产/总资产；P 表示企业的盈利性，等于营业利润/总资产。

$$\Delta D_{it} = \alpha + \beta_1 DEF_{it} + \beta_2 D\_Credit \times DEF_{it} + \beta_3 \Delta T_{it} + \beta_4 \Delta P_{it} + \varepsilon_{it} \quad (3)$$

本文主要关注信贷融资增量，所以采用一阶差分方程进行回归分析，这会导致 R^2 很小。由表 3 结果可知，融资缺口系数显著为正，说明融资缺口较大的企业获得的信贷资金较多。同时，金融市场化虚拟变量与融资缺口的交叉项系数显著为负，表明在金融市场化程度较低的地区，当中小企业的融资缺口增大时，其信贷可得性反而下降，即中小企业更难获得金融机构的贷款。假设 2 得到验证。

由于我国正处于市场经济转型过程中，各地区的市场化程度存在较大差异，相应的规制和监管机制并不十分健全。在金融市场化程度较高的地区，市场机制能够发挥合理分配金融资源的作用，从而当资金缺口较大时，企业信贷可得性会上升；在金融市场化程度较低的地区，信贷资金的分配容易受到非市场因素的制约，从而对融资缺口较大企业的信贷可得性产生负面影响。

表 3 列（2）和列（3）结果显示，金融市场化虚拟变量和小企业虚拟变量与融资缺口的交叉项系数显著为负，金融市场化虚拟变量和民营企业虚拟变量与融资缺口的交叉项系数为负但不显著。这表明在市场化程度较低的地区，当小企业的资金缺口较大时，其信贷可得性反而下降，而民营企业的信贷可得性似乎并没有受到金融市场化程度的影响。这说明在金融市场化程度较低的地区，金融机构的信贷资源分配存在规模差异。

尽管近些年来非国有金融机构有了相当的发展，但几家大型国有控股银行所占市场份额仍很高（樊纲等，2011）。有研究表明，在国有银行所占市场份额很大的国家，小企业获得的信贷资金一般很少（Beck 等，2004；Berger 等，2004）。之所以在市场化程度较低的地区，小企业的融资缺口较大、信贷可得性较低，我们认为主要是由较高的交易成本、

较严重的信息不对称问题以及由此引发的道德风险问题造成的。首先，小企业少量的资金需求会使单位融资成本大大提高，而较低的信息透明度会增加银行的评价和监督成本，从而在一定程度上限制了小企业利用外部融资。其次，小企业的财务信息披露不规范，加上经营时间较短，信用积累不足，造成借贷双方之间的信息不对称问题比较严重。最后，小企业的自有资产相对有限，缺乏足够的抵押担保品。因此，在自身因素和信贷环境因素的共同作用下，在市场化程度较低的地区，当面临较大的资金缺口时，小企业的信贷可得性反而下降。

此外，企业盈利性和资产有形性变量的系数都显著为正，表明盈利能力和资产的担保价值会对中小企业的信贷可得性产生促进作用。由前文分析可知，由于盈利能力较强的企业未来扩张空间较大，当面临较大的融资缺口时，其信贷可得性会有所提高。

综上所述，在金融市场化程度不同的地区，中小企业的融资缺口与信贷可得性的关系存在明显差异，而且金融市场化程度也会影响不同规模企业的融资缺口与信贷可得性的关系。

（三）稳健性检验

为了验证上述结论的可靠性，我们进行了以下稳健性检验：第一，由于负债比率较高可能会对结果产生影响，我们剔除了负债比率高于 100%的企业后进行回归分析，得到与基本模型一致的结果。第二，借鉴 Fama 和 French（2005）的方法，我们使用企业总资产变动额减去留存收益变动额来衡量融资缺口，检验结果与基本模型的结果一致。第三，我们分别采用流动负债比率和总负债比率作为被解释变量进行回归分析，发现融资缺口变量对这两个指标具有显著的负向影响，表明当面临较大的资金缺口时，中小企业通过短期借款或者商业信用以及其他债务融资方式获得资金的可能性较低。第四，融资缺口可能是内生决定的，如当负债比率过高时，企业可能会削减投资，从而资金缺口减小，或者利用现金来偿还债务。为此，我们使用 2SLS 方法，利用滞后一期变量作为工具变量进行分析，得到与 OLS 回归类似的结果。

四、结论与启示

非上市企业尤其是非上市中小企业存在巨大的融资需求，而来自金融部门的融资支持对这些企业的发展尤为重要。在这一背景下，本文探讨了非上市中小企业的融资缺口与信贷可得性之间的关系，重点考察了融资缺口和金融市场化程度对中小企业信贷可得性的共同影响。本文研究发现，融资缺口对中小企业信贷可得性产生了一定的促进作用，但新增的信贷资金并不能完全满足企业的资金需求。同时，在金融市场化程度较低的地区，融资缺口较大的中小企业尤其是小企业的信贷可得性较低。另外，企业盈利性和资产的担保价值对中小企业的信贷可得性具有促进作用。

本文研究结果表明，小企业尤其是市场化程度较低地区的小企业受到更严重的信贷约束，意味着金融机构的信贷资源分配存在规模差异，而且金融市场化程度也显著影响中小企业的信贷可得性。因此，要大力发展实体经济，必须解决中小企业的融资难问题。中小企业应结合自身特征，灵活运用银行信贷以外的其他融资方式，如租赁、出售应收账款、利用应收账款申请质押贷款等。同时，应进一步深化金融机构改革，推进金融机构信贷资金配置的市场化。

参考文献

[1] 陈敏菊. 中小企业融资缺口分析——基于浙江省中小企业对比问卷调查 [J]. 经济理论与经济管理，2009 (11)：76-80.

[2] 郭丽虹，马文杰. 债务融资、商业信贷与中小企业投资——来自非上市制造业企业的证据 [J]. 财经研究，2011 (3)：136-144.

[3] 何韧，刘兵勇，王婧婧. 银企关系、制度环境与中小微企业信贷可得性 [J]. 金融研究，2012 (11)：103-115.

[4] 湖北经济学院金融学院课题组，中国社会科学院财贸所课题组，何德旭. 政策环境、金融结构与信贷技术——化解中小企业贷款难题的系统解决方案 [J]. 财贸经济，2008 (9)：5-15.

[5] 罗正英，周中胜，詹乾隆. 中小企业的银行信贷融资可获性：企业家异质特征与金融市场化程度的影响 [J]. 会计研究，2010 (6)：44-50.

[6] 谭之博，赵岳. 企业规模与融资来源的实证研究——基于小企业银行融资抑制的视角 [J]. 金融研究，2012 (3)：166-179.

[7] 张玉明. 中小企业的融资缺口及其化解途径 [J]. 山东经济，2004 (4)：51-53.

[8] 周鸿卫，王晶. 中小企业信贷可得性的影响因素 [J]. 金融论坛，2012 (4)：21-30.

[9] Beck T., Demirguc-Kunt A., Maksimovic V. Bank Competition and Access to Finance: International Evidence [J]. Journal of Money, Credit and Banking, 2004, 36 (3): 627-648.

[10] Berger A. N., Udell G. F. A More Complete Conceptual Framework for SME Finance [J]. Journal of Banking and Finance, 2006, 30 (11): 2945-2966.

[11] Frank M. Z., Goyal V. K. Testing the Pecking Order Theory of Capital Structure [J]. Journal of Financial Economics, 2003, 67 (2): 217-248.

[12] Mallick R., Chakraborty A. Credit Gap in Small Business: Some New Evidence [R]. Working Paper, 2002.

[13] Seifert B., Gonenc H. The International Evidence on the Pecking Order Hypothesis [J]. Journal of Multinational Financial Management, 2008, 18 (3): 244-260.

[14] Shen Y., Shen M., Xu Z., et al. Bank Size and Small-and Medium-sized Enterprise (SME) Lending: Evidence from China [J]. World Development, 2009, 37 (4): 800-811.

Financing Deficit, Marketization and Credit Availability of SMEs

—Analysis Based on the Panel Data of Unlisted Manufacturing Enterprises

Guo Lihong[1,2], Wang Shuo[1]

(1. School of Finance, Shanghai University of Finance and Economics, Shanghai 200433, China; 2. Shanghai Key Laboratory of Financial Information Technology, Shanghai University of Finance and Economics, Shanghai 200433, China)

Abstract: Different from current literature which studies the credit availability of SMEs from the perspectives of financing ways and environments, this paper mainly analyzes the effects of financing deficit and marketization on the credit availability of SMEs by using the data of unlisted manufacturing enterprises in China from 2003 to 2008. It concludes that with the increase in financing deficit in SMEs, their credit availability rises to some extent, but new credit loans only compensate for corporate funding gap to a certain extent.Meanwhile, in regions with low marketization degree, SMEs with great financing deficit, especially small enterprises, have lower credit availability. This paper indicates that small enterprises, especially ones in regions with low marketization degree, confront more serious credit constraints, and firm scale and market environments significantly affect the credit availability of SMEs.

Key Words: Financing Deficit; Financial Marketization; Credit Availability; SMEs

第二节

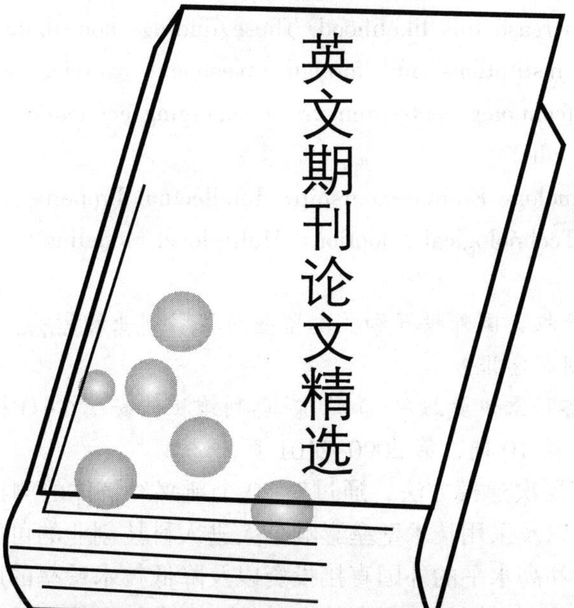

Title：Influence of Intellectual Property，Foreign Investment，and Technological Adoption on Technology Entrepreneurship

Periodical：Journal of Business Research

Author：Saurav Pathak，Emanuel Xavier–Oliveira，André O. Laplume

Date：Issue 10，2013，pp. 2090–2101

Abstract：Using a multi–level modeling approach，the present study empirically examines how intellectual property rights，inflow of foreign direct investment and barriers to technological adoption affect the likelihood of individuals'entry into technology entrepreneurship in a sample of 20 emerging economies. The results suggest that regimes with strong intellectual property rights protection combined with high levels of foreign direct investment per capita decrease the likelihood of individuals'entry into technology entrepreneurship，where as low barriers to technological adoption increase this likelihood. These findings contribute to understanding the influence that national institutions and foreign investment exercise on the entrepreneurial behavior of early–stage technology entrepreneurs in emerging economies，for which the extant literature shows mixed results.

Key Words：Technology Entrepreneurship；Intellectual Property Rights；Foreign Direct Investment；Barriers to Technological Adoption；Multi–level Modeling

文章名称：《知识产权、国外投资和技术壁垒对技术创业的影响》

期刊名称：《商业研究学报》

作者：萨拉夫·帕塔科，伊曼纽尔·泽维尔·奥利维拉，安德尔·O.拉普吕姆

出版时间：2013 年第 10 期，第 2090~2101 页

内容摘要：采用多层次建模方法，通过对 20 个新兴经济体的测试，探讨企业知识产权、外国直接投资流入以及采用技术壁垒影响个人进入科技创业的可能性。结果表明在具有较强的知识产权保护和高水平的外国直接投资以及降低技术壁垒的政治制度下，个人进入科技创业领域的可能性大大增加。现存的文献并不完全符合这个结论，但是这些发现有助于理解在新兴经济体外国投资活动对早期科技创业者的创业行为的复杂影响。

关键词：技术创业；知识产权；外国直接投资；技术壁垒；多层次模式

Title：Failing Firms and Successful Entrepreneurs：Serial Entrepreneurship as a Temporal Portfolio

Periodical：Small Business Economics

Author：Saras D. Sarasvathy，Anil R. Menon，Graciela Kuechle

Date：Issue 2，2013，pp. 417–434

Abstract：Entrepreneurial performance is almost always confounded with firm performance. In this paper we argue for an instrumental view of the firm by formally showing that entrepreneurs can amplify their expected success rates by designing their careers as temporal portfolios that exploit contagion processes embedded in serial entrepreneurship. The advantages to hold concurrent portfolios that exploit heterogeneity are well known. The same advantages may be achieved in the serial context through contagion. Our model exploits an observation due to William Feller on the near equivalence of the two，statistically speaking. It also leads to empirically plausible implications about the size distribution of firms in the economy and illustrates the relevance of considering firms and entrepreneurs as distinct loci of analysis.

Key Words：Serial Entrepreneurship；Firm Performance；Industrial Organization；Population Ecology；Labor Economics；Financial Economics

文章名称：《失败的公司和成功的企业家：连续创业中的跨期组合》

期刊名称：《小企业经济学》

作者：萨拉斯·D.莎拉斯瓦蒂，阿尼尔·R. 梅农，格拉谢拉·古驰

出版时间：2013 年第 2 期，第 417~434 页

内容摘要：创业绩效和企业绩效常常被混为一谈。在本文中，作者从客观视角来论证企业家可以设计自己的创业过程，通过在连续的创业中嵌入“传染”的过程，以此加大他们的预期成功率。众所周知，跨期组合可以利用异质性的优点，并通过“传染”使创业过程中的其他方面也获得相同的有利条件。该研究根据搜集的数据建立模型并撰写了一篇报告。通过大量经验数据，合理地分析了各个公司在经济体系中的分布状况，并且通过举例以及通俗易懂的分析说明了相关现存企业和企业家之间的关系。

关键词：连续创业；公司业绩；工业组织；社会生态学；劳动经济学；金融经济学

Title: Innovation Ecosystems: Entrepreneurs' Self–Regulatory Processes and Their Implications for New Success

Periodical: Entrepreneurship Theory and Practice

Author: Satish Nambisan, Robert A. Baron

Date: Issue 5, 2013, pp. 1071–1097

Abstract: Innovation ecosystems have emerged as an important context for entrepreneurship. Ecosystem entrepreneurs, however, face a unique set of challenges associated with the need to balance the goals and priorities set by the ecosystem leader with the goals and priorities of the new venture. We focus on ecosystem entrepreneurs' self–regulatory processes and the potential role of these processes in entrepreneurs' efforts to successfully balance requirements set by the ecosystem leader with the goals of their own ventures.

In this paper, we address the previous two research questions by exploring alternate theoretical perspectives that reflect entrepreneurs' cognitive capabilities to adapt to conflicting demands in the ecosystem. At a broad level, we focus on entrepreneurs' self regulatory processes, the cognitive processes through which individuals monitor, evaluate, direct, and adjust their own behavior so as to progress toward desired goals. These processes include a broad range of knowledge and skills, and here, we examine the role of several in entrepreneurs' success in effectively guiding their new ventures within the confines of the ecosystem as well as in the broader technology/market environment. There is prior theoretical basis, specifically in upper echelons theory, to suggest the existence of such a link between important aspects of key actors' cognition (here, entrepreneurs' self–regulatory processes) and organizational outcomes (for instance, new venture success). With innovation ecosystems assuming greater significance as a venue for entrepreneurship, it has become imperative that we develop a deeper understanding of the associated opportunities and constraints they afford and also of the skills that entrepreneurs need to survive and thrive in these dynamic environments. In this paper, we have tried to facilitate such an understanding by calling attention to the potential role of several aspects of entrepreneurs' self–regulatory processes to their success in innovation ecosystems.

Key Words: Ecosystem Entrepreneurs; Entrepreneurship; Self–regulation; Challenges

文章名称:《创新生态系统:创业者的自我调节过程及其对新企业成功的影响》

期刊名称:《创业理论与实践》

作者:萨蒂什·南比桑,罗伯特·A.巴隆

出版时间:2013 年第 5 期,第 1071~1097 页

内容摘要:创新生态系统已经成为创业的重要背景。然而,生态系统内的创业者面临着一系列独特的挑战,他们需要以新企业的目标和优先事项去平衡由生态系统领导者所设置的目标和优先事项。作者专注于生态系统创业者的自我调节过程和这些过程的潜

在作用，创业者们通过努力成功地以他们自己的企业目标平衡了由生态系统领导者设置的要求。

在本文中，通过探索交替的理论观点，作者解决了两个研究问题，并反映创业者适应生态系统中的相互矛盾的要求的认知能力。在宽泛的层面上，作者聚焦于创业者通过个人的监控、评价、指导以及调整自我行为完成自我调节过程和认知过程，从而向预期目标发展。这些过程包括广泛的知识和技能，在这里，作者研究了一些创业者的成功对有效引导他们的新企业融入生态系统领域，甚至研究技术或市场环境所起到的作用。现有理论基础特别是高层梯队理论表明，存在关键角色认知（这里指创业者的自我调节过程）和组织的结果（如新企业的成功）这两者之间的关联。随着创新生态系统作为创业的场所越发重要，对其提供的机会和限制，以及对动态环境中创业者生存和蓬勃发展所需技能都需要更深入的了解，这些课题已成为当务之急。在本文中，作者试图通过唤起对创新生态系统中创业者自我调节过程的多方面的潜在作用的注意，来促进理解。

关键词：生态系统创业者；创业；自我调节；挑战

Title: R&D, FDI, and Efficiencies of Small and Medium Sized Firms

Periodical: Journal of Management Research

Author: Yang Li, JuLi Hu

Date: Issue 3, 2013, pp. 163-197

Abstract: This study analyzes how small- and medium-sized enterprises' (SMEs) R&D and foreign direct investment (FDI) affect their technical efficiencies in an environment of globalized production in order to complement previous research studies. When the magnification effect (the network effect of FDI magnifies the marginal cost savings effect of R&D) dominates the replacement effect (for production cost savings there is a substitution between R&D and FDI), FDI and R&D are complements; otherwise, both are substitutive strategies. Our theoretical propositions suggest that unless the replacement effect dominates the magnification effect very much, FDI will indirectly improve technical efficiency through R&D activities. We use 1989-1996 panel data of FDI by Taiwan's SMEs to test the proposition. Our major empirical findings are: (1) FDI not only directly improves technical efficiencies, but also indirectly enhances technical efficiencies through complementing R&D activities. (2) R&D expenditures significantly improve firms' technical efficiencies. (3) For those Taiwan's SMEs investing in mainland China, FDI and R&D are more likely to be a substitutive strategy; however, FDI still indirectly amplifies technical efficiency through R&D activities. (4) Currently, it is more efficient for Taiwan's SMEs to focus on the globalization of production than on market globalization.

Key Words: R&D; Foreign Direct Investment; Technical Efficiency; Replacement Effect; Magnification Effect

文章名称：《研发、对外直接投资和中小企业经营绩效分析》

期刊名称：《管理研究学报》

作者：李扬，胡均立

出版时间：2013 年第 3 期，第 163~197 页

内容摘要：为了补充之前的研究，本研究分析了中小企业研发和外国直接投资在全球化环境下如何影响技术效率。当放大效应（外国直接投资放大边际成本使研发效率节约的网络效应）占据了替代效应（为节约生产成本在研发和外国直接投资之间存在着一个替代品）的时候，外国直接投资和研发是补充，其他则都是代替策略。作者的理论主张暗示，除非替代效应明显超过放大效应，外国直接投资将通过研发活动间接地提高技术效率。作者使用中国台湾中小企业 1989~1996 年的外国直接投资面板数据来验证这个命题。作者的实证研究结果发现：①外国直接投资不仅直接提高技术效率，也通过补充研发活动间接地提高技术效率。②研发支出显著提高企业的技术效率。③对于那些在中国大陆投资的台湾中小企业，外国直接投资和研发更有可能变成一种替代策略，然而，外国直接投资仍然会

通过研发活动间接地增强技术效率。④目前，对台湾中小企业来说，关注生产全球化比关注市场全球化更有效。

关键词：研发；外国直接投资；技术效率；替代效率；放大效应

Title: Entrepreneurship: From Motivation to Start-up

Periodical: Journal of International Entrepreneurship

Author: Christophe Estay, François Durrieu, Manzoom Akhter

Date: Issue 5, 2013, pp. 243-267

Abstract: The goal of this article is to reveal the origins of entrepreneurial motivation and to identify the logics of action (entrepreneurial projects) associated with each dimension of this attitude. The study looks to answer the following questions: What needs are at the beginning of a business, what are their intensities, and to what extent does entrepreneurial motivation influence projects? Using questionnaires answered by entrepreneurs who have just created their business, we evaluate the characteristics of entrepreneurial motivation (needs and their intensities), identify the antecedents liked to this attitude, and isolate the entrepreneur logics of action (imitation, innovation- adventure, reproduction, and innovation-valorisation). This study is supported by a theoretical framework that is the result of research on motivation and entrepreneurship. A series of causal relations are isolated and then tested. Analysis enables an ensemble of conclusions to be drawn on entrepreneurial motivation. Pathways of motivation lead to logics of action linked to innovative projects and explain the phenomenon of reproduction (or imitation) found in some entrepreneurs. Development objectives and a need for personal independence are identified at the beginning stages of entrepreneurial planning. Creators hope that their business will bring tangible financial and material results. Entrepreneurs are conscious that they must make a commitment across a range of dimensions for their organisation (managerial, commercial, etc.). In their quest for valorisation, entrepreneurs take risks, exploiting advantageous business contexts, thanks to their competences, and show a need for creativity. These two dimensions (competences and creativity) are associated with the objective of independence. The logic of reproduction is characterised by self confidence (locus of control) and responds to the objective of business development.

Key Words: Entrepreneurship; Motivation; Logics of Action; Innovation

文章名称:《创业意图:从动机到行动》

期刊名称:《国际创业学报》

作者:克里斯多夫·埃斯泰,弗兰·道恩,玛祖·阿赫塔尔

出版时间:2013 年第 5 期,第 243~267 页

内容摘要:本文的目的在于揭示创业意图的起源以及确定与之相关的行动逻辑(创业项目)。本文回答了下列问题:创业初期的需求在于什么?创业者的创业意图强度对创业过程有什么影响?调查者通过对刚刚起步的企业家进行问卷调查,评估创业动机的特点(创业需要以及创业强度)、鉴定与创业意图相似的因素,并且隔离企业家行动逻辑(模仿,创新—冒险、复制以及创新—维持价格)。本文以研究创业意图的理论框架为基础,

将相互关联的几个因素逐一分离并单独测试。这项研究可以通过多重因素造成的总体效果推导出创业意图这一单一因素的影响。本文通过研究创业意图，探究行动逻辑与项目创新之间的关系，并且解释了在某些企业家身上发现的复制（模仿）现象。发展目标和人格独立被认为是创业计划的第一步。创新者希望他们的研究可以带来实实在在的经济和物质上的收获。企业家们意识到他们必须为企业的各个方面（管理、商业等）做出承诺。企业家承担风险，利用有利的商业环境，用他们的能力体现了创造活动的价值。这两个方面（能力和创造力）与独立目标息息相关。再生产的逻辑是自信（控制点），归因于商业发展的目标。

关键词：创业意图；动机；行动逻辑；创新

Title: Entrepreneurship, Social Capital, and Institutions: Social and Commercial Entrepreneurship Across Nations

Periodical: Entrepreneurship Theory and Practice

Author: Saul Estrin, Tomasz Mickiewicz, Ute Stephan

Date: Issue 3, 2013, pp. 479–504

Abstract: We model and test the relationship between social and commercial entrepreneurship drawing on social capital theory. We propose that the country prevalence rate of social entrepreneurship is an indicator of constructible nation-level social capital and enhances the likelihood of individual commercial entry. We further posit that both social and commercial entrepreneurial entry is facilitated by certain formal institutions, namely strong property rights and (low) government activism, albeit the latter impacts each of these types of entrepreneurship differently. We apply bivariate discrete choice multilevel modeling to population-representative samples in 47 countries and find support for these hypotheses.

Key Words: Entrepreneurship; Social Capital; Institutions

文章名称：《创业、社会资本和制度：跨国界的社会与商业企业》

期刊名称：《创业理论与实践》

作者：索尔·埃斯特林，托马斯·密茨凯维奇，乌特·斯蒂芬

出版时间：2013 年第 3 期，第 479~504 页

内容摘要：基于社会资本理论，作者模拟和测试了社会和商业创业者之间的关系。作者认为大众创业的普遍程度是衡量一个国家社会资本的重要指标，同时增加了个体进入商业创业的可能性。作者进一步断定社会和创新企业通过某些正式的制度进入市场，即强大的属性权利和政府的积极行动，尽管政府的行为对每种创业类型的影响不同。作者采用二元离散选择多级建模，使用 47 个国家的数据，找到了支持这些假设的证据。

关键词：创业；社会资本；制度

Title: Toward a Theory of Transformative Entrepreneuring: Poverty Reduction and Conflict Resolution in Rwanda's entrepreneurial Coffee Sector

Periodical: Journal of Business Venturing

Author: Jutta M. Tobias, Johanna Mair, Celestina Barbosa-Leiker

Date: Issue 6, 2013, pp. 728-742

Abstract: This study illustrates how entrepreneurship may catalyze prosperity as well as peace in entrenched poverty-conflict zones. We bring to life a conceptualization of transformative entrepreneuring by assessing interrelationships between poverty and conflict indicators from the perspective of rural dwellers in Rwanda's entrepreneurial coffee sector. Our findings suggest that individuals' perceptions of poverty alleviation and conflict reduction are sequentially linked, notably via increased quality of life. This enables us to advance the or yon entrepreneuring by unpacking the mechanisms through which entrepreneurial processes may transform the lives of such "ordinary" entrepreneurs in settings where economic and social value creation are desperately needed.

Key Words: Social Entrepreneurship; Entrepreneuring; Poverty; Conflict; Rwanda

文章名称:《转型创业理论：卢旺达的创业型咖啡业中减少贫困和解决冲突的途径》

期刊名称:《商业创业学报》

作者: 尤塔·M.托拜厄斯，约翰娜·梅尔，克莉丝汀娜·巴尔博萨·雷科

出版时间: 2013 年第 6 期，第 728~742 页

内容摘要: 这项研究旨在表明创业是如何改善固有贫困并且促进冲突地区的经济繁荣与和平的。本文通过卢旺达以创业型咖啡产业为生的农村居民的角度来评估贫困和冲突之间的相互关系，作者详细表述了变革创业的概念。研究结果表明，人们关于减轻贫困和减少冲突的看法大相径庭，特别是通过提高生活质量来缓解这些矛盾。通过打开创业过程可能改变普通创业者的经济和生活状况的内在机制，使我们可以改进创业过程。

关键词: 社会创业；创业；贫穷；冲突；卢旺达

Title: The Influence of Firm Age and Intangible Resources on the Relationship between Entrepreneurial Orientation and Firm Growth among Japanese SMEs

Periodical: Journal of Business Venturing

Author: Brian S. Anderson, Yoshihiro Eshima

Date: Issue 3, 2013, pp. 413–429

Abstract: With the relationship between entrepreneurial orientation (EO) and firm performance having broad scholarly acceptance, researchers are now delving with increased focus into the contextual factors that change the nature of the relationship between EO and various manifestations of organizational performance. In this vein, this study adopts the resource based view and investigates the moderating influence of firm age and intangible resources on the EO–firm growth relationship among small to medium sized enterprises (SMEs) in Japan. Further, we propose a three-way interactive model between EO, firm age, and intangible resources to better identify entrepreneurial configurations that promote superior SME growth.

Key Words: Entrepreneurial Orientation; Firm Growth; Firm Age; Intangible Resources; Configurational Model

文章名称：《企业年龄与无形资源对日本中小企业创业导向与企业成长关系的影响》

期刊名称：《商业创业学报》

作者：布莱恩·S.安德森，江岛由裕

出版时间：2013 年第 3 期，第 413~429 页

内容摘要：随着创业导向与企业绩效之间的关系被广泛的学术所认可，研究者正在将研究重点更多地置于关系因素，这一关键因素能改变创业导向与组织绩效多种表现形式之间关系的性质。本研究采取资源基础观点，并研究了企业年龄和无形资源对日本中小型企业的创业导向与企业成长关系的调节作用。进一步地，作者在创业导向、企业年龄和无形资源方面提出了一个三元交互模型，使之能更好地识别创业结构并促进中小企业成长。

关键词：创业导向；企业成长；企业年龄；无形资源；结构模型

Title: Entrepreneurship, Structural Change, and Economic Growth

Periodical: Journal of Evolution Economics

Author: Florian Noseleit

Date: Issue 4, 2013, pp. 735–766

Abstract: The ability to adjust to structural change is vital to economic development, and entries can be active participants in this process. While the importance of factor reallocations for growth is widely discussed, the role of entrepreneurs in managing these reallocations is currently not well understood .This paper analyzes the role of entry activity for adjustments of these ctoral structure and its relevance for regional economic development. The historical framework is the accelerated economic transformation that occurred in industrialized countries during the mid 1970s, resulting in an increasing need to adjust. Based on German data from 1975 to 2002, evidence is presented that sectoral reallocations are an important means for transforming entrepreneurial activity into growth.

Key Words: Entrepreneurship; New Business Formation; Regional Development; Structural Change

文章名称：《创业、结构变化以及经济发展》

期刊名称：《演化经济学学报》

作者：佛罗莱恩·尼瑟莱特

出版时间：2013 年第 4 期，第 735~766 页

内容摘要：适应结构变化的能力对经济发展和成为这一过程的积极参与者都是至关重要的。虽然重新分配因素对增长的重要性已经被广泛讨论，但是管理这一再分配过程的企业家的作用还没有被充分认识到。该研究分析了创业活动在调整行业结构的过程中扮演的角色及其与区域经济发展的关联性。20 世纪 70 年代中期已经工业化的国家正经历加速的经济转型，这种历史形成的架构导致了越来越多的调整需求。基于 1975~2002 年的德国数据，证明了经济结构再分配是将创业活动转变为经济增长的重要手段。

关键词：创业；新的商业结构；区域发展；结构转型

Tiltle: Entrepreneurial Orientation, Market Orientation, Network Ties and Performance: Study of Entrepreneurial Firms in a Developing Economy

Periodical: Journal of Business Venturing

Author: Nathaniel Boso, Vicky M. Story, John W. Cadoga

Date: Issue 6, 2013, pp. 708-727

Abstract: Entrepreneurial orientation (EO), market orientation (MO) and network ties are typically modeled as separate antecedents of performance. However, the boundary conditions for such models are under-explored, as is their applicability to developing economy settings. Accordingly, drawing on institutional and social capital theories, the current paper argues that the performance benefits of EO and MO are complementary, and vary across different levels of social and business network ties. Using primary data gathered from entrepreneurial firms operating in Ghana, the study findings indicate that aligning high levels of EO and MO improves business performance, and particularly so when social and business network ties are well developed, since under these latter conditions, the performance benefits of aligning EO and MO are greatest.

Developing economies are experiencing massive institutional transformations, which present substantial opportunities and challenges for entrepreneurial firms attempting to grow their businesses. Furthermore, many developing economies are moving to market-based policies as a way of stimulating economic growth and reducing poverty. In doing so, most industrial sectors in such economies are experiencing rapid structural changes, increased environment uncertainty and unbalanced growth. These dynamics have inevitably shaped the managerial assumptions and the decision-making processes of many entrepreneurial firms, including decisions regarding how to pursue entrepreneurial opportunities and how customer value is created and delivered. As such, firms'entrepreneurial orientation (EO) and market orientation (MO) activities take on instrumental relevance in such economies.

Key Words: Entrepreneurial Orientation; Market Orientation; Social Network Ties; Business Network Ties; Developing Economy

文章名称:《创业导向、市场导向、网络关系和绩效:关于发展中经济体的创业公司的研究》

期刊名称:《商业创业学报》

作者:纳塞尼尔·博索,维基·M.斯托里,约翰·W.卡多根

出版时间:2013 年第 6 期,第 708~727 页

内容摘要:创业导向、市场导向和网络关系,经常被看作绩效的先行因素。但是,当应用到发展中经济体时,它的边界条件有待进一步研究。根据制度理论和社会资本理论,本文认为创业导向和市场导向是相辅相成的,这个结论适用于社会的不同层面和商业网

络。根据在加纳经营的创业公司的原始数据，研究结果显示高水平的创业导向和市场导向能提高经营业绩，尤其是在社会和商业网络的联系高度发达的时候。因为在这种条件下，采用创业导向和市场导向获得的好处是最大的。

发展中经济体正在经历大规模的制度改革，对于试图扩大公司规模的创业公司，改革存在着大量的机会和挑战。此外，许多发展中经济体正在采用以市场为基础的政策，来刺激经济增长和减少贫困。在这一过程中，这些经济体中的许多工业部门正在经历快速的结构性变化，这样增加了环境的不确定性和不平衡性。这些因素不可避免地促成了管理层的假设和许多创业型企业的决策过程，包括关于如何寻求创业机会以及如何创造和传递客户价值。因此，在这些经济体中企业的创业导向和市场导向是相辅相成的。

关键词：创业导向；市场导向；社交网络关系；商业网络关系；发展中经济体

Title: Entrepreneurship and Team Participation: An Experimental Study

Periodical: European Economic Review

Author: David J. Cooper, Krista Jabs Saral

Date: Issue 4, 2013, pp. 126–140

Abstract: Entrepreneurs are surprisingly unlikely to have partners. One possible explanation for this is that entrepreneurs have distinctive preferences for working alone rather than in teams. However, a number of alternative explanations exist, such as an inability to locate suitable partners or low profitability from having a partner. Utilizing a diverse subject population with a high proportion of active entrepreneurs, we use a team production experiment to directly examine whether entrepreneurs prefer to work alone or in a team. The experiment also measures an important determinant of entrepreneurs' performances within teams, and their relative tendency to free-ride. The data indicate that entrepreneurs, while no more likely to free-ride on their teammates, are substantially more interested in working alone than similar non-entrepreneurs.

Key Words: Artefactual Field Experiment; Entrepreneurship; Teams

文章名称：《创业和团队参与：一个实验研究》

期刊名称：《欧洲经济评论》

作者：大卫·J.库佩，克里斯塔·杰布斯·萨拉

出版时间：2013 年第 4 期，第 126~140 页

内容摘要：令人惊讶的是创业者都不太喜欢与人合作。一个可能的解释是，创业者对于独立工作而不是团队有独特的偏好。然而，存在多种可能的解释，如无法找到合适的合作伙伴或与合作伙伴共事获得的盈利低。利用一个与高比例活跃创业者相关的多样化人口主体，作者以一个团队生产实验来直接研究创业者更愿意独自工作还是在一个团队工作。实验还测量了创业者在团队内的绩效及他们“搭便车”的相对倾向的重要影响因素。数据显示，创业者不太乐意搭他们的队友的便车，实质上他们同非创业者相比对于独自工作更感兴趣。

关键词：人为田野实验；创业；团队

Title: Entrepreneurship, Economic Conditions, and the Great Recession

Periodical: Journal of Economics & Management Strategy

Author: Robert W. Fairlie

Date: Issue 2, 2013, pp. 207–231

Abstract: The "Great Recession" resulted in many business closings and foreclosures, but what effect did it have on business formation? On the one hand, recessions decrease potential business income and wealth, but on the other hand, they restrict opportunities in the wage/salary sector leaving the net effect on entrepreneurship ambiguous. The most up-to-date microdata available—the 1996 to 2009 Current Population Survey (CPS) —are used to conduct a detailed analysis of the determinants of entrepreneurship at the individual level to shed light on this question. Regression estimates indicate that local labor market conditions are a major determinant of entrepreneurship. Higher local unemployment rates are found to increase the probability that individuals start businesses. Home ownership and local home values for home owners are also found to have positive effects on business creation, but these effects are noticeably smaller. Additional regression estimates indicate that individuals who are initially not employed respond more to high local unemployment rates by starting businesses than wage/salary workers. The results point to a consistent picture—the positive influences of slack labor markets outweigh the negative influences resulting in higher levels of business creation. Using the regression estimates for the local unemployment rate effects, I find that the predicted trend in entrepreneurship rates tracks the actual upward trend in entrepreneurship extremely well in the Great Recession.

Key Words: Great Recession; Current Population Survey; Entrepreneurship; Business Creation

文章名称：《创业、经济条件和经济大衰退》

期刊名称：《经济学与管理战略学报》

作者：罗伯特·W.费尔利

出版时间：2013 年第 2 期，第 207~231 页

内容摘要："经济大衰退"导致许多企业倒闭和即将关闭，但它对企业的形成有何影响？一方面，经济衰退会减少潜在的商业收入和财富，另一方面，它们限制了工资/薪水部门的对创业的模糊影响的机会。为阐述这一问题，将 1996~2009 年流动人口调查有效数据用于在个体水平上对创业决定因素进行的详细分析。回归结果表明，本地劳动力市场条件是创业的主要决定因素。研究还发现较高的本地失业率能够增加个人创业的概率。家庭拥有者和本地业主的家庭价值观，也被发现对商业创造有积极的影响，但这些影响十分不明显。此外，研究还表明最初不被雇用的人通过创业相对于固定薪金者更好解决了高本地失业率。所有结果一致表明，劳动力市场疲软对更高层次的创业活动的积极影响超过了负

面影响。使用对本地失业率效果的回归分析，作者发现创业率实际呈上升趋势，特别是在经济大衰退中十分明显。

关键词：经济大衰退；流动人口调查；创业；商业创造

Title: The Evolving Domain of Entrepreneurship Research

Periodical: Small Business Economics

Author: Bo Carlsson, Pontus Braunerhjelm, Maureen McKelvey, Christer Olofsson, Lars Persson, Ha kan Ylinenpa¨

Date: Issue 4, 2013, pp. 913-930

Abstract: Research on entrepreneurship has flourished in recent years and is evolving rapidly. This article explores the history of entrepreneurship research, how the research domain has evolved, and its current status as an academic field. The need to concretize these issues stems partly from a general interest in defining the current research domain and partly from the more specific tasks confronting the prize committee of the Global Award for Entrepreneurship Research. Entrepreneurship has developed in many sub-fields within several disciplines—primarily economics, management/business administration, sociology, psychology, economic and cultural anthropology, business history, strategy, marketing, finance, and geography—representing a variety of research traditions, perspectives, and methods. We present ananalytical framework that organizes our thinking about the domain of entrepreneurship research by specifying elements, levels of analysis, and the process/context. An overview is provided of where the field stands today and how it is positioned relative to the existing disciplines and new research fields upon which it draws. Areas needed for future progress are highlighted, particularly the need for a rigorous dynamic theory of entrepreneurship that relates entrepreneurial activity to economic growth and human welfare. Moreover, applied work based on more careful design as well as on theoretical models yielding more credible and robust estimates seems also highly warranted.

Key Words: Entrepreneurship Research; Evolution; Academic Disciplines; Global Award for Entrepreneurship Research

文章名称:《创业研究的新进展》

期刊名称:《小企业经济学》

作者: 博·卡尔松，旁特斯·布劳纳希约姆，冒仁·莫林麦凯维，克里斯特·奥洛夫森，拉思·佩尔松，哈坎·依林恩帕

出版时间: 2013 年第 4 期，第 913~930 页

内容摘要: 近年来，创业研究越发丰富，演化也十分迅速。本文探讨了创业研究的历史，即研究范围如何演化和其在学术领域目前的地位。落实这些问题的需求，一部分来源于对明确当前研究范围的普遍关注，另一部分来源于面对国际奖项颁奖委员会的创业研究的更多特殊任务。创业已经在许多领域内的多个学科得到发展，主要是经济学、管理/商业管理学、社会学、心理学、经济人文学、商业史学、战略、营销学、金融学和地理学，并呈现出了多种不同的研究传统、观点和方法。作者提出了一个分析框架，通过特定元

素、分析层次和关联流程三方面综合作者在创业研究领域的想法和观点。综述揭示了这一领域目前的地位，以及相对于与之关联的现有学科和新的研究领域，它是如何定位的。该领域对于未来发展有高度需求，特别是对于创业的严格动力理论的需求，这也将创业活动和经济增长、人类福利联系起来。此外，应用工作需要以更仔细的设计、弹性的理论模型为基础，可靠和可信的评估也需要得到保证。

关键词：创业研究；演化；学术学科；创业研究国际奖项

Title: The Knowledge Spillover Theory of Entrepreneurship

Periodical: Small Business Economic

Author: Zoltan J. Acs, David B. Audretsch, Erik E. Lehmann

Date: Issue 3, 2013, pp. 757–774

Abstract: According to the knowledge spillover theory of entrepreneurship, the context in which decision–making is derived can influence one's determination to become an entrepreneur. In particular, a context that is rich in knowledge generates entrepreneurial opportunities from those ideas. By commercializing ideas that evolved from an incumbent organization via the creation of a new firm, the entrepreneur (human capital) not only serves as a conduit for the spillover of knowledge, but also for the ensuing innovative activity and enhanced economic performance through resource allocation. The knowledge spillover theory of entrepreneurship brings together contemporary theories and thoughts of entrepreneurship with prevailing theories of economic growth, geography, and strategy and therefore explains not just why some people choose to become an entrepreneur, but also why this matters significantly for the economy and society. In addressing perhaps the most central question in the scholarly field of entrepreneurship—why an individual chooses to become an entrepreneur while others do not, most theories have focused on characteristic variation across individuals (Acs and Audretsch 2010). Do they possess propensities towards risk taking, proclivities for independence and autonomy, gender, experience, or access to crucial resources such as finance, or social and human capital? The ensuing research agenda would seemingly deliver an answer to the age–old debate on nature versus nurture, that is, whether entrepreneurs are born or made.

Key Words: Knowledge; Knowledge Spillovers; Absorptive Capacity; Uncertainty Competition; Endogenous Growth

文章名称:《创业的知识溢出理论》

期刊名称:《小企业经济学》

作者: 佐尔坦·J.艾斯，大卫·B.奥瑞兹，埃里克·E.莱曼

出版时间: 2013 年第 3 期，第 757~774 页

内容摘要: 根据创业的知识溢出理论，做出创业决定所依赖的外部环境可以影响一个人成为创业者的决心。尤其是在知识丰富的背景下，它为创业的产生提供了许多机会。通过创建新企业来商业化相关创意，创业者（人力资源）不仅成为知识溢出的渠道，而且为创新活动和通过资源分配增强经济绩效提供了渠道。创业的知识溢出理论结合了创业与经济增长、地理以及战略的主导理论，因此这个理论不仅解释了有些人选择成为创业者的原因，更解释了为什么这些对经济和社会具有重要作用。为什么有的人选择成为一名创业者，而有的人则不是，这或许是商业领域的核心问题。在解决这个问题的过程中，大多数的理论强调个体间性格的不同。他们是否具有对风险的偏好性、独立性和自主权、经验，

或获得重要资源的途径，如金融、社会和人力资源？关于创业者是天生的还是后天的问题，接下来的研究似乎将为这个由来已久的问题提供一个答案。

关键词：知识；知识溢出；吸收能力；竞争的不确定性；内生增长

Title: Entrepreneurship and Gender: An Institutional Perspective

Periodical: Journal of Economic Issues

Author: Tonia Warnecke

Date: Issue 2, 2013, pp. 455-462

Abstract: Institutional economics has long shown that entrepreneurship plays a critical role in the pursuit of economic development and wellbeing. At the same time, entrepreneurship is complex and evolving. The path between entrepreneurship and wellbeing is not clear-cut, and not all types of entrepreneurial activity are correlated with economic growth. Failure to acknowledge this heterogeneity has important consequences for entrepreneurship policy and human development, particularly where gender is concerned. The paper treats the complexities involved in defining and conceptualizing entrepreneurship, setting the stage for a focus on the gender dimension. As female entrepreneurial activity has risen in many countries around the world, it is important to acknowledge the diversity of such activity and the ways it does (or does not) correspond to an increase in human freedom. Highlighting the differences between necessity and opportunity entrepreneurship, this paper illustrates the formal and informal institutions that shape gender inequity in the entrepreneurial environment. It concludes with some suggestions for addressing this important issue.

Key Words: Development; Entrepreneurship; Gender; Institutional Economics; Informal Labor

文章名称：《制度视角下的创业与性别》

期刊名称：《经济问题学报》

作者：托妮娅·瓦内克

出版时间：2013 年第 2 期，第 455~462 页

内容摘要：长久以来，制度经济学表明，创业在追求经济发展和幸福上发挥了至关重要的作用。同时，创业是复杂并不断发展的。创业和幸福之间的联系是不明确的，而且并不是所有类型的创业活动都与经济增长有关。无法承认这个异质性对创业政策和人类发展有重要的影响，尤其是在性别方面。本文旨在解决定义创业和概念化时出现的复杂性问题，并为聚焦性别层面而奠定基础。随着女性创业活动在世界各地的许多国家出现，承认这种活动的多样性以及它是否是造成人类自由增加的途径，这一点是很重要的。本文在必要性和机会型创业中强调差异，并针对正式和非正式机构的创业环境中形成的性别不平等进行了说明。本文总结了解决这一重要问题的一些建议。

关键词：发展；创业；性别；制度经济学；非正式劳动

Title: Gender Gap in Latent and Nascent Entrepreneurship: Driven by Competitiveness

Periodical: Small Business Economics

Author: Werner Bönte, Monika Piegeler

Date: Issue 4, 2013, pp. 961-987

Abstract: This study highlights the relevance of gender differences in competitiveness for the gender gap in latent and nascent entrepreneurship. Using data obtained from a recent large-scale survey conducted in 36 countries, we find that individuals who like situations in which they compete with others are more likely to have a preference for being self-employed (latent entrepreneurs) and are also more likely to take steps to start new businesses (nascent entrepreneurs). Moreover, our results suggest that women are less competitively inclined than men in almost all countries in our sample and are also less willing to take risks. The results of a decomposition analysis suggest that gender differences in competitiveness and risk taking contribute significantly to the gender gap in latent and nascent entrepreneurship. Gender differences in competitiveness seem to be relevant, especially for the gender gap in nascent entrepreneurship.

Key Words: Entrepreneurship; Gender Gap; Competitiveness; Risk Preference

文章名称：《潜在和新兴创业领域中的性别差异：竞争性驱动视角》

期刊名称：《小企业经济学》

作者：沃纳·邦特，莫妮卡·皮格勒

出版时间：2013 年第 4 期，第 961~987 页

内容摘要：本研究针对潜在的新兴创业领域，强调性别差异的相关性以及竞争性的性别差异。使用最近的来自 36 个国家的大规模调查数据，作者发现那些喜欢与他人竞争的个人更可能倾向于自由职业者（潜在的企业家），并也更有可能采取措施来开展新业务（新兴的企业家）。此外，作者的研究结果表明，在样例中几乎所有的国家里女性比男性竞争倾向更低，并且也不愿意承担风险。分析结果表明，竞争和冒险中的性别差异大大加剧了潜在和新兴创业领域中的性别差异，竞争性的性别差异与新兴创业中的性别差异似乎是相关的，特别是对于那些新创企业家的性别差异。

关键词：创业；性别差异；竞争性；风险偏好

Title: The Mediation Role of Entrepreneurial Orientation in The Task Environment - Performance Relationship: A Meta-Analysis

Periodical: Journal of Management

Author: Nina Rosenbusch, Andreas Rauch, Andreas Bausch

Date: Issue 3, 2013, pp. 137-151

Abstract: Despite the importance of the external task environment for firm performance little is known about the mechanisms that enable firms to benefit from a specific environmental setting. We argue that firms adjust their entrepreneurial orientation (EO) to the external environment and use it as a mechanism to transform the advantages provided by the environment into above-average performance levels. Specifically, we use meta-analysis supplemented by structural equation modeling to explore the links between environmental munificence, hostility, dynamism and complexity, EO, and firm performance in a mediation model. Our results suggest that environmental munificence, dynamism and complexity affect EO and, in turn, firm performance. We discuss our meta-analytical findings with respect to their theoretical contribution and their practical implications.

Key Words: Task Environment; Entrepreneurial Orientation; Firm Performance; Meta-analysis

文章名称:《创业导向在任务环境—绩效关系中的中介作用:元分析》

期刊名称:《管理学报》

作者:妮娜·罗森布什,安德烈亚斯·劳赫,安德烈亚斯·博士伦

出版时间:2013 年第 3 期,第 137~151 页

内容摘要:尽管外部任务环境对于企业绩效非常重要,但其机制人们却知之甚少。作者认为,公司应调整自己的创业导向以适应外部环境,并把它作为一种机制来利用外部环境提供的优势获取高于平均水平的绩效。特别是,作者在结构方程模型的支持下,使用元分析探索中介模式下环境的包容性、排斥性、动态性、复杂性与创业导向和企业绩效之间的联系。作者的研究结果表明,环境包容性、动态性和复杂性影响着创业导向,并进而影响了企业绩效。最后作者讨论了元分析研究结果的理论贡献和实际意义。

关键词:任务环境;创业导向;企业绩效;元分析

Title: Formation of Entrepreneurial Intentions in a Regional Context

Periodical: Entrepreneurship & Regional Development

Author: Ewald Kibler

Date: Issue 3, 2013, pp. 293-323

Abstract: Research on the impact of the regional environment in the very early phase of the business start-up process is currently limited. This paper contributes to the literature by analyzing the influence of regional factors on the formation of entrepreneurial intentions within the theory of planned behaviour (TPB) framework. The rationale is based on the previous literature which posits that regional conditions have implications for individual perceptions, which, in turn, constitute the foundation of the three antecedents of intention in the TPB model: attitudes, subjective norm and perceived behavioural control. A multilevel analysis based on a random sample of 834 Finnish working-age individuals, combined with the official national statistics at the municipality level supports the proposition that regional conditions have an indirect impact on the intent to become an entrepreneur. The population density, the level of education, income and wealth and the rate of public and manufacturing sector employment of are found to moderate the individual formation of entrepreneurial intentions.

Key Words: Entrepreneurial Intentions; Theory of Planned Behaviour; Regional Environment

文章名称:《区域环境下创业意图的形成》

期刊名称:《创业与区域发展》

作者: 埃瓦尔德·基布雷尔

出版时间: 2013 年第 3 期,第 293~323 页

内容摘要: 区域环境对创业过程的早期阶段的影响方面的研究是极其有限的。本文使用计划行为理论(TPB),研究并分析区域因素对创业意图形成的影响。早先的研究假设地域因素对个体的创业意图是有影响的,同时,个体的创业意图也是 TPB 模型的三元素之一,TPB 模型的三元素是:态度、主观规范和感知行为控制。使用国家统计办公室提供的包括 834 名达到就业年龄的个体数据并结合市政当局的官方数据进行多层次分析,结果支持了区域条件对成为一个创业者的倾向具有直接影响。人口密度、教育程度、收入和财富以及公告和制造部门的就业率等因素对采用意图的形成具有调节作用。

关键词: 创业意图;计划行为理论;区域环境

Title: Examining the Link between Entrepreneurial Orientation and Learning Processes in Small and Medium-Sized Enterprises

Periodical: Journal of Small Business Management

Author: Malte Brettel, Jessica Denise Rottenberger

Date: Issue 4, 2013, pp. 471-490

Abstract: The present study unravels how small and medium-sized enterprises (SMEs) learn and determines the role that entrepreneurial orientation (EO) plays in how they learn. Adopting a multilevel perspective on learning and the unique role of the management team in SMEs, the study empirically examines the "feed-forward" learning process initiated by the intuition and interpretation of individual managers, advanced by integration on the management team level, and brought to the organizational level by institutionalization. It also identifies firm-level EO as an antecedent to this process on all three organizational levels, highlighting the relevance of innovativeness, proactiveness, and risk-taking with respect to learning in SMEs.

Key Words: Entrepreneurial Orientation; Learning Processes; Small and Medium-sized Enterprises

文章名称：《中小企业中创业导向和学习进程之间的关系研究》

期刊名称：《小企业管理学报》

作者：马特·布莱特，杰斯卡·丹尼斯·罗特伯格

出版时间：2013 年第 4 期，第 471~490 页

内容摘要：本研究揭示了中小型企业如何学习和确定学习过程中创业导向所扮演的角色。本文采用多层次的角度，通过对管理者个人的经验调查，研究中小型企业中管理团队的独特作用。该研究检验了现有的“前馈”学习方法，并且促进了管理团队水平的整合和组织的制度化。相对于学习中的中小企业，它还确定了以公司层面的创业导向为前提，在三个组织层次学习的过程中，突出了创新性、主动性和风险承担性与中小企业学习之间的关系。

关键词：创业导向；学习进程；中小型企业

Title: Entrepreneurship as a Solution to Poverty

Periodical: Journal of Business Venturing

Author: Garry D. Bruton, David J. Ketchen, R. Duane Ireland

Date: Issue 6, 2013, pp. 683–689

Abstract: Individuals living in poverty remain a critical issue. This special issue focuses on how entrepreneurship can help to solve such poverty. Rather than viewing those in poverty as a market for goods, the solution lies in understanding how to help those living in poverty create their own businesses. Ultimately, entrepreneurship among those in poverty will create a long lasting solution to their poverty. Herein, we initially examine the extant knowledge about entrepreneurship. We then examine where future research on this important topic should move. Finally, we introduce the five articles that make up this special issue. These five articles came from the initial 71 submissions and enhance our knowledge about entrepreneurship as a pathway to reducing poverty.

Key Words: Poverty; Emerging Markets; Entrepreneurship

文章名称：《创业作为一种解决贫困的方法》

期刊名称：《商业创业学报》

作者：加里·D.布鲁顿，戴维·J.凯琴，R.杜安·爱尔兰

出版时间：2013 年第 6 期，第 683~689 页

内容摘要：生活在贫困中的个体仍然是一个关键问题。这个特殊的问题聚焦在创业如何能帮助解决这些贫困，而不是将那些贫穷的人视为货物的市场，解决办法在于理解如何帮助那些生活在贫困中的人创造他们自己的企业。最终，那些在贫困中创业的人将创造一个持久解决贫困问题的办法。在此，作者初步探讨了现存的关于创业的知识。然后，作者分析了在这个重要课题上的未来研究趋势将向哪个方向转移，最后，作者通过介绍五篇文章来加深对这个特殊问题的理解。这五篇文章是从最初提交的 71 篇文章中精心选出来的，它将进一步提升读者对于"创业作为减少贫困的途径"这方面知识的了解。

关键词：贫困；新兴市场；创业

第三章　创业与中小企业管理 2013 年图书精选

第一节

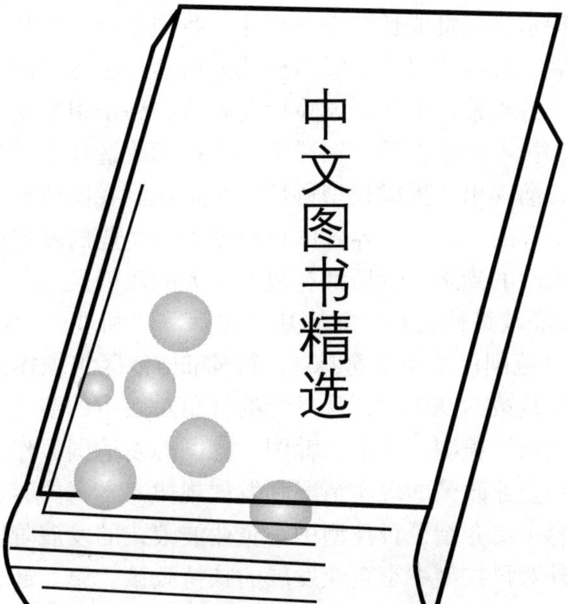

书名：《科技型中小企业发展政策研究》
作者： 池仁勇　汤临佳
出版时间： 2013 年 8 月
出版社： 经济科学出版社

内容摘要： 20 世纪 50 年代以来，世界各国政府十分重视科技型中小企业的发展，纷纷出台相关政策支持、鼓励、促进科技型中小企业发展，大力支持科技人员创办中小企业，培育了如微软、英特尔等一批成长型中小企业。我国各级政府从 20 世纪 90 年代开始重视科技型中小企业发展，各级政府为了吸引科技人员落户创业，促进科技型中小企业发展，纷纷出台创业创新扶持政策，例如，风险投资政策、种子引导基金、科技人才创业基金、海外人才创业基金、技术创新补贴、融资担保、技术改造补贴等政策，有力地促进了科技型中小企业的发展，涌现出一批成长型科技中小企业。我国科技型中小企业的发展与国家政策持续扶持是分不开的，纵观世界各国科技型中小企业的发展历史，不难发现，每次科技型中小企业发展浪潮的到来，背后都有政府强大的政策投入。

《科技型中小企业发展政策研究》一书从基础文献综述和理论探讨出发，明确了科技型中小企业的定义和划分范围；选择了全球 17 个国家与地区组织作为研究样本，收集了历年来对中小企业的扶持政策共 901 项，从系统的视角对政策的演化特征以及发展趋势进行了深入分析。同时，选取了美国、日本、韩国、德国等发达国家作为分析样本国家，比较了这些国家科技型中小企业政策的现实情况和发展规律。本书内容包含九大部分。第一部分为绪论，这部分内容主要介绍了科技型中小企业波浪式的发展阶段和我国科技型中小企业发展现状以及国内外对科技型中小企业发展的扶持政策。第二部分内容是概念界定和国内外研究综述。这部分主要论述了国内外从量和质的方面对中小企业的分类界定以及国内外对于政策评价的研究状况。第三部分内容是我国科技型中小企业发展政策的现状。这部分主要包括中小企业发展政策、科技型中小企业的研发支持政策、科技型中小企业的金融支持政策、科技型中小企业的财税扶持政策、政府转移支付政策、企业或技术孵化政策。第四部分是科技型中小企业成长阶段特征及政策需求分析，分别介绍了创业的初创期、成长期、稳定期以及蜕变期的特征和政策需求。第五部分是科技型中小企业发展政策现状。主要以问卷调查的形式对杭州科技型中小企业的政策状况进行初步调研以及现行政策实施的效果。第六部分是部分城市科技型中小企业发展政策比较。这部分内容通过对杭州、上海、南京、大连、广州和深圳六个城市的政策搜集和研究，来分析比较各城市科技型中小企业的发展政策。第七部分内容是世界各国中小企业政策的演变特征。这部分分析了世界各国中小企业的演变规律以及分布特征。第八部分是部分发达国家科技型中小企业的发展政策比较。这部分主要分析了日本、韩国、美国、德国四个国家的法律、行政管理、财税、融资、社会服务等方面的发展政策并且进行比较。第九部分是完善科技型中小企业发展政策的对策研究。这部分以杭州市为例对 14 个有关科技创新政策与其他城市相关问题进行比较分析，得到了相应的实施政策和改进措施。

《科技型中小企业发展政策研究》一书的创新之处在于：第一，分析了国内外科技型中小企业发展的过程与阶段，政策内容比较，以及政策实施效果分析等；第二，以杭州市对中小企业发展的科技扶持政策为案例，深入比较国内主要城市科技型中小企业政策范围与力度，并进行了实施效果评价。

书名：《金融发展与企业家创业——中国的城乡差异》
作者：张龙耀
出版时间：2013 年 7 月
出版社：经济管理出版社

内容摘要：现代市场经济是以金融为核心的经济，没有现代金融机构提供的金融服务以及支付清算系统的支持，社会资源难以实现合理配置，生产、流通、消费和分配难以实现良性循环，社会和经济发展目标也就难以实现。按照现代金融发展理论的观点，经济生活中的金融部门和实体经济部门之间的相互作用下产生多重的、稳定状态的均衡，即贫困国家往往会陷入金融抑制和经济停滞的陷阱。金融抑制的解除会提高资源利用效率，促进整个国民经济的发展；欠发达国家政府更是应优先发展金融业，不能让金融滞后于经济增长。然而，我国城乡之间在金融发展方面呈现出巨大的差异，表现在城乡存贷规模、金融资产规模、金融相关率、金融中介和金融市场体系、金融资源分配、金融市场效率等多个方面。

《金融发展与企业家创业——中国的城乡差异》一书基于 21 世纪以来国际前沿的金融发展理论——"金融发展、企业家精神与经济增长"理论，并将其运用至转型发展时期的中国，分析了中国城乡间金融发展和金融资源分布的差异对企业家创业行为和创业收入的影响，进而尝试构建金融发展、企业家精神和城乡收入差距之间内在的逻辑作用机制，最终为进一步促进我国城乡金融协调发展和城乡二元经济转型提供理论指导和政策参考。本书共包含八部分内容。第一部分是导论，简要介绍了本书的选题意义、分析框架，以及可能的创新和不足。第二部分系统回顾了第一代、第二代和第三代金融发展理论，并梳理了最新的金融发展理论——"金融发展、企业家精神和经济增长"领域的研究文献，着重回顾了企业家精神、影响企业家精神的金融市场因素、金融发展与收入差距以及农村金融发展理论，以阐明本书的理论背景。第三部分是相关文章综述，主要涉及金融发展与企业家精神、金融发展与收入差距等领域的理论和实证研究文献。第四部分从微观层面实证检验了金融约束对企业家创业精神的影响及其城乡差异，分析金融发展对城乡企业家创业精神的不同影响。第五部分从微观层面实证检验了金融约束对企业家创业活动（收入）的影响及其城乡差异，分析金融发展对城乡企业家创业收入的不同影响。第六部分进一步分析了金融发展（尤其是金融资源的分配和金融服务的可得性）对城乡收入差距的影响及其作用机制。第七部分着重以农户创业为例，实证分析了社区金融发展与农户创业水平之间的关系。第八部分对全书结论进行了总结并提出相应的政策建议。

《金融发展与企业家创业——中国的城乡差异》一书的创新之处在于：第一，基于最新的金融发展理论，研究发展中国家经济转型过程中金融发展对于城乡企业家精神的影响及其可能存在的差异；第二，实证研究方面，金融约束对于个人职业选择（是否成为企业家）是否重要在实证层面仍存疑问，本书使用中国的微观调查数据检验金融约束是否成为企业家创业的障碍；第三，从一个崭新的视角分析了金融发展与城乡收入差距之间的关系，即金融发展通过对城乡企业家创业精神的差异化影响，进而导致城乡收入差距。

书名：《基于网络视角的园区中小企业非竞合行为治理研究》
作者： 胡宇辰
出版时间： 2013 年 7 月
出版社： 经济管理出版社

内容摘要： 中小企业是当今世界经济最活跃的一支力量。进入 21 世纪以后，我国中小企业取得了长足的发展，在缓解就业压力和促进经济增长方面做出了巨大的贡献。作为社会主义建设中不可或缺的、最具活力的一支力量，中小企业已经成为国民经济和社会发展的重要组成部分。产业集群是当今世界区域经济发展的产物，随着产业集群这种分工方式在全球范围内的广泛发展，对产业集群的研究成为经济学和社会学的一个热点问题。工业园区是产业集群的重要平台。改革开放以来，以政府为主导的工业园区作为产业集群的重要平台在全国范围内普遍形成。伴随着经济、社会形势的深刻变化，对企业间竞争的研究逐渐转变到对企业间既竞争又合作（即竞合）的研究上。产业集群内的企业由于地理位置的邻近性，在互相竞争的同时，更容易发生合作行为，因此，竞合理论一经提出就自然与产业集群结合在一起。尽管现在有关园区中小企业竞合行为的影响因素和作用机理的研究较多，对竞合行为改善的研究也比较宽泛，对实际指导意义并不大。

《基于网络视角的园区中小企业非竞合行为治理研究》一书以产业集群、工业园区以及企业成长等方面的相关理论为分析依据，用博弈论和协同学理论客观分析了园区中小企业竞合行为的动因和表现形式，并在从集群文化、集群结构、集群主体和集群环境等方面对影响园区中小企业竞合行为的因素进行定性分析的基础上，通过实证分析，对影响园区中小企业竞合行为的因素进行了量化识别，按照影响程度的大小确定了 8 种关键因素，即园区内的工作生活环境、园区所在地的地域文化、园区内企业的产权整合过程、园区内的资源环境、园区内的文化学习环境、园区内的行业协会、园区内企业供应链的完整程度和园区内的政府部门，并指出各个因素存在的问题。全书从七个部分展开研究。第一部分是引言。在引言中，提出问题，分析项目研究意义，并在对相关研究文献综述的基础上提出了项目研究的基本思路。第二部分是基于网络视角的园区经济运行特点。本部分内容以产业集群理论和竞合理论为基础，客观分析了园区经济系统的结构、功能以及运行特点，构建了集群企业的网络结构图形，剖析了园区中小企业竞合行为的表现特征。第三部分的内容是园区中小企业竞合行为的分析。本部分内容在具体分析园区中小企业竞争合作的主要对象、主要形式的基础上，提出园区内企业竞合动因的锥形模型，即从成本优势、网络利益、学习机会三个角度归纳了企业园区内企业竞合的动因，并用博弈论和协同学理论对园区中小企业的竞合行为进行了客观分析。第四部分内容是影响园区中小企业竞合行为的因素定性分析。本部分内容将结合园区中小企业竞合行为类型和特征的分析及相关文献研究成果，从集群内部环境（集群文化、集群结构、集群主体）与集群外部环境两个方面构建了园区中小企业竞合行为影响因素的分析框架。第五部分内容是影响园区中小企业竞合行为关键因素的量化识别。本部分内容是在对园区中小企业的中高层管理人员进行调查的基础上，通过数据分析与结果统计，利用因子分析法对影响园区中小企业竞合行为关键因素进行了识别，并以数据分析为依据指出其中存在的问题。第六部分内容是长沙市工程机械产业集群案例分析。本部分内容是在对我国几个典型产业集群调研的基础上，对园区中小企业竞合行为的现状进行了分析，目的是通过实证分析，一方面实现了对集群内中小企业竞合机理的提炼和验证，另一方面又为园区中小企业非竞合行为的治理对策提供了可靠的科学依据。第七部分内容是基于网络视角的园区中小企业非竞合行为的治理措施。在前面研究的基础上，本部分的对策研究主要从本地网络和异地网络两个层面提出相应的治理中小企业非竞合行为的措施。

《基于网络视角的园区中小企业非竞合行为治理研究》一书的创新之处在于：第一，在对中小企业竞合行为的研究中，多数研究只是针对产业集群环境中的企业，而本书对园区内的企业进行了具体研究；第二，以实证研究影响园区中小企业竞合行为选择的因素和这些影响因素中的关键因素。

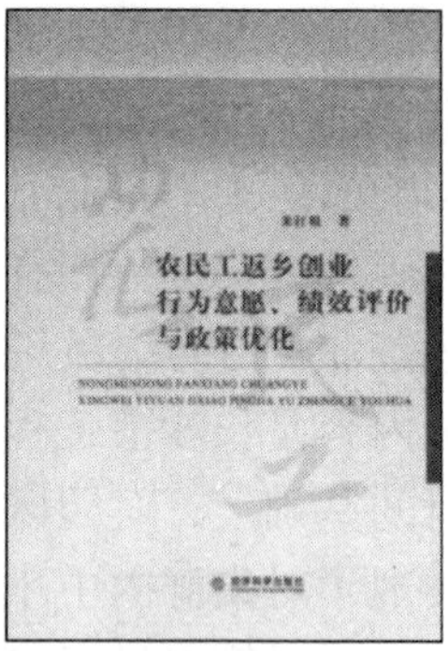

书名：《农民工返乡创业行为意愿、绩效评价与政策优化》
作者： 朱红根
出版时间： 2013 年 12 月
出版社： 经济科学出版社

内容摘要： 改革开放以来，数以亿计的中西部地区农民基于“穷则思变”的变革激情和对美好生活的向往，从农村来到城市，从内陆来到沿海，形成了离乡打工的热潮。然而，进入 21 世纪，随着沿海发达地区劳动密集型产业向中西部地区转移步伐的加快，以及中西部发展条件和环境的改善，一部分当年的“打工仔”、“打工妹”又从城市回到农村，一个生机勃勃的农民工返乡创业热潮正在兴起，打破了农村劳动力长期向城市和发达地区单向转移的格局，呈现出双向流动和双向就业的新局面。特别是自 2008 年起，受全球金融危机的影响，农民工返乡创业的势头进一步加快，返乡农民工创业成为推动我国中西部地区城镇化、工业化的重要途径，对于社会主义新农村建设和农村经济社会的发展会起到较大的带动效应。因此，怎样积极促进和科学扶持农民工返乡创业成为近年来各级政府关注的重要议题。

《农民工返乡创业行为意愿、绩效评价与政策优化》一书以劳动力输出大省江西省为例，利用微观调查数据，在经济学、管理学和社会学相关理论框架下，运用定性与定量的研究方法，分析农民工返乡创业行为的意愿及其影响因素，定量评价了农民工返乡创业的绩效，并对农民工返乡创业的政策扶持效果进行了科学考察，主要内容包括四大部分：农民工返乡创业基础理论篇、农民工返乡创业行为意愿篇、农民工返乡创业绩效评价篇、农民工返乡创业政策效果篇。农民工返乡创业基础理论篇主要阐述了课题研究背景和研究内容，国内外农民创业概念的界定、农民创业的类型、农民创业的影响因素、农民工返乡创业的原因、创业绩效计量及其影响因素的研究进展以及关于农民返乡创业的相关理论。

农民工返乡创业行为意愿篇通过分析农民工返乡创业的特征和农民工返乡创业意愿的影响因素，利用调查数据，借鉴相关经济学理论，考察了外部环境与农民工返乡创业意愿的关系、农民工返乡创业自述偏好与现实选择的一致性、返乡农民工加入创业园区的意愿以及个体特征、制度环境与返乡农民工政治联系。

农民工返乡创业绩效评价篇基于江西省农民工返乡创业企业的调查数据，通过建立结构方程模型分析农民工返乡创业绩效的影响因素及其与企业绩效的关系；利用江西省 126 家农民工返乡创业企业调查数据，基于企业资源基础理论视角，利用多元 Logistic 模型分析了影响农民工返乡创业企业成长的因素；基于江西省 438 份农民工返乡创业调查数据，实证分析了农民工返乡创业动机及对创业绩效的影响。

农民工返乡创业政策效果篇实证分析了政策支持对农民工返乡创业的影响，研究了人力资本、社会资本与农民工返乡创业政府支持的可获性，基于此评价农民工返乡创业扶持政策，构建农民工返乡创业政策支持体系。

《农民工返乡创业行为意愿、绩效评价与政策优化》一书的创新之处在于：第一，利用劳动力输出大省江西省 1145 份农民工调查数据和 127 份返乡创业调查数据，实证考察了农民工返乡创业行为（意愿）及影响因素、创业政策扶持绩效及政策优化；第二，基于农民工需求视角，利用统计分析法、聚类分析等方法探讨农民工对返乡创业扶持政策的满意程度及需求的优先次序；第三，在研究方法上，采用了结构方程模型、二元选择模型、多元选择模型、因子分析法、线性回归法、信度与效度分析等方法。

书名：《创业行为选择研究：效果理性视角》
作者：赵都敏
出版时间：2013 年 3 月
出版社：经济科学出版社

内容摘要：创业活动是人类社会中非常重要的一种经济活动。但在相当长的第一段时间里，创业活动对经济增长的作用被忽视了。人们更愿意关注规模庞大的公司，这些公司主宰了经济领域，提供了大部分的产品和服务、就业机会和税收等。但到了 20 世纪七八十年代，情况发生了变化，全球竞争的加剧所带来的高度不确定性和市场细分，以及技术的快速进步使大公司的地位开始动摇，经济滞胀和高失业率引起人们对经济活动的重新思考，关注的重心从大公司转向小企业和众多的创业活动。目前我国已经形成多个具有鲜明特色的创业研究团队，尽管我国开展创业研究的时间不是很长，但随着创业研究的迅速发展，国内对创业的研究已经突破了“创业是基于个人禀赋的特殊行业”的研究思路，实证研究开始受到重视，尤其是随着 GEM、CPSED 等国际性创业研究合作项目的开展，我国创业研究成为管理领域能够较快融入国际学术界的科学分支之一。当然，如何深入挖掘基于中国情境的创业研究主题，体现我国创业研究对创业学科及理论发展的贡献，是值得我们深思的问题。

《创业行为选择研究：效果理性视角》一书以创业行为为研究主题，主要基于效果理性理论视角，围绕创业行为选择进行实证研究，主要内容包括五大部分：导言、创业行为研究的理论基础、创业行为影响因素、基于效果理性的创业行为选择研究、结论与建议。导言部分概括了创业研究的发展脉络，详细梳理了创业行为研究主题的发展，基于对研究现状的归纳提出本课题的研究问题。创业行为研究的理论基础部分阐述了认知理论、战略理论和效果理性理论这三个在创业行为主题研究中的主要理论观点。创业行为影响因素部分详细分析了环境不确定性和创业者个体特征这两个主要因素的影响，其中个体特征因素又包括创业者的风险承担倾向、成就动机、自我效能、创业经验和组织能力等因素。基于效果理性的创业行为选择研究部分包括三项实证研究：第一项研究检验了创业者认知对创业行为选择的影响，第二项研究检验了效果理性的创业行为与绩效的关系，第三项研究主要检验了创业经验对创业行为的影响。结论与建议部分根据课题研究的结论对创业研究和实践提出了相关建议。

该书的创新之处在于：第一，弥补了现有创业行为研究的不足，为考察创业战略的形成以及由此导致的创业成败现象提供了理论解释；第二，随着我国的创业政策从鼓励创业活动转向服务于创业活动，该书理解创业者行为选择的内在机理，以便于提供有针对性的政策支持。该书从认知理论出发，通过认知理论联结特质与情境两个方面，以揭示创业者行为选择的机制。

书名：《创业企业社会网络演化及图谱研究》

作者：彭华涛

出版时间：2013 年 3 月

出版社：华中科技大学出版社

内容摘要：一个人可能会结交多个行业的熟人和朋友，但在碰到困难需要解决时，很有可能并不知道怎么通过这些熟人和朋友以最快的速度、最少的成本寻找到某个特定的“关系”，这在创业企业社会网络领域属于演化路径寻优的问题。在中国特有的讲究人情、面子和关系的社会里，大多数人在个人职业发展的不同阶段，都会有意识地结交各种类型的朋友，但也有可能会出现交友不慎等认错人、交错朋友的情形，这在创业企业社会网络领域属于演化的试错与纠错的问题。一个人会在不断的与人交往的过程中将自己的亲戚、熟人、同事、老乡等按照互相之间的好与差、走动是否频繁、新人程度的高与低等因素，对人际关系网络进行分析和排序，这在创业企业社会网络领域属于演化图谱问题。

《创业企业社会网络演化及图谱研究》一书从创业企业社会网络的关系、资源、规模、结构、价值等多维属性及动态视角出发，较为系统地研究了创业企业社会网络演化及图谱的学术，包含七部分内容。第一部分是创业企业社会网络演化特征。这部分内容介绍了创业企业社会网络演化的类型，进而分析了创业企业原生社会网络向衍生社会网络演化的黏结特性和创业企业瞬态社会网络向终态社会网络演化的转换效应。第二部分为创业企业社会网络演化路径寻优的机理。这部分内容讲述了创业企业社会网络演化路径寻优的前提假设、四大范式以及相关理论，应以搜索时间最短、结构洞最少、冗余程度最低和误差范围最小的判据设计寻找最优路径。第三部分是创业企业社会网络演化的试错与纠错机理。这部分内容介绍了创业企业与政府、金融机构、供应商、中间商、研发部门和消费者之间的试错与纠错机理。第四部分是社会网络型创业经济演化机理。这部分内容首先介绍了社会网络型创业经济的网络构成及特性和融合模式，进而比较分析了“原生经济”和“衍生经济”、“草根经济”和“榕树经济”、“短头经济”和“长尾经济”等几种社会网络型创业经济演化的形态，最后又实证分析了武汉。中国光谷创业街社会网络型创业经济的形成及演化。第五部分是创业企业社会网络演化图谱的形成机理。这部分内容介绍了创业企业社会网络演化图谱的定义内涵和阶段性特点，分析了“关系、规模、结构”效应的合成机理。第六部分是创业企业社会网络演化图谱比较。这部分介绍了几个常见的演化图谱类型，基于创业阶段差异性和动机定位差异性，对创业企业社会网络演化图谱进行比较。第七部分是创业企业社会网络演化图谱的基本理论。这部分从创业企业社会网络演化过程中资源分布、互惠程度、关系强弱三个方面提出了创业企业原生社会网络向衍生社会网络演化过程中网络中心度、网络密度、网络凝聚力变大的三大假设，通过图形分析、定量数据分析对假设进行了验证。

《创业企业社会网络演化及图谱研究》一书的创新之处在于：第一，认可创业企业进化对于社会网络图谱影响的多态性，研究成果不仅有静态分析和定性描述，而且对影响机理进行了动态定量的研究；第二，不仅涉及创业企业社会网络进化图谱的模块化、结构化、层级化等图谱特征，而且对创业企业社会网络进化图谱的形式及规律展开了系统研究；第三，将创业经济学、社会经济学与演化经济学的发展为创业企业进化的社会网络图谱提供的新的研究视角与方法在研究中移植与创新运用。

书名：《产业集群内创业机会价值影响机制研究》
作者： 崔祥民
出版时间： 2013 年 7 月
出版社： 经济管理出版社

内容摘要： 产业集群拥有较为健全的创业机制和优越的创业环境，产业集群内的创业者有可以参考的成功经历、有丰富的可共享信息、有便利的创业条件和较低的创业风险，产业集群为研究创业现象和过程提供了恰当的环境条件。创业机会是创业活动的逻辑起点，是创业过程中必不可少的环节之一，是创业初始最关键的活动之一。创业意味着创业机会的识别、评价与开发，进而实现经济层面的价值创造。作为创业活动发生的必要条件，所识别的创业机会价值决定着创业绩效。创业者资源匮乏，仅有未经核实的人力资源，为了克服信息不对称和不确定造成的种种障碍，创业者通常会诉求于其社会资本。在此背景下，研究产业集群内创业者社会资本对创业机会价值的影响具有重要意义

《产业集群内创业机会价值影响机制研究》一书运用文献综述法、演化博弈法、问卷调查法、统计分析法、结构方程模型等方法对产业集群内创业者社会资本对创业机会价值的影响进行了理论研究和实证研究。本书除第 1 章绪论外可分为四大部分。第一部分包括第 2 章、第 3 章和第 4 章，在综述前人相关文献成果的基础上，对本书涉及的自变量和因变量的内涵进行了研究。第二部分包括第 5 章，在前面章节基础之上重点分析了产业集群内创业者社会资本对创业机会市场价值、利用价值和对经济价值的影响效应。产业集群内创业者社会资本之所以对创业机会价值有如此重大的影响是因为存在信息机制、反馈机制与学习机制。第三部分包括第 6 章、第 7 章、第 8 章，在对相关研究框架与研究范式综合分析的基础上形成了本书的整体分析框架，在分析了产业集群内创业者社会资本与信息能力的关系、信息能力与创业机会价值的关系的基础上，针对横向社会资本、纵向社会资本与集群社会资本提出了三个概念模型，每个模型各提出了 12 条假设。接着，本书以沛县生态鸭产业集群和邳州板材产业集群的创业者为调查对象，对产业集群内创业者社会资本与创业机会价值的关系进行了实证研究。在对调研数据进行信度分析的基础上，对变量进行探索性因子分析和验证性因子分析，然后用 AMOS7.0 对概念模型进行了实证分析，对假设进行了检验，检验结果表明三个模型各有 9 条假设通过检验，3 条假设未通过检验。第四部分包括第 9 章，本书从产业集群内创业者实际出发，对创业者横向社会资本、纵向社会资本与集群社会资本以及创业者信息获取能力和信息处理分别给出了提升措施以提升创业机会价值。

《产业集群内创业机会价值影响机制研究》一书的创新之处在于：第一，提出创业机

会价值的概念，验证了创业机会价值度量体系。本书在借鉴创业机会评价量表，借助平衡计分卡的分析框架，提出了创业机会价值是由经济价值、市场价值和利用价值组成的三维度量体系，并在实证研究的基础上，通过探索性因子分析和验证性因子分析进行检验。第二，采用双维度视角，开展创业者社会资本研究，结合产业集群内创业者社会资本的特点分别构建了横向社会资本对创业机会价值影响模型、纵向社会资本对创业机会价值影响模型、集群社会资本对创业机会价值影响模型。第三，建立了以信息能力为中介的创业者社会资本对创业机会价值影响模型，研究特定环境下（产业集群）、人的某一方面（创业者社会资本）对创业的某一环节（创业机会）的影响。

书名：《社会资本、创业机会与新企业初期绩效》
作者：杨俊
出版时间：2013 年 7 月
出版社：南开大学出版社

内容摘要：当今中国，正处于转变经济发展方式和产业结构优化升级的关键时期。国外发展实践反复表明，经济发展和产业升级在根本上依赖于高技术、高附加值、高成长潜力的高端创业活动的繁荣。如果说创业和新企业推动了改革开放进程的话，在改革开放新的历史阶段，创业和新企业的重要性将得到进一步彰显，鼓励创业和新企业是事关国计民生的重大战略问题。社会资本是创业活动赖以发生并向前推进的关键资源，社会网络不仅是创业机会的主要来源，而且是获取创业必需资源的重要渠道。创业实质上是创业者利用、维持和建构社会资本从而收获创业绩效的行为过程。甚至有学者指出，如果创业研究不关注创业者社会资本，就像没有限定假设条件的经济学模型一样可笑，从社会资本视角剖析创业活动无疑更有助于把握创业现象的共性规律。

《社会资本、创业机会与新企业初期绩效》一书基于过程视角下创业研究的前沿问题，选择社会资本理论为基础，考察了创业者社会资本如何促进创业活动发生与开展的作用机制，论证了创业者社会资本构成与创业机会创新水平之间的作用关系，社会资本嵌入行为层面影响新企业初期绩效的作用机制，以及在特定机会条件下有助于改善新企业初期绩效的社会资本利用方式，从而更清晰地展示了在我国情境下创业行为的社会属性及内在规律，为相关部门的政策制定以及创业实践提供了理论指导和实践启示。本书的内容主要分为七大部分。第一部分内容是绪论，交代了研究目标和内容，研究意义、研究方法等，并从总体上介绍了整个研究的框架体系。第二部分内容文献综述部分阐述了研究的理论情境、理论基础的选择依据以及所依托的知识基础。第三部分内容在概念化创业活动并阐述关键概念内涵的基础上，从社会资本理论视角构建了研究的理论模型，并阐述了研究设计思路。第四部分内容提出了创业者社会资本构成与创业机会创新水平之间作用关系的理论假设，利用调查数据进行了实证检验。第五部分内容阐述了社会资本利用水平、资源整合效率和效果、新企业初期绩效三个关键概念之间的理论联系，并构建出相关理论假设，利用调查数据进行了实证检验。第六部分围绕社会资本的利用方式、创业机会、新企业初期绩效三者之间的理论联系提出了相关理论假设，并利用调查数据进行了实证检验。第七部分内容对全文进行了总结和展望，归纳出全文的主要研究结论，提出论文的主要创新点，并列出不足和改进的方向。

《社会资本、创业机会与新企业初期绩效》一书的创新之处在于：第一，将网络资源纳入分析框架并验证了其重要作用，弥补了已有研究过分关注网络结构而忽视网络内容对创业活动影响的缺陷，有助于深化社会网络视角下的创业研究成果；第二，基于要素互动的过程视角揭示了社会资本影响创业绩效的作用机制，有助于解决社会资本与创业绩效之间关系含混不清的问题；第三，验证了社会资本利用方式的区分维度及其对创业绩效的作用机制，为未来研究从战略层面去考虑创业者选择、配置并利用网络的行为逻辑与创业绩效之间的复杂作用关系奠定了微观知识基础；第四，在理论上澄清了什么样的人更容易看到创新性机会，有助于谋求并扶持具有创新潜力的创业活动的针对性政策措施，对我国产业转型、自主创新以及相关政策的制定有着突出的现实借鉴意义。

书名：《我国中小企业融资问题研究与对策分析》
作者： 丁晓莉
出版时间： 2013 年 8 月
出版社： 中国经济出版社

内容摘要： 改革开放以来，我国的中小企业发展很快，在整个国民经济中发挥着越来越重要的作用，为我国的经济增长做出了极大的贡献。近年来，由于企业竞争的激烈，使许多企业面临较大的困难，影响和制约中小企业进一步发展的因素很多，其中，主要是中小企业融资难的问题，我们必须解决这些问题，多给中小企业融资创造条件，促使它们在未来发挥更重要的作用。进入 2013 年，在流动性紧张和通货膨胀压力持续高企的形势下，中小企业资金紧张的状况普遍加剧，盈利空间有所缩小，中小企业融资难题再次成为焦点。

《我国中小企业融资问题研究与对策分析》一书主要采取问卷调查法，立足山东省，结合调研山东的暑期课题和德州"十二五"规划，调查了德州市和潍坊市的中小企业，在此调查、分析基础上，得出只有通过加快企业技术能力创新，培育核心竞争力，加强企业发展战略研究，找准市场定位，运用多种融资方式，提高信用，改善中小型企业整体信用形象才能提高融资能力的结论，并提出建议。该书主要内容包括五大部分。第一部分内容是绪论，这部分主要介绍了民营中小企业的融资现状，并且分析了融资难的原因。第二部分内容是国内融资经验综述，这部分主要介绍了国内外融资的经验。第三部分内容是乡村银行模式下农村小额贷款调查研究。这部分主要分析了我国小额信贷的现状及农村市场以及农村信用社小额信贷发展缓慢的成因，并且提出了解决我国农村小额贷款发展难的措施。第四部分内容是我国民营中小企业融资案例分析。这部分以德州和潍坊市为例进行实证分析，解读德州市民营中小企业融资难的原因，并提出了解决民营中小企业融资难的途径方法。第五部分内容是中小企业融资行业研究。这部分分别以房地产行业、保险行业和酿酒行业为例，分析了我国中小企业的融资现状及问题，并且提出了政策性的建议。

《我国中小企业融资问题研究与对策分析》一书的创新之处在于：第一，在区域分析上，该书主要采取的是问卷调查法，立足山东省，结合调研山东的暑期课题和德州"十二五"规划，将调查对象分为发达地区和欠发达地区，调查对象是德州市和潍坊市的中小企业，调查内容主要是关于中小企业的资金需求量，以及关于中小企业对融资困难成因的调查，从而在纵向上提出了我国中小企业融资困境解决政策；第二，在横向研究上，目前行业依旧不景气，作者选取了较有代表力度的房地产行业、酿酒行业和金融行业进行了案例分析，采用实地调研的形式，得出只有通过加快企业技术能力创新，培育核心竞争力，加强企业发展战略研究，找准市场定位，运用多种融资方式，提高信用，改善中小企业整体信用形象才能提高融资能力的结论，这种案例分析方法结合实证研究有力地支撑了专著的科学性。

书名：《创业人才培养研究》
作者： 奚国泉
出版时间： 2013 年 12 月
出版社： 清华大学出版社

内容摘要： 人类迈入 21 世纪的门槛后，整个地球犹如高速奔驰的列车，全球化进程不断加快，知识经济日益显现，现代科技突飞猛进，世界各国经济竞争和综合国力竞争愈加激烈，我国要在 21 世纪的国际社会中占有一定的地位和具有较强的竞争力，就必须培养大批具有创新意识和创新能力的人才。胡锦涛同志曾在“两院”院士大会上指出，“建设创新型国家，关键在人才，尤其在创新型科技人才”，“必须坚持人才资源是第一资源的战略思想，把培养造就创新型科技人才作为建设创新型国家的战略举措，加紧建设一支宏大的创新科技人才队伍。”

创新创业人才培养是指通过开发和提高学生创新创业的基本素质和创新创业能力的教育，使学生具备从事创新创业实践活动所必需的知识、能力及心理品质，是未来应掌握的“第三本教育护照”。世界首届高等教育会议上就曾强调，高等教育必须将创业技能和创新精神作为基本目标，以使高校毕业生不仅仅是求职者，而且是工作岗位的创造者。

21 世纪的知识经济给社会带来了巨大变革，尤其是知识产业化、信息产业化的迅速发展，既给我们带来了严峻的挑战，也给我们提供了发展的机遇。树立与培养毕业生的创业意识和能力，指导毕业生走上创业之路，不仅能帮助毕业生成长、成才，还可以拓宽毕业生的就业渠道，增加社会就业岗位，实现就业渠道的多元化。

我国创业人才的培养一直停留在以就业和择业为目标的阶段，试图通过创业意识和创业精神的培养，扩大学生的创业比率，减轻大学生的就业压力。现实情况是大学生创业人员比例少，创业项目规模小，创业企业效益差，大学生创新创业动力和能力明显不足。建设创新型国家，就必须培养大批具有创新创业能力的人才。加强创业教育和专业教育的融合，在专业教育中渗透创新和创业能力的教育，是培养大批高素质创新创业人才的重要改革方向。

《创业人才培养研究》一书采用人才培养周期模型作为研究架构，以创业人才的胜任社会需求的能力为研究目标，对创业人才培养的市场需求进行了调查分析。主要内容包括：创业人才培训的需求分析、创业人才培养目标的确定、创业人才培养规划的制定、创业人才培养的实验课程、创业投资项目的选择与实践。创业人才培养的需求分析是根据人才市场的社会需求特定情况和创业人才的岗位需求，通过调查研究，确定创业人才培养的项目或内容。创业人才培养目标的确定主要采用岗位胜任能力理论，构建创业胜任力指标体系模型，确定创业人才培养的知识目标、行为目标、结果目标。创业人才培养规划的制定是在培养需求分析的基础上，以创业人才培养目标为依据，进行创业人才培养管理体系的规划、创业人才培养课程体系的规划、创业人才培养方式的规划方案的设计。创业人才培养的实验课程介绍了创新创业实验课程、创业项目投资分析实验、创业分析诊断与决策实验课程以及创业计划实验课程。创业投资项目的选择与实践为许多大学生选择创业方向，为走出创业中最难也是最关键的一步提供分析方法。

《创业人才培养研究》一书的创新之处在于：第一，运用统计分析方法系统地构建了创业胜任力模型，进一步明确了创业人才培养的目标和内容；第二，通过对中外创业人才培养模式的比较分析，探讨了我国高校创业人才培养规划制定的原则、策略和创业人才培养模式，提出了创业教育与专业教育融合的思想；第三，在创业教育理论研究的基础上，论述了高校创业人才培养课程体系的设计和课程设置，特别是结合信息技术研究，建立了适合我国高校创业教育需要的系列创业实验课程和创业实践项目。

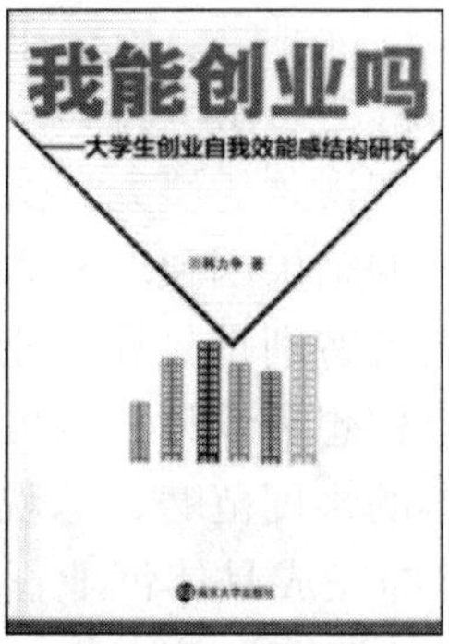

书名：《我能创业吗——大学生创业自我效能感结构研究》
作者：韩力争
出版时间：2013 年 12 月
出版社：南京大学出版社

内容摘要：自近年开始的高校连续扩招造成了人才市场供求失衡，加之人才培养与社会需求出现某些脱节以及有些大学生自身的原因，给当今大学生就业带来了很大的压力。大学生就业问题不仅关系着中国亿万家庭的生活生计，也直接关乎整个国家的经济发展和和谐稳定大计。面对日益严峻的就业形势，高校要转变教育思想，改革人才培养模式，通过创业教育，开发和提高大学生创业基本素质，培养和提高大学生的生存能力，由“求职者”转变为能创造就业岗位的“创业者”。创业效能感是潜在创业者关键的先决条件之一，创业作为一种人类活动方式，无疑会受到自我效能的影响。

《我能创业吗——大学生创业自我效能感结构研究》一书从阐述大力发展创业型经济是破解我国大学生就业难题的根本出路起篇，提出决定个体是否选择创业的关键原因不是创业能力，而是对创业能力的感知和信心，即创业自我效能感。认为创业自我效能感和其他自我效能感一样，虽然相对稳定，但并非恒久不变，可通过培养干预得以提升。本研究主要包括六大部分：导论、创业自我效能感理论研究、大学生创业自我效能感结构量化研究、大学生创业自我效能感结构个案研究、大学生创业自我效能感结构研究回顾与总结、创业教育专题研究。在第一部分导论中，主要阐述此次研究的缘起、意义、内容和方法。第二部分创业自我效能感理论研究对自我效能、创业自我效能及创业的理论进行了一一探讨，重点梳理了国内外对创业自我效能的研究状况，在此基础上，构建大学生创业自我效能感的概念和理论模型。第三部分大学生创业自我效能感的量化研究选取了南京四所大学学生为调查对象，量化研究大学生创业自我效能感结构。编制大学生创业自我效能感问卷，通过进行工具研究应用对编制的大学生创业自我效能感问卷进行了调查，以了解当前大学生创业自我效能感状况，并进行了分析。第四部分大学生创业自我效能感结构个案研究试图用质性研究的范式探索大学生创业自我效能感的结构，通过对大学生创业者的深入访谈，全方位、全过程感受他们的创业体验，发掘故事背后的故事，尝试从另一个视角揭示大学生创业自我效能感的结构及其在创业活动中的作用。第五部分大学生创业自我效能感结构研究回顾与总结，比较了大学生创业自我效能感结构量化研究和质性研究的结论，探讨了创业自我效能感的生成机制和培养途径，对大学生创业自我效能感现状进行了分析思考，并对本研究进行了总结，提出了本研究的创新和不足之处，对研究中存在的一些不足进行了探讨，并提出了后续研究的思路。第六部分创业教育专题研究对创业教育进行了深入的研究。

《我能创业吗——大学生创业自我效能感结构研究》一书的创新之处在于：第一，该书采用量化研究和质性研究的对比研究，丰富了创业自我效能的研究视角。研究证实，质性研究很好地验证、完善、丰富了量化研究的构思，虽然质性研究的结果因缺乏有力的信效度检验，不能简单地推广运用，但这些活生生的创业故事能给读者特别是打算创业或正在创业的人士很好的启迪，同时，也可以完善量化研究方式的研究构想和设计，也可作为今后进一步进行量化研究的基础。第二，拓展了创业自我效能结构的维度范畴，综观国外学者对创业自我效能的测量维度，集中在狭义的创业能力范畴，即完成具体创业任务所需的能力，而忽略了个体与环境的互动关系，以及个体创业人格的铸造。该书将“三元交互作用论”与自我效能理论相结合，构建以能力、人格、环境为基础创业的自我效能感理论框架，并在质性研究中验证了这一理论构思的合理性。第三，该书的成果之一——大学生创业自我效能感问卷不仅反映了研究者对自我效能感内涵、作用和结构的理解，而且是严格按照测量学要求经反复修改和试测后完成的，问卷的各项测量学指标均较理想。第四，对大学生创业自我效能的前导因素进行探索，根据自我效能的来源渠道，探索了创业自我效能在人生不同成长阶段的形成时机和机理，前导因素的探索进一步完善了创业自我效能理论。

书名：《新技术企业市场进入战略决策机制研究》
作者：田莉
出版时间：2013 年 6 月
出版社：南开大学出版社

内容摘要：近 20 年来，新技术的快速发展和普及应用极大地推动了新一轮的创业热潮。作为科技成果商业化的重要途径，技术创业的关键在于完成从技术创新到实现经济与社会价值的飞跃。创业与战略领域的相关研究表明，市场进入战略等一系列初始战略决策是技术创业成败与商业价值创造的关键因素。因此从理论上解释新技术企业初始战略的决策逻辑，是提升技术创业者商业技能，进而改善我国创业活动结构的关键途径。本书以初创期的新技术企业为研究对象，从初始条件的视角，运用社会认知、战略选择等理论知识，考察创业团队成员如何依照其先前经验，并综合考虑技术资产和所面临的环境条件等因素为新企业选择市场进入战略。利用 150 份基于分层随机抽样得到的有效问卷，采用因子分析、多元回归分析等分析方法进行了实证检验，得到如下结论：第一，市场进入战略的创新性从整体上提升了新技术企业绩效，但对成长性绩效和规模绩效的影响性不同。新企业在产品与服务、交易结构及交互项上的创新都使其拥有更高的成长性。但在产品与服务上谋求创新的新企业会暂时牺牲其发展规模，使其绝对值受到影响。交易结构的创新稳定性与以规模为标准而测度的绩效正相关，表现在资产规模、员工人数和销售收入三方面。第二，新技术企业初始战略来源于创业团队基于先前经验而达成的集体认知决策。技术导向型团队倾向于通过产品与服务的创新进入市场，市场导向型的团队则竭力从交易结构的创新入手，在行为模式上更加商业化，往往忽视产品与服务的创新。兼顾技术和市场导向的团队，虽然拥有多元化的认知模式，却没能迸发出应有的创造力。第三，技术独享性在创业团队经验构成与进入战略创新性之间起正向调节作用。核心技术受到较好的知识产权保护时，技术导向型团队更加倾向于通过高研发投入来开发创新性的产品与服务，市场导向型团队则因此而加大在交易结构上创新的力度，兼顾技术与市场导向的创业团队依然无法在进入战略上谋求创新。技术独享性提升了创业团队在市场进入战略上进行的创新性动力，但并没有使创业团队成员跨出固有认知模式的框架而尝试新的创新途径，仅仅是深化其原有的认知模式。第四，环境宽松性改变了创业团队在选择市场进入战略时的关注点。新企业资源禀赋的匮乏加大了从外部获取资源的必要性，在进入战略上的创新更需要权衡外部环境条件而谋求平衡。实证结果表明当环境较为宽松时，技术导向型和市场导向型的创业团队均表现出对产品与服务创新的忽视，而加大了在交易结构上谋求创新的力度。本书的理论价值和创新之处体现在以下三方面：第一，突破了以往研究仅仅关注哪种战略选择更有助于提升新企业绩效的问题，将视角前移到初始战略的来源和决策机制等更具本源性的问题上。第二，针对初始战略的多层次多维度性，聚焦于市场进入战略的前因与结果研究。基于中国情境下的随机样本，界定市场进入战略的内涵与维度，整合并开发测度量表，探讨市场进入战略的前因变量及其对新企业绩效的影响，深化了对该前沿问题的了解。第三，将技术资产及环境要素纳入市场进入战略选择的分析框架并验证其调节作用。深化了西方研究领域里仍很前沿的创业团队构成与进入战略创新性关系问题的探讨，检验了西方理论对我国新技术企业进入战略生成的适用性，有助于启发东西方制度文化背景下的比较研究，探索制度文化差异如何塑造并进入战略属性及其生成过程的特征、不同制度文化条件下影响进入战略创新性的关键要素有何差异等深层次问题。

书名：《创业融资——基于努力互补效应的视角》
作者：陈逢文
出版时间：2013 年 5 月
出版社：经济管理出版社

内容摘要：创业在市场经济中扮演着一个至关重要的角色，市场经济中一个最显著的特征就是作为市场基本单元的企业在不断地演化：诞生、成长、成熟、扩张或者消亡，整个经济正是在这种动态过程中得到发展。显然，不断有新的企业创立是市场经济得以持续发展的推动力。就中国而言，随着社会经济的发展，市场经济环境下创业实践越来越活跃，创业也成为中国这个人口大国解决就业问题的重要途径。创业活动对经济增长的作用越来越显著，越来越多的学者关注创业的研究，由于创业的发展需要一种新的资本市场环境，即创业融资市场，也就使得创业融资成为创业研究的焦点。

《创业融资——基于努力互补效应的视角》一书将基于委托—代理理论、信息不对称理论、契约理论、控制权转移和剩余索取权的最新研究成果，依据创业投资者与创业企业家努力互补程度、不完全契约下投融资工具的选择以及创业绩效方面的内在联系，立足于我国特定的创业融资环境和资本市场制度背景，以努力互补性的视角作为信息缺失的补偿去探讨金融合作的最佳模式，同时，研究信号监控下代理成本的问题，并深入研究创业企业家与创业投资者间努力互补程度在不同融资工具选择下的驱动机制，以及对不同努力互补程度和不同融资工具选择下的创业企业绩效的作用机制研究。第一部分导论主要介绍本书研究的背景意义、研究内容及框架，说明本书的主要创新点。第二部分创业管理与风险投资是全书后续研究的理论基础，主要对创业融资进行一个理论的梳理归纳，并将创业管理和风险投资的理论进行有效结合。第三部分创业企业的契约设计、企业监控与企业融资概述，在以往研究的基础上，更贴近实际的将创业企业参与双方对于创业企业的努力投入划分为个体效应投入和互补效应投入，以此来深入分析设计合作契约以提高双方的激励程度，最大化地减小道德风险的不利影响。第四部分创业融资契约设计在创业契约模型中引入努力互补效应，按照基本的分析思路，完全信息和不完全信息两个角度分析了单阶段创业契约和多阶段创业契约下创业企业中创业家、创业投资家的努力水平，从而得到不同情况、不同阶段下创业企业的收益水平和总体效应。第五部分基于努力互补效应的创业信号监控模型利用信号监控模型来分析双边道德风险下的监控机制，并在互补效应基础上深入分析信号监控对于创业企业双方努力投入的影响，减小创业企业参与双方的道德风险。第六部分基于努力互补效应的创业融资工具选择，进一步扩展了本书的基本模型，对融资工具的选择进行了分析，选出在不同环境下最优融资工具。第七部分基于努力互补效应的创业融资对象选择致力于银行融资、天使投资和风险投资的数理模型分析，着重分析了创业企业家选择银行贷款、天使投资者和风险投资者的经济性与行为性因素，及其对创业企业最终的价值创造表现，从而得到创业企业家在融资对象上的最优选择。第八部分总结及展望叙述了基于创业企业的道德风险和融资问题的研究结论，并提出关于这些问题进一步研究的方向。

《创业融资——基于努力互补效应的视角》一书的创新之处在于：第一，本书试图对努力及其互补效应如何影响创业融资契约安排这一问题给出满意的答案，从努力互补效应的新视角出发，将其引入创业企业的双边道德研究中，把创业企业参与双方的努力投入划分为个体努力和互补努力，按照单阶段创业契约到多阶段创业契约的分析思路，运用“囚徒困境”的非合作博弈模型和基于声誉的多阶段动态博弈模型，得出努力个体效应和努力互补效应共存下的契约安排。第二，本书弥补了局限于单边道德风险框架下的监控机制分析，在努力互补效应的基础上，引入信号监控模型，从风险成本、激励成本和代理成本三方面来分析双边道德风险下的监控机制，并在努力互补效应基础上深入分析信号监控对于创业企业参与双方努力投入的影响，减小创业企业参与双方的道德风险。第三，本书考虑利润的难以核实性和努力互补性这两个条件，各种常用金融工具成为可行性选择，并解释了创业企业在指定资本成本和努力互补性的组合下何种金融工具是最优选择。

书名：《学术创业：中国研究型大学“第三使命”的认知与实现机制》

作者：夏清华

出版时间：2013 年 4 月

出版社：武汉大学出版社

内容摘要：20 世纪下半叶，大学逐渐成为促进经济与社会发展的原动力，知识的资本化与大学研究成果的产业化开始进入大学发展议程，许多国家先后涌现出研究型大学使用原创性科技成果转化、孵化、催生、兴办新产业的现象，大学从研究和教学使命之外又延伸出了服务于经济和社会发展的职能。随着世界各地的许多大学从“象牙塔”走向创业范式，即“创业型大学”，大学从最初保存知识的职能发展成为后来传播知识以及使知识资本化的职能。随着一大批科技园的兴起和产学研合作的创新，以大学为基础的科学研究在国家创新过程中将起到中心作用。大学被认为是创立高科技企业的关键来源之一。大学和产业的长期合作极大地开发了有商业价值的创新成果，产生了新的生产力，使得国家的主导学术机构和商业公司共同工作，克服了世界上一些最困难的挑战。自从市场导向的改革以来，中国大学的目标和使命趋向多元化，不断开发大学教师和学校资源，承担服务于经济发展的大学“第三使命”的压力，也往往使得大学陷入三难困境（培养人才难、学术创新难、经济收入难）。

《学术创业：中国研究型大学“第三使命”的认知与实现机制》一书包含九部分。第一部分从理论上阐述了大学“第三使命”的内涵，建立了关于大学“第三使命”的共同认知标准与行为方式，论证了大学理念与大学功能的演变以及“第三使命”的产生。第二部分是“第三使命”驱动下的大学创新与变革。这部分的重点是论述了中国大学自国际化和市场导向的改革以来面对挑战与机遇所进行的创新与变革。第三部分是“第三使命”认知的初步实证研究。这部分通过对湖北省 7 所研究型大学实现“第三使命”相关情况的调研，分析了中国研究型大学对大学“第三使命”的认知现状及大学在技术转移、衍生企业创业等方面，实现“第三使命”功能方面的发展现状，构建研究型大学对于“第三使命”的认识框架。第四部分是“第三使命”实现路径的拓展研究。这部分对“第三使命”的内涵从认知理论角度做出了进一步分析，并以“第三使命”的清晰准确界定作为后续路径选择及其他研究的逻辑起点。第五部分是大学践行“第三使命”的绩效衡量。这部分通过对 2001~2009 年省级次区域数据的结构方程模拟检验分析和拟合，系统地比较分析了我国大学知识创新促进区域经济增长的转移路径与机制。第六部分是大学衍生企业的战略、结构及绩效。这部分从战略、商业模式与公司治理等方面展开了比较深入的分析，阐述了中国大学衍生企业的绩效表现。第七部分是学术创业中学者的创业参与与企业绩效。这部分通过剖析学术型企业家的创业驱动机理，来探索学术型企业家对大学衍生企业绩效表现的影响。第八部分的内容是学术创业的支持环境。这部分主要分析了制度层面的因素、大学层面的因素和个人层面的因素对学术创业的影响机制。第九部分的内容是全书结论与政策建议。这部分通过以上的研究结果分析，得出了研究结果的核心结论。

《学术创业：中国研究型大学“第三使命”的认知与实现机制》一书的创新之处在于：第一，对中国研究型大学在保持和改变那些随着岁月的流逝而变得更加错综复杂的传统的科研、教学领域的同时，如何对政府、企业和社会集团的需要和急剧增长的新需求做出反应，从知识创造到价值创造，从科学到市场，大学以何种战略和能力完成第三使命，实施的结果如何，它们对科技创新、地区经济发展和大学自身的发展又产生了哪些影响，这些问题进行了最新的理论和实证研究。第二，突破了以往国家层面宏观角度的分析，从次区域的视角对我国省级行政区经济增长的驱动进行了探讨，不仅分析了大学知识创新对经济增长的贡献，而且探讨了大学知识创新、大学创业活动对高技术产业和区域经济的影响路径与实现机制，为区域经济发展提供了可行的思路。

书名：《中小企业发展的融资战略研究》

作者： 何雄　谷秀娟

出版时间： 2013 年 12 月

出版社： 立信会计出版社

内容摘要： 改革开放 30 多年来，具有比较优势、差异性和多样化的中小企业以市场为导向并适应要素禀赋特点，为我国经济发展做出了巨大的贡献。占全国企业总量 99.8% 的中小企业，在繁荣经济、促进增长、扩大就业、推进创业等方面发挥着越来越重要的作用。然而，追求规模经济和实施赶超战略使我国中小企业的发展一直处于“强位弱势”的尴尬境地，其中，中小企业普遍面临的融资困境最为突出，这也是制约其发展的最大障碍。2013 年 11 月，中共十八届三中全会通过了《中共中央关于全面深化改革若干重大问题的决定》，提出了未来经济体制改革的宏伟蓝图，中小企业面临着巨大的发展机遇。因此，在当前使市场在资源配置中起决定性作用深化改革的背景下，如何解决中小企业融资困境这一历史问题刻不容缓，在新形势下研究该问题并给出有效的对策和建议无疑具有非常重要的理论和现实意义。

《中小企业发展的融资战略研究》一书从微观层面着手，以提高中小企业的融资能力为主要目的，将战略管理、和谐观的思想引入中小企业制定融资战略、构建融资战略管理体系的决策过程中，以一种拓宽的研究视角来考察当前在我国较为突出的中小企业融资困境问题，主要内容分为八大部分。第一部分是绪论，主要介绍研究背景及选题意义、主要概念界定、研究思路与研究方法，并在对本书研究特色进行归纳的基础上，提出了进一步研究的方向。第二部分是中小企业融资研究的现状分析。这部分内容主要介绍了相关的研究文献及主要观点。第三部分是融资战略与融资战略管理的价值分析。这部分内容主要介绍了企业融资战略及融资战略管理的基本概念、基本流程及核心环节，企业价值最大化以及在企业发展中的重要性，以此作为本书研究的核心主线。第四部分是我国中小企业发展与融资问题的一般性分析。这部分内容主要介绍了我国中小企业发展的历程及融资困境，并进一步分析了融资战略中的几大核心要素——融资方式选择、融资结构、融资效率等在中小企业发展中呈现出的主要特征及影响因素。第五部分是国内外中小企业的融资战略管理实践分析。这部分内容主要通过案例分析，介绍了中小企业应如何根据企业的竞争战略来实施融资战略，以便有效利用融资战略管理来推进企业的可持续发展，进而实现企业的发展战略目标。第六部分是我国中小企业如何制定并实施融资战略的对策分析。这部分主要结合中小企业在不同发展阶段的融资需求、融资能力，尝试将和谐社会观引入中小企业融资战略的制定过程中，并在此基础上构建出一个完整的融资战略管理体系，从而为中小企业融资战略目标的实现提供保障。第七部分是互联网金融对中小企业融资的作用及效果分析。这部分内容主要结合互联网的基本内涵、发展现状、互联网金融服务中小企业的模式、路径，针对互联网的发展趋势提出相应的对策。第八部分是完善我国中小企业融资战略优化的配套体系。这部分内容主要结合当前中小企业融资的创新发展趋势，提出了如何从中小企业融资辅助体系、财政支持体系、间接融资体系、直接融资体系等几方面来为我国中小企业和谐融资战略的顺利实施创造更加有利的外部环境。

《中小企业发展的融资战略研究》一书的创新之处在于：第一，着眼于微观主体——中小企业自身能力的提高，来寻求解决当前在我国较为突出的中小企业融资困境问题，这一方面丰富了现有相关研究的思路，另一方面为决策层拓展思路以解决这一现实矛盾提供了研究支持；第二，将战略管理思路和和谐观运用于企业具体的融资决策中，并针对中小企业在不同发展阶段、不同战略下的融资需求和融资能力，提高了有针对性的融资战略，在现实中有一定的借鉴价值；第三，引入互联网金融这一概念，分析了互联网金融对中小企业融资的作用效果，并在此基础上针对互联网金融的发展趋势尝试提出了一些对策和建议，以期拓宽中小企业的融资渠道和推动中小企业的持续发展。

书名：《中国中小企业 2013 蓝皮书》
作者： 李子彬
出版时间： 2013 年 12 月
出版社： 中国发展出版社

内容摘要： 中小企业在各国或地区经济生活中均起到了至关重要的作用，因此，各个国家和地区都非常重视中小企业的发展。在中国，截至 2012 年底，全国范围内在工商登记注册的中小企业约为 5651 万户，超过工商登记注册企业总户数的 99%。中小企业成为了经济体中最具活力的要素，是新增就业机会的重要提供者，也是技术创新的重要力量。但与此同时中小企业在发展中也面临许多问题，主要包括：融资十分困难、结构性矛盾比较突出、人才缺乏、运营风险高、经营理念和管理方式落后、各种税费负担沉重、技术创新能力薄弱、国际化能力较差、社会化的服务体系尚不完善、政府宏观管理需要进一步提高等。

《中国中小企业 2013 蓝皮书》一书共分为三部分：2012 年中小企业发展、进一步发挥中小企业促进社会就业增长的重要作用、2012 年中国中小企业大事记参考文献后记。第一部分内容是 2012 年中小企业发展，主要包括 2012 年中小企业发展的概况和 2012 年促进中小企业发展的政策，这部分内容主要介绍了 2012 年我国中小企业实有的户数和发展状况、中小企业行业分布情况、中小企业景气指数变化，又分析了 2012 年促进中小企业发展的综合性政策、鼓励引导民间投资政策、财税政策、金融政策、促进外贸稳定增长政策、降低企业物流成本负担的政策。第二部分内容是进一步发挥中小企业促进社会就业增长的重要作用，这部分主要讲述了中小企业就业的总体发展状况、小企业就业的行业结构、中小企业就业的区域结构、中小企业就业增长的重要意义和特性、改革开放以来促进中小企业发展的政策，以及促进中小企业就业的财政政策、促进中小企业就业的金融政策、促进中小企业就业的教育政策。第三部分内容是 2012 年中国中小企业大事记参考文献后记。

《中国中小企业 2013 蓝皮书》一书的创新之处在于：第一，分析研究了我国中小企业 2012 年的发展情况，探讨了我国在 2012 年扶助中小企业发展的政策；第二，站在广大的中小微企业的立场上，切实分析了目前我国中小微企业面临的融资难、赋税负担重、人民币升值、中央政策落实不到位等多重困境，提出了我国中小企业融资体制改革的步伐仍与实体经济的发展、中小微企业的实际需求存在较大差距等实际问题。

书名：《衔玉而生：衍生与裂变创业研究》
作者： 苏晓华 张书军
出版时间： 2013 年 6 月
出版社： 暨南大学出版社

内容摘要： 创业中有一类特别形态——衍生创业与裂变创业（指现有企业将某一业务部门分离出去创立新的企业，或现有企业员工离职创办新的企业），不同于白手起家型的初创企业，此类衍生或裂变企业与母体企业存在着千丝万缕的联系，突出体现在这类企业在资源上与母体企业的传承和互补。能否从原有企业中继承、转移有价值的战略资源，以及有效地开发前期积累的社会网络资源，是这些衍生企业突破创业瓶颈、获取竞争优势的关键。从更为广泛的意义上讲，此类衍生企业对于培育企业家精神、提供就业机会、提升区域绩效和国家自主创新能力有着不容忽视的意义。

《衔玉而生：衍生与裂变创业研究》一书专注于对源自母体企业的衍生企业创立动机及绩效的探讨，本书共分四大部分。第一部分内容主要介绍了什么是衍生创业以及关于衍生创业的研究情况。第二部分内容是衍生、裂变创业：理论比较与解释，这部分内容通过理论研究、比较分析，对不同模式衍生、裂变企业进行比较与归纳，对其创立动机进行多视角的理论解释。第三部分内容对衍生、裂变这两类企业分别进行了实证研究，对母体企业资源继承与创新角度设计出了影响衍生、裂变企业绩效的因素模型，并提出了假设，通过问卷调查和统计分析进一步验证假设，进而探讨了此类创业战略的适用条件与有效性问题。实证研究显示，衍生、裂变创业企业的网络化战略与市场化战略都有助于提升创业企业的市场绩效，两者的互动在不同情境下对绩效有着不同的影响。这其中，合作是创业者将个人关系网络转化为市场绩效和财务绩效的关键力量。第四部分内容是高校衍生：影响因素及绩效。这部分内容专门研究了高校衍生企业，首先对影响高校衍生企业竞争力的因素进行了全面讨论，也对衍生企业从高校继承来的各类资源对企业竞争力的影响进行了实证分析。在上述分析基础上，提出了提升衍生企业绩效的相关政策性建议。通过实证研究支持了“资源继承水平有助于提升衍生企业绩效”这一观点，并进一步显示了不同种类资源对于绩效的影响也有所不同。本书还选取了典型高校衍生企业，以案例研究分析了企业家继承与创新的能力是如何影响企业竞争力的。

《衔玉而生：衍生与裂变创业研究》一书的创新之处在于：第一，选取典型高校衍生企业，以案例研究分析了企业家继承与创新的能力是如何影响企业竞争力的；第二，衍生创业研究的对象基本都是以发达国家的企业为主，对发展中国家的研究尚显不足，本书在补充此研究方面是一个尝试，为了厘清衍生企业这一现象及相关议题，本书开展了较为系统全面的研究，具有一定的创新性和理论意义，同时在我国背景下对这一问题的研究有助于我们更好地理解这一现象，并能够指导衍生企业绩效的提升，从而有着一定的应用价值。

书名：《网络经济下中小企业成长模式研究》
作者： 陶秋燕　薛万欣
出版时间： 2013 年 4 月
出版社： 北京交通大学出版社

内容摘要： 互联网的飞速发展改变了社会经济格局，同时改变了人们的生活方式，更为中小企业的生存与发展带来了机遇和挑战。在互联网环境下，中小企业应抓住机遇，应对挑战。探求在网络模式下的企业成长模式对于中小企业来说至关重要，也成为企业家和科技工作人员都十分关注的热点问题。

《网络经济下中小企业成长模式研究》一书集高校教师多年科研成果和企业管理者的实际工作经验于一体，既从理论层面探讨了互联网环境下中小企业的成长模式，又从应用层面列举了行业企业的实际成长轨迹和发展模式。本书分为八大部分，既有理论又有实际案例。第一部分内容是网络经济与企业成长理论研究，梳理了网络经济理论、服务经济理论和企业成长理论的发展脉络。第二部分内容是互联网环境下 IT 企业的成长模式，探讨了 IT 企业的发展现状，列举并分析了北京圣博互联网技术有限公司的实际发展案例。第三部分内容是互联网模式下医药行业竞争模式的研究，分析了我国实施医药电子商务的意义，介绍了国内外医药电子商务的现状和主要特点，预测了医药电子商务的发展前景，列举并分析了金象网的发展趋势。第四部分内容是互联网环境下旅游企业的生存模式，介绍了旅游企业的生存与发展环境，分析了旅游企业的网络营销模式，列举并分析了典型旅游企业携程旅行网的网络营销模式。第五部分内容是互联网环境下传统企业的电子商务发展模式——电子商务服务外包，介绍了电子商务服务外包的内容和发展概况，阐述了中小企业电子商务服务外包的模式及影响因素，并对影响因素进行了分析，列举并分析了典型电子商务服务外包企业——北京兴长信达科技发展有限公司的业务模式。第六部分内容是互联网环境下中小企业的合作模式，介绍了现有互联网环境下中小企业合作模式的分类，提出了互联网环境下中小企业新的合作模式——信息联盟，并对信息联盟进行了实证研究。第七部分内容是中小企业的信息化方式与问题，阐述了信息化是中小企业发展的必然选择，介绍了中小企业信息化的基本方式，提出了中小企业若干问题的信息化解决途径，指出了以战略信息分析提升企业竞争力的关键要素。第八部分内容是 IT 服务外包的企业风险管理，以北京 IT 服务外包企业为例，阐述了北京 IT 服务外包企业面临的风险，分析了北京 IT 服务外包企业的优势和劣势，对北京 IT 服务外包企业的风险预警进行了研究。

《网络经济下中小企业成长模式研究》一书的创新之处在于：首先从理论层面探讨了互联网模式下中小企业生存的理论模式，继而从不同行业角度列举实际案例，分析了互联网模式下中小企业生存成长的模式，涵盖旅游、医药、IT、电子商务服务外包等行业和企业，为互联网模式下中小企业更好地抓住机遇、可持续发展提供了很好的参考。

书名：《基于结构化视角的农民工返乡创业研究》
作者：黄晓勇
出版时间：2013 年 7 月
出版社：经济科学出版社

内容摘要：农民工返乡创业作为一种崭新的经济社会现象和研究主题，相关研究尚处于起步阶段，大多是一些一般化的、个别的、心得体会式的主观议论，没有形成对某一方面有关的事实与规律进行系统性的解释，也没有提出相对具体的分析框架，缺乏理论上的提升和概括。多数研究只停留在解读的层面，尚未形成一定的解释机制。

《基于结构化视角的农民工返乡创业研究》一书从结构化的视角，以社会学中的结构化分析为主线，进行研究。第一部分内容是绪论，这部分主要介绍了此研究的选题背景及意义、研究对象与边界和研究目标。第二部分内容是文献回顾与评述。这部分主要是关于结构化的理论和创业的相关研究文献回顾，论述了有关农民工返乡创业的情况，对返乡农民工创业的结构化特征进行了描述，进一步明确了存在的问题。第三部分内容是农民工返乡创业的机制：结构化的阐释。这部分对返乡农民工创业的内在机理进行了结构化阐释，以便为解决问题提供基础。第四部分内容是农民工返乡创业结构化描述：特征、模式与问题——以重庆为例。这部分以重庆市为例进行了实证研究，分析了农民工返乡创业的现状、结构化特征和问题，论述了现有农民工返乡创业的组织保障体系、行政服务体系、政策服务体系。第五部分内容是返乡农民工创业研究的再结构化。这部分从社会网络层面、创业主体风险管理层面和政府政策设计层面对返乡农民工创业的再结构化进行了分析，站在创业者——返乡农民工的角度，构建了返乡农民工创业的风险分析框架；站在社会的角度，构建了基于社会网络的农民工返乡创业的社会网络重构的机制；站在政府的层面，提出了现有政策体系及存在的问题，并给出了合理化建议。第六部分内容是研究结论、局限性及未来研究展望。这部分对整个研究进行了总结，并且分析了研究的不足之处以及对此研究的未来展望。

《基于结构化视角的农民工返乡创业研究》一书的创新之处在于：第一，鉴于农民工返乡创业研究逻辑起点和研究基础的表层化，论文从创业主体、创业环境、创业过程和创业结果四个方面界定了农民工返乡创业的内涵和研究边界，构建了以动力机制、决策机制和保障机制为内容的农民工返乡创业的发生机制，搭建了返乡农民工创业过程的概念模型，完成了对农民工创业过程的结构化刻画；第二，本书分析了社会网络对返乡农民工创业的价值，指出社会网络的完整与畅通在一定程度上决定了农民工返乡创业的成败，并结合返乡创业农民工社会网络的特征，给出了农民工返乡创业的社会网络的构成要素，提出了基于帮扶的实现返乡农民工创业的社会网络重构的对策建议；第三，鉴于创业风险对返乡农民工创业成功具有重要的实践意义，本书基于模糊集和证据理论构造了农民工返乡创业风险的评估模型，对农民工返乡创业风险等级进行了量化评估。专家的评判既可以减少风险因素量化的复杂性，也可以较好地解决风险因素的不确定性，且运用证据理论综合的专家意见能更为客观地反映出实际情况，保证评标结果的客观性。

书名：《中国新创企业成长轨迹的实证研究》
作者：付宏　肖建忠
出版时间：2013 年 7 月
出版社：科学出版社

内容摘要：20 世纪 70 年代中期以来，技术进步、经济全球化、放松规制、劳动力供给、需求多样性，以及由此引起的高度不确定性的推动，使得产业结构发生了从高集中度向低集中度方向变迁的趋势，经济增长的范式发生了变化，大多数西方国家创业率上升，创业活动日益成为国家或地区经济活力的源泉。创业活动对经济增长的贡献是长期的和潜在的，经济学家熊彼特（Schumpeter，1934）认为，"创业是经济过程本身的主要推动力"，经济体系发展的根源在于创业活动，创业活动在创新、新兴产业成长、区域经济发展等方面做出了突出的贡献，对一国（地区）生产率的增长至关重要。中国政府对待创业活动的态度也越来越明确，认为创业是带动就业、实现经济增长方式转变的有效途径。新兴创业活动也逐渐成为中国经济持续快速健康发展的"新动力"。创业活动得以实施的载体是创业企业，创业企业的成长与发展也是创业活动经济产出和绩效的标志。从新古典经济学以来，关于企业成长的研究就一直在经济学、管理学、生物学领域展开。从新古典经济学对于企业成长的"最优规模"的推导，到彭罗斯教授从资源观的角度解释企业成长所需要的内部资源和外部资源，到管理学派将企业成长看成是经理人员管理激励的函数，直到后来的演化学派和生物群众论，都是在探讨企业从建立到成长的整个过程受到什么要素的影响，以及企业如何更有效地实现成长这一课题。

本书在前人研究成果的基础上，通过系统回顾企业成长理论、企业理论、企业家理论、演化理论、战略管理理论和创业管理理论中关于企业成长的理论内容，提出了本书基于中国背景的新创企业成长研究的理论框架。这个理论框架的起点来自企业家，本书认为是企业家通过对机会的识别和发掘建立了企业，或者说是企业生命周期前端，是企业家组织了建立前期的企业。随着新企业被企业家建立，一个有形的企业实体将对如何进入市场、进入什么市场进行决策，这也是企业理论中研究企业是什么的主要问题。新创企业从生命周期的起始端就进入了成长的轨道，当然，这里的成长更多地表现为一个随着时间推进，企业不断前进的动态概念。创业与企业成长是一个过程，演化理论将企业成长视为类似于生物物种演化的过程，本书采纳了这个观点，即新创企业的成长具有类似生物体成长的特征。新创企业的战略导向被认为是模糊的，有的学者认为新创企业或者小企业没有战略，战略管理的研究更多地聚焦于成熟企业或者大企业。本书认为，新创企业应该具有一定的战略导向以及战略规划，新创企业的创业者或者创业团队需要明确企业的竞争优势和价值链，因此，战略管理理论是本研究中对新创企业成长战略描绘的理论基础。创业管理理论衍生于管理学理论和战略管理理论，对于处于初创期的企业，创业管理的有效性是企业内在成长的要求。在本书构建的基本理论框架的基础上，选取了四家中国企业作为个案研究样本，对四家企业的成长轨迹进行了案例研究。本书选择了友旺电子、苏宁电器、阿里巴巴和国创高新四家企业为案例企业，运用问卷访谈和德尔菲专家打分法，基于夏清华教授（2009）提出的创业企业成长的一般阶段模型，将企业成长分为种子期、生存期和成长期三个阶段，描述了企业在不同成长阶段的内在特征，以及代表性事件。随后，本研究对专家打分问卷进行了数据分析，运用均值分析和偏相关分析，分离了企业成长过程中的关键因素和临界因素。通过本书的研究发现，样本企业的成长轨迹中存在关键点和临界点。关键因素是促进企业成长的主要推动力，包括学习、市场机会、产业环境等因素；临界因素则是企业成长过程中发生成长阶段跃迁的表现，包括学习、产业环境、资金等因素发生的质变导致了企业成长阶段的跃迁。在分析企业成长关键点和临界点的基础上，本书描绘了四家企业的成长轨迹图。之后，本书运用对上海浦东新区新创企业成长的两轮跟踪实地调研，描述了样本新创企业建立与成长的现状，并以四家已成长案例企业的成长轨迹作为参照系，分析了已成长案例企业与新创企业成长之间的共同性与差异性。研究发现，案例企业与新创企业在创业机会、社会网络、学习、创业资金等方面存在共同性，而在外部环境、人力资本、技术创新、融资环境等方面存在差异性。接着，本书运用系统动力学方法，对新创企业的成长进行了仿真实验。本书的仿真模型的构建建立在对案例企业关键因素和临界因素的分析基础之上，提取了学习、技术、机会作为仿真实验的主要变量。首先，本书进行了学习成长的仿真实验，通过对参数设置的改变，来模拟可能的成长情况，结合 SD 软件模拟的运算结果，我们发现，对于新创企业而言，创业团队主导微型企业的学习成长绩效最高，企业通过学习后，能够拥有知识的员工数量最多，并且随着时间的推移，从员工规模来考察企业成长的话，创业团队主导微型企业的规模扩展在四种类型中能够达到最大。其次，本书以技术、机会等因素为基础，构建基于技术和机会的新创企业成长仿真实验，从仿真运算的结果来看，新创企业进入到成熟产业中建立企业，其成长绩效要高于进入新产业中建立企业；如果新创企业选择技术创业，进入新产业的成长绩效要好于进入成熟产业；对于依赖资本开展的创业活动来说，进入成熟产业获得的未来成长要优于进入新产业获得的未来成长。最后，本书通过案例对比研究和仿真实验的结果，总结了样本企业成长对中国新创企业成长的指导意义和预测意义。本书认为，样本企业的成长路径对于中国新创企业具有一定的指导意义，但是，由于中国背景导致的外部环境的变化，使现在的创业活动和新创企业成长具有更多的新鲜特征。新创企业对于进入产业的选择和进入方式需要进行更为合理的选择和决策，政府的创业政策和支持新创企业快速成长的制度体系也需要更加关注企业层面的真实需求。

第二节

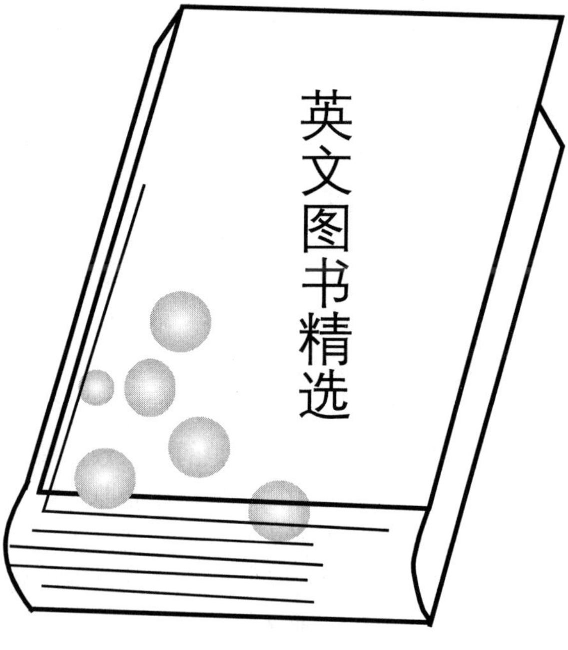

书名： Global Entrepreneurship and Development Index 2013
《2013 年全球创业与发展指数》
作者： Zoltán J. Ács，László Szerb，Erkko Autio
佐尔坦·J.艾斯，拉斯洛·泽比，俄库·奥蒂奥
出版时间： February，2013/2013 年 2 月
出版社： Edward Elgar Publishing Ltd.
爱德华·埃尔加出版有限公司

内容摘要： 作者基于企业家精神和经济发展的近期成果，创造了一个奇特的指数：全球创业与发展指数，它可以准确捕获创业的特点，弥补测度“发展”出现的误差。这个指数适用于全世界 118 个最重要的国家，可以测算这些国家的生产过程的质量。作者通过聚焦创业者的态度、创业行为以及创业愿望来捕获创业的特点。30 多年来对大量国家的创业研究结果充分地支持了上述观点。这个独一无二的数据包括 31 个变量，其中创业与经济发展的关系大致趋于平缓的 S 型。这个发现表明作者的国际同行应当放弃对于创业—经济发展之间的 U 型或 L 型的观点，转而运用与发展呈正相关的复杂测量。这个模型将对发展政策产生深远的影响。

本书分为四个部分。第一部分介绍了经济发展和创新创业的阶段。在著作中表明了国家经济增长的五个阶段：①传统社会；②经济飞速发展之前的准备阶段；③经济飞速发展阶段；④经济发展成熟阶段；⑤大众消费时代。这五个阶段是作者通过对关键事件的整理，概括而形成的现代经济发展全过程。第二部分是对创新创业的定义。所有指标的构建都应从定义开始，由此可以看出定义在其中起着至关重要的作用。然而，普通大众所接受的创新创业的定义是有缺陷的。创新创业的定义应该由众多概念维度构成，其中有独特性、风险承担性、机会认知、积极性、探究性和创新性。除了这些特点，还需关注创新创业所带来的影响，比如创造价值、溢出效应、高速增长。谢恩和温卡塔拉曼为创新创业的含义提供了一个基本框架，而不是一个准确的定义。第三部分为指标赋予权重。如上文所述，一个创业指数应包含个人层面、环境因素以及制度变量，但构造一个指数的另一个关键点是选取适当的权重。为了避免因随意运用不当的方法而受到指责，大多数指数都不涉及权重。在不涉及权重的情况下，计算变得简单，非专业人士也可以简易地运用它，商业指标和经济自由指标就是运用这种不设权重的方法。但是，当一个指数中涉及多个因素，且每个因素有各自的作用的时候，权重就显得尤为重要。第四部分提出要对发展瓶颈提供良好的制度环境，因为它关系到企业发展过程中缺乏活力的问题。

这本独一无二的著作对极度渴望扩展自己对创业性和经济发展认知的研究人员、政策制定者以及创业者们有着不可估量的价值。

书名： Entrepreneurship across Generations：Narrative，Gender and Learning in Family Business

《家族企业：家族企业中的叙事、性别以及学问》

作者： Eleanor Hamilton

奥利诺·汉米尔顿

出版时间： May，2013/2013 年 5 月

出版社： Edward Elgar Publishing Ltd.

爱德华·埃尔加出版有限公司

内容摘要： 经过对家族企业中几代人的身份、性别以及学问等方面的探究，作者逐步了解了家族企业的复杂结构。这本书以五个家庭、两代人为研究对象，得出创业精神是一种与生俱来的社会现象而非个别现象的结论。这本书高度概括了企业家的能力是如何在世代间流传，以及他们的学识是如何应用于家庭和商业社会实践的。它诠释了家族企业中的家长制实践以及创业特性的性别化。作者敢于挑战创业精神方面的权威，她认为创业精神受制于言论、屈从于谈判以及传承于世代。由于这是创业精神方面的新观点，对于创业精神和家族企业领域的学者和践行者来说，这本极富见解的书是不可多得的基础补充读物。

这是关于北爱尔兰五个家族企业里的家庭的研究，通过对每个家庭中的两代人进行采访，分析两代人经商的案例，向读者呈现了一个新的研究成果，即前一代人负责投资，为下一代的成功打下了基础。在调查中，作者将家庭因素作为询问的核心内容，而并非在经济活动中的运行和收获等问题。这个结论体现了家庭和商业之间的相互影响，它们之间有着不可分割的关系。它论证了家庭在商业活动中的作用以及两代人之间的复杂关系。作者分别采访了第一代人中成立企业的那些成员和第二代人中参与企业运营的成员。“根据参与者讲述的生动的经历、他们的生活、家庭以及企业，使我感到‘会谈’这个词看起来不正式，不仅如此，还有点愚蠢。”作者如是说，“我不止一次地用到‘深度访谈’这个专业术语，但是这可能与我的本意冲突，事实上，这是‘深度访谈’这个词无法形容的迷人的经历”。

作者凭借对这些家庭以及他们的生活和商业复杂历史的独特的亲密的定性研究，以错综复杂、大胆的理论猜测，以及创新型分析来激励创新精神研究方面的发展，作者进入了一个敏感而又奇妙的旅程，在这个领域做出了概念的、政治上的、理论上的、科学上的卓越贡献。

书名： Marketing for Entrepreneurs and SMEs：A Global Perspective
《大型企业和中小型企业的市场营销战略：全球面面观》

作者： Maja Konečnik Ruzzier，Mitja Ruzzier，Robert D. Hisrich
玛亚米·可尼克·拉兹儿，媞雅·拉兹儿，罗伯特·D. 黑斯瑞奇

出版时间： November，2013/2013 年 11 月

出版社： Edward Elgar Publishing Ltd.
爱德华·埃尔加出版有限公司

内容摘要： 近些年来，世界经济的飞速发展致使世界市场格局发生了天翻地覆的变化，大型企业和中小型企业都不得不去适应全球化，这次改变在市场战略方面具有深远的意义。这次改变及时地为大型企业和中小型企业提供了许多有关国际市场的新机遇，以及战术和战略营销方法，使它们得以在现代商业战争中轻松取胜。

这本书向读者提供了解决当前市场营销方面问题的方法，并通过真实的例子引导读者纵览国际市场的运行过程。该书分为三个部分：第一部分向读者讲述了当前大型企业和中小型企业面临的挑战，包括对大中小型企业的市场的理解，企业价值、顾客满意度和客户忠诚度，市场计划和 21 世纪中小型企业的发展趋势和面临的挑战。第二部分讲述了对市场和消费者的理解，其中包括对市场环境的分析，中小型企业的市场调查和需求预测以及消费者的购买行为。第三部分讲述了战略营销方法的发展，其中包括中小型企业的销售目标（对市场的分割、确定目标市场以及市场产品定位）、机遇与挑战、创新过程、品牌战略、价格定位、营销渠道以及营销宣传。营销方面的专家学者之间的激烈探讨和通信技术领域产生的新机遇使作者对现代消费观念有了更深层次的理解。作者在书中强调了中小型企业的网络平台和国际化趋势的重要性以及技术革新与品牌战略的必要性。本书的附加章节中还谈到了服务业的发展、客户的共同创造、新的销售渠道和通信工具（包括社交媒体）的营销经验，以及这些方法是如何做到增加客户订单和改善长期关系的。

在日常的商业活动中，作者使用便捷又清晰明了的信息，告诉读者如何高效能地执行。作者创建了有效的工具，使读者用适当的、高效能的方法去面对挑战、解决问题。这本书通篇使用真实的案例，使读者更容易理解其中的主题和思想，给企业家拓展国际市场提供了有效、便捷的建议。对创业、市场营销、商业以及管理方面感兴趣的学者和实践者来说，这本综合性的书更是极为有用的资源。

书名： Public Support of Innovation in Entrepreneurial Firms
《对创业型企业在创新方面公关政策支持》

作者： Albert N. Link
阿尔伯特·N.林克

出版时间： December，2013/2013 年 12 月

出版社： Edward Elgar Publishing Ltd.
爱德华·埃尔加出版有限公司

内容摘要： 公共政策对创新的支持主要表现在政府项目上，如小企业创新研究项目（SBIR）已经在美国促进经济增长方面产生了显著的影响。作者花费了十年的时间研究企业尤其是小型的、以科技为本的创业型企业，这本书综合了阿尔伯特近十年的研究成果。

这本书共收录了阿尔伯特·林克与其他学者于 2002~2013 年十多年间共同撰写的 12 篇论文，并将其分为四个部分。第一部分主要叙述了新兴技术的商业化，其中包括阿尔伯特·林克与克里斯多夫·鲁姆于 2009 年合著的论文《让科技走进市场——SBIR 基金的商业化》，2010 年阿尔伯特·林克和约翰·斯科特撰写的《政府作为企业家：评估 SBIR 项目的商业化价值》。第二部分叙述了公众支持创新带来的就业增长的情况，其中包括阿尔伯特·林克和约翰·斯科特于 2012 年撰写的《创新创业的公众支持对小型企业的就业增长状况的影响》以及《就业增长对小型企业创新的反作用》两篇论文。第三部分重点讲述了公众支持创新所带来的额外收益，其中包括大卫·奥德斯、阿尔伯特·林克和约翰·斯科特于 2002 年撰写的《公共和私人的技术合作关系》，斯图尔德·艾伦和史蒂芬·莱森以及艾尔伯特·林克于 2012 年进行的在“创新创业方面的公共利益”方面的研究，阿尔伯特·林克和克里斯多夫·鲁姆于 2011 年进行的以《公众信息和私人信息：企业家的智慧资本》为题目的研究，阿尔伯特·林克和约翰·斯科特于 2012 年进行的“对技术开发的公共投资”方面的研究，大卫·奥德斯、丹尼斯·莱顿和阿尔伯特·林克于 2013 年进行的“为促进经济发展而设立的高校主导型的技术知识方面的地方拨款”的研究。第四部分主要讲述了有关支持创新的公共政策，包括多拉和阿尔伯特·林克于 2013 年撰写的论文《建立在私人投资之上的举债经营：这和性别有关系吗?》，阿尔伯特·林克和约翰·斯科特于 2009 年撰写的论文《私人投资者的参与和商品化进程对政府支持项目的影响：战略预言会影响 SBIR 项目的走向吗?》，大卫·奥德斯、丹尼斯·莱顿和阿尔伯特·林克在 2012 年撰写的论文《大学成为公共支持性创业企业的研究伙伴》。

这篇文章解决了这一领域的某些重点问题，并且为后续研究的推进提出了极富见解的建议，除此之外，还提出了一些政策方面的意见。对于经营管理、公共政策、经济学和创新创业方面的学生和研究者以及政策制定者、企业家和商业领袖来说，这本书是能发挥重要作用的综合性资源。

书名： Entrepreneurship：A Very Short Introduction
《企业家精神：一个简明的介绍》

作者： Paul Westhead，Mike Wright
保罗·威斯海德，迈克·莱特

出版时间： November，2013/2013 年 11 月

出版社： OUP Oxford
英国牛津大学出版社

内容摘要： 近年来，在公共媒体、商业、政治以及教育领域，曾有一段时间公众对企业家精神产生强烈的兴趣，然而，大部分研究人员和学者对此的研究止步于晦涩难懂的理论层面，值得高兴的是，这本书的作者解决了如下问题：企业家都做些什么？企业家精神是什么以及为什么重要？企业家各自的特点是什么？这些特点是源于何处？

以往关于企业家精神的著作大都反映了两个方面，一方面是从理论角度和实际经验的角度分析企业家的兴趣而爆炸的新发现和见解，另一方面是大多数学者根植于传统学科，在管理、金融、经济学、社会学以及心理学等方面的综合叙述。然而本书的意图在于融合各个学者的观点，并总体概括企业家精神的定义，从哪些角度去理解企业家精神以及在后续的调查中应该提出并解决哪些问题。在这个简明的介绍里，威斯海德和迈克·莱特从纷乱的企业家精神的辩论里整理出一条清晰的思路，并指导了解企业家的创业过程。他们着手于研究企业家是如何对外部环境做出反应的，还考虑了企业家组织公司的类型，并且调查了企业家背景、经历的多样性，同时研究了企业家思考和学习的方式。最后，作者探讨了企业家对现代经济市场的影响，并且展望了其对这个飞速发展的全球化的世界的影响。这本书包括七个部分，第一部分是对企业家精神重要性的介绍，从个体角度概述企业家。第二部分讲述的是发现和创造机会，介绍了政府对新成立公司的支持，以及政府的支持对公司的形成和发展的影响。第三部分介绍了完成进程的步骤和拼凑行为的关系。第四部分讲述了企业家的背景，介绍了小微企业的发展。第五部分介绍了企业家的思考方式和学习方法，并叙述了企业家在人生的不同阶段的观点和目标及其对之后发展的影响。第六部分是对企业组织形式的介绍，并叙述了企业发展在经济方面和非经济方面对社会的有利贡献，以及企业运营过程中遇到的障碍。第七部分是对未来企业发展的展望。

书名： Social Entrepreneurship for the 21st Century：Innovation Across the Nonprofit，Private，and Public Sectors
《21 世纪的社会创业：非营利机构、私人和公共组织的创新》

作者： Georgia Levenson Keohane
乔治亚·利文森·基奥恩

出版时间： January，2013/2013 年 1 月

出版社： McGraw-Hill Education
麦格劳希尔公司

内容摘要： 企业家精神和风险估计不仅存在于硅谷，还存在于非营利性组织，它们正在逐步改变全世界各个国家的社会结构和文化。现如今，非营利机构、私人和公共组织已经发展成为社会变革的有力推动者。

在过去的十年中，已经有太多的关于“社会企业家精神”的讨论，但是什么是社会企业价值？它的定义是否需要更新？它是如何影响非营利组织、私人组织和公共组织的？它的优点和缺陷是什么？在弘扬社会企业家精神的大前提下它有什么风险？这些问题一直没有得到解决。为解决这些问题，乔治亚·利文森·基奥恩基于大量的相关数据做出了最具综合性、最深入的调查和严苛的检测。这本书分为四个部分，第一部分介绍了非营利组织中的社会企业家精神，并具体阐述了企业家精神对非营利组织的影响，第二部分介绍了私人组织以及私人组织对社会的影响，第三部分介绍了公共组织以及社会对公共组织中创新的影响，第四部分是保留给学者们的讨论交流空间，以便读者在阅读时取百家之长。现如今，社会企业家精神正在逐步改变着投资的方式，同时也在潜移默化地改变着这个世界。近十年来，投资者为了实现对社会和环境的积极影响，将资金投资到房产、健康、教育、能量和金融服务等领域中，虽然会带来可观的金融和社会收益，但是这其中仍然存在着许多悬而未决的问题。基奥恩的这本书不仅综合了该领域的权威观点，同时还提出了影响投资的新的见解，谈到了社会资本市场正逐步起着越来越大的作用，强调了有效的绩效评估的重要性以及阐明了社会、公众和私人组织之间模糊的定义分界。这本及时的、综合性的、著作精良的书籍在世界社会变革的过程中发挥着积极而强大的作用。

穆罕默德·尤纳斯是《穷人的银行家》一书的作者，他在评价这本书时说道，“在她的《21 世纪社会创业》这本书里，乔治亚·利文森·基奥恩在社会商业和企业家精神方面表现出了惊人的洞察力。在应对全球经济的变化而测试新模型和解决方法时，她的作品为读者提供了思路清晰的动力学分析，对于想了解非营利世界及其演进过程的学者来说，这本书无疑是极其重要的著作”。

书名：Narrative and Innovation：New Ideas for Business Administration，Strategic Management and Entrepreneurship
《叙事与创新：工商管理、战略管理和创业的新思路》
作者：Andreas P. Müller，Lutz Becker
安德烈亚斯·P. 穆勒，鲁兹·贝克尔
出版时间：February，2013 / 2013 年 2 月
出版社：Springer VS
施普林格 VS 出版社

内容摘要：作者用一种跨学科的、交互的方式把叙事和创新两个术语结合到一起。叙事无处不在，且拥有预测政治、经济和市场未来变化的潜能。作为组织中的压力源和稳定剂，叙事和变革在一致性叙事中表明了战略变革和组织停滞的需求，并且可能被当作对战略管理早期认知的源头而加以利用。然而，这使叙事学在管理中的使用必须采用一个新的视角。该书通过引入符号学、语言学、叙事学等多种学科对工商管理、战略管理和创业的解释方式的发展提供了多方面的讨论。因此，本书从科学和工业超越正常思路的视角对管理和创新做出了全面综述。

全书共分为四个部分。第一部分主要介绍了理论性方法，其内容包括叙事与创新；通过企业背景基础下的企业预见性描述组织感知与文化定位；对流行趋势、创新、科学这三个主题的采访与访问；以丹麦公共创新实例揭示协作叙事创新的理论。第二部分将世界咖啡屋作为当代处理问题的模式对对话与创新进行分析（世界咖啡屋是指围绕一个相关问题有意地建造一个实时的网上会议，通过将大家的思维和智慧集中起来解决问题、发现思考的共性的过程。咖啡屋会议是一个创造的过程，它引导协作对话、分享知识并创造行动的可能性，适用于各种大小的组织）。第三部分以实践性方法为主体，通过九个方面的案例诠释：创新型企业家的故事；以叙事视角看待波兰集体罢工事件的解决；有形的业务模型促进创新的主体性和创造性的融合；通过一些故事探讨创新如何成功；以内部商务沟通的案例为例分析在模糊环境中叙事的统一性和一致性；以一个从业者的叙述角度浅析生活与创新；跨文化意识与文学作品；以披头士乐队所在公司为例揭示创新是一种新兴的现象；通过瑞典案例展现从重复故事到故事创作的过程中系统性会议的应用。第四部分对于连接叙事与创新之间的桥梁即两者在管理中的结合做出了展望。

创新能否从这些叙事中衍生出来？这些叙事如何有助于工业和社会创新？该书的创新之处在于整合不同的观点连接经济、文化和社会并提出新思路。这是一个新兴的开创性的研究，将创新和叙事结合从社会中提取管理思路并应用于商业世界。

书名：Entrepreneurship and Management in Forestry and Wood Processing：Principles of Business Economics and Management Processes
《林业和木材加工中的创业和管理：商业经济和管理过程的原理》

作者：Franz Schmithüsen，Bastian Kaiser，Albin Schmidhauser，Stephan Mellinghoff，Karoline Perchthaler，Alfred W. Kammerhofer
弗朗茨·施密森，巴斯蒂安·凯泽，阿尔宾·施密德豪泽，斯蒂芬·梅林霍夫，卡洛琳·佩奇泰勒，阿尔佛雷德·W.卡默霍弗

出版时间：October，2013/ 2013 年 10 月

出版社：Routledge
劳特利奇出版社

内容摘要：在高需求下提供有价值的原材料来源使得林业一直处于非常有利的位置。然而，随着终端用户需求和竞争成本的快速变化，林业和木制品产业被连成一个整体，因此，该行业需要进行调整。该书主要采用了创业的观点，同时还运用了来自会计、金融、经济、供应链管理、营销和战略等视角的观点。该书阐述了创业、管理和林业现代管理科学的应用以及以木材为基础的其他行业的本质。它探讨了企业管理如何通过目标、文化、私人或公共企业的内部流程被外部经济、社会以及技术因素所塑造。森林的长期生产潜力作为一种可再生的自然资源，十分关键。总之，这本书是关于多功能森林发展和木材可持续利用应用导向知识的来源。本书诠释了创业行为是产业链全面增值过程的一部分并引出关于林业生产和木材加工的新观念。这本书应用了林业现代管理科学的主要概念，对学习林业和木材加工的学生以及在行业内的企业家和管理者而言是一本实用的书。

全书共八章节。第一章林业和木制品业分为世界森林、欧洲森林的分布下，植被树种的生长发育采伐和其对人类居住的影响及其公共或私人所有权；多功能森林管理和森林生态系统管理下森林资源的可再生管理；欧洲森林长期供应木材原材料，这些商品从木材到纸张再到生物能源以及非木材类产品和生态服务等消费领域；欧盟政策框架下木材能源的使用及残渣剩余四个部分。第二章以"为公司和企业创造附加值"为核心，分别从价值创造过程、家族企业和公司的结构定位合作等过程、创业行为是产业链全面增值过程的一部分这三个方面展开，引出对林业和木材加工业产业链全面增值的新的理解和综合的视角。第三章研究了木制产品的市场现状并探讨了木制产品的营销策略。第四章研究了管理、人力资源以及组织三个方面。在动态的政治、经济、社会、文化环境中，企业家行为通过物质、财政、人力资源的竞争和相互关联的生产消费链而被塑造。实际和未来的市场需求和供应潜力驱动着企业管理的变化。企业家、管理者和各级员工都必须掌握复杂的技能，这些技能包括在竞争激烈的市场中经营，基于资源的可持续利用提高产品附加值，提升经济效率和经营活动效益以及与员工和外部利益相关者进行有成效的工作。第五章通过会计系统、财务会计和管理会计诠释了会计这一核心经济信息系统。第六章对林业、木制品业、多功能林业管理等项目进行投资方法和决策以及融资方面的分析。第七章重点阐述了林木产业的物流和生产流程，其包括物流系统的特点和物流系统管理；通过成本驱动力和成本维度构成的 A 型生产成本函数和 B 型生产成本函数确定其生产能力；通过直接成本、单个边际贡献计算、多个边际贡献计算以及森林管理中边际贡献分析其生产计划。第八章研究了林业木制品业的发展和可持续发展的战略决策。

该书的创新之处在于基于创业的观点提出关于林业生产和木材加工的新观念。在气候变化和生态系统的生态功能受到日益关注的时候，森林作为多功能经济、社会、文化的自然资源，本书有助于其自身的可持续发展，创业行为是产业链全面增值过程的一部分，由此引导出对林业和木材加工业的创新管理。

书名： Case Studies on Modern European Economy: Entrepreneurship, Inventions, and Institutions
《现代欧洲经济的案例研究：创业、发明和制度》

作者： Ivan T. Berend
伊凡·T.贝伦德

出版时间： May, 2013/2013 年 5 月

出版社： Routledge
劳特利奇出版社

内容摘要： 过去的两个世纪，整个欧洲都在上演着戏剧性的转变，而经济是导致这一巨大且惊人变化的主要原因。这些转变是由人实现的，这些人包括科学家、政治思想家、发明家、企业家、教育家、技术娴熟和受过良好教育的工人等。他们不仅发明了机器和计算机，而且有能力复兴经济和政治制度。伊凡·T. 贝伦德提出现代欧洲经济的壮观历史是连接"小"事件、行为和个人思想的链条，且其发生受一些制度和大胆的企业家的影响。该书内容包括创业的力量，制度的力量，经济制度和永久更新的资本主义，创意与发明的力量，创业型企业，从工业的城市兴起到后工业郊区化，泡沫经济、经济大萧条和经济周期。所有的单个章节和个人故事都展现了错综复杂且相互影响的现代欧洲历史的一个横截面。

该书着眼于个案研究，对于理解该时期变化发生的原因以及这些变化对现代欧洲产生的影响提出了新的见解。第一章介绍了一组异常具有创新性的企业家，现代欧洲经济遍地都是他们的足迹，但企业家总是不得不在制度框架内工作。第二章提供了法律、政治和社会制度方面的案例研究，这些法律、政治和社会制度已经敲定了现代经济活动的结构和规则，制度体系不会一直良好运作，也不会一直有益于受其约束的人，人们对制度的不满和失望，常常会导致变化、改革，甚至革命。第三章通过个案研究探讨在社会经济发展中发挥核心作用的一些革命性思想、发明创造以及文化和科学因素，对制度和制度变迁的原因进行了深入研究。启蒙运动、浪漫主义运动，以及牛顿、达尔文等人的个人成果等广泛的文化运动塑造了现代思维、制度创新和经济转型。在 18 世纪末的第一次工业革命、20 世纪初的第二次工业革命和第一次信息技术革命这些经济革命大变革中，科技发明为经济创新和企业形成奠定了基础。这些问题的案例研究反映了其在改造人类生活中的核心作用。第四章介绍了一些位于现代技术和管理变革前沿的公司，这其中的一些公司在现代经济的创造中有着悠久历史并扮演着先驱性的角色。本章介绍了管理创新、新型技术以及一些已经开始的工作，比如一个世纪前开始经营的跨国公司。第五章论述了经济发展对居住环境结构的影响。工业化对城市化发展和工业城市的崛起有重要的推动作用。然而，早期的城市居住环境过度拥挤且不健康，后期则主要尝试将早期城市环境改善得更为人性化。这就引出了建设园林城市的理念，将大城市郊区化，把城市和健康的乡村生活方式结合起来。第六章提出了人类智慧、创业动力与公司形成是经济发展的发动机这一重要的对应关系。普通的创业失误，繁荣时期的过度乐观投资和热衷于得到更多机会导致投机交易，并可能破坏繁荣和终止发展。现代经济发展并不是一个线性过程。衰退、萧条，特别是所谓的大萧条已经导致周期性的转变，它和投机泡沫经济从近代到现在一直伴随着市场经济。

该书描述了 20 世纪两次世界大战以来陷入的最严重的经济危机，其创新之处在于从不同角度做了近 70 个案例研究，可以帮助读者更好地理解现代经济重要特征，了解当下的经济制度。现代欧洲经济的案例研究将会成为学习经济和现代欧洲历史学生的必要阅读。

书名： Family Multinationals：Entrepreneurship，Governance，and Pathways to Internationalization

《家族跨国企业：创业精神、治理和国际化的路径》

作者： Christina Lubinski，Jeffrey Fear，Paloma Fernández Pérez

克里斯提娜·鲁宾斯基，杰弗瑞·费尔，帕洛玛·费尔南德斯·皮尔斯

出版时间： May，2013 / 2013 年 5 月

出版社： Routledge

劳特利奇出版社

内容摘要： 与家族企业在全球化进程中缺乏足够的资源和能力这一普遍认识不同，许多家族企业在日益全球化的商业环境中的竞争十分成功。在世界范围内，大量蓬勃发展的跨国公司仍然是家族拥有或在家族控制下运营。无论是关于跨国公司的文献，还是越来越多的家族企业领域的研究都已经系统地调查了家族跨国公司。该书是首个明确家族跨国公司和国际化中家族作用的书，它定位于在国际化研究和家族商业研究的十字路口。为什么家族企业在新兴经济体和成熟经济体中的一些最杰出的企业中仍然扮演着如此重要的角色？它们如何设法保持控制权，远离无关的商业风险？它们是如何在国际化的同时仍然保持控制权？这本书展示了不同国家、不同时间点的家族跨国公司自身的特殊战略和结构，通过比较历史和案例研究的方法，作者探索了家族企业采取的各种国际化途径中家族的作用，并明确家庭企业长期发展计划和可依赖路径。

全书共包括四个部分。第一部分着重阐述了国际化路径和支配选择。通过印度家族企业解释家族企业是否愿意迈向国际化这一问题；以西门子进入印度市场的早期运营状况探讨家族跨国企业对于家族团结的要求；以 20 世纪 40 年代早期的捷克家族企业为例体现家族资本化和国际化。第二部分指出政府和一些制度是推动家族企业发展有形的手。研究中小型跨国企业并从小方面透视全球化；深刻理解企业、亲属关系、政策是最大的中国家族企业成长和国际化业务的决定因素，并分析了墨西哥家族企业的跨国战略。第三部分从三个案例揭示家族企业以当地基础向全球扩张的过程。以欧洲家族造纸企业的成败为例呈现对国际市场的开拓；以意大利 Feltrinellis 木业贸易公司的全球化诠释如何有效利用紧缺资源获得财富；以贝塔斯曼的全球化为例给企业家族的当地发展抑或迈向全球化提出建议。第四部分以家族内部为核心。主要从 19 世纪的家族跨国企业悲伤事件、意大利家族企业进入德国以及杜邦进入墨西哥三个事件，分析从事一样工作的家族分布在不同国度的离别、情绪，并探讨了跨国公司互联网控制运营的实现。

本书的创新之处在于：第一，首次明确了家族跨国公司的地位和国际化中家族企业的作用。第二，结合不同国家、不同时间点的家族跨国公司自身的特殊战略和结构对国际化途径中家族的作用进行探索，并对家族企业的未来发展路径做出明确指导。

书名： Effective Human Resources Management in Small and Medium Enterprises：Global Perspectives

《有效的中小企业人力资源管理方法：全球视角》

作者： Carolina Machado，Pedro Melo

卡罗莱·马查多，佩德罗·梅洛

出版时间： November，2013/2013 年 11 月

出版社： Idea Group，U.S.

美国创意集团出版社

内容摘要： 有效的人力资源管理方法在解决当今的就业挑战和变革中是必不可少的。随着中小企业继续蓬勃发展，确定有效的人力资源管理策略和实践，对于这些组织获得有竞争力的管理模式是有必要的。

该书通过提供一个传播知识的交流渠道来解决中小企业里人力资源管理的问题，包括管理哲学、文化和管理实务。这本有着创新理论和最新研究的书，对学者、研究人员、经理、工程师和其他对人力资源管理问题感兴趣的专业人员，特别是中小企业里的私人部门和公共部门，是非常有用的。

全书共包括三个部分。第一部分共三个章节，重点研究在这些国家里的中小企业是否采取了一种更正式而且更有策略的方式来管理员工，主要内容包括：马来西亚和菲律宾的中小企业人力资源管理策略的前因后果；马来西亚中小企业的人力资本：人力资源实践、独特性和价值；MIST（墨西哥、印度尼西亚、韩国、土耳其）经济体的中小企业全球视角中有效的人力资源管理实践。第二部分共十个章节，讨论和分享了知识信息，以及关于中小企业的最佳人力资源管理的实践和政治，主要内容为：中小企业人力资源管理的协同潜力；家族企业人力资源管理的当前状态和未来的建议；中小型家族企业中人力资源管理的实践和问题；一个小家族企业的代际继承的流程研究的证据；人力资源实践的角色冲突管理对中小企业的影响；作为管理系统的一部分，中小企业职业健康安全的概述；企业家的受教育水平如何影响在就业创造中的新的中小企业；中小企业人力资源管理协会的前沿文献；基于坦桑尼亚的两个城市的案例研究汽车维修服务行业的中小企业如何招聘处于绝望的失业青年；加强中小企业人力资源管理和位置后，工业区的上升、下降、再生。第三部分确定中小企业有效的组织和人力资源管理策略，共七章，主要内容为：中小企业里的自我管理团队；中小企业从商业伦理和创业精神出发所做出的决定；中小企业创新策略即全球视角；层次结构和控股在医院管理中的人力资源管理对中小学企业创业的启示；中小企业人力资源管理的招聘与选拔；基于一个案例研究中小企业的国际化服务；从伊斯坦布尔省的概要文件分析土耳其的创业准备。

该书的创新之处在于：第一，它为中小企业（包括公共和私人机构）的人力资源管理，提供了策略、模型、技术、方法和应用领域以及这些方面的信息交流和讨论。它的目的在于传达、交流世界范围的最新发展和思考。第二，利用最新发展、思想、研究和典范实践，探究发生的变化及其意义，以及它们是如何影响这些组织中人力资源的管理和激励。知道发生在国家间和国际领域的是什么，对于理解并开发出有效的反应，以满足这些新要求是非常重要的。

书名： Critical Success Factors of Change Management
《变革管理成功的关键因素》

作者： Tim Fritzenschaft
蒂姆·弗里特泽沙夫特

出版时间： December，2013/2013 年 12 月

出版社： Createspace
创意空间

内容摘要： 在过去的几十年，随着企业进行广泛和深远的变更项目，变革管理已经成为一个无处不在的任务。如今，经理可以把变革管理作为中心任务之一，正如“组织需要不断改变”。事实上，公司为了生存和发展，长期目标必须转变是不容置疑的。无论公司的大小，改变发生在每一个行业和组织中，并且可以视为企业生活的一个组成部分。

由于公司必须不断变革，所以变革管理在组织中是无处不在的。这不仅适用于在国际背景下的大公司，也适用于中小型企业（SMEs）。然而，执行一个变革项目是存在巨大挑战的，并且许多变更计划并不是完全成功的。尽管针对中小企业是德国经济支柱这一现状，已经在这些公司研究了相关的变革管理。蒂姆·弗里特泽沙夫特在一个转换项目中，探究中小企业如何应对阻力变化问题以及在变革管理的关键成功因素中哪个是最重要的。这个研究是客观的，一般来说，学术研究有助于系统地、有条理地和可理解地获得新知识，有助于预防、解决或至少能够更好地控制当前和未来的实际问题。学术研究评估关于因果关系的理论为行动提供了建议。

全书共分为五个部分。第一部分是本书的前言。以 20 世纪 90 年代流行起来的管理理论中的“变革管理”一词引出本书的研究对象，并介绍在这个领域之前有过的各种研究。第二部分是本书的鸣谢部分。作者表达了自己对参与合作的人员以及支持的家人、朋友的感激之情。第三部分是本书的摘要。其内容主要为研究的目的、采取的方法、成果发现、实际意义以及研究的创意所在。第四部分是本书的列表部分，包括目录、数据列表、图列表以及缩写列表。第五部分是本书的正文。其具体内容为变革管理的介绍、研究目的、文献综述、实证研究以及结论和建议，其中文献综述部分展开为变革管理术语和变更项目术语介绍、特征、变化的三步模型，变革阻力产生的原因和特点、解决方法，变革管理成功的关键因素。实证研究部分又展开为变革的理由、成功和失败的例子、成功的关键因素、统计分析和假设的回顾。

该书的创新之处在于：与其他研究相比，这个实证研究的调查对象验证了硬性和软性因素的混合与一个变更项目的成功是有关系的。如管理层的支持和承诺通常被视为最重要的因素，对中小企业而言不太重要。此外，也证明了在员工参与和发起的总体结果范围内存在显著的正相关关系。

书名： IT Auditing and Application Controls for Small and Mid-sized Enterprises：Revenue，Expenditure，Inventory，Payroll，and More
《中小企业的信息系统审计和应用程序控制：收入、支出、库存、工资以及更多方面》

作者： Jason Wood，William Brown，Harry Howe
詹森·伍德，威廉·布朗，哈里·豪

出版时间： December，2013/2013 年 12 月

出版社： Wiley
威立出版社

内容摘要： 这本书对需要掌握必备 IT 知识的财务审计师进行重要的指导。如果你是一个需要 IT 和应用程序控制工作知识的审计经理，本书将为你提供你所需要的指导，包括关键的审计问题以及具体的实践技巧和技术。在其中，你会发现 ISACA、AICPA 已经发布的相关规则的背景与详细指引，它们有条理地显示了日益复杂的信息系统，由一般原理开始并逐步发展到更高级的功能。

- 给寻求发展的审计经理直接的 IT 指导。
- 给中小市场业务中的审计员提供相关的 IT 指导。
- 涵盖相关的应用程序，包括 MS Excel、Quick Books 和报告记录器。

在美国，无论从数量还是质量上看，最大的细分市场是中小企业市场业务，它们是经济增长和扩张的源泉。针对服务于中小企业的审计师 IT 方面的需要，中小企业自动审计财务应用程序为你提供你的组织服务所需要的 IT 能力。

全书共十个章节，主要内容包括信息系统审计重要性的原因；中小企业内部控制的一般介绍；应用级别安全机制的研究；总账和 IT 审计的分析；收入循环、支出周期、库存周期和工资周期的研究；风险控制、财务报告和 COSO 对 COBIT 的叠加方面的分析；整合 IT 审计融入财务审计的发展；电子表格和桌面工具的风险；关键报告和风险敞口；定义和评估信息系统审计的缺陷。

该书的创新之处在于：第一，这本书的目的是为了说明和解释许多为中小企业所普遍使用的报告系统的基础 IT 控制原理，并帮助审计人员为他们的客户提供更好的服务。第二，本书论述了信息技术审计的目的，以及信息技术审计如何与财务审计联系。以使用 QuickBooks（QB）和微软动态 GP 为例来展示中小企业里的金融应用，并且轻松地初排各种财务报表周期，以帮助读者更好地理解周期风险、控制和演示应用程序层面的控制。第三，这本书帮助执行层更深刻地理解中小企业里的信息系统审计。

书名： The Process of Internationalization in Emerging SMEs and Emerging Economies

《新兴中小企业和新兴经济体的国际化进程》

作者： Hamid Etemad

哈米德·艾特马

出版时间： April，2013/2013 年 4 月

出版社： Edward Elgar Publishing Ltd.

爱德华·埃尔加出版有限公司

内容摘要： 这本书是麦吉尔国际创业系列中的第四卷，汇集了 25 个顶级学者的研究成果，涉及国际化进程的复杂性、进化关系和企业塑造多极化新系统和多层次的国际业务关系的动态能力。这本书考察了不同的国家和企业文化中创业努力和关系构建能力，以及在跨越国界的情况下竞争以求得全世界客户的关注。

这本书的作者与来自世界各地的学者，一起探索来自塑造和重塑新系统方面的结构复杂性、关系演化和动态力量，并研究企业家的努力和巩固系统之间的关系，包括了不同水平和层次的相互关系和依赖关系，有时授权，有时限制。这本书中涉及许多公司，它们活跃于 13 个新兴国家，遍及食品、通信技术以及包含各种复杂业务流程的行业。

全书共十七个章节，分为五个部分。第一部分，对新兴中小企业和新兴经济体的国际化进程进行介绍和总括。第二部分，主要研究中小企业国际化的理论基础，包括新兴市场中小公司的国际增长、国际创业领域的扩大等方面。第三部分，重点阐述了影响新兴市场中小企业国际化的因素，主要包括伊朗国际化进程中的中小企业家的影响；16 个爱沙尼亚和瑞典企业的国际化；基于埃塞俄比亚、玻利维亚、越南和孟加拉国的测试结果，以能力的观点出发，解释国际化和发展中国家企业的扩张；俄罗斯创业公司的成长因素。第四部分，侧重南半球的新兴经济体国际化如何受到环境、企业特征和制度传统的影响；南非小型农民企业国际化中的公平贸易；基于两个在新西兰海鲜产业的公司，研究公司所有权结构和国际化；外包行业中的社会文化动态，企业价值观和客户供应者之间的合作关系；印度中小企业“国际创业”的氛围。第五部分，研究了小公司国际化下公共政策和本国环境的影响，具体包括：俄罗斯的创新企业发展中的国际化问题；马来西亚中小企业的多媒体超级走廊计划。

本书将有助于新兴经济体背景下的 IE 和中小企业国际化的领域研究。

书名： Enterprise Development in SMEs and Entrepreneurial Firms：Dynamic Processes
《中小企业和创业公司发展：动态过程》
作者： Ndubisi
恩杜比斯
出版时间： February，2013/2013 年 2 月
出版社： Idea Group，U.S
美国创意集团出版社

内容摘要： 中小企业的发展增加可利用的经济机会，因而在社会经济发展中起着至关重要的作用。本书的目标在于理解被中小企业采用的企业战略以及从企业发展中得到的经验教训。

本书中，作者试图探寻企业发展的进程是如何引致企业家特性、关键能力、市场转变、社交网络、人际关系、技术的挑战、全球化以及可持续消费的塑造、再塑造或重构。在引入主题之后，作者探索关于公司获取知识的商业模式。作者认为基于活动的认知、具体化的商业模型观念结合以及基于知识的观念和公司的吸收能力，将使得商业模型被更好地理解。第三章为研究机构在促进中小企业绩效和经济发展方面的作用。第四章是对海外创业者以及他们国际化程度的探索。第五章的重点是中小企业的人力资源管理。第六章侧重于早期咨询干预在促进中小企业的可持续发展起到的作用。第七章评估中小企业的知识共享和影响中小企业员工对知识共享态度的因素。第八章研究中小企业的可持续发展问题。这一章讨论了可持续发展的必要性，可持续发展意味着什么，可持续性的好处，可持续发展的基本实施步骤以及一系列指标的识别。第九章研究泰国家族企业接班人计划的影响。第十章认为当企业家和小企业主依靠网络作为重要的销售渠道时，它们缺乏的营销能力，包括销售过程中建立关系所需要的个人销售技能和知识。第十一章解决绿色供应链管理的问题及其对中小企业的影响。第十二章，作者提出技术定位（TECHOR）的概念。第十三章，作者研究马来西亚中小企业采用互联网信息通信技术时出现的感知利益和障碍。第十四章，作者试图开发一个意在使客户满意的市场营销系统的框架。第十五章到第二十二章是对一系列问题和实例的研究。最后一章探讨了由社会企业创办并由社会企业家管理的合法性收购的问题。

该书的创新之处在于：这本书将最新的、前沿的研究文章组合在一起，旨在启蒙企业发展中更广泛的领域，并且，非常重要的是，本书对于学者制定新的研究方向、实践和政策制定具有重要意义。

书名： Entrepreneurship：Venture Initiation Management and Development

《创业：创业企业的初创管理和发展》

作者： George Vozikis，Timothy Mescon，Howard Feldman，Eric W·Liguori

乔治·沃兹克斯，蒂莫西·麦斯肯，霍华德·费尔德曼，埃里克·W.郭利

出版时间： September，2013/2013 年 9 月

出版社： Routledge

劳特利奇出版社

内容摘要： 作者浅显易懂并且富有逻辑性地阐述了创业的核心概念。本书以基本概念和创业的总体概念框架作为开始（第一部分），然后阐述了创业启动（第二部分）、创业管理（第三部分）和创业发展（第四部分）相关内容。每一章都包含一个真实的案例，案例中企业家们都面临着增长和竞争的问题。其中创业的启动和发展是本书的关键部分。创业精神包含企业家在实践中需要的所有标准特性。这本书的特色在于用清晰的、直接的、符合逻辑的方式介绍了各种复杂的主题。

本书的第一部分介绍了创业和内部创业，分成四节：企业家和创业精神；企业创业和内部创业；把可行性分析和风险评估都融合在商业计划书中；创业成功的框架。第二部分介绍了创业启动，主要内容包括：创业想法的来源与创业的机会，即为客户提供一个购买的理由；目标战略市场的确定、管理和规划；企业财务分析和回归预测能否盈利；风险投资中个人投资和其他资金需求；创业基础架构，产品或服务、市场营销；创业基础设施：涉及组织和操作注意事项。第三部分介绍了企业管理，围绕企业执行能力，介绍了组织、人员配备、管理的理念和财务管理的理念。第四部分介绍了企业发展，包括企业成长管理和开发，跨国企业的成长和管理。

书名： Creativity and Entrepreneurship：Changing Currents in Education and Public Life
《创新与创业：正在发生变化的教育和公共生活》
作者： Lynn Book，David P. Phillips
莱恩·布克，大卫·P.菲利普斯
出版时间： May，2013/2013 年 5 月
出版社： Edward Elgar Publishing Ltd.
爱德华·埃尔加出版有限公司

内容摘要： 虽然创新活动和创业似乎不太可能被联系起来，但是它们正在以一种新的令人兴奋的方式产生关联，并产生巨大的经济效应和社会价值。为本书的出版做出贡献的人来自于各种各样的背景，包括学术、商业、艺术与科学和公共政策等领域，他们提供了丰富的跨学科的视角、思考创新和创业过程的新途径。在 21 世纪，这是一本及时的书，它为推进创新和创业精神的发展建立了必要的基础，不仅有利于经济的发展，还对社会和道德的发展有重要意义。这本书展示了作者所在的学校、企业和社区嵌入创业实践和跨学科探索变革的可能性。不过，作者也承认制度的挑战和制约往往阻碍了创业的发展。除了清晰全面地讨论当前的问题，这本书还对未来发展、培养创新和创业的合作理论与实践环境提供了深刻的建议。在与创新相关的各领域的学生、教授、研究人员和政策制定者将会对本书产生浓厚的兴趣。

本书分为三部分，第一部分围绕重塑高等教育创新实验教学进行介绍，从四个方面进行讲述，分别是创新与创业的教材、学术知识、自然历史与个人历史、在学校中作为变革推动者的社会企业家。第二部分是学术的迁移，主要包括在创业过程中的跨学科知识和策略，包括创业实践和教育方法；通过镜像神经元系统分享创意；如何做一个企业家；创业小组的成功与失败；跨学科知识、研究和科学之间的对接。第三部分是公众参与和想象，包括跨学科教学的创意和创新课程，克服创业地理分布零散的障碍，培养下一代的社会企业家。

这本书的突破性在于研究如何把创新和创业作为黏合剂，培养积极的改变和创新，尤其是在高等教育和全球可持续发展等领域。本书讨论了创新与创业如何挑战和摒弃传统的结构，以及创新与创业如何积极地影响人、机构、文化和社会的转变。

书名： Enterprise in Action：A Guide To Entrepreneurship
《企业实践：企业家精神指南》
作者： Peter Lawrence
彼得·劳伦斯
出版时间： May，2013/2013 年 5 月
出版社： Wiley
威立出版社

内容摘要： 这是一本关于理解和掌握成功创业核心要点和能力的权威指导书。创业的机会在哪里？成功的企业家如何开发新领域？创新在企业家精神中扮演的是什么角色？公司是如何开始运营并独立发展的？基于对 80 家企业的研究，其中包括 30 家《星期日时报》一直跟踪报道的企业和 20 家成功的美国创业公司，这本书不仅回答了这些问题，还对其他许多关于企业家精神的关键问题进行了解答。

这本非常受欢迎的关于企业家精神的指南书，给学生和新入职场的实习生提供了有价值的指导。对于学生而言，它为新生活提供了一个合理的目标。对于生意场上的新手们，它展示一些影响成功的因素。这同样是一本对 MBA 和企业家非常有用的书，比如，向实践者解释了成功是怎样被相关因素所影响的，例如，行业动向、进入壁垒、重新配置和核心竞争力。它给读者展示了大量的实例，这些实例主要源于英国和美国的小型创业公司，书中还对概念和过程给出了清晰的解释，以方便任何一个读者都可以参与决策。

这本书的突破在于首先提供了一个貌似可行的“行为结果”，然后展示了那些可能会让你成功的定位和行为。读者可以从关键点中获得深刻见解，比如什么可以提升创业机遇，如何引领趋势？这些趋势是什么？创新扮演什么角色？怎样培养创新精神？怎样申请资金？如何建立一个新公司并独立发展？什么是执行力？执行力与履行有什么区别？履行在成功的创业中扮演什么样的角色？中小型企业如何长期发展？另外，企业行动阐明了企业创新的动态发展和中小企业的发展方向，为如何在不稳定的金融环境下长期发展提供了帮助。

书名： Social Entrepreneurship
《社会创业》

作者： Jill R. Kickul，David Gras，Sophie Bacq
吉尔·R.卡库尔，戴维·格拉斯，索菲·巴卡其

出版时间： May，2013/2013 年 5 月

出版社： Edward Elgar Publishing Ltd.
爱德华·埃尔加出版有限公司

内容摘要： 距离第一篇关于社会创业的研究文章发表已有 20 多年，对于反思和筛选出的典范作品，以及在该领域呈指数增长的研究兴趣和目前对于优劣作品进行鉴别的需要，文献的分析已达到必要的地步。这样能更好地帮助和指导这方面研究的未来发展。在编写这本书时，编者已经成功地收录了迄今为止最重要的和最有影响力的关于社会创业的文章。涵盖的主题包括社会创业的机会和创新、发展商业模式和组织形式、社会影响以及社会创业精神的影响。编者收录的文章对学生、研究人员及对社会创业领域感兴趣的学者有巨大的价值。

本书第一部分介绍社会创业领域的研究框架。相关论文包括《社会创业精神和社会转型的探索性研究》、《社会创业精神的概念和关键问题》、《社会企业：一个研究领域的结构》、《社会企业与批评的概念》、《社会创业的类型学：动机，搜索流程和伦理挑战》、《公益创业调查》。第二部分介绍了社会创业机遇与创新，包括《社会企业与创业：迈向创业过程中的收敛理论》、《社会创业企业：不同的价值观和不同的创业过程》、《有社会目的的商业风险投资》、《社会创业者发现的典范》、《建立社会商业模式：从乡村体验得到的经验教训》。第三部分介绍了社会企业治理和资源问题，包括 《欧洲社会企业和社会资本》、《社会活动家或企业家》、《治理的可持续发展》、《社会企业的社群主义视角》。另外还介绍了非营利组织的公益创业：《社会创业的未来》、《发展商业模式和组织形式》、《社区型创业》、《可持续创业和可持续发展》。

本书的编辑们成功地把最重要和最有影响力的社会创业精神联系起来，涵盖的主题包括社会创业机会和创造，发展商业模式和组织形式，社会影响和环境影响的社会创业精神。这种简明的文献收集整理，对于学生、研究人员和对社会创业领域感兴趣的学者有巨大的价值。

书名： Entrepreneurship and Regional Development：The Role of Clusters

《创业和区域发展：集群的作用》

作者： Hector O. Rocha

汉克特·O.罗莎

出版时间： November，2013/2013 年 11 月

出版社： Palgrave Macmillan

帕尔格雷夫·麦克米伦出版社

内容摘要： 集群对创业和创业结果重要吗？为什么呢？区域发展对集群、创业的共同影响是本书所要研究的重点。实际上，有近 4 亿人启动或运行新企业，其中一半在发展中国家。同时，世界各地成百上千的创新集群宣称它们促进了创业和就业的增长。然而，关于创业和集群的结合对区域发展的影响，学者和政策制定者都知之甚少，原因在于定义和衡量集群和创业，并评价它们对区域发展的影响的理论和政策具有多样性。这本书通过回顾最近的研究，详细说明和验证了集群相关的社会经济理论，旨在回答问题和弥补差距，为学者和政策制定者提供启示。

本书将创业定义为创建新的组织，书中从文献综述的角度探索集群在创业发展中的影响。本书通过识别潜在原因的调节效应，着重于三个不同方面的影响：创业的发展、集群的发展和集群创业。首先，创业与经济增长呈正相关。鉴于创业的重要性在于改变经济和社会结构，所以更偏向于研究创业发展的影响，即注重能力而不是结果。其次，对于集群发展的影响、创业的概念和方法论的约束，很难达成一致。作者通过研究不同层面和不同发展阶段的集群，发现了积极的影响，也发现了消极的影响。最后，本书概括集群的影响与创业和发展之间的联系。本书分六个章节，第一章，简介；第二章，相关概念；第三间，阐述集群对创业与创业区域的影响；第四章，实证检验；第五章，获取结果；第六章，社会经济理论。

学术界和政策制定者都还不清楚知道创业和集群对区域发展的共同影响。原因是：定义和测量集群和创业并评估其对区域发展的影响具有广泛多样性。本书的目的是回答这些问题，通过回顾最新研究，阐述和验证的社会经济理论。

第四章　创业与中小企业管理 2013年大事记

第一节　创业学科本年度重要会议

一、第六届创新与创业国际学术会议

2013年8月29日至30日，由牛津大学技术管理发展中心等单位共同主办的第六届“创新与创业学术年会”（AIE 2013）在牛津大学举行。会议围绕“创新与创业：包容与可持续发展”主题，对创新与创业的最新研究与进展进行深入的研讨。

来自联合国贸易和发展会（UNCTAD）、联合国工业发展组织（UNIDO）、美国哈佛大学、英国牛津大学、欧洲工商管理学院和荷兰马斯特里赫特大学等单位的教授在会上作了主旨报告。王芳助理研究员和硕士研究生陈代应邀出席会议并做会议报告，报告主题分别为“Complementarities between R&D Investment and Exporting: Theory and Evidence from China”、“The Impact of Knowledge Structure on Academic Patent's Value: Evidence from the Max Planck Society”。

来自世界50多个国家的180多名专家学者参加了此次学术会议，王芳的“Complementarities between R&D Investment and Exporting: Theory and Evidence from China”等15篇论文获得会议优秀论文的提名。

二、第五届中国自主创业大会

倒逼发展方式转变，提高创新能力，助力中国企业在转型博弈中寻找突围之路。由中国创业促进会、《当代商报社》、《时代周报》联合主办的第五届中国自主创业大会暨金犁奖颁奖典礼于2013年11月11日至13日在中国·北京会议中心盛大召开。本届大会会聚了国内政界要员、资深专家、权威媒体、商业领袖以及各界创业精英，以“自主创业：中国经济二次腾飞的机会”为主题，解读经济前行脉络，交流创业之道，探讨改革战略，共同

助力中国经济大腾飞。

中国消费协会原副秘书长武高汉就 2013 年的中国经济变革的发展趋势，解析了当下企业应如何把握机遇（《自主创业：中国经济二次腾飞的机会》），中国创业促进会秘书长禹路与大家分享了多年来的创业智慧——《成功创业的五项修炼》，为帮助创业者建立起过硬的品牌，大会还专门邀请品牌研究专家、COBS 品牌导入系统创始人孙晓岐向大家传授品牌战略（《品牌攻略》）。

下午举办中国好项目推荐会，不仅推出了 15 个锐意创新项目，还专门为创业者邀请到蜥蜴国际商业模式研究院院长王崇阳，其就项目提出了切实的发展建议。分会场《新华商俱乐部》名师大讲堂，三位创业导师则针对个人、团队如何提升自我，追逐梦想，向创业者传道、授业、解惑，引起了全场的共鸣，响起了阵阵掌声。

晚上，2013 年第五届金犁奖颁奖典礼开启了“中国之星”、“与爱同行”、“新兴力量”、“品牌典范”这四个篇章，奖项包括：“金犁奖”2013 年度中国创业明星、“金犁奖”2013 年度创业领袖、“金犁奖”2013 年中国最具合作价值创业平台等。

三、第九届创业与家族企业成长国际研讨会

由浙江大学管理学院、浙江大学城市学院联合主办的“第九届创业与家族企业国际研讨会”于 2013 年 10 月 17 日正式开幕。在这场主题为“华人家族企业传承”的研讨会上，来自全球的专家学者围绕“创业、家族企业传承、家族企业治理以及家族企业的可持续成长与现代管理”进行深入探索和讨论。

作为本届年会的一部分，《组织管理研究》（MOR）杂志社主编徐淑英教授邀请北卡州立大学 Bradley L. Kirkman 教授、爱荷华大学 Sara Rynes 教授、浙江大学管理学院陈凌教授、蔡济铭教授、中山大学李新春教授为客座编辑（Guest Editor），对即将出版的中国家族企业特刊的投稿文章进行了评审，并召开专门研讨会与通过初审的 5 篇论文作者进行有针对性的评议和讨论，提出了修改意见。这些论文作者来自中国、美国、加拿大、英国、意大利、新加坡等十多个国家与地区。这些文章的最终入选将成为国际一流学术杂志有关中国家族企业的第一个英文特刊。

四、ICSB 中国创业协会第四届年会暨电商创新创业全球高峰论坛

2013 年 11 月 3 日上午，由青岛飞洋职业技术学院、ICSB 中国创业协会、飞洋电商智谷等单位主办的“ICSB 中国创业协会第四届年会暨电商创新创业全球高峰论坛”在山东青岛市隆重召开，ICSB 全球中小企业创业联合会上届主席 Chareles Matthews、《浙商》全国理事会理事长朱仁华、浙江大学管理学院院长吴晓波、清华大学中国企业成长与经济安全研究中心主任雷家驌等嘉宾出席了会议，并围绕电商创新创业、电商人才培养以及高校创业教育等问题进行了深入研讨。

ICSB 全球中小企业创业联合会上届主席 Chareles Matthews，对于 ICSB 中国创业协会第四届年会暨电商创新创业全球高峰论坛在青岛的成功举办给予赞扬，他在现场发言中表示，“国际创业协会是一个很有活力的组织，有着美好的未来，我们的过去主要是基于促进各个方面的创新，以及如何在变化的世界当中更好地适应。在未来我们要看到有什么潜力，以及如何来利用这些潜力。我们看看企业家如何能够促进更美好的生活，比如我们如何去学习、工作、生活、领导”。

《浙商》全国理事会理事长朱仁华现场发言认为，当今中国是电商创业的好时机，特别是国家在政策方面给予了支持与放宽，为创业提供了很好的环境与土壤。他表示，“国家改革企业注册的制度，放宽要求，注册公司的资金不再有限制，原来我们有几百万的限制，现在都没有限制了，这是什么意思呢？就是我们要进一步地鼓励全社会创业”。

清华大学中国企业成长与经济安全研究中心主任雷家骕先生对当今快速发展的电商行业也提出了自己的观点，他表示现在商业模式创新不够，电商的数据安全等问题制约电商发展，所以商业模式的提升、数据安全、政府公共部门的服务一定要跟上，如果这三个问题解决不了，中国电商高质量的安全发展可能会遇到大的困难。

作为中国最具影响力的媒体之一，《半岛都市报》也参与了此次论坛，《半岛都市报》社总经理支英岷作为代表上台发言，支英岷认为，我们现在生活在一个完全不同的时代，生活在一个机遇与挑战并存的时代，生活在一个裂变式发展的时代，生活在一个依靠资源整合、智力整合和资本运营的时代。只有看清这个时代的格局，我们每个人、每个企业、每个团队才能找准自己的方向和定位。

ICSB 中国创业协会会长卢飞成对论坛进行了总结性发言，他表示：“各位嘉宾的主题演讲都很精彩，我希望用全球的创业智慧为中国的创业事业服务，这是我们真正加入的目的。目前电商发展巨大的瓶颈是人才，物流成本高和电商人才的匮乏，以及整个电商生态链的研究模式缺损，极大地影响了电商的发展。创新一种新的商业模式很重要，很多的嘉宾谈了新的商业模式有很大的价值，现在比较燥热，研究的人比较少，因为产出的效益比较慢，其他的都搞得简单一些。所以希望通过每年一次的年会或者是论坛，以及下一步我们加入全球组织以后，全球有十几个国家有这种组织，有的大学也有这样的组织，很多的活动都可以参加，要想功夫厉害，就要把别人浓缩的东西通过论坛通过碰撞吸收到自己这里，最后使自己变成高人、能人。”

五、2013 年创新与创业国际会议

2013 年 12 月 6 日到 7 日，由吉林大学创新管理中心、创业研究中心、创新与创业教育学院、中国管理现代化研究会中小企业与创立管理委员会共同承办的 2013 年创新与创业国际会议在吉林大学召开。

会议由吉林大学党委副书记、创业研究中心主任蔡莉主持，党委副书记兼副校长韩晓峰出席开幕式并致辞。本次会议主题为“面向未来的创新与创业：从中国走向世界”，来

自国内外的20多所学校及科研机构的50余名专家学者，围绕多元化背景下的创新与创业研究进行了深入探讨，并举行了创新创业教育学院揭牌仪式。

会上国外创业领域的著名学者美国肯特州立大学Hisrich教授围绕政府创业，比较其与个体创业、公司创业和政府创业的区别，并提出创业的基本研究架构和对策；美国得克萨斯基督教大学Bruton教授做了《中国与亚洲的研究》的报告，提出国际相关领域的高水平期刊越来越多地关注中国创业问题研究，关注的议题包括新企业（Startups）、风险投资（Venture Capital）、公司创业以及家族企业等；美国佛罗里达大学Combs教授做了《在顶级杂志上发表：技巧与话题》的报告，从选题、文章结构、理论研究过程、数据和结论等角度指导学者如何在高水平期刊上撰写和发表论文；国内的知名学者中山大学李新春教授做了《合伙制与创业治理》的报告，提出创始人创业精神以及合伙人控制权在企业治理结构中的重要性；吉林大学蔡莉教授做了《新能源企业的创业行为案例研究》的报告，蔡莉教授基于新能源汽车企业的案例分析提炼新企业创业行为的特殊性，强调了制度环境对新能源汽车企业创业的重要性。

来自海内外的知名学者就多元文化背景下的创新与创业问题进行对话，深入探讨中国及其他新兴国家的创新战略与方法、大型国有企业技术创新路径、制度与创业战略、创业与组织学习、创业与解决贫困、创业情感等问题，对于突破多元文化背景下创新与创业研究的障碍产生重要影响。

第二节　中小企业管理本年度重要会议

一、全球中小企业领袖峰会

2013年11月17日，由全球中小企业联盟、联合国工业发展组织和中国人民对外友好协会联合主办的全球中小企业领袖峰会在广州从都国际会议中心举行。各国领导人、国际组织高级官员、国际商界领袖、专家学者以及300余位中小企业精英齐聚一堂，共同研究中小企业发展中所面临的难题，并探讨各种可能的解决方案。出席峰会的重要嘉宾有美国第42任总统克林顿，第68届联合国大会主席阿什等外国嘉宾和中国人民对外友好协会会长李小林，广东省省长朱小丹等中方重要嘉宾。

克林顿就中国与世界经济的发展、中小企业在全球经济中的作用和贡献以及如何加强中小企业国际合作等方面发表了演讲。克林顿指出，像2008年、2009年的金融危机，需要十年才能消除影响。因为市场已失去了大量的信心，而且还有经济错位现象发生。中国是非常了不起的，因为中国有非常高的储蓄率，这意味着中国可以在危机的前几年有能力将大量的资金投入基础设施。克林顿预测：鉴于全球性气候问题，清洁能源和药剂制造等行业将是中小企业未来具有成长空间的领域。在美国，很多清洁能源都由中小企业来运作研发，中国拥有丰富的天然气等自然资源，在能源领域发展中小企业将有巨大的空间。演讲结束后，全球中小企业联盟执行主席、纽约市立大学终身金融教授王家卓与克林顿进行了对话，探讨当今世界经济的热点问题。

第 68 届联合国大会主席阿什在演讲中指出，广东中小型企业的经济增长非常有活力，为中国乃至世界经济的发展做出了巨大贡献。他表示，近几年金融危机出现后，政府和私营企业之间的成功合作帮助国家更好地走出了危机。他强调过去也许是各人自扫门前雪，但未来需要全球社会各界联手合作，让各国政府、国际组织、中小企业和社会公民都加入其中。

法国前总理拉法兰就中小企业全球化道路面临的挑战发表了演讲。拉法兰称，在世界各国的努力下，2008 年的全球金融危机没有演变成 20 世纪 30 年代经济危机的梦魇，当前全球中小企业都必须勇于面对、积极接受全球化趋势，并在其中赢得新的机会；他希望中法的中小企业能更加积极地合作，未来几年能有 500 家中国中小企业与 500 家法国中小企业开展实质性合作。

中国人民对外友好协会会长李小林称，不久前召开的中国共产党十八届三中全会为中国中小企业的发展提供了良好机遇。中小企业是推动世界经济发展的坚实力量，科技创新的重要源泉。此次峰会将为世界中小企业产业升级和国际合作提供有益交流平台。

广东省省长朱小丹指出，中小企业是国民经济中最富活力、创造力和发展潜力的组成部分，发展中小企业是世界各国的基本经济政策，也是国际经贸合作的重点领域。广东是中国改革开放的先行地，是民营经济最为活跃的省份之一，中小企业在当前迎来了又一个难得的发展机遇期。广东省政府将一如既往地为中小企业提供良好的发展环境。希望借助此次峰会的平台，进一步增进广东与各国在中小企业领域的相互交流和相互合作，深入拓展中小企业在再生能源、节能环保、创意设计、商品流通和服务外包等领域的合作，努力寻找中小企业国际合作的新增长点。

全球中小企业联盟全球主席马格里诺斯在发言中指出，全球中小企业形成联盟，对于全球化背景下的经济发展十分重要。面对经济复苏这个重大的挑战，很多新型国家在其中扮演了非常重要的角色。他指出，2003 年以来，新型国家只有一小部分 GDP 增长小于 5%。以中国为首的经济体的增长为代表，包括巴西、印度和俄罗斯在内，很多发达国家的工业发展将会不及这些新兴经济体国家。所以在我们的市场当中，产生了新型中产阶级的国家，他们将处于我们全球的中心位置。预计到 2020 年，全球中产阶级的人群将会有巨幅增长。更加重要的是，2010 年约有 50%的中产阶级是在欧美国家，而到了 2020 年将会有 54%的中产阶级在亚洲。

在 2013 年 11 月 17 日上午举行的全球中小企业领袖峰会“国际商界领袖圆桌会议”上，中国商界十大国际风云人物评选揭晓。海尔集团董事局主席兼首席执行官张瑞敏、三一集团董事长梁稳根、TCL 集团董事长兼总裁李东生、五粮液集团董事长唐桥、双汇集团董事长万隆、世界包装组织亚洲包装中心总裁金祥佐、杉杉集团董事长郑永刚、远东集团董事局主席蒋锡培、波司登集团董事长高德康、红豆集团总裁周海江十位中国知名企业家入选。

二、第七届中小企业发展国际研讨会

2013 年 12 月 13 日，由海南产业经济研究院、海南省科技企业联合会、东方教育论坛（澳大利亚）、人民网海南视窗编辑政策委员会、中国财贸工会海南省委员会、北京中经蓝山文化交流有限公司及海南大学经济研究所联合举办的第七届中小企业国际研讨会暨 2013 年海南省社科联社团活动月之海南产业经济年会在海口市隆重召开。

会议邀请了来自中国人民大学、北京信息科技大学、厦门大学、北京师范大学珠海分校、山东工商学院、江西财经大学、河南理工大学、东华理工大学、华东交通大学、西南交通大学、沈阳理工大学、扬州大学、武汉纺织大学、新疆大学、长江大学、河北农业大学、五邑大学、浙江工业大学、中国刑警学院、淮阴工学院等 20 多所高等院校的专家学者 100 余人，其中省政协经济委员会副主任、海南产业经济研究院院长、海南大学李仁君教授和国家工信部中小企业发展促进中心副主任陈新分别为本次会议开幕式致辞。

在会议特邀报告环节，两位特邀嘉宾围绕本次会议主题“中小企业与区域经济发展”分别作了精彩的学术报告；中国经济战略研究院院长、中国美旗控股集团决策委员会主席谢秉臻发表了题为《流通与经济安全》的主题报告；西安交通大学李德昌教授发表了题为《领导艺术与管理创新——势科学暨信息动力学视角》的主题报告。

本次会议成功召开，专家学者们都从不同的方面出发研究了中小企业和区域经济未来的发展方向以及发展方式等，更好地分享了自己的研究成果、拓宽了与会者的眼界，同时也给中小企业未来的发展提供了借鉴。

三、博鳌亚洲中小企业发展论坛年会

博鳌亚洲中小企业发展论坛年会于 2013 年 11 月 29 日至 12 月 1 日在海南博鳌亚洲论坛大酒店举行，由国家发改委、商务部、农业部、科技部、海南省人民政府支持，商务部中国国际贸易学会、中国企业合作促进会主办，发改委《中国经济导报》协办。

本次论坛的主题为“小而美的共同梦想：逆势作为，稳健突破赢未来”，围绕经济复苏、城镇化建设、银企对接、二次人口红利等议题，共安排了 22 场讨论。

在亚洲政商产研等各界的共同推动下，由论坛正式升级成为中小企业主题年会。本届年会将在传承论坛宗旨与精神的基础上全面提升会议规模、层次及服务接待水平。届时，各国政界、企业精英、经济专家与学者就中小企业“二次人口红利与人才战略转型”、“新融资模式探索（含‘银企’对接活动）”、“企业经营风险与防范”、“产业态势与增长新引擎”、“企业知识产权”、“实体经济”等热点话题深入交流和探讨。与中小企业管理相关的专题内容综述如下：

在海南博鳌召开的博鳌亚洲论坛 2013 年中小企业发展论坛上，各国与会代表从各自立场分析了中小企业所面临的困境。他们普遍认为，当前中小企业的困境主要表现在：①受到当前全球经济大环境影响，世界经济增长乏力，钱不像以前那样好赚，投资风险加大，一些国家保守倾向上升，甚至以国家安全为由限制外来企业投资，造成企业订单不足。②税费负担沉重，中小企业效益大幅下降。③大企业拖欠中小企业的应收账款持续增高。④融资难、融资贵没有得到根本解决。此外，部分中小企业还面临包括劳动力成本上升、原材料价格上涨，以及市场萎缩的压力。

1. 办法

各国与会代表从中小企业自身角度出发，提出了促进中小企业健康发展的建议措施。

经济学者、中国社会科学院世界经济与政治研究所副所长何帆认为，中小企业可以做强，但未必一定要做大，“因为做大的同时风险也会很大”。资金的需求虽然是中小企业需要考虑的一个重要因素，但市场定位更为重要。

何帆表示，中小企业应该做好向产业链更高端环节延伸的准备。只有多往前后两端走，找到从简单、低成本、粗加工的价值链位置向高附加值位置延伸的途径，产业附加值才会凸显。企业要进行整体商业转型，跟随利润率的变化在产业链的上游或者下游找到利润值较大的位置，顺应市场格局变化重新定向。

经济学家给企业的建议是，抓住经济的基本规律，进行专业化分工。中国国民经济研究所所长樊纲不同意中小企业多元化发展，“前几年媒体鼓吹产业结构转型，放弃制造业，转向金融服务，进入自己不熟悉的产业，几十年积累毁于一旦，弄得企业自己看不起自己”。

科尔尼管理咨询公司大中华区总裁庄瑞豪则建议，中小企业可以采取并购、建立联盟或其他合作形式，促进收入多元化，以使企业具备较强的抗压、抗风险能力。“与央企普遍存在的政策性并购不同，中国中小企业的海外发展几乎不受政策影响，应该根据行业属性和规模谋定而后动。目前一些欧洲企业规模不大，正好拥有中国中小企业所需要的技术，这对中小企业主是个机会。”中远集团董事长魏家福建议中小企业应该“傍大款”。他认为，中小企业可通过与大企业合作，与其结伴而行，利用大企业的信誉解决融资难问题。

企业发展无疑要善于利用金融产品。从自身融资经验出发，厦门万杰隆集团有限公司总裁许木杰为中小企业主提出两条融资建议。一是企业必须制订有效规划，对需要资金的时间节点有清醒的认识，切忌临时抱佛脚，避免急需融资之时才开始与金融机构接触。二是无形资产抵押贷款等新型金融产品也是有效的融资途径。他介绍了自己的企业与招商银行进行“知识产权抵押”来获取发展资金的事例。

2. 政府作为

中国政府应该逐步放开民营企业的准入门槛，这是本次论坛中小企业主及专家学者的共同呼声。有经济学者建议，未来经济发展不能只让企业自己想办法，中国政府应该给予更多帮助。除了结构性减税，中间政府还应逐步放开民营企业的准入门槛。经济学者何帆判断，服务业或许会是下一个金矿。医院、学校、银行等行业存在大量需求，可向民营企业甚至中小企业开放。

在国外，欧盟已经开展一系列计划来刺激和推动中小企业的发展。欧盟中小企业中心主席布莱恩· 欧乐透露，欧盟支持和鼓励中小企业打入国际市场，进入中国的欧盟中小企业数量已经达到创纪录的 2.5 万家。欧盟还在中国、印度、泰国等重要市场成立了欧盟中小企业中心，帮助企业“走出去”。目前，欧洲大约有 2500 万家中小企业。在中国，欧盟中小企业中心帮助来自欧盟的中小企业打入中国市场和寻找合作伙伴。

同样，从 2012 年起，俄罗斯政府开始出台更多支持和鼓励中小企业发展的措施，其中包括把中小企业的统一社会税降低 20%。对于俄罗斯和其他主要经济体，政府促进中小企业发展的另一个重要手段是对中小企业进行政府采购。俄罗斯原第一副总理、俄罗斯金融工业集团联合会主席索斯科维茨·奥列格称：“政府采购可促进中小企业对本企业的设备保持现代化，还可进一步促进中小企业生产能力的发展。”与此同时，俄政府也会为企业提供相关的无偿贷款支持，并提供政府担保，而这些资金都可被中小企业用于本企业的设备改造。

政府的政策如果过时或带有很高的限制，将制约中小企业的创新和发展。澳大利亚新南威尔士州投资贸易部常务副部长马克· 帕特森透露，从 2011 年开始，新南威尔士政府和企业展开密切合作，企业家组成专家小组制订不同行业的发展计划。专家小组成员帮助政府在关键的领域制定相关政策，使企业可以真正参与财富创造的过程。目前，新南威尔士政府划定的领域包括专业服务、制造业、数字经济、国际教育和研究等。

四、2013 中国中小企业发展高峰论坛

2013 年 3 月 30 日，由中国中小企业发展促进中心、北大青鸟集团联合举办，被誉为“中国中小企业决策者思想盛宴”的“2013 中国中小企业发展高峰论坛”在北京大学英杰交流中心成功举办。中国中小企业发展促进中心主任秦志辉、北京大学校长助理黄桂田分别在开幕式上致辞，来自政界、商界和学术界的近 200 名嘉宾应邀出席。

经过 30 年的持续快速成长，我国已经成为世界第二大经济体，不仅在世界性的金融危机中维持了自身的稳定，同时也促进了区域经济和世界经济的稳定与发展。尽管如此，我国经济发展仍然面临不少困难和挑战。从国际环境看，世界经济尤其是发达国家经济持续下行，欧债危机复杂难解，国际市场的竞争日趋激烈，各种形式的保护主义抬头。从国内形势看，经济的基础还不够稳固，发展不平衡、不协调、不可持续的问题依然突出，特别是内需与外需、投资与消费的失衡，中小企业生存环境有待改善等。总体而言，中国经济突出矛盾的解决需要进一步调整经济结构，加大经济发展方式转变力度，特别是改善中小企业生存环境、提升中小企业发展水平。

本次论坛以“稳健成长——在改革中前行”为主题，针对我国中小企业发展现状和多年来一直存在的融资难、社会服务体系不健全、信息缺乏、企业管理水平低、市场竞争能

力弱、整体素质不高等问题进行深入讨论，尤其是在世界经济持续下行，各种形式的保护主义抬头，以及国内资金、劳动力、原材料等成本不断上升的巨大压力下，为中小企业的发展寻求新的方向。

五、我国中小企业“走出去”经验、教训与策略论坛

由中国世界经济学会与常州大学联合主办的“我国中小企业‘走出去’经验、教训与策略”论坛于 2013 年 9 月 21 日在江苏省常州市举行。与会专家、学者就我国中小企业“走出去”的相关案例、动因与作用、特点与区位选择、瓶颈与风险、经验与对策等问题展开了深入的探讨。论坛的主要议题有：国内外中小企业“走出去”的经验与教训、利用外汇储备支持我国中小企业“走出去”、我国中小企业“走出去”的风险控制、我国中小企业海外投资存在的问题及对策、我国中小企业对外直接投资的产业与区位选择、我国中小企业集群式对外投资、我国中小企业对外直接投资与在东道国的社会责任履行、境外经济贸易合作区与我国中小企业“走出去”、我国中小企业“走出去”的实证与案例研究等。与中小企业管理相关的专题内容综述如下：

1. 我国中小企业“走出去”的动因与作用

天津财经大学经济学院赵晓晨教授探讨了民营企业集群式国际化发展模式，她在回顾我国境外经贸合作区发展现状的基础上，分析了境外经贸合作区促进民营企业发展的功能与作用，即我国企业投资建设境外经贸合作区有利于转移过剩产能提升产业结构，降低生产成本提高产品竞争力，有利于利用区位优势获取稀缺资源，改变出口产品原产地规避贸易壁垒，有利于搭建投资平台促进民营企业集群式“走出去”，规避发达国家的技术出口管制获取先进技术。

山东理工大学商学院于国才博士做了“山东民营企业‘走出去’的特点、瓶颈及原因”的演讲，他认为山东民营企业“走出去”的动因有三个，一是利用两种资源、两个市场，绕过国家间贸易壁垒，开拓海外市场；二是产能转移，促进山东省产业升级换代，限制并淘汰高污染、高耗能产业，如小炼油、小水电；三是当前国际金融危机也有利于山东企业低成本开展跨国并购。

常州市商务局副局长邹德英在其“新形势下‘走出去’现状与发展趋势”的报告中认为，国外建厂开展装配生产，可以带动国内上游产品的出口，国外承包工程可以加大钢铁及制品各类机械塑料制品等各种建筑材料及日用消费品的国内采购量，从而带动出口额的增长。江苏省委、省政府于 2012 年 6 月就明确提出，“十二五”期间，要坚定不移实施经济国际化战略，加快形成以国际化企业为主体、国际化城市为基础、国际化人才为支撑的对外开放新局面，使江苏省的经济国际竞争力、全球要素配置力、对外影响力有大的提升。常州市委、市政府高度重视“走出去”工作，坚持鼓励本地企业积极“走出去”。因而，几年来对外投资环境越来越宽松，扶持企业“走出去”的力度越来越大，“走出去”的程序大大简化和便捷。

浙江大学经济学院周君芝博士做了“国家特定优势下的中国 ODI 区位选择偏好——基于投资动机和能力的实证检验”的演讲，她在大量数据的基础上，推测我国 ODI 有三类投资动机：自然资源寻求动机、廉价劳动力寻求动机、战略资产寻求动机，实证结果也证明了假设的正确性。

2. 我国中小企业“走出去”的特点与区位选择

邹德英在大量数据与案例的基础上，介绍了常州市“走出去”总体情况与特点。截至 2013 年上半年，常州市累计核准 228 家本地企业对外投资项目 303 个，累计中方协议投资额 15.5 亿美元。常州市对外投资主体以非国有企业为主，约占总量的 85%；投资第二产业占对外投资的 40%，投资第三产业占对外投资的 59%；“走出去”意识进一步增强，境外投资进入高速发展期；投资覆盖国家或地区不断增加，已经达到 58 个；投资领域不断扩展，行业分布日益多元化，涉及行业 46 个。

浙江大学经济学院肖文教授在其“浙江省中小企业‘走出去’的新形势”的演讲中总结了浙江省中小企业“走出去”出现三个新特征，一是“走出去”“浙江样本”悄现，多种“微变化”值得关注。从单一贸易往来到出现互设投资机构，从单纯经济“出海”到社会文化多层次交流，从简单走出去到升级后再走出去。二是“非市场风险”极大降低，“经济出海”获多重收益。中小企业规模小、知名度低、国家背景模糊，不易引起输入国的产业警惕和舆论炒作，更容易渗透到国外技术领域、能源领域，顺利取得国际核心技术与资源。三是政策引导“抓大”更要“护小”，“小船出海”更需“护航”。浙江省中小企业局近年来组建了一批行业协会等非政府组织，通过协会的身份与许多国家的中小企业主管部门建立起对等联系和合作关系，加快浙江省中小企业的国际化步伐。

于国才把山东民营企业“走出去”的特点概括为四个方面，一是民营企业地位凸显，民营企业境外投资增长迅速；二是集群式境外投资初具规模，山东鼓励集群式境外投资、积极推进境外经贸合作区建设；三是逆向区位选择特征明显，是引导山东企业境外投资成功的关键因素；四是境外投资与出口贸易互补，出口与境外投资是山东企业进入国际市场的两种主要方式。

周君芝通过建立基于投资动机和能力的一般化模型，实证检验了论文中的基本假设，结论是国家特定优势影响三类我国 ODI 企业投资能力，致使自然资源寻求型 ODI 相对偏好自然资源禀赋较高且经济风险较高国家或地区；廉价劳动力寻求型 ODI 选择地理距离较近的东道国或地区偏好降低；是否曾有过对我国 FDI 经验，成为战略资源禀赋丰裕东道国或地区吸引我国战略资产寻求型 ODI 的关键因素。

3. 我国中小企业“走出去”的瓶颈与风险

葛顺奇在其“中国企业 OFDI 与美国审查：万向并购 A123 的启示”中强调，我国企业到美国投资必须了解美国外资准入限制与监管体系，因为美国在原子能、广播、公共承运人、航空或航空固定电台牌照、沿海和国内运输、海洋热能等特定行业对外国直接投资持有保留。外国投资者需要遵守美国联邦与地方法律法案，如《克莱顿反托拉斯法》、《琼斯法案》、《联邦能源法》、《电信法》、《哈特—斯科特—罗迪诺反托拉斯改进法》。另外，美国外资监管部门在完成“安全审查”后对特定交易会加以干涉。

肖文认为，浙江中小企业“走出去”面临两大新风险，一是国际政治局势动荡不安，贸易投资保护主义抬头，影响浙江中小企业境外投资。国际政治局势动荡不安加大企业境外投资风险，贸易投资保护主义抬头影响企业境外投资进程，国家政治势力消极干预抵制我国企业境外投资，东道国工商界情绪不定面对我国企业喜忧参半。二是企业经营能力低下，投资促进体系不足，制约浙江企业境外投资。企业跨国经营能力亟待提高，“集群式”走出去亟待加强，境外投资促进体系亟须完善，商会促进机构作用亟须发挥。

南京理工大学经济管理学院尤宏兵教授做了题为“国家风险：中国中小企业‘走出去’不得不面对”的演讲，他认为国家风险属于国家经济交往风险，直接或间接与国家主权相关，多源于不可抗力事件，非合同条款所能改变或免除，主要源于东道国政府自身政治、经济、社会及法律等的变化，但有时也与母国及东道国与其他国家之间的政治、经济冲突有关，内涵比政治风险及主权风险更为宽泛。我国中小企业“走出去”不得不面对海外的国家风险，包括财产剥夺、限制性经济政策、歧视性惩罚、人员伤亡或人身安全失去保障、第三国干预等风险。

于国才认为，企业到境外投资时，了解环境、克服障碍、抵御风险等存在明显的规模效应，导致境外投资存在企业规模门槛，而目前我国很多“走出去”的企业规模明显偏小。融资难是中小民营企业境外投资的最大难题，而国有商业银行的天平是倾向国有大中型企业。中小企业要走向国际市场和开展海外投资活动，就必须有一批熟悉国际经贸规则与惯例和企业经营管理的外经贸、金融、营销、企管、财务、技术等方面的专业人才，而中小企业存在人才匮乏的瓶颈。

4. 我国中小企业“走出去”的经验与对策

常州大学经济管理学院姜鸿教授做了题为“国外文化壁垒：中国文化产品与服务‘走出去’的主要障碍”的报告，为了破除国外文化壁垒对我国文化产品与服务“走出去”的不利影响，他的主要建议是我国应主动宣传自己的文化，推广汉语，抵制国外的文化保护主义，文化产品内容要有中国特色，能与国外文化兼容，根据文化产品与服务的特点选择出口市场，与境外文化企业合作。

肖文提出了浙江中小企业“走出去”的新策略，一是要全面提升企业跨国经营能力。企业要积极推进境外投资的本土化进程，境外投资的企业应适当提升当地职员在公司持有股份的比例。企业需要建立完善的风险评估和控制机制，做好市场调研，切实掌握当地的法规、人文环境，最大程度地规避各种不确定因素带来的投资风险。善于发现和培训跨国经营人才，增加人才引进和培训，重点培养研发、资源开发、中介服务等境外投资领域人才，建立国际、国内两支经营队伍。二是要加快完善境外投资促进服务体系。要积极构建国际投资合作联系网络，打造高水平的交流合作平台，着力拓展与东道国政界、商界的联系和合作，构建国际投资合作联系网络。完善信息服务平台，增强对浙江企业境外投资的引导和风险预警，定期搜集和发布浙江省境外国别地区产业指导信息和“走出去”政策，打造浙江省境外投资合作综合信息服务平台。加强与外国投资促进服务机构的合作，推动境外投资的便利化，尝试与东道国的经贸促进机构、商会等合作，就浙江企业境外投资的问题进行磋商，为浙江企业境外投资提供服务便利。整合和提升境外浙江商会、侨团的功能和力量，利用海外关系、老乡网络进行境外投资，发挥浙江商会、侨团在浙江中小企业“走出去”过程中的桥梁枢纽作用。

对于中国中小企业如何应对国家风险，尤宏兵的建议是我国“走出去”的企业在投资前应有效利用好现有的国家风险报告，建立风险管理“智库”。企业要及时购买投资保险，一是中国出口信用保险公司开办的海外“投资保险”，该业务对投资者的海外投资遭受征收、汇兑限制、战争和政府违约等事件造成的损失进行承保。二是 2009 年由平安财产保险公司在全国推出的“公司绑架勒索保险”。投资后要合理安排投资，积极实施本土化战略，扶持当地利益相关者，守法经营。风险发生后要理性谈判，选择科学的撤退策略，利用法律手段保护自己利益，及时向保险公司索赔，开展资产与损失评估。

关于如何借助境外经贸合作区促进民营企业集群式国际化发展的问题，赵晓晨给出的对策包括：出台配套措施，加大扶持力度；加强对境外投资的指导与服务，帮助民营企业规避投资风险；利用产业聚集效应，促进民营企业集群式国际化发展；组建境外经贸区商会，维护民营企业合法权益。

常州大学经济管理学院张普副教授讨论了科技型中小企业“走出去”金融服务体系建设问题，她认为，为了解决科技型中小企业“走出去”的融资问题，政府应尽快出台全面规范的相关金融服务体系建设的方针政策，加大科技信息服务力度，系统了解地方融资需求状况，完善以科技资产价值评估为代表的市场专家队伍建设，建立科技企业、项目信息数据库，组建专业研发团队，开发适合“走出去”战略的金融创新产品，继续完善金融服务平台建设。

六、中小企业融资及金融服务创新专题研讨会

由中国中小商业企业协会主办的“2013 中小企业创新融资方式与突破发展专题研讨会”于 2013 年 9 月 25 日上午在北京召开。此次研讨会围绕“中小企业融资创新、P2P 网贷的生存与发展”为主题内容进行交流和研讨。

中国中小商业企业协会专职副会长孔庆泰在致辞中指出：中共十八大明确要求“支持小微企业特别是科技型小微企业发展”。2005 年国际小额信贷年期间，联合国提出“普惠金融体系”理念，将其作为实现千年发展目标的手段，希望为没有充分享受金融服务的人们提供全方位的金融服务。作为当前讨论比较激烈的全新金融业态——互联网金融，越来越受到各界的关注。在中国金融监管的体制下，互联网金融是一种创新，也是一种变革，互联网金融模式不仅有助于我国中小企业融资难题的解决，也同样在促进民间金融的阳光化、规范化方面发挥着重要作用。我们相信，随着我国法律体系、信用体系的不断健全与完善，互联网金融，特别是 P2P 网贷行业将得到蓬勃发展，中小企业融资的环境也将随之得到改善，融资的方法与手段亦日趋多样化。

中国中小商业企业协会副会长、冠群驰骋投资管理（北京）有限公司董事长刘广东在研讨会上发言时指出，在国务院出台的新 36 条里，明确提出了鼓励民间资本进入金融领域。国家相关部委及职能机构加大了对民间金融、互联网金融领域的调研，这一系列措施给我们广大民间金融中介资本提振了信心。在党中央国务院的高度关注下，各级政府及主要金融机构的理解与支持下，广大金融中介服务机构的不断努力下，民间资本正朝着科学化、规范化、阳光化不断发展壮大，特别是在支持我国中小企业发展方面同样发挥着重要作用。

刘广东指出，冠群驰骋始终秉承“惠你，惠他，惠天下”的经营理念，服务两端客户，促进民间资本的高效流通。多年来，数以几十万计的出借客户不仅通过冠群平台实现了财富梦想，更重要的是，通过出借资金，解决了几十万中小微企业的资金需求困境，促进了中国社会经济的繁荣和发展。冠群驰骋始终秉承“扶微助小、扶危济困、助梦中国”的宗旨，高度关注中小微实体企业发展中的资金困境，致力于为中小微实体企业提供多样性资金需求解决方案，经过深入研究调研中小微实体企业发展中的现实问题，为企业量身打造了“冠群 1+1”资金解决方案。为促进中国社会经济的繁荣和发展做出了冠群人自己特有的贡献。

研讨会上，专家学者史纪良、贺铿、任玉岭、杜晓山、王国刚以及金融网贷行业和法律界代表就网贷与民间融资发展现状、前景、规范及国内外可以借鉴的经验与教训进行了深入探讨。此次研讨会对我国当前解决中小企业融资难题具有指导性作用。

七、第八届中国中小企业家年会

2013 年 11 月 29 日至 12 月 1 日，第八届中国中小企业家年会在北京国家会议中心隆重举行。

本届年会是由国务院国资委批准，在工业和信息化部中小企业司、商务部流通发展司、国家工商行政管理总局个体司、全国总工会集体合同部、民建中央社会服务部、人力资源和社会保障劳资所、中国商业联合会、江苏省经信委、黑龙江省工业和信息化委员会、重庆市中小企业局、山西省中小企业促进局和贵州省中小企业局支持和指导下，由中国中小商业企业协会主办的。国家有关部委和金融机构代表及北京邵阳企业商会和华为等全国各地优秀中小企业家 800 多人出席了会议。本届年会的主题为：宣传贯彻落实三中全会精神，发挥企业内生动力，构筑中小企业发展新梦想。本届年会同时发布了《2013 中国中小企业生存发展报告》。

改革开放实践证明，中小企业是我国创造社会财富的主力，是科技创新骨干，是安排就业主体，也是大企业赖以生存的基础，是造就未来大企业的摇篮，今后三十年中国经济发展的速度，在一定意义上决定于中小企业成长发展的速度。

八、第二届中国特色产学研合作高峰论坛：中小企业协同创新研讨会

2013年8月23日，第二届中国特色产学研合作高峰论坛：中小企业协同创新研讨会在中山市永安新城召开。本届论坛由武汉大学和中国产学研合作促进会主办，武汉大学中国产学研合作问题研究中心和中山市武汉大学技术转移中心承办，中山市人民政府南区办事处、《科技进步与对策》杂志社、《商业经济与管理》编辑部、《中国科技产业》杂志社协办。论坛邀请了来自著名高校、研究院所、政府、企业的120多名专家学者和代表参会，旨在探讨中小企业协同创新发展问题，以协同创新优化中小企业为主导的产学研合作结构、提升中小企业竞争力。专家们围绕中小企业自主创新能力提升与协同创新环境建设进行了热烈的研讨，提出了许多精彩的观点。与中小企业管理专题相关的内容综述如下：

1. 产学研协同创新

当前，我国正在实施创新驱动发展战略。中国产学研合作促进会副会长、秘书长王建华认为，企业技术创新主体地位没有真正确立、产学研结合不够紧密、创新主体能力不强、产业关键核心技术缺乏、创新体系协同开放力度及整体效能不高、政策环境有待完善是制约科技创新的突出问题，也是国家实施创新驱动发展战略的深层次原因。因此，制定《国家创新体系建设总体方案》需要推进五大协同：科教协同，实现研发与人才培养共举；科技领域与领域科技协同，促进科技部与行业部门合作；中央和地方协同，达成整体与局部互动；军民协同，军民融合、寓军于民；基础研究、应用研究和产业化协同，形成创新链。

华南理工大学教授朱桂龙总结了当前我国产学研合作实践的新探索：①省部产学研合作以构建开放式区域创新系统，形成“点线面”模式，实现多层次、多体系产学研合作；②成立产业技术创新战略联盟，以企业为主导，通过产学研结合构建产业技术创新链；③设立产业技术研究院，借鉴中国台湾工研院模式集中优势力量与产业开展合作对接。王建华分析了政产学研合作的新态势，即跨部委、跨区域、跨行业、跨学科、跨国界，集“产学研、党政金、商介用”于一体的协同创新发展模式。“产学研”代表创新主体与创新要素；“党政金”是组织保障、政策引导、金融支撑的体现；“商介用”指向商业模式、中介服务、实际应用。这使产学研合作具有跨部门协同创新体系、跨行业多学科合作方式、区域资源互补合作形式、点线面互动合作以及国际创新资源整合等特征。

当前，产学研合作仍然存在缺陷，产业核心技术受制于人的局面没有得到根本性改变。朱桂龙认为其原因是：①由于缺乏对企业自主创新能力的系统认识而导致产学研合作定位于产品开发方面，这使科研力量总是停留在技术跟踪阶段，难以实现高校、科研机构组织目标，使企业长期被锁定在产品技术层面，缺乏共性技术积累；②忽视了创新主体目标与合作目标的差异，缺乏解决差异的制度、政策设计，导致高校迁就企业技术能力而热衷于产品层面的合作，难以保证自身组织目标的实现（如学科建设、科学研究）；③合作主体尤其是企业缺乏有效投入，合作往往退化为技术交易，不能积累应用性共性技术。

朱桂龙在对产学研合作长效机制的建立进行思考后认为：①要客观认识我国企业技术发展水平和所处阶段，准确定位产学研协同创新功能，提升企业应用性及基础性共性技术能力；②高校要扭转当前产学研随意性的合作倾向，需结合自身能力结构水平来确定合作重点，尤其要结合自身学科建设发展方向，实现能力结构与合作目标匹配；③创新产学研协同创新的组织模式和资助方式，构建多层次政策支持体系；④以大学科研评价机制改革为核心，系统地推进其他改革方案。

2. 中小企业自主创新能力提升

王建华认为中小企业应加强与政府、高等院校、科研机构、目标用户以及社会服务机构间的合作，共同构建有效的中小企业协同创新体系，是提升中小企业自主创新能力的关键。专家们围绕中小企业自主创新能力提升进行研讨，在中小企业协同创新体系构建及合作网络中的平台领导、中小企业研发投资风险、知识转移影响因素与绩效以及中小企业科技成果转化评价等方面形成了一些观点。

（1）企业自主创新能力结构化困境。

朱桂龙认为，企业技术能力水平虽有较大的进步，但与企业技术创新能力显著提升这一期望目标差距较大。这是因为企业忽视了自主创新能力的提升。与发达国家企业能力结构相比，我国企业过于倾向产品技术开发，忽视了共性技术积累。其原因在于：①外源型产业发展模式的影响，引进核心技术的逆向发展路径使我国企业的共性技术研发能力差，企业不仅在基础性共性技术方面积累严重缺乏，而且在基础性共性技术和产品设计开发之间的应用性共性技术方面也具有较大断层；②社会供给缺失，即科研院所由于企业化转制后所承担的应用性共性技术供给职能被削弱，缺乏新的社会供给和组织体系，因此，不能仅依靠企业自身来解决应用性共性技术发展问题，只有通过产学研协同创新、加快应用性共性技术发展，才能提升我国企业自主创新能力。

（2）协同创新体系构建。

协同创新是整合创新资源、提高创新效率的有效途径，中小企业协同创新具有复杂社会网络结构。范如国在探讨中小企业集群的网络化协同创新模式、创新网络的平台化——中小企业集群协同创新平台以及中小企业集群网络中的多主体协同创新基础上，从复杂网络理论出发，从构建中小企业集群创新复杂社会网络平台、中小企业集群“独联体”式协同创新小世界网络、中小企业集群协同创新社会服务支撑网络等方面，提出中小企业协同创新体系构建的策略建议。胡涌和焦欣结合大学科技园的企业孵化、人才培养和科技成果转化三大基本功能，提出了中小企业协同创新体系的构建模式。其中，构建基于企业孵化功能的协同创新体系应当采用企业化管理平台，引入多元中介服务，寻求特殊政策扶持及发挥产业集聚效应；构建基于创新人才培养功能的协同创新体系应由专业科研团队提供创新技术，联合培养并输送优秀人才；构建基于科技成果转化功能的协同创新体系应依托大学丰富的信息资源，通过技术本土移植实现快速创新。

（3）合作网络中的平台领导。

刘林青认为，技术市场、生产力促进中心、科技企业孵化器、大学科技园和新研发组织（产业技术研究院）等科技中介是官产学研合作的网络平台，而如何有效发挥该平台功能以及如何在合作网络中赢得平台领导权对于组织的未来发展至关重要。他以利丰贸易为例，对由其组建和领导的、拥有上万家中小型供应商的供应服务网络进行了解剖，阐述了利丰如何从边缘走向中心——获得这一典型中小企业协同创新合作体的领导权。他描绘了利丰赢得平台领导权的机制模型：在战略层面上，组织从商品主导逻辑向服务主导逻辑转换，获得架构优势；在操作层面上，基于系统性价值主张，通过物质化、聚核及扩网等核心机制，从网络边缘走向网络中心，最终基于两者的共同作用使其获得平台领导权。

（4）中小企业研发投资风险。

黄曼行和任家华以我国2007~2012年中小板上市公司为研究对象，采用分位数回归方法，检验了我国中小企业研发投资与企业风险的关系。结果表明：研发投资增加，对于高风险的中小企业，其财务风险增加，而对于低风险的中小企业，其财务风险降低。此结论有助于实践界加深对研发投资与企业财务风险的理解，为中小企业实施企业创新战略提供了指南。

（5）知识转移影响因素。

产业技术创新联盟成员间的知识转移与共享，是联盟保持稳定合作的关键。叶宝忠分析了产业技术创新联盟成员间知识转移的影响因素，他认为产业技术创新联盟成员间的知识转移是一个复杂的过程，受到多种因素的影响和制约。其中沟通与信任程度、知识转移渠道丰富性、成员知识吸收能力等因素与知识转移绩效水平呈正相关，而知识的隐性程度和知识转移成本则与成员间的知识转移绩效水平呈现负相关。他应用无向加权小世界网络的基本原理，分析产业技术创新联盟成员间的知识转移绩效后发现：成员间知识转移绩效受到知识转移影响因素对知识转移所产生的阻力和投资成本的综合影响，因此，以最小的成本来减少知识转移阻力，就能有效提高整个产业技术创新联盟系统知识转移的最终绩效。

（6）技术成果转化评价。

贾品荣在描述科技型中小企业技术成果转化评价4个特点的基础上，发展了科技型中小企业技术成果转化评价指标体系。该体系包括企业基本条件、企业创新能力、企业与转化技术的协同性3个一级指标以及12个二级指标，并采用信息熵与灰色关联度评价方法，构建了科技型中小企业技术成果转化评价模型。

3. 中小企业协同创新环境建设

专家学者围绕中小企业协同创新的环境建设进行了研讨，在创新公共服务平台建设、区域产业创新体系构建、金融支持与政策创新等方面形成了一些观点。

（1）创新服务平台的角色功能定位与建设。

乔辉和刘林青利用明茨伯格的角色分析法，结合共性技术理论、创新系统理论、技术创新理论和技术转移理论，剖析了产业技术研究院的角色功能定位，并筛选了国内有代表性的29家机构，通过内容分析进一步研究了在实际运作中发现的新角色及功能。主要包括高技术产业孵化、技术研发、人才培养及服务、科技创新、科技成果转化、技术服务

(含技能培训、研讨)、企业育成及发展服务、技术转移、资本运作、产业发展、企业孵化、中介服务、中试生产、实训基地、国际科技合作等。

陈建安、王建彤和徐刚对生产性服务、知识密集型服务和创新服务进行了区分，强调专业镇转型升级重在发展创新服务业。他们分析了专业镇创新公共服务的二次分工和组建创新服务公共平台的必要性。以中山市专业镇为例，基于产业专业化分工与创新活跃度二维框架，提炼出了匹配视角下平台组建模式的选择模型：以三乡镇、小榄镇等为代表的市场集成型平台（产业专业度低—创新活跃度高）；以东凤镇、古镇等为代表的市场离散型平台（产业专业度高—创新活跃度高）；以三角镇、阜沙镇等为代表的政府集成型平台（产业专业度低—创新活跃度低）；以沙溪镇和大涌镇等为代表的政府离散型平台（产业专业度高—创新活跃度低）。

中山市小榄镇生产力促进中心副主任黄继忠为论坛带来了“小榄镇中小微企业科技服务体系的创新与实践”的主题报告。他强调了打造中小微企业科技服务体系的背景：小榄镇是珠三角地区经济发达的镇区，在多年的发展过程中，形成了以第二产业为主导、传统工业比重大、民营经济总量大、中小企业众多等特点。

20 世纪 90 年代末，中小企业面临技术设备落后、产品档次低、融资困难等问题，迫切需要构建区域科技创新服务体系，为中小微企业提供检测、资讯、设计等方面的支持。该镇依托生产力促进中心，探索并构建了完善的区域科技创新服务体系。他回顾了中小微企业科技服务体系的创新历程：第一阶段为基础技术服务期（1999~2003 年），旨在解决亚洲金融风暴结束后企业的生存问题；第二阶段为能力拓展服务期（2004~2007 年），实现加入 WTO 后的“高位—平稳”增长；第三阶段为价值提升服务期（2008~2011 年），促进专业镇转型升级；第四阶段为协同创新服务期（2012 年至今），着力实现协同创新。他在介绍了服务体系架构后，总结小榄镇中小微企业科技服务体系取得成功的关键在于：政府积极引导，围绕企业需求开展市场化运作，通过健全机制促进资源整合、实现协同创新。

（2）构建产业创新空间。

产业集聚是区域产业组织与创新体系的一种形式，但它发展到“集聚不经济”的状态所表现出的问题仍未得到解决。郑善龙和林彰平探索了一种可持续的产业集聚经济发展模式——产业创新空间，它具有以下特点：①具有一定的产业集群区域作为创新空间发展的载体；②空间内成员之间的联系具有非线性、频繁性和多样性的特点；③空间内企业的空间组织形式已经超越了企业边界；④创新空间的边界模糊；⑤空间成为产业创新的一种重要生产要素。他们以广州天河软件园信息服务业创新空间为案例进行了实证分析。

（3）金融支持。

协同创新在集中创新资源、分散创新风险和提高技术转移效率等方面的优势，已成为中小企业技术创新的新优势。蔡中华、何京楠和王伶认为协同创新模式主要通过保障中小企业对创新资源的充分利用、分散中小企业技术创新的风险和提高中小企业技术转移效率三个方面促进中小企业创新能力提升，进而基于金融支持理论构建了适用于中小企业协同创新的金融支持体系。他们针对协同创新体系中的服务对象——中小企业、高校和科研机构、中介服务机构三方，提出具体的金融支持策略。

（4）政策创新。

经济后发地区的中小企业科技创新动力不足，已经成为该地区快速发展的瓶颈。江苏省宿迁市学习国外先进经验，在全国率先探索实践“科技创新券”发放制度，取得了良好的成效。陈法玉研究了该市“科技创新券”制度，如创新券制度与实施产业政策。为促进全社会研发投入快速增长有机结合，企业可用创新券向高校科研院所购买科研服务或购置研发设备后，持该券到财政部门兑换现金。他总结了“科技创新券”的实施成效，如发挥了政府投入对中小企业科技创新的带动作用提高了科研机构为中小企业提供服务的积极性以及实现了政府科技投入效益最大化。

当前，协同创新是理论界与实践界的热点。基于我国中小企业众多、创新动力不足、核心技术缺乏等现状，关注中小企业协同创新的相关问题意义重大、前景宽阔。本次论坛的成功举办，不仅打造了一个良好的交流与研究平台，而且是对实施创新驱动发展战略与建设创新型国家的积极响应，为企业的发展开拓了良好的局面。

第五章 创业与中小企业管理 2013 年文献索引

第一节 创业英文文献索引

［1］Abreu Maria，Grinevich Vadim. The Nature of Academic Entrepreneurship in the UK：Widening the Focus on Entrepreneurial Activities［J］. Research Policy，2013（42）：408–422.

［2］Achchuthan Sivapalan，Kandaiya Sivarajah. Entrepreneurial Intention among Undergraduates：Review of Literature［J］. Social Science Electronic Publishing，2013（5）：65–71.

［3］Adamu I. M.，Kedah Z.，Osman –Gani A. M.. Entrepreneurial Motivation，Performance and Commitment to Social Responsibility：Toward Future Research［J］. International Journal of Entrepreneurship and Small Business，2013（18）：194 – 210.

［4］Aderemi Ayinla Alarape. Entrepreneurial Orientation and the Growth Performance of Small and Medium Enterprises in Southwestern Nigeria［J］. Journal of Small Business & Entrepreneurship，2013（26）：553–577.

［5］Akhuemonkhan I. A.，Raimi L.，Sofoluwe A. O.. Entrepreneurship Education and Employment Stimulation in Nigeria［J］. Journal of Studies in Social Sciences，2013（4）：1–22.

［6］Aleksandra Gawel. Female Entrepreneurship in Poland［J］. Poznan University of Economics Review，2013（13）：115–130.

［7］Allan O'Connor. A Conceptual Framework for Entrepreneurship Education Policy：Meeting Government and Economic Purposes［J］. Journal of Business Venturing，2013（28）：546–563.

［8］Amer Dehghan Najmabadi，Arash Rezazadeh，Behzad Shoghi. Entrepreneurial Orientation and Firm Performance：The Moderating Effect of Organizational Structure［J］. Asian Journal of Research in Business Economics and Management，2013（3）：142–164.

［9］Ana María Peredo，Murdith McLean. Indigenous Development and the Cultural Captivity of Entrepreneurship［J］. Business & Society，2013（52）：592–620.

[10] Andreas Rauch, Serge A. Rijsdijk. The Effects of General and Specific Human Capital on Long-term Growth and Failure of Newly Founded Businesses [J]. Entrepreneurship Theory and Practice, 2013 (37): 923-941.

[11] Arthur Sserwanga, Gerrit Rooks. Identifying High Potential Entrepreneurs in a Developing Country: A Cluster Analysis of Ugandan Entrepreneurs [J]. Journal of Developmental Entrepreneurship, 2013 (18): 1-15.

[12] Atul Gupta, Sharon R. Muita. Relationship between Entrepreneurial Personality, Performance, Job Satisfaction and Operations Strategy: An Empirical Examination [J]. International Journal of Business and Management, 2013 (8): 86-95.

[13] Bagautdinova N.G., Goncharova I.V., Shurkina E.Y., Sarkin A.V., Svirina A.A.. Entrepreneurial Development in a Corrupted Environment [J]. Procedia Economics and Finance, 2013 (5): 73-82.

[14] Banjo Roxas, Doren Chadee. Effects of Formal Institutions on the Performance of the Tourism Sector in the Philippines: The Mediating Role of Entrepreneurial Orientation [J]. Tourism Management, 2013 (37): 1-12.

[15] Baron R. A., Franklin R. J., Hmieleski K. M.. Why Entrepreneurs of ten Experience Low, Not High, Levels of Stress [J]. Journal of Management, 2013 (1): 3-4.

[16] Bengtsson Ola. Relational Venture Capital Financing of Serial Founders [J]. Journal of Financial Intermediation, 2013 (22): 308-334.

[17] Bjørnskov C., Foss N.. How Strategic Entrepreneurship and the Institutional Context Drive Economic Growth [J]. Strategic Entrepreneurship Journal, 2013 (7): 50-69.

[18] Boso N., Story V. M., Cadogan J. W.. Entrepreneurial Orientation, Market Orientation, Network Ties, and Performance: Study of Entrepreneurial Firms in a Developing Economy [J]. Journal of Business Venturing, 2013 (28): 708-727.

[19] Brent Goldfarb, Gerard Hoberg, David Kirsch, Alexander Triantis. Are Angels Different? An Analysis of Early Venture Financing [J]. Robert H. Smith School Research Paper, 2013 (11): 6-72.

[20] Bruce C. Martin, Jeffrey J. McNally, Michael J. Kay. Examining the Formation of Human Capital in Entrepreneurship: A Meta-analysis of Entrepreneurship Education Outcomes [J]. Journal of Business Venturing, 2013 (28): 211-224.

[21] Butler A. W., Goktan M. S.. On the Role of Inexperienced Venture Capitalists in Taking Companies Public [J]. Journal of Corporate Finance, 2013 (22): 299-319.

[22] Cachon J. C., Codina J. B., Eccius-Wellmann C., E. Mcgraw, D. A. Myers. Entrepreneurial Motives and Performance: Evidence from North America [J]. Journal of Management Policy & Practice, 2013 (14): 50-77.

[23] Cardon Melissa S., Gregoire Denis A., Stevens Christopher E., Patel Pankaj C..

Measuring Entrepreneurial Passion: Conceptual Foundations and Scale Validation [J]. Journal of Business Venturing, 2013 (28): 373-396.

[24] Colin C. Williams, Sara Nadin. Beyond the Entrepreneur as a Heroic Figurehead of Capitalism: Re-representing the Lived Practices of Entrepreneurs [J]. Entrepreneurship & Regional Development, 2013 (25): 552-568.

[25] Dehghanpour Farashah Ali. The Process of Impact of Entrepreneurship Education and Training on Entrepreneurship Perception and Intention: Study of Educational System of Iran [J]. Education Training, 2013 (55): 868 - 885.

[26] Discua Cruz Allan, Howorth Carole, Hamilton Eleanor. Intrafamily Entrepreneurship: The Formation and Membership of Family Entrepreneurial Teams [J]. Theory and Practice, 2013 (37): 17-46.

[27] Doepke Matthias, Zilibotti Fabrizio. Culture, Entrepreneurship, and Growth [J]. CEPR Discussion Papers, 2013 (2): 1-48.

[28] Domingo Ribeiro Soriano, Kun-Huang Huarng. Innovation and Entrepreneurship in Knowledge Industries [J]. Journal of Business Research, 2013 (66): 1964-1969.

[29] Eijdenberg Emiel L., Masurel Enno. Entrepreneurial Motivation in a Least Developed Country: Push Factors and Pull Factors among MSES in Uganda [J]. Journal of Enterprising Culture, 2013 (21): 19-43.

[30] Eisenhardt Kathleen. Top Management Teams and the Performance of Entrepreneurial Firms [J]. Small Business Economics, 2013 (40): 805-816.

[31] Ejaz Ghani, William R. Kerr, Stephen D. O'Connell. Local Industrial Structures and Female Entrepreneurship in India [J]. Journal of Economic Geography, 2013 (13): 929-964.

[32] Enrico Santarelli, Hien Thu Tran. The Interplay of Human and Social Capital in Shaping Entrepreneurial Performance: The Case of Vietnam [J]. Small Business Economics, 2013 (40): 435-458.

[33] Fabian Eggers, Sascha Kraus, Mathew Hughes, Sean Laraway, Susan Snycerski. Implications of Customer and Entrepreneurial Orientations for SME Growth [J]. Management Decision, 2013 (51): 524-546.

[34] Falkinger Josef, Grossmann Volker. Oligarchic Land Ownership, Entrepreneurship, and Economic Development [J]. Journal of Development Economics, 2013 (101): 206-215.

[35] Garry D. Bruton, David J. Ketchen Jr., R. Duane Ireland. Entrepreneurship as a Solution to Poverty [J]. Journal of Business Venturing, 2013 (28): 683-689.

[36] Gary N. Powell, Kimberly A. Eddleston. Linking Family-to-business Enrichment and Support to Entrepreneurial Success: Do Female and Male Entrepreneurs Experience Different Outcomes? [J]. Journal of Business Venturing, 2013 (28): 261-280.

[37] Guo D., Jiang K.. Venture Capital Investment and the Performance of Entrepreneurial Firms: Evidence from China [J]. Journal of Corporate Finance, 2013 (22): 375-395.

[38] Hafer R. W.. Entrepreneurship and State Economic Growth [J]. Journal of Entrepreneurship & Public Policy, 2013 (2): 67-79.

[39] Haifeng Qian. Diversity Versus Tolerance: The Social Drivers of Innovation and Entrepreneurship in US Cities [J]. Urban Studies, 2013 (50): 2718-2735.

[40] Hammond Daniel R.. Policy Entrepreneurship in China's Response to Urban Poverty [J]. Policy Studies Journal, 2013 (41): 119-146.

[41] Harun Sesen. Personality or Environment? A Comprehensive Study on the Entrepreneurial Intentions of University Students [J]. Education & Training, 2013 (55): 624-640.

[42] Hassan Saleh Al Dhaafri, Abdullah Kaid Al Swidi. The Entrepreneurial Orientation and the Organizational Performance: Do Enterprise Resource Planning Systems Have a Mediating Role? A Study on Dubai Police [J]. Asian Social Science, 2013 (10): 257-272.

[43] Heather M. Stephens, Mark D. Partridge, Alessandra Faggian. Innovation, Entrepreneurship and Economic Growth in Lagging Regions [J]. Journal of Regional Science, 2013 (53): 778-812.

[44] Henri Hakala. Entrepreneurial and Learning Orientation: Effects on Growth and Profitability in the Software Sector [J]. Baltic Journal of Management, 2013 (8): 102-118.

[45] Hernan E. Riquelme. In Search of Entrepreneurial Opportunities—an Integrated Model [J]. Journal of Enterprising Culture, 2013 (21): 249-274.

[46] Hessels J., Zwan P. V. D., Sanders M.. Entrepreneurial Activity, Industry Orientation, and Economic Growth [J]. Scales Research Reports, 2013 (4): 3-22.

[47] Heyden M. L. M., Doorn S. V., M. Reimer, H. W. Volberda, F. A. J. V. D. Bosch. Perceived Environmental Dynamism, Relative Competitive Performance, and Top Management Team Heterogeneity: Examining Correlates of Upper Echelons' Advice-Seeking [J]. Organization Studies, 2013 (34): 1327-1356.

[48] Hmieleski Keith M., Corbett Andrew C., Baron Robert A.. Entrepreneurs' Improvisational Behavior and Firm Performance: A Study of Dispositional and Environmental Moderators [J]. Strategic Entrepreneurship Journal, 2013 (7): 138-150.

[49] Hoang Cuu Long. The Relationship among Learning Orientation, Market Orientation, Entrepreneurial Orientation, and Firm Performance of Vietnam Marketing Communications Firms [J]. Philippine Management Review, 2013 (20): 37-46.

[50] Hsiang Ling Chen, Chun-Hui Hsu. Entrepreneurial Orientation and Firm Performance in Non-profit Service Organizations: Contingent Effect of Market Orientation [J]. Service Industries Journal, 2013 (33): 445-466.

[51] Hunter Murray. A Typology of Entrepreneurial Opportunity [J]. Economics, Management & Financial Markets, 2013 (2): 128-166.

[52] Inga Haus, Holger Steinmetz, Rodrigo Isidor, Rüdiger Kabst. Gender Effects on Entrepreneurial Intention: A Meta-analytical Structural Equation Model [J]. International Journal of Gender and Entrepreneurship, 2013 (5): 130-156.

[53] Jaén Inmaculada, Liñán Francisco. Work Values in a Changing Economic Environment: The Role of Entrepreneurial Capital [J]. International Journal of Manpower, 2013 (34): 939-960.

[54] Jahangir Yadollahi Farsi, Arash Rezazadeh, Amer Dehghan Najmabadi. Social Capital and Organizational Innovation: The Mediating Effect of Entrepreneurial Orientation [J]. Journal of Community Positive Practices, 2013 (2): 22-40.

[55] Joaquín Alegre, Ricardo Chiva. Linking Entrepreneurial Orientation and Firm Performance: The Role of Organizational Learning Capability and Innovation Performance [J]. Journal of Small Business Management, 2013 (51): 491-507.

[56] José C. Sánchez. The Impact of an Entrepreneurship Education Program on Entrepreneurial Competencies and Intention [J]. Journal of Small Business Management, 2013 (51): 447-465.

[57] Jutta M. Tobias, Johanna Mair, Celestina Barbosa-Leiker. Toward a Theory of Transformative Entrepreneuring: Poverty Reduction and Conflict Resolution in Rwanda's Entrepreneurial Coffee Sector [J]. Journal of Business Venturing, 2013 (28): 728-742.

[58] Katrin Mayer-Haug, Stuart Read, Jan Brinckmann, Nicholas Dew, Dietmar Grichnik. Entrepreneurial Talent and Venture Performance: A Meta-analytic Investigation of SMEs [J]. Research Policy, 2013 (42): 1251-1273.

[59] Kennedy Ediagbonya. The Roles of Entrepreneurship Education in Ensuring Economic Empowerment and Development [J]. Journal of Business Administration and Education, 2013 (4): 35-46.

[60] Kenneth Chukwujioke Agbim, Godday Oriemgbe Oriarewo, Michael Owocho. Factors Influencing Entrepreneurial Intentions among Graduates of Nigerian Tertiary Institutions [J]. International Journal of Business and Management Invention, 2013 (2): 36-44.

[61] Kraus Sascha. The Role of Entrepreneurial Orientation in Service Firms: Empirical Evidence from Austria [J]. The Service Industries Journal, 2013 (33): 427-444.

[62] Lamotte Olivier, Colovic Ana. Do Demographics Influence Aggregate Entrepreneurship? [J]. Applied Economics Letters, 2013 (20): 1206-1210.

[63] Leon Schjoedt, Erik Monsen, Allison Pearson, Tim Barnett, James J. Chrisman. New Venture and Family Business Teams: Understanding Team Formation, Composition, Behaviors, and Performance [J]. Entrepreneurship Theory and Practice, 2013 (37): 1-15.

[64] Lim Seongbae, Envick Brooke R.. Gender and Entrepreneurial Orientation: A Multi-country Study [J]. International Entrepreneurship and Management Journal, 2013 (9): 465-482.

[65] Liñán F., Fernández J., Romero I.. Necessity and Opportunity Entrepreneurship: The Mediating Effect of Culture [J]. Revista De Economaa Mundial, 2013 (11): 21-47.

[66] Lotz H. M., van der Merwe S. P.. An Investigation of the Influence of Entrepreneurial Orientation on the Perceived Success of Agribusinesses in South Africa [J]. South African Journal of Business Management, 2013 (44): 15-32.

[67] Mahmood Rosli, Hanafi Norshafizah. Entrepreneurial Orientation and Business Performance of Women-owned Small and Medium Enterprises in Malaysia: Competitive Advantage as a Mediator [J]. International Journal of Business & Social Science, 2013 (4): 82-90.

[68] Maria Abreu, Vadim Grinevich. The Nature of Academic Entrepreneurship in the UK: Widening the Focus on Entrepreneurial Activities [J]. Research Policy, 2013 (42): 408-422.

[69] Mário Franco, Heiko Haase. Firm Resources and Entrepreneurial Orientation as Determinants for Collaborative Entrepreneurship [J]. Management Decision, 2013 (51): 680-696.

[70] Mohammad Arief, Armanu Thoyib, Achmad Sudiro, Fatchur Rohman. The Effect of Entrepreneurial Orientation on the Firm Performance through Strategic Flexibility: A Study on the SMEs Cluster in Malang [J]. Journal of Management Research, 2013 (5): 44-62.

[71] Muhammadsuhaimee Yanya, Roslan Abdul-Hakim, Nor Azam Abdul-Razak. Does Entrepreneurship Bring an Equal Society and Alleviate Poverty? Evidence from Thailand [J]. Procedia-Social and Behavioral Sciences, 2013 (91): 331-340.

[72] Neck Christopher P., Houghton Jeffery D., Sardeshmukh Shruti R., Goldsby Michael, Godwin Jeffrey L.. Self-leadership: A Cognitive Resource for Entrepreneurs [J]. Journal of Small Business & Entrepreneurship, 2013 (26): 463-480.

[73] Nica Mihai. Spending Allocation and Entrepreneurship [J]. Journal of International Entrepreneurship, 2013 (11): 351-369.

[74] Nina Rosenbusch, Andreas Rauch, Andreas Bausch. The Mediating Role of Entrepreneurial Orientation in the Task Environment-Performance Relationship: A Meta-Analysis [J]. Journal of Management, 2013 (39): 633-659.

[75] Noguera M., Alvarez C., Urbano D.. Socio-cultural Factors and Female Entrepreneurship [J]. International Entrepreneurship & Management Journal, 2013 (9): 183-197.

[76] Norris Krueger, Francisco Linan, Ghulam Nabi. Cultural Values and Entrepreneurship [J]. Entrepreneurship & Regional Development, 2013 (25): 703-707.

[77] Noseleit Floria. Entrepreneurship, Structural Change, and Economic Growth [J]. Journal of Evolutionary Economics, 2013 (23): 735-766.

[78] Ojeifo Sunday Aidelunuoghene. Entrepreneurship Education in Nigeria: A Panacea for Youth Unemployment [J]. Journal of Education and Practice, 2013 (4): 61-66.

[79] Okafor Chinonye. Knowledge Management as a Strategy for Achieving High Entrepreneurial Performance and Competitiveness [J]. African Journal of Education, Science and Technology, 2013 (1): 113-118.

[80] Okey O. Ovat. Liquidity Constraints and Entrepreneurial Financing in Nigeria: The Fate of Fresh Graduate Entrepreneurs [J]. Global Journal of Management and Business, 2013 (13): 35-42.

[81] Ort Frank, Bosma Niels. Agglomeration Economies, Inventors and Entrepreneurs as Engines of European Regional Economic Development [J]. Annals of Regional Science, 2013 (51): 213-244.

[82] Otuya R., Kibas P., Gichira R., Martin W.. Entrepreneurship Education: Influencing Students' Entrepreneurial Intentions [J]. International Journal of Innovative Research & Studies, 2013 (2): 132-148.

[83] Oyelola O. T., Ajiboshin I. O., Raimi L., Raheem S., Igwe C. N.. Entrepreneurship for Sustainable Economic Growth in Nigeria [J]. Journal of Sustainable Development Studies, 2013 (2): 197-215.

[84] Paço A. D., Ferreira J. M., Raposo M., Rodrigues R. G., Dinis A.. Entrepreneurial Intentions: Is Education Enough? [J]. International Entrepreneurship and Management Journal, 2013 (11): 57-75.

[85] Patrick M. Kreiser, Louis D. Marino, Donald F. Kuratko, K. Mark Weaver. Disaggregating Entrepreneurial Orientation: The Non-linear Impact of Innovativeness, Proactiveness and Risk-Taking on SME Performance [J]. Small Business Economics, 2013 (40): 273-291.

[86] Pia Ulvenblad, Eva Berggren, Joakim Winborg. The Role of Entrepreneurship Education and Start-up Experience for Handling Communication and Liability of Newness [J]. International Journal of Entrepreneurial Behavior & Research, 2013 (19): 187-209.

[87] Rae David, Ruth Woodier-Harris Naomi. How Does Enterprise and Entrepreneurship Education Influence Postgraduate Students' Career Intentions in the New Era Economy? [J]. Education Training, 2013 (55): 926 - 948.

[88] Rafi A., Arzu F., Khan A.. HEXACO Model of Personality Traits and Considerations with Respect to Entrepreneurial Performance [J]. Asian Journal of Business Management, 2013 (5): 320-325.

[89] Raj V. Mahto, Dmitry Khanin. Speed of Venture Financing for Emerging Technology-

based Entrepreneurial Firms as a Function of Founder Reputation [J]. Creativity and Innovation Management, 2013 (22): 84-95.

[90] Robert W. Fairlie. Entrepreneurship, Economic Conditions and the Great Recession [J]. Journal of Economics & Management Strategy, 2013 (22): 207-231.

[91] Roberta Sonnino, Christopher Griggs-Trevarthen. A Resilient Social Economy? Insights from the Community Food Sector in the UK [J]. Entrepreneurship & Regional Development, 2013 (25): 272-292.

[92] Saeid Karimi, Harm J.A. Biemans, Thomas Lans, Mohammad Chizari, Martin Mulder, Karim Naderi Mahdei. Understanding Role Models and Gender Influences on Entrepreneurial Intentions among College Students [J]. Procedia-Social and Behavioral Sciences, 2013 (93): 204-214.

[93] Salunke S., Weerawardena J., Mccoll-Kennedy J. R.. Competing through Service Innovation: The Role of Bricolage and Entrepreneurship in Project-oriented Firms. [J]. Journal of Business Research, 2013 (66): 1085-1097.

[94] Saskia Vossenberg. Women Entrepreneurship Promotion in Developing Countries: What Explains the Gender Gap in Entrepreneurship and How to Close it? [R]. Working Paper, 2013 (3): 1-27.

[95] Saul Estrin, Julia Korosteleva, Tomasz Mickiewicz. Which Institutions Encourage Entrepreneurial Growth Aspirations? [J]. Journal of Business Venturing, 2013 (28): 564-580.

[96] Saurav Pathak, Emanuel Xavier-Oliveira, André O. Laplume. Influence of Intellectual Property, Foreign Investment, and Technological Adoption on Technology Entrepreneurship [J]. Journal of Business Research, 2013 (66): 2090-2101.

[97] Sautet Frederic. Local and Systemic Entrepreneurship: Solving the Puzzle of Entrepreneurship and Economic Development [J]. Entrepreneurship Theory & Practice, 2013 (37): 387-402.

[98] Sebastiaan Van Doorn, Justin J. P. Jansen, Frans A. J. Van den Bosch, Henk W. Volberda. Entrepreneurial Orientation and Firm Performance: Drawing Attention to the Senior Team [J]. Journal of Product Innovation Management, 2013 (30): 821-836.

[99] Shane S., N. Nicolaou, S. Shane, N. Nicolaou. The Genetics of Entrepreneurial Performance [J]. International Small Business Journal, 2013 (31): 473-495.

[100] Shouming Chen, Zhiguo liao, Tammi redd, Sibin Wu. Laotian Entrepreneurs' Optimism and New Venture Performance [J]. Social Behavior and Personality an International Journal, 2013 (41): 1267-1278.

[101] Silvia Dorado, Marc J. Ventresca. Crescive Entrepreneurship in Complex Social Problems: Institutional Conditions for Entrepreneurial Engagement [J]. Journal of Business Venturing, 2013 (28): 69-82.

[102] Sofoluwe A. O., Shokunbi M. O., Raimi L., Ajewole T.. Entrepreneurship Education as a Strategy for boosting Human Capital Development and Employability in Nigeria: Issues, Prospects Challenges and Solutions [J]. Journal of Business Administration and Education, 2013 (3): 25-50.

[103] Solesvik Marina Z., Westhead Paul, Matlay Harry, N. Parsyak Vladimir. Entrepreneurial Assets and Mindsets: Benefit from University Entrepreneurship Education Investment [J]. Education Training, 2013 (55): 748 - 762.

[104] Talebi Kambeiz, Davari Ali, Dehghan Najmabadi Amer. The Effect of Intellectual Capital on Entrepreneurial Opportunity Recognition [J]. Journal of Management Studies in Development & Evaluation, 2013 (23): 19-48.

[105] Thierry Volery, Susan Müller, Fritz Oser, Catherine Naepflin, Nuria del Rey. The Impact of Entrepreneurship Education on Human Capital at Upper-secondary Level [J]. Journal of Small Business Management, 2013 (51): 429-446.

[106] Tseng C. C.. Connecting Self-directed Learning with Entrepreneurial Learning to Entrepreneurial Performance [J]. International Journal of Entrepreneurial Behavior & Research, 2013 (19): 425-446.

[107] Valdez M. E., Richardson J. E.. Institutional Determinants of Macro-level Entrepreneurship [J]. Social Science Electronic Publishing, 2013 (37): 1149-1175.

[108] Veidal Asbjørn, Korneliussen Tor. Entrepreneurial Orientation and Market Orientation as Antecedents of Organisational Innovation and Performance [J]. International Journal of Entrepreneurship and Small Business, 2013 (19): 234-250.

[109] Vicente Salas-Fumas, J. Javier Sanchez-Asin. The Management Function of Entrepreneurs and Countries' Productivity Growth [J]. Applied Economics, 2013 (45): 2349-2360.

[110] Víctor M. Gonzάlez-Sάnchez. "Information and Communication Technologies" and Entrepreneurial Activity: Drivers of Economic Growth in Europe [J]. Service Industries Journal, 2013 (33): 683-693.

[111] Warnecke Tonia. Entrepreneurship and Gender: An Institutional Perspective [J]. Journal of Economic Issues, 2013 (47): 455-464.

[112] Wencang Zhou, Donald Vredenburgh, Edward G.Rogoff. Informational Diversity and Entrepreneurial Team Performance: Moderating Effect of Shared Leadership [J]. International Entrepreneurship and Management Journal, 2013 (11): 39-55.

[113] Wencang Zhou. Shared Leadership in Teams: An Empirical Study of Dispositional Antecedents [J]. Academy of Management Annual Meeting Proceedings, 2013 (1): 430-434.

[114] William J. Wales, Pankaj C. Patel, V. Parida, Patrick M. Kreiser. Nonlinear Effects of Entrepreneurial Orientation on Small Firm Performance: The Moderating Role of

Resource Orchestration Capabilities [J]. Strategic Entrepreneurship Journal, 2013 (7): 93-121.

[115] Wilson F., Post J. E.. Business Models for People, Planet (& Profits): Exploring the Phenomena of Social Business, A Market-based Approach to Social Value Creation [J]. Small Business Economics, 2013 (40): 715-737.

[116] Xiao Li, Larson Mitch, North David. Influence of Entrepreneurial Teams on the Growth Orientation of Early-stage High-tech SMEs in China: Multiple Measures of Performance [J]. The International Journal of Entrepreneurship and Innovation, 2013 (14): 29-38.

[117] Yagoub Ali Gangi, Elfadil Timan. An Empirical Investigation of Entrepreneurial Environment in Sudan [J]. World Review of Entrepreneurship Management and Sustainable Development, 2013 (9): 168 - 177.

[118] Yohanis Rante, Ari Warokka. The Interrelative Nexus of Indigenous Economic Growth and Small Business Development: Do Local Culture, Government Role, and Entrepreneurial Behavior Play the Role? [J]. Journal of Innovation Management in Small & Medium Enterprises, 2013 (19): 1-19.

[119] Yu -Lin Wang, Andrea D. Ellinger, Yen -Chun Jim Wu. Entrepreneurial Opportunity Recognition: An Empirical Study of R&D Personnel [J]. Management Decision, 2013 (51): 248-266.

[120] Zaidatol Akmaliah Lope Pihie, Afsaneh Bagheri. Self-Efficacy and Entrepreneurial Intention: The Mediation Effect of Self-Regulation [J]. Vocations and Learning, 2013 (6): 385-401.

[121] Zoltan J.Acs, David B.Audretsch, Erik E. Lehmann. The Knowledge Spillover Theory of Entrepreneurship [J]. Small Business Economics, 2013 (41): 757-774.

第二节　中小企业管理英文文献索引

[1] Abdulaziz M. Abdulsaleh, Andrew C. Worthington. Small and Medium -sized Enterprises Financing: A Review of Literature [J]. International Journal of Business and Management, 2013 (8): 36-54.

[2] Afolabi Michael Oluseye. Growth Effect of Small and Medium Enterprises (SMEs) Financing in Nigeria [J]. Journal of African Macroeconomic Review, 2013 (3): 193-205.

[3] Alfredo D. Angelo, Antonio Majocchi, Antonella Zucchella, Trevor Buck. Geographical Pathways for SME Internationalization: Insights from an Italian Sample [J]. International Marketing Review, 2013 (30): 80-105.

[4] Anane G. K., Cobbinah P. B., Manu J. K.. Sustainability of Small and Medium Scale Enterprises in Rural Ghana: The Role of Microfinance Institutions [J]. Asian Economic & Financial Review, 2013 (3): 1003-1017.

[5] Andrea Trianni, Enrico Cagno, Ernst Worrell, Giacomo Pugliese. Emperical Investigation of Energy Efficiency Barriers in Italian Manufacturing SMEs [J]. Energy, 2013 (49): 444-458.

[6] Ángel L. M., Luis C., Ángel M. M.. Long-term Orientation and Commitment in Export Joint Ventures among Small and Medium-sized Firms [J]. Journal of Small Business Management, 2013 (51): 100-113.

[7] Annamaria Esposito. Insights about Integrated Marketing Communication in Small- and Medium-sized Italian Enterprises [J]. Business Systems Review, 2013 (2): 80-98.

[8] Ashish Hajela, M. Akbar. Internationalisation of Small and Medium Software Firms from India [J]. International Journal of Technological Learning Innovation and Development, 2013 (6): 88-101.

[9] Bev Hulbert, Audrey Gilmore, David Carson. Sources of Opportunities Used by Growth Minded Owner Managers of Small and Medium-sized Enterprises [J]. International Business Review, 2013 (22): 293-303.

[10] Biljana Predić, Danijela Stošić. Networking Strategies among Small and Medium-sized Enterprises: The Example from South Serbia [J]. Journal of Balkan & Near Eastern Studies, 2013 (15): 306-323.

[11] Biqing Huang, Chenghai Li, Chao Yin, Xinpei Zhao. Cloud Manufacturing Service Platform for Small-and Medium-sized Enterprises [J]. The International Journal of Advanced Manufacturing Technology, 2013 (65): 1261-1272.

[12] Brahim Herbane. Exploring Crisis Management in UK Small-and Medium-sized Enterprises [J]. Journal of Contingencies and Crisis Management, 2013 (21): 82-95.

[13] Březinová M.. Basic Characteristics of Small and Medium-sized Enterprises in Terms of Their Goals [J]. International Journal of Business and Social Science, 2013 (4): 98-103.

[14] Brian S. Anderson, Yoshihiro Eshima. The Influence of Firm Age and Intangible Resources on the Relationship between Entrepreneurial Orientation and Firm Growth among Japanese SMEs [J]. Journal of Business Venturing, 2013 (28): 413-429.

[15] Brinja Meiseberg, Thomas Ehrmann. Tendency to Network of Small and Medium-sized Enterprises: Combining Organizational Economics and Resource-based Perspectives [J]. Managerial & Decision Economics, 2013 (34): 283-300.

[16] Celeste Amorim Varum, Vera Catarina Rocha. Employment and SMEs during Crises [J]. Small Business Economics, 2013 (40): 9-25.

[17] Chiara Verbano, Karen Venturini. Managing Risks in SMEs: A Literature Review

and Research Agenda [J]. Journal of Technology Management & Innovation, 2013 (8): 186-197.

[18] Chih-Wen Wu. Global-innovation Strategy Modeling of Biotechnology Industry [J]. Journal of Business Research, 2013 (66): 1994-1999.

[19] Christian Meske, Stefan Stieglitz. Adoption and Use of Social Media in Small and Medium-sized Enterprises [J]. Practice-Driven Research on Enterprise Transformation, 2013 (151): 61-75.

[20] Claudio De Mattos, Thomas F. Burgess, Nicky E. Shaw. The Impact of R&D-specific Factors on the Attractiveness of Small- and Medium-sized Enterprises as Partners vs. Alliance Formation in Large Emerging Economies [J]. R&D Management, 2013 (43): 1-20.

[21] Daryl Powell, Jan Riezebos, Jan Ola Strandhagen. Lean Production and ERP Systems in Small-and Medium-sized Enterprises: ERP Support for Pull Production [J]. International Journal of Production Research, 2013 (51): 395-409.

[22] Denis Forte, Lucas Ayres Barros, Wilson Toshiro Nakamura. Determinants of the Capital Structure of Small-and Medium-sized Brazilian Enterprises [J]. BAR-Brazilian Administration Review, 2013 (10): 347-369.

[23] Ebru Aykan, Semra Aksoylu, Ebru Sönmez. Effects of Support Programs on Corporate Strategies of Small-and Medium-sized Enterprises [J]. Procedia-Social and Behavioral Sciences, 2013 (99): 938-946.

[24] Enrico Cagno, Andrea Trianni. Exploring Drivers for Energy Efficiency within Small-and Medium-sized Enterprises: First Evidences from Italian Manufacturing Enterprises [J]. Applied Energy, 2013 (104): 276-285.

[25] Elisabeth Eppinger, Gergana Vladova. Intellectual Property Management Practices at Small-and Medium-sized Enterprises [J]. International Journal of Technology Management, 2013 (61): 64-81.

[26] Estwick Stacey. The Small Business Finance Dilemma: An Exploratory Study of Barbadian Firms [J]. Journal of Eastern Caribbean Studies, 2013 (38): 1-28.

[27] Fabian Eggers, Michele O'Dwyer, Sascha Kraus, Christine Vallaster, Stefan Güldenberg. The Impact of Brand Authenticity on Brand Trust and SME Growth: A CEO Perspective [J]. Journal of World Business, 2013 (48): 340-348.

[28] Genia Kostka, Ulf Moslener, Jan Andreas. Barriers to Increasing Energy Efficiency: Evidence from Small-and Medium-sized Enterprises in China [J]. Journal of Cleaner Production, 2013 (57): 59-68.

[29] Glenn B. Voss, Zannie Giraud Voss. Strategic Ambidexterity in Smal-and Medium-Sized Enterprises: Implementing Exploration and Exploitation in Product and Market Domains [J]. Organization Science, 2013 (24): 1459-1477.

[30] Harris Richard, McAdam Rodney, McCausland Irene, Reid Renee. Knowledge Management as a Source of Innovation and Competitive Advantage for SMEs in Peripheral Regions [J]. The International Journal of Entrepreneurship and Innovation, 2013 (14): 49–61.

[31] Hossein Dadfara, Jens J. Dahlgaarda, Staffan Bregea, Amir Alamirhoorb. Linkage between Organisational Innovation Capability, Product Platform Development and Performance [J]. Total Quality Management & Business Excellence, 2013 (24): 819–834.

[32] Hyungoh Lee, Keun Lee, Jooyoung Kwak. Sequential Internationalization of Small–and Medium–sized Enterprises from Newly Industrializing Economies: The Korean Experience in China [J]. Asian Business & Management, 2013 (12): 61–84.

[33] Idowu Abiola. Organizational Learning, Innovativeness and Financial Performance of Small and Medium Enterprises (Smes) In Nigeria [J]. European Journal of Business and Management, 2013 (5): 179–186.

[34] Irena Jindrichovska. Financial Management in SMEs [J]. European Research Studies, 2013 (16): 79–96.

[35] Jay Y. Trivedi. A Study on Marketing Strategies of Small –and Medium –sized Enterprises [J]. Research Journal of Management Sciences, 2013 (2): 20–22.

[36] John E. Gamble, Melanie P. Lorenz, David L. Turnipseed, K. Mark Weaver. Determinants of Business Climate Perceptions in Small–and Medium–sized Enterprises: Does Managerial Ownership Matter? [J]. Small Business Institute Journal, 2013 (9): 18–36.

[37] Jolanda Hessels, Simon C. Parker. Constraints, Internationalization and Growth: A Cross–country Analysis of European SMEs [J]. Journal of World Business, 2013 (48): 137–148.

[38] Julius H. Johnson Jr., Bindu Arya, Dinesh A. Mirchandani. Global Integration Strategies of Small and Medium Multinationals: Evidence from Taiwan [J]. Journal of World Business, 2013 (48): 47–57.

[39] Kazuo Ogawa, Takanori Tanaka. The Global Financial Crisis and Small –and Medium–sized Enterprises in Japan: How did They Cope with the Crisis? [J]. Small Business Economics, 2013 (41): 401–417.

[40] Kittilaksanawong W., Ren Z.. Innovation Capability Building through Intermediary Organizations: Cases of Manufacturing Small– and Medium–sized Enterprises from China's Zhejiang Province [J]. Asian Journal of Technology Innovation, 2013 (21): 62–79.

[41] Kwabena Obiri–Yeboah, Wilberforce Owusu–Ansah, Eliezer Ofori Odei–Lartey. Factors that Drive Internet Usage among Small and Medium Scale Enterprises: Evidence from Ghana [J]. International Journal of Management and Marketing Research, 2013 (6): 21–37.

[42] Lee S. B., Kotabe M., Yoon A. H., Kwon K. H.. Export Strategies and Performance of Small–and Medium–sized Enterprises [J]. Journal of Korea Trade, 2013 (17): 1–24.

[43] Lin I. C., Seidel R., M. Shahbazpour, D. Howell. Knowledge Management in Small-and Medium-sized Enterprises: A New Zealand Focus [J]. New Zealand Journal of Applied Business Research, 2013 (11): 1-21.

[44] Louis Raymond, Josée St-Pierre. Strategic Capability Configurations for the Internationalization of SMEs: A Study in Equifinality [J]. International Small Business Journal, 2013 (31): 82-102.

[45] Luis Garay Tamajón, Xavier Font i Aulet. Corporate Social Responsibility in Tourism Small and Medium Enterprises Evidence from Europe and Latin America [J]. Tourism Management Perspectives, 2013 (7): 38-46.

[46] Manoj Dora, Maneesh Kumar, Dirk Van Goubergen, Adrienn Molnar, Xavier Gellynck. Food Quality Management System: Reviewing Assessment Strategies and a Feasibility Study for European Food Small-and Medium-sized Enterprises [J]. Food Control, 2013 (31): 607-616.

[47] Marcus Holgersson. Patent Management in Entrepreneurial SMEs: A Literature Review and an Empirical Study of Innovation Appropriation, Patent Propensity, and Motives [J]. R&D Management, 2013 (43): 21-36.

[48] María Verónica Alderete. Do Information and Communication Technology Access and Innovation Increase Outsourcing in Small and Medium Enterprises? [J]. Journal of Information Systems and Technology Management, 2013 (10): 303-321.

[49] Marinos Stefanitsis, Irene Fafaliou, Joseph Hassid. Similarities and Differences between Households' and SME's Financial Knowledge and Behaviour: A Greek Survey [J]. Spoudai Journal of Economics & Business, 2013 (63): 7-30.

[50] Masayo Shikimi. Do Firms Benefit from Multiple Banking Relationships? Evidence from Small-and Medium-sized Firms in Japan [J]. International Economics and Economic Policy, 2013 (10): 127-157.

[51] Maura Sheehan. Human Resource Management and Performance: Evidence from Small-and Medium-sized Firms [J]. International Small Business Journal, 2013 (32): 545-570.

[52] Mateev M., Poutziouris P., Ivanov K.. On the Determinants of SME Capital Structure in Central and Eastern Europe: A Dynamic Panel Analysis [J]. Research in International Business & Finance, 2013 (27): 28-51.

[53] Michele Grimaldi, Ivana Quinto, Pierluigi Rippa. Enabling Open Innovation in Small and Medium Enterprises: A Dynamic Capabilities Approach [J]. Knowledge and Process Management, 2013 (20): 199-210.

[54] Mireia Valverde, Hugh Scullion, Gerard Ryan. Talent Management in Spanish Medium-sized Organisations [J]. The International Journal of Human Resource Management, 2013 (24): 1832-1852.

[55] Mohammed S. Chowdhury, Rabiul Islam, Zahurul Alam. Constraints to the Development of Small-and Medium-sized Enterprises in Bangladesh: An Empirical Investigation [J]. Australian Journal of Basic and Applied Sciences, 2013 (7): 690-696.

[56] Mohammed S. Chowdhury, Zahurul Alam, Md. Ifttekhar Arif. Success Factors of Entrepreneurs of Small-and Medium-sized Enterprises: Evidence from Bangladesh [J]. Business and Economic Research, 2013 (3): 38-52.

[57] Mohd M. Rosli. Determinants of Small and Medium Enterprises Performance in the Malaysian Auto-parts Industry [J]. African Journal of Business Management, 2013 (5): 8235-8241.

[58] Muhammad Mohiuddin, Zhan Su. Manufacturing Small-and Medium-size Enterprises Offshore Outsourcing and Competitive Advantage: An Exploratory Study on Canadian Offshoring Manufacturing SMEs[J]. Journal of Applied Business Research, 2013 (29): 1111-1130.

[59] Munir Ahmad M., Ruben Pinedo Cuenca. Critical Success Factors for ERP Implementation in SMEs [J]. Robotics and Computer-integrated Manufacturing, 2013 (29): 104-111.

[60] Narkhede Balkrishna E., Raut Rakesh D., Patil Bhushan T., Mahajan Subhash K.. Performance Improvement in Small-and Medium-sized Enterprises Due to Information Systems Implementation [J]. Performance Improvement, 2013 (52): 24-32.

[61] Nelson Oly Ndubisi, Gibson C. Ndubisi. Sustainable Internal Marketing and Internal Customer Motivation Model: An African Small-and Medium-sized Enterprise Perspective [J]. Journal of Asian & African Studies, 2013 (48): 521-538.

[62] Nizar Becheikh. The Impact of Knowledge Acquisition and Absorptive Capacity on Technological Innovations in Developing Countries: Evidence from Egyptian Small-and Medium-sized Enterprises [J]. Journal of African Business, 2013 (14): 127-140.

[63] Nyabwanga, Robert Nyamao, Dr. Ojera Patrick, Otieno Simeyo, Nyakundi Finlay Nyanyuki. An Empirical Analysis of the Liquidity, Solvency and Financial Health of Small-and Medium-sized Enterprises in Kisii Municipality, Kenya [J]. European Journal of Business and Management, 2013 (5): 1-15.

[64] O. K. Sakiru, J. L. D'Silva, J. Othman, A. D. Silong, A. T. Busayo. Leadership Styles and Job Satisfaction among Employees in Small and Medium Enterprises [J]. International Journal of Business and Management, 2013 (8): 34-41.

[65] Olowe F. T., Moradeyo O. A., Babalola O.A.. Empirical Study of the Impact of Microfinance Bank on Small and Medium Growth in Nigeria [J]. International Journal of Academic Research in Economics and Management Sciences, 2013 (2): 116-124.

[66] Patrick Gudda, Henry M. Bwisa, John M. Kihoro PhD. Effect of Clustering and Collaboration on Product Innovativeness: The Case of Manufacturing Small and Medium

Enterprises (SMEs) in Kenya [J]. International Journal of Academic Research in Business and Social Sciences, 2013 (3): 42-55.

[67] Paul Cragg, Annette Mills, Theek Suraweera. The Influence of IT Management Sophistication and IT Support on IT Success in Small-and Medium-sized Enterprises [J]. Journal of Small Business Management, 2013 (51): 617-636.

[68] P. Dasan. Small & Medium Enterprise Assessment in Czech Republic & Russia Using Marketing Analytics Methodology [J]. Central European Business Review, 2013 (2): 39-49.

[69] Pedro Guedes de Carvalho, Paulo Maçãs Nunes, Zélia Serrasqueiro. Growth Determinants of Small-and Medium-sized Fitness Enterprises: Empirical Evidence from Portugal [J]. European Sport Management Quarterly, 2013 (13): 428-449.

[70] Peter Yacob, Nur Syaheeda Binti Aziz, Mohamad Fared bin Mohamad Makmur, Adi Wira bin Mohd Zin. The Policies and Green Practices of Malaysian SMEs [J]. Global Business and Economics Research Journal, 2013 (2): 52-74.

[71] Pilar Tejada, Pilar Moreno. Patterns of Innovation in Tourism "Small and Medium-size Enterprises" [J]. Service Industries Journal, 2013 (33): 749-758.

[72] Pooran Wynarczyk. Open Innovation in SMEs: A Dynamic Approach to Modern Entrepreneurship in the Twenty-first Century [J]. Journal of Small Business and Enterprise Development, 2013 (20): 258-278.

[73] Pradhan J. P., Das K.. Exporting by Indian Small and Medium Enterprises: Role of Regional Technological Knowledge, Agglomeration and Foreign Direct Investment [J]. Innovation & Development, 2013 (3): 239-257.

[74] Randriamalala Jean Luc Stevens, Mijitaba Maman Moustapha, Pertiwi Evelyn, Randriamalala Jean Stevenson. Analysis of the Emerging China Green Era and its Influence on Small-and Medium-sized Enterprises Development: Review and Perspectives. [J]. Journal of Sustainable Development, 2013 (6): 86-105.

[75] Raymond C. Rody, Timothy M. Stearns. Impact of Entrepreneurial Style and Managerial Characteristics on SME Performance in Macao S.A.R., China [J]. Journal of Multidisciplinary Research, 2013 (5): 27-44.

[76] Rita Abban, S.W.F. (Onno) Omta, John B.K. Aheto, V.E. Scholten. Connecting the Dots: A Multiple Case Study of the Network Relationships of Small-and Medium-sized Enterprises (SMEs) in the Non-traditional Agricultural Export (NTAE) Sector of Ghana [J]. African Journal of Economic and Management Studies, 2013 (4): 74-94.

[77] Santini F., Strategic Management Accounting and Financial Performance in the Small-and Medium-sized Italian Manufacturing Enterprises [J]. Management Control, 2013 (1): 77-107.

[78] Sharafat Ali. The Small and Medium Enterprises and Poverty in Pakistan: An

Empirical Analysis [J]. European Journal of Business and Economics, 2013 (8): 25-30.

[79] Sherazi S. K., Iqbal M. Z., Asif M., Kashif-ur-Rehman, SSH Shah. Obstacles to Small and Medium Enterprises in Pakistan Principal Component Analysis Approach [J]. Middle-East Journal of Scientific Research, 2013 (13): 1325-1334.

[80] Shin Soo-Young, Park Won-Woo, Lim Hyoun Sook. What Makes Small- and Medium-sized Enterprises Promote Organizational Creativity: The Contingency Perspective [J]. Social Behavior and Personality: An International Journal, 2013 (41): 71-82.

[81] Ssekajugo D.. Financial Management Practices and Business Performance of Small and Medium Enterprises in Western Uganda [J]. African Journal of Business Management, 2013 (7): 3875-3885.

[82] Susanne Sandberg. Emerging Market Entry Node Pattern and Experiential Knowledge of Small-and Medium-sized Enterprises [J]. International Marketing Review, 2013 (30): 106-129.

[83] Suwastika Naidu, Anand Chand. Financial Problems Faced by Micro, Small and Medium Enterprises in the Small Island States: A Case Study of the Manufacturing Sector of the Fiji Islands [J]. International Journal of Business Excellence, 2013 (6): 1-21.

[84] Teerawat Charoenrat, Charles Harvie, Yot Amornkitvikai. Thai Manufacturing Small-and Medium-sized Enterprise Technical Efficiency: Evidence from Firm-level Industrial Census Data [J]. Journal of Asian Economics, 2013 (27): 42-56.

[85] Terence Tai-Leung Chong, Liping Lu, Steven Ongena. Does Banking Competition Alleviate or Worsen Credit Constraints Faced by Small-and Medium-sized Enterprises? Evidence from China [J]. Journal of Banking & Finance, 2013 (37): 3412-3424.

[86] Thelwall M.. Effective Websites for Small-and Medium-sized Enterprises [J]. Journal of Small Business and Enterprise Development, 2013 (7): 149-159.

[87] Xuemei Xie, Saixing Zeng, Yunfeng Peng, Chiming Tam. What Affects the Innovation Performance of Small-and Medium-sized Enterprises in China? [J]. Innovation: Management Policy & Practice, 2013 (15): 271-286.

[88] Yesseleva Mariya. Professional Advice and its Possible Effect on Small and Medium-sized Enterprises' Access to External Debt Finance in Australia [J]. Global Business & Management Research, 2013 (5): 24-31.

[89] Yun Arifatul Fatimah, Wahidul Biswas, Ilyas Mazhar, Mohammad Nazrul Islam. Sustainable Manufacturing for Indonesian Small-and Medium-sized Enterprises (SMEs): The Case of Remanufactured Alternators [J]. Journal of Remanufacturing, 2013 (3): 1-11.

[90] Ziliang Deng, Peter S. Hofman, Alexander Newman. Ownership Concentration and Product Innovation in Chinese Private SMEs [J]. Asia Pacific Journal of Management, 2013 (30): 717-734.

第三节 创业中文文献索引

[1] 盖庆恩，朱喜. 财富对创业的异质性影响——基于三省农户的实证分析 [J]. 财经研究，2013 (5)：134-144.

[2] 刘振中. 大学生创业的制约因素分析与对策探讨 [J]. 中国成人教育，2013 (23)：61-63.

[3] 张龙耀，杨军，张海宁. 金融发展、家庭创业与城乡居民收入——基于微观视角的经验分析 [J]. 中国农村经济，2013 (7)：47-57.

[4] 陈聪，庄晋财，程李梅. 网络能力对农民工创业成长影响的实证研究 [J]. 农业经济问题，2013 (7)：17-24.

[5] 赵艳萍，梅强，赵观兵，孙玉青. 产业集群内创业网络对中小企业创业过程影响的实证研究 [J]. 科技进步与对策，2013 (18)：104-109.

[6] 李伟铭，黎春燕，杨丹. 新企业网络能力的高阶维度结构及对创业成长影响的实证研究 [J]. 科学学与科学技术管理，2013 (3)：116-125.

[7] 郭红东，丁高洁. 关系网络、机会创新性与农民创业绩效 [J]. 中国农村经济，2013 (8)：78-87.

[8] 董保宝. 创业网络演进阶段整合模型构建与研究启示探析 [J]. 外国经济与管理，2013 (9)：15-24.

[9] 汤林伟. 基于外部网络知识获取的中小企业内生能力提升研究 [J]. 理论与改革，2013 (1)：107-109.

[10] 谢雅萍，林婉玉. 家族性资源对家族企业创业导向的影响机制 [J]. 科技进步与对策，2013 (14)：88-94.

[11] 杨郁. 促进创业的财政法研究 [J]. 财政研究，2013 (3)：61-63.

[12] 刘宇娜，张秀娥. 金融支持对新生代农民工创业意愿的影响分析 [J]. 经济问题探索，2013 (12)：115-119.

[13] 汤林伟. 社会网络对创业农民工过度自信行为的校正分析 [J]. 农业经济，2013 (5)：108-109.

[14] 宋来胜，苏楠，付宏. 创新创业能力的空间分布及其经济增长效应——基于GMM 方法的实证分析 [J]. 经济经纬，2013 (1)：6-10.

[15] 谢恒，杨琴. 论欠发达地区创业带动就业的机制与路径 [J]. 求索，2013 (6)：264-266.

[16] 黄燕飞，万军. 基于创业视角的大学生就业能力界定研究 [J]. 中国成人教育，2013 (20)：84-86.

[17] 王震. 我国当前阻碍创业或投资的税收制度研究 [J]. 湖南社会科学，2013 (6): 160–163.

[18] 宣杰，黄少波. 略论大学生创业的制度环境——基于制度伦理的分析 [J]. 高等农业教育，2013 (3): 19–21.

[19] 张媛. 金融支持失地农民创业的制约因素与路径选择 [J]. 西南金融，2013 (4): 49–51.

[20] 潘江. 农村外出务工人员返乡创业问题研究 [J]. 中国人力资源开发，2013 (7): 85–87.

[21] 唐远雄，才凤伟. 农民工创业意愿及其影响因素研究——基于甘肃省调查数据的实证分析 [J]. 宁夏社会科学，2013 (3): 61–66.

[22] 林苞. 知识溢出与创业——基于中国地区数据的研究 [J]. 科学学与科学技术管理，2013 (9): 142–148.

[23] 王秀玉，刘允华，耿娟. 高职院校学生创业中孵化园模式价值探讨 [J]. 职教论坛，2013 (23): 13–15.

[24] 崔祥民，江南. 基于系统动力学的创业企业孵化器可持续发展研究 [J]. 华东经济管理，2013 (11): 116–120.

[25] 齐昕，曹新安，张萌. 我国激励科技人才创新创业的实践及路径选择 [J]. 科技管理研究，2013 (15): 151–155.

[26] 解蕴慧，张一弛，高萌萌.谁会成为创业者？——主动性人格及社会资本对创业意愿的影响 [J]. 南京大学学报，2013 (2): 148–156.

[27] 才凤伟. 农民工城市创业影响因素研究 [J]. 西北农林科技大学学报（社会科学版），2013 (6): 27–32.

[28] 刘鹏程，李磊，王小洁. 企业家精神的性别差异——基于创业动机视角的研究 [J]. 管理世界，2013 (8): 126–135.

[29] 霍红梅，戴蓬军. 农村女性创业的现状、问题及对策研究——以辽宁省九市调查数据为例 [J]. 农业经济，2013 (4): 71–72.

[30] 邓子鹃. 国内近 10 年女性创业研究述评 [J]. 妇女研究论丛，2013 (1): 115–121.

[31] 唐有财. 从打工到创业：农民工创业的发生学研究 [J]. 人文杂志，2013 (8): 105–112.

[32] 栾瑞，牛志勇. 创业者过度自信概念解析及其对创业的影响研究 [J]. 现代管理科学，2013 (8): 99–101.

[33] 危旭芳. 创业者从业经历、教育背景与现代农业产业涉入——基于中国私营企业调查的实证研究 [J]. 广东社会科学，2013 (4): 35–44.

[34] 徐凤增，周键. 创业者自我效率感对企业绩效的影响 [J].山东大学学报，2013 (5): 115–124.

[35] 林嵩，徐中. 创业者和创业组织的能力契合度研究 [J]. 科学学与科学技术管理，

2013（12）：125-135.

［36］胡蓓，杨辉，朱永跃. 创业者社会资本与创业自我效能感关系实证研究［J］. 科技进步与对策，2013（10）：12-15.

［37］赵浩兴，张巧文. 农村微型企业创业者人力资本对创业绩效的影响研究——以创业效能感为中介变量［J］. 科技进步与对策，2013（12）：151-156.

［38］阳杨. 代际资本、关系网络对创业者成功的影响［J］.山东社会科学，2013（6）：49-53.

［39］朱锋，董晓晨. 机会型创业者创业意愿影响因素分析［J］. 经济问题，2013（6）：40-43.

［40］赵文红，孙万清. 创业者的先前经验、创业学习和创业绩效的关系研究［J］. 软科学，2013（11）：53-57.

［41］罗明忠，黄莎莎，邹佳瑜. 农民创业的代际传承因素实证分析——基于广东部分地区农民创业者的问卷调查［J］. 广东商学院学报，2013（5）：11-18.

［42］贾建锋，赵希男，于秀凤，王国锋. 创业导向有助于提升企业绩效吗——基于创业导向型企业高管胜任特征的中介效应［J］. 南开管理评论，2013（2）：47-56.

［43］张骁，胡丽娜. 创业导向对企业绩效影响关系的边界条件研究——基于元分析技术的探索［J］. 管理世界，2013（6）：99-188.

［44］吴旭云，贺小刚，郝影利. 创业导向、网络嵌入与创业型企业成长关系研究［J］. 科技进步与对策，2013（5）：78-84.

［45］苏晓华，李倩倩，王平. 创业导向对高新技术企业绩效的影响——基于强弱关系的调节作用［J］. 软科学，2013（1）：10-19.

［46］郑秀芝，龙丹. 人力资本创业导向与绩效转化路径探讨［J］. 北京社会科学，2013（2）：108-112.

［47］王永健，谢卫红，蓝海林. 创业导向、人力资源系统柔性与企业绩效关系研究［J］. 管理学报，2013（10）：485-491.

［48］苏晓艳. 社会资本结构与企业天生全球化——基于创业导向的调节效应［J］. 华东经济管理，2013（5）：99-104.

［49］张秀娥，王勃，张峥. 东北地区创业环境对创业导向与创业绩效的影响分析［J］. 经济纵横，2013（3）：105-109.

［50］李泓桥. 创业导向对企业突破性创新的影响研究：互补资产的调节作用［J］. 科学学与科学技术管理，2013（3）：126-135.

［51］李先江. 绿色创业导向、探索性学习和低碳突破性创新关系研究［J］. 科学学与科学技术管理，2013（8）：120-128.

［52］谢卫红，王田绘，王永健. 创业导向、IT 能力与技术创新关系研究：多元化程度的影响［J］. 经济管理，2013（10）：57-67.

［53］邢蕊，王国红，唐丽艳. 创业导向对在孵企业技术吸收能力的影响研究［J］. 科学

学与科学技术管理，2013（11）：82–93.

[54] 李志远，吴波. 创业导向、知识获取能力与客户知识内部化 [J]. 情报杂志，2013（10）：152–160.

[55] 尹苗苗. 创业导向、投机导向与资源获取的关系 [J]. 经济管理，2013（5）：43–51.

[56] 毕先萍，张琴，胡珊珊. 创业机会来源研究：一个创造观和发现观融合的视角 [J]. 经济评论，2013（4）：20–26.

[57] 田毕飞，吴小康. 创业者性格特质对机会识别的影响：基于 PSED Ⅱ 的实证研究 [J]. 商业经济与管理，2013（6）：29–38.

[58] 杜海东，张锦. 公司创业精神对创业绩效的影响路径——基于珠三角公司的实证研究 [J]. 科研管理，2013（3）：50–57.

[59] 高静，张应良. 农户创业：初始社会资本影响创业者机会识别行为研究——基于 518 份农户创业调查的实证分析 [J]. 农业技术经济，2013（1）：32–39.

[60] 张秀娥，王勃. 创业警觉性、创造性思维与创业机会识别关系研究 [J]. 社会科学战线，2013（1）：78–84.

[61] 郭红东，周惠珺. 先前经验、创业警觉与农民创业机会识别—— 一个中介效应模型及其启示 [J]. 浙江大学学报，2013（4）：17–27.

[62] 吴兴海，马俊，张玉利. 创业机会、雇佣合约与员工离职创业研究 [J]. 软科学，2013（1）：82–85.

[63] 朱红根，康兰媛. 农民工创业动机及对创业绩效影响的实证分析——基于江西省 15 个县市的 438 个返乡创业农民工样本 [J]. 南京农业大学学报，2013（5）：59–66.

[64] 高小锋，魏凤. 创业机会对农民新创企业绩效的影响研究 [J]. 华南农业大学学报，2013（4）：66–71.

[65] 黄胜，周劲波. 创业机会视角下的中国企业早期国际化研究 [J]. 科学学研究，2013（2）：232–239.

[66] 唐礼智，罗婧，曹路萍. 农民工返乡创业的融资行为及影响因素分析——基于福建省龙岩市的调查 [J]. 宁夏社会科学，2013（6）：36–42.

[67] 杨军，张龙耀，姜岩. 社区金融资源、家庭融资与农户创业——基于 CHARLS 调查数据 [J]. 农业技术经济，2013（11）：71–79.

[68] 丁冬，傅晋华，郑风田. 社会资本、民间借贷与新生代农民工创业 [J]. 华南农业大学学报，2013（3）：50–56.

[69] 林海涛. 中国天使投资与青年创业者融资研究 [J]. 学术论坛，2013（12）：86–90.

[70] 宋罡，徐勇. 创业投资对高技术产业创新效率的影响研究 [J]. 东北大学学报，2013（1）：33–37.

[71] 米建华. 基于创业投资的长三角技术创新体系研究 [J]. 现代管理科学，2013

（8）：68–70.
［72］施永川. 大学创业教育应为与何为［J］. 高等工程教育研究，2013（3）：81–85.
［73］张旭东，王宏蕾. 以知识型为导向的大学生创业教育［J］. 黑龙江高教研究，2013（11）：77–80.
［74］刘影，赵志军. “三创”教育：意义、逻辑基点、体系化构建［J］. 高等农业教育，2013（12）：13–16.
［75］施永川. 创业教育促进大学生就业问题研究［J］. 江西社会科学，2013（5）：214–217.
［76］宋天华. 大学生创业典型案例档案收集研究［J］. 兰台世界，2013（20）：82–83.
［77］李辉. 内涵发展视界下的大学生创新创业教育路向［J］. 高教探索，2013（4）：133–136.
［78］白逸仙，陈敏，王英，林林. 创业型工程人才的培养方式：基于项目学习的工程创业训练［J］. 高等工程教育研究，2013（6）：122–127.
［79］李西兵，王健佳，王世刚，夏金海. 四创在机械/机电专业创新型人才培养模式中的探索与实践［J］. 实验室研究与探索，2013（2）：109–111.
［80］何杨勇. 高校创业教育的价值反思［J］. 江苏高教，2013（5）：106–107.
［81］刘波，周勇. 高校创业教育文化根基探析［J］. 教育发展研究，2013（19）：63–66.
［82］陈文远. 大学生创业教育中的社会责任感之培育［J］. 高等工程教育研究，2013（3）：91–94.
［83］黎昕. 大学生创业现状的问题分析与建议［J］. 教育与职业，2013（24）：98–99.
［84］牛金成，陆静. 发达国家的创业教育及其启示——基于美、英、德、澳四国的比较［J］. 黑龙江高教研究，2013（1）：46–49.
［85］李伟铭，黎春燕，杜晓华. 我国高校创业教育十年：演进、问题与体系建设［J］. 教育研究，2013（6）：42–51.
［86］汪怿. 学术创业：内涵、瓶颈与推进策略［J］. 教育发展研究，2013（17）：15–23.
［87］赵超，李真. 新时期大学生创业教育困境与破解路径探析［J］. 学校党建与思想教育，2013（12）：73–74.
［88］刘佳，李新春. 模仿还是创新：创业机会开发与创业绩效的实证研究［J］. 南方经济，2013（10）：20–32.
［89］吴新慧，黄兆信. 新生代农民工创业绩效及影响因素分析［J］. 江西社会科学，2013（10）：189–193.
［90］李青，陈龙. 企业家能力对企业国际创业绩效的影响——以我国中小企业为样本分析［J］. 经济与管理，2013（11）：72–77.
［91］左晶晶，谢晋宇. 社会网络结构与创业绩效——基于 270 名科技型大学生创业者

的问卷调查 [J]. 研究与发展管理，2013 (3)：64–73.

[92] 丁高洁，郭红东. 社会资本对农民创业绩效的影响研究 [J].华南农业大学学报，2013 (2)：50–57.

[93] 史达，朱荣. 小微企业税负感、社会网络关系对创业绩效影响的实证研究 [J]. 财政研究，2013 (2)：35–38.

[94] 于晓宇. 网络能力、技术能力、制度环境与国际创业绩效 [J]. 管理科学，2013 (2)：13–27.

[95] 胡小龙，丁长青，肖鹏. 社会资本、知识获取与在孵企业的创业绩效 [J]. 统计与决策，2013 (16)：171–173.

[96] 赵文红，孙万清，王垚. 创业者社会网络、市场信息对新企业绩效的影响研究 [J]. 科学学研究，2013 (8)：1216–1223.

[97] 张秀娥，孙中博，王冰. 创业团队异质性对创业绩效的影响——基于对七省市 264 家创业企业的调研分析 [J]. 华东经济管理，2013 (7)：112–115.

[98] 樊传浩，王济干. 创业团队异质性与团队效能的关系研究 [J]. 科研管理，2013 (8)：35–41.

[99] 陈忠卫，张广琦，胡登峰. 新创企业创业团队特征与离职倾向的关系研究 [J]. 现代管理科学，2013 (10)：3–5.

[100] 朱仁宏，代吉林，曾楚宏. 创业团队演化与治理研究：基于人力资本理论的解释 [J]. 学术研究，2013 (10)：81–85.

[101] 汤勇. 网络封闭、桥联系与创业团队绩效——基于长沙高新技术企业创业团队的实证研究 [J]. 湖南社会科学，2013 (1)：183–187.

[102] 黄昱方，柯希正. 创业团队外部社会网络对创新能力的影响机理研究 [J]. 经济与管理，2013 (8)：61–71.

第四节　中小企业管理中文文献索引

[1] 苏杭，王睦欣. 日本中小企业国际化的新发展：市场驱动与政府扶持 [J]. 现代日本经济，2013 (1)：62–70.

[2] 王增涛，蒋敏. 企业家关系网络对我国中小企业国际化的影响：企业动态能力的中介作用 [J]. 经济问题探索，2013 (11)：177–183.

[3] 左世翔. 社会网络、核心能力与中小企业国际竞争优势资源找寻 [J]. 改革，2013 (2)：124–132.

[4] 宋砚清，孙卫东. 中小企业国际市场进入模式选择分析 [J]. 科技管理研究，2013 (6)：105–110.

[5] 邱红，林汉川. 珠三角九市中小企业国际化环境评价比较研究 [J]. 经济管理，2013 (6)：141-152.

[6] 史艳玲，王佩. 战后日本中小企业技术提升机制及启示 [J].日本问题研究，2013 (2)：55-60.

[7] 张丽. 日本中小企业自主技术创新研究 [J]. 理论月刊，2013 (7)：185-188.

[8] 费艳颖，王越，刘琳琳. 以法律促进科技创新：美国的经验及启示 [J]. 东北大学学报 (社会科学版)，2013 (3)：299-303.

[9] 迟凤玲，张晶. 法国中小企业创新署支持融资的主要措施及对我国的启示 [J]. 科学管理研究，2013 (3)：117-120.

[10] 张岭，张胜，王情，李向. 美国支持中小企业融资的金融服务体系研究 [J]. 亚太经济，2013 (4)：58-63.

[11] 张静. 知识产权保护的特点、误区与对策建议 [J]. 商业时代，2013 (29)：110-111.

[12] 廉丽娜. 中国中小企业 FDI 问题和对策研究 [J]. 西北民族大学学报 (哲学社会科学版)，2013 (4)：171-178.

[13] 金晶. 韩国中小企业扶持政策与对策研究 [J]. 亚太经济，2013 (1)：71-75.

[14] 刘敏. 欧盟国家中小企业信用服务的借鉴与启示 [J]. 征信，2013 (5)：59-61.

[15] 张震，梁小龙. 后金融危机时代中小企业内部管理创新研究 [J]. 开发研究，2013 (6)：138-141.

[16] 程发新，王薇，赵艳萍. 政府法规、制造战略选择与企业绩效的关系研究 [J]. 管理学报，2013 (4)：510-515.

[17] 吴雪，胡伟清. "创新驱动" 背景下中小企业的创新发展研究 [J]. 人民论坛，2013 (11)：86-87.

[18] 龙静，陈传明. 服务性中介的权力依赖对中小企业创新的影响：基于社会网络的视角 [J]. 科研管理，2013 (5)：56-63.

[19] 刘茜，梅强. 创新行为嵌入性对中小企业创新绩效的影响——概念模型与解释 [J]. 科技进步与对策，2013 (13)：87-91.

[20] 朱金菊，段海艳. 连锁董事对中小企业技术创新影响研究 [J]. 财会通讯，2013 (36)：91-93.

[21] 曹文才，单汨源. 科技型中小企业持续创新能力影响因素 [J]. 北京理工大学学报 (社会科学版)，2013 (6)：70-76.

[22] 彭灿，张洪杰，董大壮. 苏、浙、沪三省 (市) 中小企业技术创新能力的评价与比较研究 [J]. 现代管理科学，2013 (10)：24-26.

[23] 王越，费艳颖. 推进中小企业协同创新的法律路径分析——以产业技术创新联盟模式为视角 [J]. 湖北大学学报 (哲学社会科学版)，2013 (3)：115-118.

[24] 陈晓红，于涛. 营销能力对技术创新和市场绩效影响的关系研究——基于我国中

小上市企业的实证研究［J］. 科学学研究，2013（4）：585–595.

［25］雷辉，刘鹏. 中小企业高管团队特征对技术创新的影响——基于所有权性质视角［J］.中南财经政法大学学报，2013（4）：149–156.

［26］陈艳，范炳全. 中小企业开放式创新能力与创新绩效的关系研究［J］. 研究与发展管理，2013（1）：24–35.

［27］李辉，张晓明. 中小企业家社会资本、自主创新能力与企业绩效——来自陕西省中小企业的经验研究［J］.中国科技论坛，2013（6）：135–142.

［28］吴愿愿，纪晓丽. 知识特性、知识转移对中小企业创新绩效影响实证研究［J］.商业时代，2013（27）：90–93.

［29］李泳. 中小企业金融支持体系及其运作绩效的实证分析［J］. 金融经济学研究，2013（3）：88–97.

［30］李晓翔，陈邦峰，霍国庆. 组织冗余如何影响中小企业产品创新？离心力和向心力的中介作用研究［J］. 研究与发展管理，2013（6）：16–26.

［31］刘小元. 创业板企业技术创新与市场营销对盈利水平的影响［J］. 广西民族大学学报（哲学社会科学版），2013（5）：160–165.

［32］王雅瑾. 基于物元模型的中小企业技术创新能力综合评估［J］. 上海管理科学，2013（6）：55–59.

［33］姜霄. 提升河南省中小企业自主创新能力的对策［J］. 企业经济，2013（2）：94–97.

［34］张建三，冯国兴，张艳鹤. 中小企业低碳技术创新：困境与对策［J］. 科技管理研究，2013（20）：10–13.

［35］王云，佟岩. 中小企业技术创新的经济学分析——基于政企相关利益博弈分析［J］. 科技与经济，2013（6）：41–45.

［36］陈齐芳. 增强中小企业技术创新服务平台有效性探讨［J］. 企业经济，2013（9）：75–79.

［37］严炜. 中小企业发展循环经济的技术创新战略研究——以武汉市为例［J］. 科技进步与对策，2013（8）：106–111.

［38］徐洁，冼志勇，揭筱纹. 基于能力的资源型中小企业技术创新管理模式构建与选择［J］. 学术论坛，2013（12）：66–69.

［39］杨静. 产业共性技术：撬动我国中小企业创新驱动的支点［J］. 经济研究参考，2013（63）：71–78.

［40］宫春艳，穆丽. 吉林省中小企业自主创新环境及其路径探讨——以煤炭企业为例［J］. 煤炭技术，2013（9）：245–246.

［41］宫春艳，彭连港. “文化强国”背景下中小企业文化建设创新［J］. 人民论坛，2013（17）：196–197.

［42］郭永中. 澳门中小企业的发展与挑战［J］. 广东行政学院学报，2013（4）：87–91.

［43］李飞. 后经济危机时代中小企业财务预警问题研究［J］. 学术界，2013（S1）：23–26.

［44］黄永春，任志成，余菲菲，杨以文. 环境与资源双约束下中小企业创建自主品牌的战略路径——以战略匹配为视角［J］. 经济体制改革，2013（1）：156–160.

［45］刘崇娜. 基于结构方程模型的中小企业技术创新影响因素分析［J］. 统计与决策，2013（23）：193–195.

［46］唐玉林. 中小企业轻量化网络供应链管理［J］. 物流技术，2013（17）：364–366.

［47］余翔，李伟. 中小企业知识产权保护能力建设初探［J］. 知识产权，2013（1）：79–85.

［48］夏玮. 科技型中小企业专利行为分析——上海、慕尼黑四家中小企业案例比较研究［J］. 情报杂志，2013（4）：97–101.

［49］王瑞花. 中小企业知识共享体系构建研究［J］. 开发研究，2013（6）：133–137.

［50］何巧云，郭广明. 广东省中小企业应用 TIM 提升自主创新能力的实证研究［J］. 企业经济，2013（3）：83–86.

［51］罗威. 我国中小企业税务风险管理制度现状研究——基于广东省部分城市数据的实证分析［J］. 会计之友，2013（2）：65–69.

［52］张迎春，叶兵，卢静，刘飞，杨玉梅. 从银企双方视角探析中小企业融资症结——基于成都市的调查［J］. 西南金融，2013（5）：38–40.

［53］刘云枫，王海燕. 供应链融资视角下中小企业信用风险评估研究［J］. 会计之友，2013（2）：66–69.

［54］李玉，王吉恒，张理达. 基于共生理论的农村民间金融改革路径研究［J］. 生态经济，2013（3）：60–66.

［55］周月书，李桂安，杨军. 农村金融机构类型与中小企业信贷可获性分析［J］. 农业技术经济，2013（8）：121–128.

［56］赵成国，李伟，董群，金晓芳. 南京地区科技银行发展模式创新研究［J］. 科技进步与对策，2013（18）：51–55.

［57］姚耀军，李明珠. 金融结构、中小企业与反贫困——基于新结构经济学最优金融结构理论的经验研究［J］. 浙江社会科学，2013（9）：25–33.

［58］吕文岱，徐士琴. 基于银行视角的中小企业贷款博弈模型［J］. 经济问题，2013（8）：78–82.

［59］王雅炯. 资本监管、风险期望偏差和中小企业信贷市场结构演进［J］. 投资研究，2013（2）：61–71.

［60］王淅勤，唐子斌. 中小企业信贷决策：歧视、理性还是认知差距？［J］. 财经研究，2013（8）：99–109.

［61］王佳楣，罗剑朝，王蕾. 中小企业新型农村金融机构借贷需求及可得性的影响因素分析——基于陕西省中小企业调查数据［J］. 经济经纬，2013（6）：43–48.

[62] 陈昊，顾红. 政银联动视角下的中小文化企业融资研究——以深圳市为例 [J]. 南方金融，2013 (4)：92–95.

[63] 黄志烨. 中小节能服务企业与银行长期合作关系研究 [J]. 中央财经大学学报，2013 (11)：56–61.

[64] 陈游. 渣打银行中小企业无抵押贷款管理模式及启示 [J]. 新金融，2013 (3)：59–63.

[65] 张晓玫，宋卓霖，何理. 银企关系缓解了中小企业融资约束吗——基于投资—现金流模型的检验 [J]. 当代经济科学，2013 (5)：32–39.

[66] 丁岳维，郝晓春，张亚琴. 上市银行对中小企业融资效率的实证研究 [J]. 财会月刊，2013 (18)：64–66.

[67] 张晓玫，潘玲. 我国银行业市场结构与中小企业关系型贷款 [J]. 金融研究，2013 (6)：133–145.

[68] 贺强，徐云松. "钱荒" 溯源 [J]. 价格理论与实践，2013 (7)：26–29.

[69] 周天伦，毛建农，喻瀚林. 成都中小企业融资超市服务运营分析 [J]. 西南金融，2013 (3)：72–76.

[70] 吴晓俊. 地方政府政策对中小企业融资成本影响的实证研究 [J]. 财政研究，2013 (9)：53–56.

[71] 胡显琴，舒家辉，周杰，刘函. 对安义县金融支持中小企业发展的调查与思考 [J]. 金融与经济，2013 (12)：80–82.

[72] 陈晓红，杨立. 基于多属性群决策方法的障碍诊断模型 [J]. 科研管理，2013 (3)：115–121.

[73] 张捷捷. 论中国公司债券市场若干核心制度之完善——以债市监管、中小企业债券、债券投资者权益保护为视角 [J]. 经济体制改革，2013 (5)：140–143.

[74] 巫文勇，姜三明. 江西中小企业融资难的原因与政策支持 [J]. 求实，2013 (2)：65–68.

[75] 王新安，汤琦磊. 中小企业民间借贷问题研究——以温州民间借贷为例 [J]. 西安财经学院学报，2013 (1)：36–39.

[76] 林俐. 中小企业融资偏好与资本结构优化策略 [J]. 四川师范大学学报（社会科学版），2013 (4)：74–79.

[77] 顾萍，蒋思维. 中小企业阶段性融资模式的选择标准研究 [J]. 西南金融，2013 (5)：52–54.

[78] 薛钰显，田慧竹. 担保机构发展中的问题及对策建议 [J]. 河北学刊，2013 (1)：224–226.

[79] 马可. 地方政府担保机制下的中小企业直接债务融资发展研究 [J]. 南方金融，2013 (7)：62–65.

[80] 肖承祥. 对中小企业开展融资租赁优势的探讨 [J]. 会计之友，2013 (3)：52–54.

［81］徐舜. 供应链金融"1+N"集合票据融资模式设计［J］. 财会月刊，2013（22）：56-57.

［82］冯丽娜. 高收益债券：破解中小企业融资难题的可选途径［J］. 投资研究，2013（4）：147-153.

［83］曹志鹏，程佳佳. 关系型贷款与我国中小企业融资［J］. 金融与经济，2013（1）：76-78.

［84］吴元波. 破解我国中小企业"融资难"的良药——融资租赁［J］. 现代管理科学，2013（4）：37-39.

［85］龙建成，樊晓静，张雄. 利率变动、影子银行与中小企业融资［J］. 金融论坛，2013（7）：40-45.

［86］刘向耘. 利率市场化与中小企业融资［J］. 南方金融，2013（11）：5-9.

［87］张诚，朱艳阳. 中小企业民间借贷利息价格博弈研究［J］. 征信，2013（7）：71-74.

［88］林安霁，林洲钰. 中小企业集合票据融资模式与完善对策［J］. 中南财经政法大学学报，2013（1）：77-82.

［89］徐进亮，李俊，丁涛. 中小企业出口融资新模式——结构性贸易融资［J］. 金融理论与实践，2013（10）：47-50.

［90］叶程，戴勇，胡再华，林冰野. 沿海发达县域中小企业基于成长周期的融资探究——以浙江省玉环县为例［J］. 浙江金融，2013（11）：65-68.

［91］刘尧飞. 信息传递、企业规模与贷款绩效——对中小企业关系型融资的实证分析［J］. 浙江金融，2013（12）：62-65.

［92］辛珣. 欠发达地区中小企业集合票据融资研究——基于山东诸城和上海闵行中小企业集合票据成功发行的启示［J］. 武汉金融，2013（5）：60-62.

［93］饶芬. 关于当前中小企业融资难度增加问题的探讨［J］. 湖南社会科学，2013（1）：180-182.

［94］韩飚. 关于荆门市企业融资成本的调查——基于企业和银行的双重视角［J］. 武汉金融，2013（1）：56-57.

［95］朱孟楠，邓文轩. 破解中小企业融资难的新路径——刍议商业银行主导整合中小企业金融服务［J］. 江西社会科学，2013（4）：222-225.

［96］刘彦，李强，王贵美. 金融支持中小企业发展的制约因素及对策［J］. 西南金融，2013（2）：18-19.

［97］张仿龙. 金融服务实体经济与破解中小企业融资难——以浙江嘉兴为例［J］. 地方财政研究，2013（11）：9-13.

［98］田霖. 金融普惠、金融包容与中小企业融资模式创新［J］. 金融理论与实践，2013（6）：17-20.

［99］王旖旎，张文娟. 解决中小企业融资困境的新途径——物流金融［J］. 会计之友，

2013（19）：115–117.

[100] 陈淑贤. 中小企业供应链融资困境与对策 [J]. 财会月刊，2013（21）：28–30.

[101] 胡昌生，付鸣. 战略性新兴产业中小企业融资策略研究——以武汉市为例 [J]. 理论月刊，2013（7）：107–111.

[102] 张才志. 西部地区中小企业融资分析及发展思路 [J]. 贵州财经大学学报，2013（5）：107–111.

[103] 张礼国，姚王信. 高技术中小企业知识产权债务融资困境研究 [J]. 科技进步与对策，2013（17）：118–122.

[104] 郭丽虹，王硕. 融资缺口、市场化程度与中小企业信贷可得性——基于非上市制造业企业面板数据的分析 [J]. 财经研究，2013（12）：115–125.

[105] 龙云飞. 基于熵值法的中小企业供应链融资信用风险评价 [J]. 统计与决策，2013（13）：177–179.

[106] 陈昆峰. 构建中小企业发展的金融法律体系 [J]. 金融理论与实践，2013（8）：62–65.

[107] 段世德. 湖北省中小企业融资渠道拓展研究 [J]. 理论月刊，2013（8）：113–117.

[108] 王冀宁，范凌霞，孙科. 基于 SEM 的中小企业融资环境评价体系设计及应用 [J]. 财会月刊，2013（22）：29–31.

[109] 彭伟明，邹辉霞. 基于供应链融资理论的中小企业“融资邮局”模型研究 [J]. 技术经济，2013（5）：97–101.

[110] 钟晨. 我国利率市场化下的中小企业融资环境建设探索 [J]. 四川师范大学学报，2013（1）：25–29.

[111] 闫夏秋，邵桦毅. 我国民间借贷危机及防范对策建议——以中小企业民间融资为视角 [J]. 征信，2013（7）：67–70.

[112] 王杰，乔香兰. 我国中小企业的融资困境及对策分析 [J].中国流通经济，2013（10）：123–127.

[113] 贡秋扎西，丹永，李亚丽，张丽红. 西藏中小企业的金融供给问题研究 [J]. 西藏研究，2013（6）：38–47.

[114] 伍唯佳. 我国中小企业融资困境、原因及对策 [J]. 地方财政研究，2013（10）：65–69.

[115] 郭丽婷，杨秀萍. 我国中小企业融资缺口及其破解 [J]. 西南金融，2013（11）：18–21.

[116] 唐金成. 信用保证保险与中小企业融资难问题研究 [J]. 南方金融，2013（1）：73–76.

[117] 庞仙君. 安康中小企业融资效率研究——基于模糊综合评价法 [J]. 现代管理科学，2013（8）：55–57.

[118] 叶文辉. 印度中小企业评级公司的评级模式及对我国的启示 [J]. 征信，2013

(4)：57-60.

[119] 夏立明，边亚男，宗恒恒. 基于供应链金融的中小企业信用风险评价模型研究 [J]. 商业研究，2013 (10)：171-177.

[120] 刘育红. 财政视角下优化中小企业信用担保体系研究 [J]. 西安财经学院学报，2013 (5)：65-69.

[121] 成涛林，沈鲁清. 促进昆山中小企业转型发展的财税政策研究 [J]. 财政研究，2013 (11)：43-45.

[122] 贾国军，谭毅. 促进我国中小企业发展的税收扶持政策 [J]. 经济研究参考，2013 (46)：36-38.

[123] 李晓丹. 发挥税收职能促进中小企业发展的思考和建议 [J]. 新金融，2013 (3)：56-58.

[124] 刘庆飞. 论中小企业特殊的破产重整制度 [J]. 企业经济，2013 (1)：81-85.

[125] 王成仁，查勇，景春梅. 中小企业应对"刘易斯拐点"的政策建议 [J]. 经济研究参考，2013 (24)：5-7.

[126] 肖念涛，谢赤. 我国中小企业发展的财政支持政策研究：一个文献综述 [J]. 湖南社会科学，2013 (4)：143-146.

[127] 刘畅. 中小企业财税支持政策的范式转变 [J]. 社会科学，2013 (8)：60-69.

[128] 袁杰，曹迪，陈华志. 创新产品生命周期视角下我国中小企业技术创新服务政策阶段性特征研究 [J]. 科技进步与对策，2013 (18)：9-12.

[129] 徐侠，姬敏. 创新赠券项目的国际比较与综合评价 [J]. 科学学研究，2013 (9)：1433-1440.

[130] 汤临佳，池仁勇，骆秀娟. 中小企业创新政策前沿 [J]. 科学学与科学技术管理，2013 (8)：138-147.

[131] 倪国锋. 现行税制对中小企业技术创新激励问题研究 [J]. 会计之友，2013 (35)：102-106.

[132] 李林，章宜，马丽. 集群中中小企业国际成长力评价 [J]. 西南民族大学学报（人文社会科学版），2013 (11)：94-99.

[133] 马志桥，于元元，胡豪，王一涛. 基于结构视角下的中国制药产业集群中的政府行为 [J]. 科技管理研究，2013 (14)：40-44.

[134] 何雄伟. 促进江西省工业园区中小企业发展研究 [J]. 企业经济，2013 (8)：97-101.

[135] 严旭. 湖北县域中小企业集群生成路径分析 [J]. 商业时代，2013 (36)：140-141.

[136] 吴兆明. 基于产业集群的江苏中小企业转型升级的策略研究 [J]. 科技管理研究，2013 (22)：172-175.

[137] 张司飞. 基于产业集群的中小企业间接融资模式研究 [J]. 武汉理工大学学报

(社会科学版)，2013 (4)：532-535.

[138] 王吉勇. 深圳中小企业总部经济规划研究 [J]. 规划师，2013 (6)：95-100.

[139] 高丽娜，蒋伏心. 集聚经济、空间依赖与中小企业发展空间差异 [J]. 商业研究，2013 (6)：89-94.

[140] 任志宏，郁方，钱金保. 贷款利率市场化对中小银行和中小企业的影响 [J]. 南方金融，2013 (11)：11-14.

[141] 张亨明. 后发达地区中小企业技术创新的障碍及对策 [J]. 经济纵横，2013 (12)：48-52.

[142] 黄波. 基于机制设计的中小企业专业治污监管策略 [J]. 现代管理科学，2013 (6)：108-110.

[143] 叶心宇. 基于经济结构转型背景的河南省中小企业成长瓶颈研究 [J]. 企业经济，2013 (6)：92-96.

[144] 王作全. 青海省中小企业发展的法治保障思考 [J]. 青海社会科学，2013 (6)：123-127.

[145] 洪茳，郭春飞. 区域软环境、财政支持下的中小企业成本困境突破 [J]. 财会月刊，2013 (18)：28-31.

[146] 李红，龚恩华. 税费负担与中小企业发展困境关联性研究——常州市中小企业调研分析 [J]. 开发研究，2013 (2)：120-124.

[147] 蒋小平，叶子荣. 税收结构与中小企业发展——基于中国省际面板数据的实证分析 [J]. 财经问题研究，2013 (2)：123-129.

[148] 刘佑铭. 新型城镇化背景下的中小企业发展与就业增长 [J]. 华南师范大学学报，2013 (3)：17-23.

[149] 孙玉霞. 中小企业就业贡献、税费负担及相关财税政策建议 [J]. 地方财政研究，2013 (9)：62-65.

[150] 朱松，杜雯翠，高明华. 行业景气程度、政府支持力度与企业扩张决策——基于中小企业调查问卷的分析 [J]. 财经研究，2013 (10)：133-144.

[151] 杨蕙馨，王嵩. 技术创新能力对中小企业成长性的影响研究——以中小板制造业上市公司为例 [J]. 东岳论丛，2013 (2)：106-111.

[152] 刘健桂. 经济全球化条件下中小企业核心竞争力构建策略 [J]. 商业时代，2013 (10)：84-85.

[153] 陈晓红，杨立. 基于多属性群决策方法的障碍诊断模型 [J]. 科研管理，2013 (3)：115-121.

[154] 魏华飞，尹兴科. 我国中小企业成长诸要素集成关系研究 [J]. 科技管理研究，2013 (16)：228-232.

[155] 王静. 企业家风险偏好与中小企业成长相关性研究 [J]. 山东社会科学，2013 (5)：145-149.

［156］杜雯翠，高明华. 信息化提升对中小企业成长空间研究——来自中小企业的调查分析［J］. 现代财经，2013（3）：86-96.

［157］舒萍，高一. 企业自助性组织对中小企业升级转型的支持作用［J］. 南开学报（哲学社会科学版），2013（4）：148-155.

［158］李艳华. 中小企业内、外部知识获取与技术能力提升实证研究［J］. 管理科学，2013（5）：19-29.

［159］贺华丽. 专业市场本地网络效应、全球网络效应与中小企业国际营销能力——基于浙江义乌和绍兴的实证研究［J］. 商业经济与管理，2013（5）：30-38.

［160］张秀娥，金佩华. 动态环境对中小企业动态能力与企业成长间关系之调节作用——以台湾中小企业为研究对象［J］. 求索，2013（12）：13-15.

［161］朱彦杰. 中小企业成长性评价指标及实证研究［J］. 科技管理研究，2013（13）：75-78.

［162］陈应龙，李大元. 动态能力视角下中小企业持续成长的机制［J］. 求索，2013（1）：254-256.

［163］曾丽霞. 构建跨企业协同关系网络，提升中小企业竞争优势［J］. 人民论坛，2013（35）：120-121.

［164］熊一坚. 创新求变：中小企业突破发展困境的路径与策略［J］. 企业经济，2013（12）：88-92.

［165］陈煜. 基于网络营销的中小企业品牌建设问题探讨［J］. 商业时代，2013（19）：28-29.

［166］邓泽宏，刘文波. 基于员工视角的中小企业社会责任及差异比较研究［J］. 国家行政学院学报，2013（4）：73-77.

［167］李健，徐世刚. 破解中小企业难以承担社会责任问题的对策思路［J］. 经济纵横，2013（7）：31-34.

［168］王敏，刘辉，王建琼. 中小企业社会责任驱动力实证研究［J］. 西南交通大学学报（社会科学版），2013（1）：86-90.

［169］陈雄鹰. 北京中小企业人力资本贡献价值与员工心理契约关系探析——基于对北京十家中小企业 140 名员工的调查［J］. 中国人力资源开发，2013（9）：100-104.

［170］蔡卫星，高明华. 政府支持、制度环境与企业家信心［J］. 北京工商大学学报（社会科学版），2013（5）：118-126.

［171］王东强，田书芹，万源，张元圆. 社会转型期中小企业人力资源准备度评价体系与提升方法［J］. 中国人力资源开发，2013（1）：28-31.

［172］李博，李桦. 中小企业智力资本要素对企业价值的影响——基于不同规模价值创造差异视角［J］. 企业经济，2013（7）：87-90.

［173］何红光，张玉军. 基于生态位理论的中小企业转型升级能力评价模型［J］. 企业经济，2013（5）：13-17.

[174] 王岚. 基于 MGCE 的中小企业融资风险综合评价 [J]. 商业时代，2013 (22)：88–98.

[175] 左世翔. 新经济社会学视角的中小企业国际化绩效研究——基于社会资本、核心资源的中介效应 [J]. 上海财经大学学报，2013 (6)：56–62.

后　记

一部著作的完成需要许多人的默默贡献，闪耀着的是集体的智慧，其中铭刻着许多艰辛的付出，凝结着许多辛勤的劳动和汗水。

本书在编写过程中，借鉴和参考了大量的文献和作品，从中得到了不少启悟，也汲取了其中的智慧菁华，谨向各位专家、学者表示崇高的敬意——因为有了大家的努力，才有了本书的诞生。凡被本书选用的材料，我们都将按相关规定向原作者支付稿费，但因为有的作者通信地址不详或者变更，尚未取得联系。敬请您见到本书后及时函告您的详细信息，我们会尽快办理相关事宜。

由于编写时间仓促以及编者水平有限，书中不足之处在所难免，诚请广大读者指正，特驰惠意。